부모와 교사를 위한

미성취 영재아교수 전략

Diane Montgomery 편저

안도희 · 진석언 · 윤여홍 · 전명남 · 김경진 공역

ABLE
UNDERACHIEVERS

Able Underachievers
by Diane Montgomery

‖ 역자 서문 ‖

미성취 영재아란 예상되는 성취와 실제 성취 간 심각한 차이를 보이는 영재아를 일컫는 것으로, 이 책에서는 미성취 영재아에 대한 생태학적 분석과 이를 돕기 위한 교육모형, 전략 및 프로그램 등에 대해 자세하게 제시하고 있다.

이 책은 1부와 2부로 구성되어 있으며, 총 11개의 장으로 미성취 영재아와 관련한 전반적인 내용을 상세하게 다루고 있다. 1부에서는 영재아가 미성취에 이르게 되는 원인을 생태학적 입장에서 제시하였으며, 2부에서는 미성취 영재아를 위한 교육 전략 및 방안을 상세하게 다루고 있다.

지금까지 출간된 영재 관련 서적 중 미성취 영재 영역을 집중적으로 다룬 책의 수는 손가락으로 꼽을 정도다. 영재 분야 중에서도 특히 미성취 현상이 왜 나타나는지, 미성취 영재아는 어떤 특성을 지니고 있는지, 더 나아가 이들을 담당하는 교사와 학부모는 미성취 영재아가 성취 영재아로 전환될 수 있도록 어떠한 교육적 노력을 기울여야 하는지에 대해 이 책은 많은 도움을 제시해 줄 수 있을 것으로 기대된다.

끝으로 이 책이 번역판으로 나오기까지 오랫동안 수고해 주신 정다운 선생님을 비롯한 학지사 편집진의 노고에 진심으로 감사를 전한다.

2013년 11월

역자 일동

‖ 저자 서문 ‖

이 책은 1990년 부다페스트에서 개최된 유럽영재학회(European Council for High Ability: ECHA)에서 Nava Butler-Por를 비롯한 여러 학자가 혜택받지 못한 영재아의 요구에 관한 논문을 발표하기 위해 함께 모인 자리에서 최초로 제안되었다. 당시에는 영재교육 분야에서 여성과 여아의 미성취를 제외하고는 이러한 연구가 많이 다루어지지는 않았다. 그때 이후 이 학자들은 유럽영재학회, 세계영재학회(World Council for Gifted and Talented Children: WCGTC) 및 영국 영재아 교육협의회(National Association for Able Children in Education: NACE)에서 개최된 학술대회에서의 만남을 통해 이 책을 출간하게 되었다.

이 학자들은 영재 관련 여러 학술대회에서 교류하면서 영재아에 대한 태도와 시각이 바뀌었는데, 특히 영국의 경우가 그러하다. 예를 들어, 현재 여아는 거의 모든 단계에서 전 과목에 걸쳐 남아보다 더욱 높은 수행을 보인다. 그러나 여성의 수입은 여전히 남성이 받는 수입의 3/4 수준에 불과하며, 이는 남성이 빠져나간 자리가 아닌 한, 여성은 '여성의 승진을 막는 보이지 않는 차별, 즉 유리천장(glass ceiling)' 을 확실히 깨지는 못할 것이다. 또한 문화적으로 다양한 사람과 문화적 하급 계층은 쓰라린 불운을 겪으며, 각자의 위치에서 취업하는 데 어려움을 겪을 것이다.

영국 정부는 영재아 및 재능아를 위한 자문 집단을 결성하여 학교와 관련한 국가 정책을 개발하도록 도와주었는데, 이러한 과정을 통해 국가교육과정이 대부분의 영재학생의 요구에 부합하지 않는다는 것을 인식하게 되었다. 이 때문에 국가교육과정의 내용이 수정되었는데 이에 대한 효과는 적었으며, 머지않아 보다 많은 수정이 이루어질 것으로 예상된다. 문제는 충분한 학습이 아닌, 너무 많은 '가르침' 과 교사 위주로 이루어져 왔다는 점이다.

현재 교육은 정부 주도적이고 교육 전문가에게 자율성이 거의 허용되지 않기 때문에, 정부가 전문가의 조언을 소홀히 하는 경향이 있다. 이러한 체제에 대한 대대적인 변화가 지난 20년에 걸쳐 이루어지긴 했지만, 어떤 근거를 기반으로 일부 선택적으로 이루어졌거나 혹은 전혀 이루어지지 않았다. 영재아의 수월성을 위한 도시프로젝트(교육 · 고용부, 1999)에서 영재아를 위한 정책의 추진 방향을 읽을 수 있는데, 이는 상위 10% 아이를 선정하여 특별 및 차별 교육을 제공하는 것이다. '세계적 수준' 의 검사 도구는 선발을 돕기 위해 개발되고 있으며, 국제적인 비교를 가능하게 하고 선발을 보다 정확하게 하는 데 주된 목표를 두고 있다. 그러나 이는 국제 학교(Meno 연구 프로젝트, 사고기술 연구소, 1998)에서 이미 빈번하게 사용되는 검사가 있다는 사실과 각 체제마다 서로 다른 교육 방법과 목표를 지니고 있다는 사실을 간과한다.

설문조사는 기존의 이론, 연구 및 실천을 근거로 현재 존재하는 바를 분석하고 개선하는 대신에, 학교에 존재하는 문제가 무엇인지 그리고 특정 상황에서 나타나는 문제가 무엇인지에 대해 이루어진다. 그런 다음, 일종의 합리적인 이론적 근거를 지니고 있는지의 여부와 관계없이 그리고 어떻게 변화되어야 하는지와 관계없이 설문조사가 진행된다.

1994년 살라망카에서 개최된 UNESCO 학술대회에서 영국을 포함한 대다수의 국가가 협정을 체결하였는데, 각 국가는 통합교육을 실시하기로 합의하였다. 영국에서 「교육법」(1981)이 제정된 이래로 통합 정책이 개발되어 이행되었는데, 이는 대다수의 아이가 초등 및 중등학교에서 교육받아야 한다는 것이다. 스웨덴과 마찬가지로 이는 모든 교육청이 아닌 몇몇 지역 관할 교육청에서 보다 더 성공적으로 통합되었다. 그러나 교육 제공은 지역 및 학교에 따라 다르다. 통합이란 학교가 아동의 요구에 부합하도록 해야 하는 것을 의미하며, 반면에 통합교실에서의 아이는 학교의 요구에 부합하도록 적응할 수 있게 도움을 받아야 한다.

통합은 교실에서 차별화된 교육제공 및 학습지원을 가능케 하였으며, 그리고(혹은) 학습의 어려움을 지닌 학생과 최근 들어 정서적 · 행동적 어려움(EBD)이 있는 학생을 위해 단기간 집중 교육비가 요구되는 보충수업 철회를 가능케 하였다.

영국에서 영재아를 위한 특별 교육제공은 일반적으로 능력이 다양한 학생 집단을 가르치는 초등학교에서는 거의 찾아보기 힘들다. 특별 교육제공은 주로 중등학교에서 포괄적으로 이루어지는데, 수학, 영어 및 현대 외국어와 같은 주요 교과목에서 능력별로 이루어진다. 몇몇 학교에서는 능력에 따라 학급 편성을 하는데, 여기에 여전히 학업 관련 교과목에 역점을 두는 몇몇 초등학교가 포함되어 있으며, 학령기 아이의 대략 7%가 다니고 사교육 체제와 초등 및 중등 분야에서 일종의 중등학교(grammar school) 체제로 운영되는 학교가 포함되어 있다.

Pull-out 프로그램과 집단별 심화학습 등에서처럼, 능력별 학급 편성은 선정된 학생이 보다 빠른 속도로 교육과정—속진 학습 방법—을 이수할 수 있게 해 주는데, 이는 통합의 원리와 상반된다. 이는 이 책에서 다룰 주제이기도 하다. 영재아 및 재능아를 위한 특별 프로그램에서 배울 것이 없다는 것을 말하고자 하는 것은 아니지만, 대다수가 이용할 수 있는 방법을 모색할 필요가 있다. 사적인 견해이긴 하지만, 모든 아이는 심화된 통합교육을 받을 권리가 있다.

수년 동안 영국에서는 사람들이 갖고 있거나 갖고 있지 않는, 결코 변치 않는 '특별한 능력(gifts)' 이란 개념에서 벗어나고자 하는 노력의 일환으로 '매우 능력 있는(highly able)' 이란 용어와 '뛰어난 능력(high ability)' 이란 용어 사용을 장려해 왔다. '영재아 및 재능아(gifted & talented)' 라는 용어는 많은 국가에서 여전히 사용하고 있으며, 영국의 이들을 위한 프로그램에서도 이 용어를 채택해 온 데 반해, 최근의 하원 특별조사위원회(House of Commons Select Committee of Inquiry, 1999)는 '매우 능력 있는(highly able)' 이란 용어를 사용하였다. 두 용어 모두 이 책에서 사용하고 있으며, 이는 두 용어 모두가 국제적으로 통용되고 있음을 반영한 것이라 하겠다.

‖ 차 례 ‖

제2부

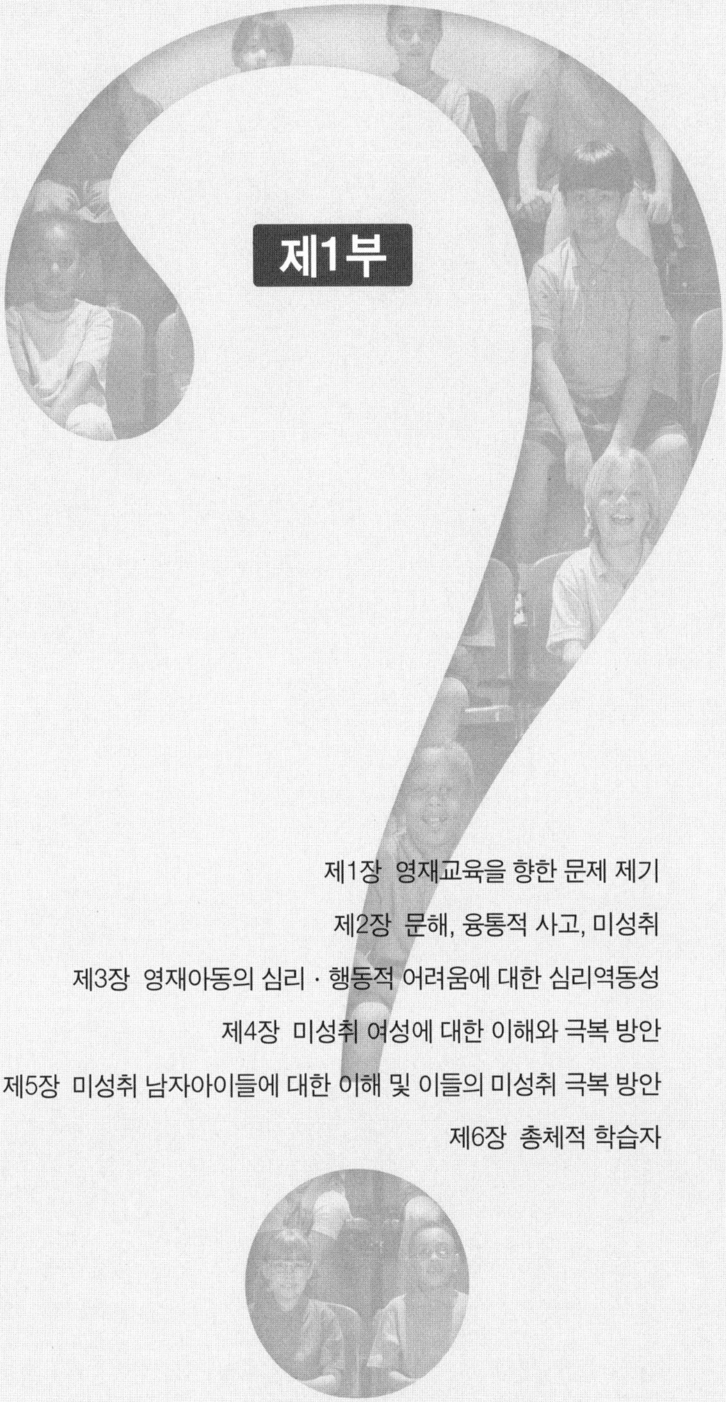

제1부

제1장 영재교육을 향한 문제 제기

제2장 문해, 융통적 사고, 미성취

제3장 영재아동의 심리 · 행동적 어려움에 대한 심리역동성

제4장 미성취 여성에 대한 이해와 극복 방안

제5장 미성취 남자아이들에 대한 이해 및 이들의 미성취 극복 방안

제6장 총체적 학습자

서 문

미성취 영재아라는 연구 주제에 대한 나의 관심은 20여 년 전 서리 지역 교육청(Surrey Local Education Authority)에서의 영재교육 관련 강의를 준비하는 과정에서 처음 시작되었다. 그때 우연히 스탠퍼드 대학교에서 Lewis Terman의 주도하에 진행된 연구를 접하게 되었다. 그들은 초·중등학교에 다니고 있던 1,500여 명의 영재학생을 표집하여 20여 년에 걸쳐 추적 연구를 수행하였다. 그 학생의 평균 IQ는 154였으며, Terman (1954)은 이들 영재학생이 적어도 6명에 한 명 꼴로 미국 전체에서 명성을 얻게 될 정도로 큰 업적을 남길 것이고, 적어도 한 명은 100년간 기억될 만한 큰 인물이 될 것으로 추측하였다. 그러나 놀랍게도 이처럼 큰 잠재력이 있던 집단의 학생이 그 기대에 미치지 못하는 미성취를 보여 주었다. 이 학생은 이 연구를 위해 교사에 의해 사전에 선발된 집단이었는데—나는 비록 교사에 의해 미래의 성취자로 선발되지 못하였지만—과연 얼마나 많은 학생이 학교 공부 이외의 다른 방식으로 표출될 수 있는 뛰어난 재능이 있었던 것인지 매우 의아할 따름이다.

내가 영국의 이스트 앵글리아(east Anglian) 지역의 가족을 대상으로 수행한 연구를 보면, 학교교육을 거의 받지 못했으면서도 크게 성공한 기업가의 예가 수없이 많았고, 기업가가 충분히 되고도 남았을 뛰어난 여성도 있었으며, 자신이 글을 읽고 쓰는 교육을 받았더라면 여전히 가게 점원으로 남았을 것이라 주장하는 백만장자도 있었다.

또한 나는 교직 실습 중인 학생을 감독하는 교사교육자로서 다양한 방식의 무기력과 미성취에 빠져 있는 수많은 학생을 쉽게 만나 볼 수 있었다. 많은 학교에서 경력이 많은 교사와 진행했던 교사평가 연구에서도 이러한 현상은 쉽게 관찰할 수 있었다(Montgomery, 1999). 심지어 최고 일류 고등학교의 선두 그룹 학생 사이에서도 수많은 시간을 엉뚱한 곳에 허비하거나 아무런 유익한 일도 하지 않으며 따분해하면서 보내는, 그리하여 자신의 재능에 걸맞은 이렇다 할 성취를 전혀 하지 못하며 보내는 아이를 발견할 수 있었다.

우리가 현재 인식하고 있는 바와 같은 미성취 현상은 어떤 한 가지 원인에 기인한다기보다는 여러 가지 원인의 복잡한 상호작용과 다양한 결정적 사건과 경험에 기인한다. 따라서 일반적으로 특수교육 영역에서와 같이 미성취에 대해서도 생태학적 분석(Mittler, 1990)이 요구된다. 그 이후에 교육적 처치를 위한 생태계적 접근(ecosystemic approach)이 따라야 한다(Molnarand Lind quist, 1989).

생태계적 접근은 체계적 가족 치료에서 유래하였다. 이 접근법은 문제 상황을 분석하고 해결하기 위한 방법을 고안할 때 관련된 심리적 · 정서적 · 사회적 영향력을 모두 고려한다는 점에서 인본주의 심리학과 행동주의 심리학, 사회체계 이론 등에 근거하고 있다(Cooper, 1999: 42).

이러한 접근법은 정서와 행동을 다루는 분야에서 매우 흔히 활용되고 있는데, 미성취가 정서 및 행동상의 문제점을 공유하고 있는 경우가 많기 때문에 영재 연구에도 도입할 필요가 있다. '속진교육을 실시하라' 든지 '멘토를 제공하라' 는 등의 단순한 해결책으로는 영재의 독특한 필요와 관련된 복잡한 문제를 해결하는 데 도움이 되지 않는다.

이 책은 영재교육에 대한 몇 가지 주요 이슈와 개념에 대한 철학적 분석으로 시작된다. 올해는 아마도 영국 영재교육에서의 전환점이라고 할 수 있다. 정부에 의해 추진되고 있는 변화로 인해 관련 이슈를 분명히 드러내 놓고 이들을 충분히 검토하는 것이 절실한 시점이다. 이미 1980년대에 포스트모더니즘의 시대에 접어든 것으로 보이지만, 영국의 교육 시스템은 다시 모더니즘의 시대로 회귀하는 방향으로 움직여 왔다. 영재가 존재한다는 사실조차 부인하던 시대가 지속되어 오더니 이제는 다른 종류의 특수아를 희생시키면서까지 영재학생의 이익을 보호하려는 사회적 분위기를 접하게 되었다. 영재교육 분야의 거대 담론에 대한 Piirto의 분석은 매우 의미 깊은 것으로서 반드시 귀담아 들을 필요가 있다. Piirto의 분석은 미성취 문제의 분석을 담고 있는 1부는 물론 미성취 문제에 대한 교육적 처치를 담고 있는 2부의 내용을 모두 포괄하고 있어서, 이 책의 주요 이슈를 제기해 주는 기본틀을 제공한다.

미성취의 유형

인간의 능력이란 '똑똑한' 아동으로 하여금 그들이 어떤 상황에 처하든 관계없이 성공할 수 있도록 해 주는 신의 선물이라고, 지난 수십 년 동안 그리고 현재까지도 널리 여겨지고 있다. Kellmer-Pringle(1970)의 연구에 따르면, 미성취 영재아 집단은 독특한 특성을 보여 주고 있는데, 이러한 특징은 Butler-Por(1987)나 7장에 나오는 Wills와 Munro의 연구를 볼 때 그다지 큰 변화를 보이지 않는다. 이들에 따르면 미성취 영재아는 다음과 같은 특징을 보여 준다.

- 부적응 및 야망의 부재
- 학교 공부에 대한 혐오
- 학업 습관의 부족
- 불만족스러운 또래 관계
- 정서적 문제의 높은 빈도
- 학교에서의 행동적 문제

그러나 우리가 조금 유심히 살펴보면, RHINOS(Really Here In Name Only), 즉 어떤 소리도 내지 않고 조용히 학교 시스템을 통과해 나가는 학생을 찾아낼 수 있다. 눈에 띄지 않기 위한 최소한의 학업만 수행하면서, 할 수만 있으면 주변 속으로 파묻혀 버리려고 하는 학생이다. 그들은 딴 생각을 하며 시간을 허비하거나 학교 밖에서의 취미활동에 시간을 쏟기도 한다.

우리가 우수아, 영재아, 재능아, 똑똑한 학생에 대해 이야기할 때, 실제로는 대부분의 사람이 생각하는 것보다 훨씬 더 많이 존재한다. 일반적인 학급 안에는 적어도 5명의 우수아(the able)가 있고, 약 한 명 정도는 영재아(the gifted), 그리고 상당수의 재능아(the talented)가 존재한다. 50% 이상의 학생은 우리가 적절한 교육과정을 제공하여 그들로 하여금 자신의 능력을 발견할 수 있도록 해 줄 수만 있다면 영재성이나 재능, 잠재력을 보여 주고 큰 업적을 남기게 될지도 모른다. 높은 성취라는 것은 IQ처럼 정규분포를 이루지는 않는 것으로 보인다. 영재성과 재능이 사람들에게 고르게 분포하고 있다고 생각하는 것을 지나친 낙관주의라고 할 수는 없다(Goldberg, 1965).

아동으로 하여금 미성취에 이르도록 하는 것은 무엇이며, 이에 대한 생태학적 견해는 무엇인가? 제1부의 각 장은 이러한 질문에 답하고자 하였다.

일부 학생은 학교에 처음 등교할 때 이미 교육은 자신을 위한 것이 아니라고 확신하고 있을 수도 있고, 그들이 학교에서 받는 처우에 의해 교육이 자신의 필요와 무관한 것이라고 인식할 수도 있다. 또 다른 학생은 그들이 처한 사회적 환경 때문에 교육에 대한 부정적 반응을 보일 수도 있고, 학교에서의 초기 경험이 이러한 태도를 강화하였을 수도 있다.

2장에서 Freeman은 아동의 미성취 근원에 대해서 언어적 · 사회적 · 문화적 배경을 고려하여 분석한다. 그녀는 학교교육을 받는 아동은 물론 교육 기회가 없는 아동에 대한 폭넓은 다양한 자료를 분석하고, 미성취의 근본적인 문제에 대한 중요한 통찰을 제시한다. 또한 제2부에서 논의되는 실제 사례에 대한 이론적 기초와 근거를 제시한다.

비록 교사가 자신이 담당하는 학생에게 관심을 쏟으며 열심히 가르친다고 해도 교사가 제공하는 방법만으로는 대집단 구성원 개개인을 지속적으로 동기화하기가 쉽지 않다. 또한 교사는 학생이 할 수 있는 능력이 있을 때조차도 그들의 인지적 능력을 과소평가하는 경향이 있어서 학생을 '과보호' 하거나 충분한 도전을 주지 못할 수 있다. 특히 영재학생은 인지적 도전이 부족한 경우에 제대로 자신의 능력을 발휘하지 못한다. 이런 면이 왕립장학협회(Her Majesty's Inspectorate: HMI)(DES, 1977; HMI, 1992)와 국립 영재아 교육협회(National Association of Able Children in Education: NACE)의 공통된 관심사다.

3장은 Schlichte-Hiersemenzel이 심리치료 임상 장면에서 쌓은 경험을 근거로 영재와 재능이 있는 아동이 학교에서 제대로 자극받지 못할 때, 창의적 능력이 억압받는 경우에 발생하는 스트레스와 '장애'에 대해 기술한다. 그녀의 환자는 매우 설교적이고 처벌적 평가를 하는 교육체계에 노출된 경우가 많았다.

4장에서 Silgosh는 여학생의 포부와 성취의 장벽 요소를 검토한다. 방송매체나 사회 환경에는 매우 강력한 성 역할 고정관념이 여전히 자리 잡고 있다. 이러한 고정관념이 영향을 미치기에 여학생의 성취와 심지어는 삶까지도 위협한다. 저자는 여학생을 도울 수 있는 많은 전략과 정책을 검토한다. 저자는 남학생과 여학생이 동등하게 대접받는 긍정적인 학급 및 학교 환경이 필요하다는 결론을 내리고, 단순히 똑똑한 여학생에게 수학·과학의 장학금을 주는 것으로는 이러한 문제가 해결될 수 없다고 지적한다.

또래와 비교했을 때 지속적인 낮은 성취로 인해 미성취자는 자존감과 자기가치감을 하락하게 된다. 미성취자는 다른 면에서 주의를 끌려고 하거나 심지어는 학습할 기회마저도 줄이는 방법으로 존중감을 찾으려 하다 보니 결국은 더 낮은 성취를 하게 된다. 도전적인 행동을 취하는 학생은 학교의 목표와 교풍에 반하는 것으로 간주될 수 있다. 이들이 노력하고자 애를 쓸 때, 이러한 시도가 가치가 없다고 여겨지고 적절한 지원을 받지 못하게 되면 문제는 더욱 더 깊어진다.

예를 들어, 교사가 한참 동안 일방적으로 설명하는 식의 교수법으로 수업을 진행한 후, 단답형 대답만을 요구하는 닫힌 질문이 이어지고, 그 다음에는 긴시간 동안 필기를 해야 하면, 학습자의 많은 요구가 전혀 충족되지 못한다. 그러한 체계는 정서를 가치 있게 여기고 정서교육을 하는 것과는 상반된다. 학습 내용에는 관심이 없고, 오로지 예쁜 글씨체와 완벽한 받아쓰기를 추구하는 교육체계일 뿐이다. 5장에서 Hymer는 미성취 남학생은 학습에 더 많이 참여하고 보다 더 많이 발언할 수 있기를 바란다고 강조했다(Montgomery, 1998).

교육과정이 적절치 않은 형태로 전달될 경우, 학생이 교육과정을 통해 배우는 기술이나 능력도 충분하지 못한 것은 당연하다. 예를 들어, 학생의 눈높이에 맞지 않는 언어 수준으로 전달되는 정보는 적절하지 않다. 왜냐하면 전달 방법이 잘 계획되지 않고 주의 깊게 구조화되지 않았기 때문에 학생은 그 의미를 제대로 파악하지 못한다. 2장에서 Freeman이 지적했듯이, 문화적으로 불이익을 받는 학습자는 이미 알고 있는 것과 새롭게 전달되는 정보가 서로 연결되지 못하므로 새롭게 배운 정보는 고립되어 사용할 수 없다. 또한 학생의 문해 기술이 부족하기에 읽기 능력과 쓰기 능력이 불안정하거나 제대로 발달하지 못한다. 6장에서 Gyarmathy는 학습장애 집단에 대한 연구 결과를 제시한다. 전통적인 IQ 검사는 영재아나 미성취 영재아를 판별하는 데 적합하지도 충분하지도 않다. 저자는 다른 도구 중에 레이븐 메트릭스(Raven' s Matrices) 도구를 사용하여 학습의 총체적인 양상을 고려해야 한다고 강조한다. 저자는 요즘의 연구 경향을 제시하며, 많은 학습장애학생이 잘 사용하지 않는 쪽의 뇌반구 발달을 보완하게 하면 다른 영역에서 재능을 나타낼 것이라고 한다. 이것은 학습장애아의 경우 일반 아동과는 다르게 교육시켜야 한다는 것을 뜻한다. 이처럼 두 가지 방법을 어떻게 해야 함께 사용하면서도 동시에 따로 분리시켜 사용할 수 있는가?

1~2학년 학생의 불평은 쓸 것이 너무 많다. 다년간 이루어진 학습체계에서 보여 주는 한 사례를 보면 학생은 매일 숙제를 하면서 교과서를 베낀다. 학생의 학교생활 중 70%의 시간을 쓰기로 보내는 것은 아주 흔한 예다. 글쓰기 기술을 완전히 익히지 못한 학생의 경우 절망스러울 뿐이다.

숙제를 하기 위해 인터넷에서 정보를 내려받는 것도 학습자에게 낮은 인지적 수준을 요하는 과제다. 학생이 훨씬 더 재미있고 흥미진진한 시간으로 즐길 수 있고 여러 다양한 근원에서 여러 다른 방법으로 정보를 얻을 수 있는 시간에, 그저 앉아서 강의를 듣고 노트 필기를 한다. 학교는 매우 수동적인 과정으로 학습을 하는 이상한 곳으로 보인다.

교과과정 간에 서로 관련성이 있어야 한다고 종종 추천하지만, 스코틀랜드 교육부 설문 보고서(SED, 1978)와 저성취 학생 프로젝트(HMI, 1986)에서 주목했듯이, 교과과정의 관련성을 알아차리지 못한 학생의 경우에는 기능이 저하되고 학습에 어려움이 생길 수 있다. 현재의 국가 교육과정이 담고 있는 많은 것이 서로 밀접한 관련성을 형성하고 있다고 보기는 어렵다. 그러나 교사가 관련성을 고려하고 이것을 학생과 공유하는 것은 중요한 일이다.

다른 부류의 미성취자는 학창 시절에 아마도 인지적인 자극을 추구할 것이며, 반대로 교사는 매우 힘들어할 것이다. 영재학생은 매우 영리해서 다른 친구를 방해하는 수많은 방법을 생각해 낼 것이다. 또래 친구를 웃게 하는 것과 교사가 정신없어 하는 것을 즐기며 쾌감을 느끼는 어리석은 행동을 할 것이다. 또한 끊임없이 창의적인 질문을 하거나, 교사가 답하지 못하는 사실에 대해서는 대답을 해서 교사를 난처하게 할지도 모른다. 이러한 행동은 교사에게 '도전적인' 잘못된 행동으로 해석되며, 사람들은 이들의 영재성의 신호를 제대로 인식하지 못하고 오히려 과한 훈육을 하여 학생이 쉽게 일탈에 빠지게 할 것이다.

이와 같은 문제 학생은 학교 체제에 적합하지 않다는 소리를 듣게 되어 금방 배제되고 만다. 따라서 어떻게든 그런 학생과 오랫동안 상담을 지속하려고 노력하고, 계속 품으려고 노력하는 학교가 많아야만 한다. 그러나 현실은 이제껏 확고하게 성립된 습관을 깨뜨리기는 어렵다. 대인관계나 가족관계의 갈등에서 생긴 긴장이 있을 때 정서적 어려움이 있을 경우, 특히 과도한 다이어트 문제가 있을 때는 더 어렵다는 것이 3장에서 언급한 Schlichte-Hiersemenzel의 주장이다.

또한 보다 상상력이 풍부하고 창의적인 학생이 설교적인 교육과정이나 교육 형태에 더 집중하기 어렵다는 점을 지적한다. 가장 능력 있고 가장 덜 창의적인 학생이라 해도 1학년과 2학년 초기에 지식과 기술을 모두 습득한 후에는 점점 지루함이 늘어 가고 영원히 제동이 걸릴 것 같은 느낌을 받는다. 능력과 지식 간의 이러한 불균형이 매우 광범위해서 설교적인 학습법은 더 이상 가능하지가 않다. 영재아에게 종종 관찰되는 매우 우수한 기억력으로 인해 교실에서 수업 자료를 서너 번씩 반복하는 것은 이들을 너무나 힘들게 하며, 이들의 요구를 완전히 무시하는 것이다.

시력이나 청력의 약화와 마찬가지로 세상에는 아주 넓은 범위의 학습장애가 존재한다. 이중 가장 일반적이고 교육에 가장 손해를 입히는 것이 문해에 어려움이 있는 난독증이다. 이러한 어려움을 지닌 영재학생에게 자신의 생각을 써 보라고 할 때는 그들의 능력이 드러나지 않는다. 이때 우리는 자문해 보아야 한다. 이들을 끌어안는 치료교육을 언제 포기할 것인가?

Freeman(1981)은 능력은 있지만 제대로 기능하지 못하는 학생의 집단을 '영재 경력자(career gifted)' 라고 부른다. 종단 연구 결과에 따르면, 이른 나이에 부모나 영재를 판별하는 절차에 의해 '영재 경력자' 라고 명명된다고 한다. 이러한 아이는 영재라는 명칭이 주는 혜택을 누리지만 곧 자신이 정말로 영재인지를 의심하고 실패를 두려워한다. 결과적으로 그들은 학교생활이나 숙제는 재미가 없고 지겹다고 하거나, 할 만한 가치가 없다고 말하게 된다. 학교생활에서 스스로 실패함으로써 이들은 남에게 뒤쳐졌다고 느끼며, 결과적으로 선행 지식이 거의 필요 없는 검사상에만 높은 능력이 나타난다.

상상이 가듯이, 학급에서 제대로 기능하지 못하는 학생은 교사에게는 슬픈 실험 대상이기 쉽다. 이들은 학업을 거부하기 때문에 다른 학생보다 훨씬 더 많은 시간을 다른 일로 허비하며 때로는 방해 활동을 하기도 한다. 제공되는 모든 것이 '지루하다' 고 말하는데, 이러한 말과 행동은 전염성이 있어서 다른 학생까지 동조하게 하여 교사를 화나게 한다. 그래서 더 많은 주의를 받거나 다른 것을 선택할 수 있는 자유를 더 많이 얻는다.

때때로 어린 시절의 교육에서 나타난 영재로서의 가능성이 충족되지 못하면 여러 다양한 이유가 생겨난다(잘못된 평가, 편애, 지쳐버림, 게으름). 그러나 반대의 경우로 수준 높은 고등 교육과정에 도전하기도 한다. '정신적 감옥' (De Mink, 1995)에 갇힌 학생은 모든 것에 관심을 끊고 백일몽에 잠겨 시간을 낭비하기도 한다.

영재아가 '똑똑하게 보인다.' 는 고정관념이 있다면(Karnes and Johnson, 1991), 이와는 다르게 행동하는 사람은 실제보다 능력이 떨어지는 것으로 간주될 수 있다. 영국에서의 '똘똘하게 보인다' 는 고정관념이 박힌 학생은 백인 남학생으로 마르고 안경을 끼었고 홀로 독서를 좋아하며 또래나 교사가 '꼬마 교수' 라고 부르는, 발음이나 외모가 구식인 사람이다(Freeman, 1991: 22). 여학생, 다른 문화, 다른 인종 출신 아동은 잠재적으로 능력이 있고 심화 프로그램과 같이 '특별한' 처치가 언급될 때, 자신의 능력에 비해 더 낮게 평가될 수 있다. 심화 프로그램의 대상을 누가 결정하는지와 이들이 노력하는 것을 막는 사람이 누구인지에 의해 좌우된다(Holland, 1998).

생태학적인 관점으로 학습의 욕구를 지닌 다양한 유형의 미성취자 집단을 고려해 볼 수 있다. 여러 이유가 다양하게 상호작용하여 미성취자는 교육환경에 대해 적개심을 가질 수 있으므로 학습 초점이 중재에 맞춰져야만 한다. 미성취는 진행적이어서 잘 판별하여 조심스럽게 다루지 않으면 더 극단적인 형태의 이방인, 자기를 격리시키기, 자신에게 해를 가하기, 또는 배척과 도전적인 행동으로 나타날 수 있다. 이러한 점을 다루려면 생태학적인 접근법을 선택할 필요가 있는데, 이것은 2부에서 소개한다.

제1장

영재교육을 향한 문제 제기

Jane Piirto

서 론

Margolin과 Sapon-Shevin은 1994년에 발표한 두 권의 저서를 통해 영재교육에 대해 비판적인 입장을 피력한 바 있는데, 특히 영재성이라는 개념의 실재성에 대해 의구심을 제기하였다. Margolin과 Sapon-Shevin은 각각 사회사업가와 특수교육자로서 영재교육 분야에서는 외부 인사라고 할 수 있는데, 이들은 영재교육이 특권 계층에 혜택을 제공하고 있다고 굳게 믿고 있다. 이러한 주장은 영국의 Benn(1982)도 제기한 바 있다. 영재교육 분야의 여러 인사와 마찬가지로 이들 또한 영재성이 절대적인 개념이 아니라 사회적인 현상에 불과하다고 믿는다.

Borland는 1996년에 발표한 저서를 통해 영재교육계가 스스로 답변해야 할 문제로서 다음과 같은 이슈를 제기하였다.

- 과연 영재는 존재하는가?
- 영재교육은 인종주의, 성차별주의, 계급주의의 산물인가?
- 능력별 집단 편성은 과연 필요한가?
- 영재교육은 공동체를 파괴하는가?
- 영재교육은 타당성 없는 활동인가?

이러한 비판은 영재교육을 바라보는 하나의 관점으로 설명될 수 있다. 최근 이른바 교육과정의 재개념화 운동(Pinar et al., 1995)을 주창하는 일련의 교육학자는 Rolph Tyler가 1949년에 세운 근대적 교육과정의 개념을 부정하고 나섰다. Tyler는 1949년 저술에서 교육과정을 학습해야 할 교육 목표, 도서, 개념 등의 목록으로 개념화했고, 이 기본 개념은 근본적으로 수정되지 않고 오늘날까지 지속되고 있다. Tyler의 네 가지 핵심 사항은 다음과 같다.

- 학교가 달성하고자 노력해야 할 교육 목적은 무엇인가(교육 목표)?
- 교육 목적을 달성할 수 있도록 어떤 교육적 경험을 제공해야 하는가(설계)?
- 교육적 경험을 어떻게 효과적으로 조직할 수 있는가(범위와 순서)?
- 교육 목적이 달성되었는지를 어떻게 판단할 수 있는가(평가)?

미국에서의 1960년대 인권운동과 베트남전쟁 반대운동, 그리고 대안적 문화의 발달 등은 모두 '관찰 가능한' 교육 목적과 교육 목표로 표현될 수 있는 행동주의적 교육과정에 대해 저항하는 움직임에 기여하였다. 객관주의와 구조주의에 대한 거부는 의미의 위기로 이어졌다. '열린교육'이라는 실험과 신진보주의는 아동을 중시할 것을 요구하였고, 협동심과 애국심보다는 감정과 개인을 중시하는 인간주의적 교육을 강조하게 되었다.

1970년대에 들어 교육과정에 대한 생각은 공학적인 교육과정의 위험성에 초점을 맞추게 되었는데, 교육과정을 기술과 연결하기보다 인간의 정신과 연결해야 한다는 주장과 함께 자유와 미학을 강조하는 경향을 보였다. 교육자로 하여금 교육 목표에 가치를 두지 말고 교육적 활동을 중시하는 교육적 환경을 설계하며, 교육적 활동을 창의성의 신장과 같은 것을 포함하는 보다 폭넓은 활동으로 보도록 요구하였다. 즉, 과학, 수학 등과 함께 예술 및 인문학도 중시할 것을 요구하였다.

1980년대에는 교육과정 재개념화에 대한 저술과 함께 심리학적 발달이론에 근거한 교육과정을 강조하는 운동이 나타났는데, 이들은 다양한 발달 단계별로 어떠한 학습이 적절한가 하는 문제에 관심을 집중하였다. 1990년대에는 재개념화론자를 포함한 교육과정이론가들이 Vygotsky(1984)나 Gardner(1991, 1993)의 이론에 환호를 보내었다. 동시에 고등사고 능력의 강조도 나타나 기초로의 회귀를 추구하기도 하였다. 미국의 과학 및 수학 교육과정을 일본, 독일 등의 외국과 비교한 TIMMS(Third International Maths and Science Survey; 1995, 1997) 연구는 미국의 교육과정이 폭이 넓은 반면, 일본, 독일 등의 교육과정은 깊이가 매우 얕음을 보여 주었다(Avery, 1998). 최근 미국의 여러 주에서 행해지는 성취도 검사 운동 또한 무엇을 가르칠 것인가에 영향을 미치고 있다. 이러한 경향은 교육과정 개발에 보다 보수적인 경향으로 나타나게 될 것으로 보인다.

재개념화론자는 교육과정을 일련의 행동주의적 교육 목표로 봄으로써 교육과정 개발을 '설계'의 영역으로 다루는 것을 지양해야 한다고 주장한다. 대신 학교 안팎에서의 의식적 · 무의식적 교육과정의 선택과 경향이 의미하는 바에 대한 깊이 있는 이해라는 관점에서 교육과정의 개발이 다루어져야 한다고 주장한다(Slattery, 1995a, 1995b). 좋은 의미의 영재교육자로서 우리는 영재교육에 대한 비판, 교육과정에 대한 우리의 태도, 그리고 내부적인 편향성, 방어적인 태도, 편견 등에 적극적으로 대처해야 한다. 포스트모던적 교육과정과 이론가는 개인적인 공격이나 비난을 피하면서 우리가 그러한 일을 하기 위한 방안을 제공해 주고 있다.

영재교육과 교육과정 이론

아마도 이 운동이 제기하는 질문이 영재교육 분야의 전문가에 의해 부적절하게 다루어졌던 것 같다. 아마도 우리는 특수교육의 결핍 모델에 근거하여 특별한 교육과정의 발판을 마련하는 데 너무 몰입한 나머지 나무를 보되 숲을 보지 못하였던 것 같다. 미국에서 영재학생을 위한 교육과정이 어떤 역사를 거쳤는지 살펴보고자 한다면, 영재학생을 위한 교육과정에 대한 인식을 발달시키는 데 영향을 끼친 여러 학자의 노력을 고려해야 한다. 대부분의 학자는 영재학생을 위한 차별화된 교육과정이 필요한 주요 이유가 학문적인 영재성이 있는 학생이 추상적으로 사고하는 능력과 속도가 다르기 때문이라고 말한다. 대부분의 학자는 학문적 영재학생을 위한 교육과정이 종류와 강조점에서 차별적이어야 하지만 유형에서는 꼭 그럴 필요가 없다고 강조한다. 그들은 차별적이되 방어 가능한 교육과정을 주장한다. 저자가 아는 한 그들은 Bruner (Maker & Neilson, 1996a)나 창의성 교육(Piirto, 1998a)과 같은 진보주의 교육자에 대한 언급을 자주 하고 있음에도 불구하고 Pinar 등(1995)이 제시한 교육과정 이론과 같은 재개념화론자의 견해는 거의 다루지 않는다.

Eisner(1994)는 교육과정에 관한 다섯 가지 다른 지향성을 설명한 바 있다. 영재교육에서의 교육과정 지향에 대한 대부분의 설명은 내용, 과정 · 산출물, 개념 지향이다(Maker, 1982a; Maker & Neilson, 1996b; Van Tassel-Basker, 1988, 1994a, 1994b). Eisner의 설명은 영재학생을 위한 교육과정에 대해 생각해 볼 때 매우 편리하고 종합적인 시각을 제공해 준다. 다음은 그가 제시한 다섯 가지 지향성에 대한 예시다.

- **개인적 관련성**(Renzulli's 삼부심화학습): '학생의 관심을 중심으로 교육적 경험을 구성하는 것은 아마도 학교 전체 심화학습 프로그램이 정규 교육과정과 다른 가장 분명한 측면이다' (Renzulli & Reis, 1989: 230)
- **기법**(Maker의 문제유형 매트릭스, Van Tassel-Baska의 다양한 매

트릭스, Tannenbaum의 심화학습 매트릭스): '1번에서 5번 상자를 이용하여 결과를 표시하세요. 달성하면 해당하는 상자에 표시하세요(필요하면 다른 기호를 사용하세요. 예, 'N' - 해당사항 없음, 'A' - 결석, '1/2' - 절반 이상 달성)' (Kemnitz et al., 1982: 15).

- **학문적 타당화**(William & Mary Language Arts & Science 모델, Van Tassel-Baska의 '통합교육과정 모형', Talent Search 교육과정): '공식적으로 정의된 대부분의 학습결과는 특정한 학문적 내용으로는 부족하다. 이런 내용에 대한 모호성은 학문적 안내를 제공해야 하는 집단적 책임에 대한 끊임없는 핑곗거리가 되고 있다. 정말 유용한 것이 되기 위해서는 적어도 50% 이상의 교육과정에 대해서 학습 결과에 근거하여 명확하게 정의된 학년별 내용이 안내 형식으로 표현되어야 한다.' (Hirsch, 1993: 1)
- **사회적 적응과 사회적 재구성**(Javits 기금 규정, 포스트모던적 교육과정 이론): Javits 기금은 '모든 학생에게(때로는 영재교육 프로그램에도 제공 가능) 도전적인 교육과정과 심화된 수업을 제공하려는 학교 전체적 노력에 대해 제공되며, 기금의 절반 이상은 빈곤 지역 학교에 제공되어야 한다.' (Elementary & Secondary Education Acts, Title IV, Part B, 1988) 포스트모더니즘과 관련해서는 권력, 즉 누가 결정할 것인가 하는 문제가 있다. 학습자가 무엇을 학습하고 교사가 무엇을 가르칠 것인지를 누가 결정하는가(Piirto, 1999: 407)?
- **인지적 과정의 개발**[Project Zero의 '이해하는 방법 가르치기

(Teaching to Understand)', Sternberg의 '요소 이론', Taylor의 '다중재능 토템기둥', Maker의 'DISCOVER 문제 해결, Meeker의 SOI, Betts의 자기주도적 학습자 모형, Van Tassel-Baska의 '통합 교육과정 모형']: 학생들이 유창성, 융통성, 독창성, 정교성과 같은 확산적 사고 과정을 개발하게 된다는 것이 특징이다 (Ohio Gifted Students Course of Study, 1989: 11).

DISCOVER 평가 과정의 핵심은 학생이 정규 학급 환경 속에서 문제 해결 활동에 참여한다는 것이다. '학생은 새롭고, 재미 있고, 다양한 자료를 활용하며, 훈련된 관찰자가 학생의 문제 해결 과정과 산출물을 기록하는 동안 또래 학생과 상호작용을 한다.' (Maker et al., 1994: 9)

당신의 신념 체계는 '무엇을 가르쳐야 하는지'에 대해 당신이 생각하는 바를 알려 준다. 저자는 영재교육 분야의 교육과정이론가가 고려해야 하는 두 가지 다른 교육과정의 지향성을 덧붙였다.

- **통찰을 위한 교육**[Project Zero의 '이해를 위해 가르치기(Teaching for Understanding)' (Gardner, 1991)]: '수행 능력은 학생이 실제로 수행한다면 비로소 확인하고 평가할 수 있다. 학생은 그러한 수행의 연습을 수업 첫날부터 시작할 필요가 있다.' (Gardner, 1993: 191)
- **포스트모던주의자**(Piirto, 1994, 1997a, 1997b, 1999): '주정부의 교육은 우리가 우리 자신 속에 억압하고 있는 바를 만들어 내고자 시도한다. 그러나 이러한 행동은 폭력적 행위다.' (Block,

1997: 162) 학문적으로 또한 예술적으로 영재성을 가진 학생을 위해 흔히 추천되는 교육과정 중 많은 경우는 매우 포스트모던적이다. 예를 들어, 개별화를 위한 사전 진단, 학생의 개인적 관심을 중심으로 한 교육, 재개념화를 위한 자서전의 활용, 변수로서의 시간, 특정 재능 영역에 근거한 영재교육 등이다.

이론적 통찰을 위한 교육은 Eisner의 '인지적 과정의 발달로서의 교육과정' 에 포함된다고 주장할 수도 있다. 그러나 Project Zero 연구에 의해 학교가 다중지능적 접근을 급격하게 받아들이고 있는 최근의 경향을 고려하여 별도로 구분하였다.

모더니즘과 포스트모더니즘

이 장의 주제가 되는 이슈에 대해 논의하기 전에 이것이 어떤 맥락 속에서 논의가 이루어져 왔는지를 살펴볼 필요가 있다. 모더니즘이 무엇인가 하는 것은 어떤 영역에서 이야기하고 있는지 그리고 논의되는 상황이 어떠한지에 따라 그 내용이 다를 수 있다. 종교계를 예로 들면, 모더니즘은 16세기 개신교의 개혁운동과 함께 시작되었고, 이 개신교운동은 로마 가톨릭 교회의 전통적인 권위에 대한 저항과 몽테뉴와 에라스뮈스와 같은 사상가에 의한 회의주의의 고양을 야기했다고 이야기할 수 있다. 한편 모더니즘이 갈릴레오, 데카르트, 뉴턴 등의 업적에 의해 촉발된 과학 혁명과 함께 17세기에 시작했다고 말할 수도 있다. 또 프랑스와 미국에서 공화주의자의 혁명이 일어났던 18세기에 시작되었다고 하는 경우도 있다. 그 시작에 대해 어떻게 이야기하는가와 상관없이 모더니즘의 시대는 인간이 인간 스스로의 삶을 살게 되는 방향으로 옮겨가는 거대한 변화의 물결을 가리킨다.

포스트모던이라는 말은 1917년 독일의 철학자 Rudolf Pannwitz에 의해 처음 사용되었는데, 그는 20세기의 허무주의에 대해 이야기할 때 그 용어를 사용하였다(Cahoone, 1996). 이 용어는 1934년 스페인의 문학 비평가 Federico de Onis에 의해 다시 사용되었고, 1939년에는 신학자인 Bernard Iddings Bell에 의해 전통적인 종교로의 복귀를 표현하는 데 사용되었다. 역사학자 Arnold Toynbee는 제1차 세계대전 이후의 대중사회 등장을 묘사하기 위해 포스트모던이라는 말을 사용하였다. 또한 포스트모던이라는 용어는 1950년대와 1960년대의 문학 평론가에 의해 예술적 모더니즘에 대한 저항을 표시하는 데 널리 사용되기도 하였으며, 건축비평가는 1970년대에 그 용어를 사용하기 시작하였다. 그러나 포스트모던이라는 용어는 1971년판 옥스퍼드 영어사전이나 1982년판 아메리칸 헤리티지 사전에 나타나지 않았다.

포스트모던이라는 말은 1980년대에 이르러 탈구조주의적 철학을 일컫는 용어로 널리 사용되었는데, 특히 Sartre의 실존주의나 Freud의 자아이론, 그리고 Merleau Ponty의 현상학을 거부하는 프랑스 젊은 사상가의 저작에서 흔히 나타났다. 이들은 Solzhenitsyn과 같은 작가에 의해 스탈린주의의 폭정이 고발된 이후 새로운 형태의 막시즘을 받아들였다. 이들은 이성적 탐구, 절대적 진리, 독립된 자아 또는 객관적 의미와 같은 것이 과연 존재할 수 있는가에 대해 의문을 던졌기 때문에 탈구조주의자의 사상은 매우 급진적인 것으로 받아들여졌다. 포스트모던이라는 용어는 탈구조주의라는 용어보다 훨씬 널리 사용되었기 때문에 이 책에서는 포스트모던이라는 용어를 사용하였다.

포스트모던적 교육과정 이론

포스트모던적 교육과정 이론가는 Eisner(1994)가 말한 교육과정에 대한 '사회 재구성론'적 경향을 나타내는 집단으로 분류될 수 있을 것으로 보인다. 교육에서의 포스트모더니즘은 사물이 존재하는 방식에 대한 해석으로서의 거대담론(grand narratives)을 비판한다. 거대담론이라는 것은 대부분의 사람에 의해 무의식적으로 받아들여진 해석을 말한다. 영재교육 분야에서의 거대담론은 교육자가 공통적으로 가지고 있는 신념이 될 것이다. 가령, '영재성은 존재하며, 검사 점수에 의해 판별될 수 있다.' '영재성은 좋은 것이다.' '영재교육은 지식인을 훈련시키는 것이어야 한다.' '영재학생은 그들의 사회적 계층을 변화시키는 데 도움이 될 대학에 진학할 수 있어야 한다.' '집단 구성이나 협동학습과 같은 교육 방법은 영재학생에게 효과적일 수도 있고 그렇지 않을 수도 있다.' '학교 시스템은 영재학생에게 비우호적이고 거부감을 준다.' 등의 생각을 말한다. 영재교육 분야의 실천가는 이런 것을 포함한 거대담론과 관련된 신념을 거의 거리낌 없이 받아들인다.

포스트모더니즘은 다섯 가지의 지배적 의제를 가지고 있는 것으로 알려지고 있다. 존재(담론의 문제), 기원(몸의 문제), 통합(규범과 성의 문제), 초월의 부정(권력과 계급의 문제), 그리고 구조적 타자(모든 문제)의 의제가 그것이다(Cahoone, 1996). 이러한 의제와 문제는 가해지는 비평이 어떤 유형을 취하게 되는지와 관련된다. 영재교육 분야에서 나타나는 포스트모던적 비평에 대해 읽고 생각해 보았을 때, 이러한 비평에는 열두 가지 문제가 있는 것으로 보인다(Piirto, 1997a, 1997b, 1998a, 1998b, 1999). 시간, 권력과 계급, 몸, 영혼, 규범, 정의, 다양성, 언어, 담론, 욕구와 열정, 성, 그리고 상상력의 문제가 그것이다. 이 열두 가지 문제가 영재교육 분야의 모든 비평을 담아내고 있지는 못하겠지만, 적어도 영재교육 분야의 특징을 드러내고 있다고 할 수 있다. 이 문제 중 다섯 가지만 이 장에서 논의하고자 한다. 즉, 담론의 문제, 몸의 문제, 규범의 문제, 성의 문제, 권력과 계급의 문제가 논의된다.

다섯 가지 주제와 다섯 가지 문제

영재교육 분야를 비난하려는 것이 아니기 때문에 이 분야에서 활동하는 교육자의 이름을 사용하지는 않을 것이며, 문제 자체만을 학문적 담론의 방식에 근거하여 논의하고자 한다.

존재: 담론의 문제

이 의제는 '존재(presence)', 즉 무언가가 실제로 존재한다거나 그것이 존재하는지를 직접적으로 파악할 수 있다는 생각을 비판한다.

영재교육 분야에서 흔히 '국가가 위기에 처해 있다거나 우수한 학생을 잘 교육하는 것이 국가를 구할 수 있다.' 는 주장을 한다. 이러한 주장은 영재를 위한 특수교육의 필요성에 대한 국가적 관심을 불러일으킨 Marland(1971)의 보고서 이후 흔히 나타난다. 우수한 학생은 '국가적 자원' 으로 부르고 있다. 그다지 뛰어나지 않은 자녀를 둔 사람은 이러한 이야기에 대해서 과연 어떤 생각을 할 것인지 궁금하게 생각하는 사람도 있다. 그런 자녀는 국가적 자원이 될 수는 없는가? 그러므로 교육적 담론은 한 권의 교육과정 안내서의 표와 그림으로 표시되는 최신의 모델이나 전략 이상의 것이어야 한다.

우리가 무언가를 논의하고 있을 때 우리가 어떤 문제를 제기하거나 해결하고 있다고 생각하는 것은 모든 문제에는 해결책이 있다고 생각하는 것만큼이나 순진한 생각이다. Luke(1995, 1996)는 교실 안팎에서의 교육적 담론에 관한 새로운 연구에 대해 논의하는 가운데 어떤 책에 대해 판단을 내리거나 특정 주장의 진위에 대해 판단을 내릴 때, 또는 어떤 문장 안의 정보의 타당성에 대해 판단을 내릴 때, 우리는 항상 맥락에 근거한 분석을 하고 있다는 것을 지적하였다.

영재교육 분야의 여러 교육과정 모델은 문제 발견을 강조한다. 문제를 해결하거나 발견하는 것에 대해 생각할 때 아마도 우리는 교사로서 이런 식의 질문을 던질 수 있다. 이 문제, 즉 교육과정 모델에 관하여 우리가 무의식적으로 받아들이고 있는 것은 무엇인가? 무의식적으로 거부한 것은 무엇인가? 우리가 채택한 모델이 가진 숨겨진 특징은 무엇인가? 우리가 너무 쉽게 받아들이거나 알면서 눈감은 점은 없는가? 모든 담론은 감추어진 암묵적인 가정을 가지고 있다. '해결된 문제'는 거의 없다. 잠시 동안만이라도 과정에 대한 분석을 하게 된다면 어디서 무의식적인 과정이 일어나는지, 어디서 문제가 해결되었다고 가정을 하게 되었는지를 밝혀낼 수 있다.

학생과 교과서 사이의 많은 대화는 그들의 얼굴과 몸, 그리고 집 또는 학교 밖에서의 질문 가운데 나타나게 되는 것이지, 검사 점수나 평가 준거에 의해 판정된 산출물에 나타나는 것이 아니다. 비록 우리가 측정할 수는 없더라도 비공식적 상황에서 나타나는 지식이 중요할까? 그렇다. 수업 자료나 자료의 활용 방법을 선택하고 평가할 때는 그것이 암묵적인 것이든 말로 표현할 수 있는 것이든 상관없이 그 결과에 대한 지식을 포함해서 판단해야 한다.

그러나 너무 많은 교육과정 개발자나 현장 전문가가 급하게 해결하려고 한다. 즉, 영재학생에게 무엇을 가르칠 것인가, 또 그 목적은 무엇인가에 대한 깊은 고민 없이 '월요일 아침에 무슨 수업을 할 것인가.'를 결정한다. 담론에 대한 많은 문헌은 학교가 기대하는 바와 다른 문화적 배경으로 학교에서 문제를 겪고 있는 아동에 대한 내용을 담고 있다. Margolin(1994)과 같은 우수아(high-ability) 연구자는 '훌륭한(good)' 아동에 대해 담론 분석 연구를 수행했다. 이 연구는 문화적 유사성과 탄력성에 대해 조명해 주었다.

이 분야의 다른 문제로는 재능계발(talent development)과 천재교육(genius education)(용어 문제), 전문성 계발(과정의 문제), 영재상의 역사적 정의(Marland, 1971), 개념, IQ와 영역의 정의, 평가(관찰 중심 또는 검사 중심 판별) 등이 있다.

기원: 몸의 문제

'기원에 대한 탐구는 현상의 이면 혹은 그 너머에 있는 궁극적 기반을 보려는 노력이다.'(Caboone, 1996: 14) 포스트모더니즘은 현상 이면에 고유한 진리가 존재한다는 것을 부인한다. 이 의제는 '몸(body)'의 문제에 초점을 맞추어 논의하고자 한다.

우리 분야에서는 정신(mind)을 중요시한다. 그러나 문화비평가, 다중지능이론가, 특수교육자 등은 학습하는 방법에는 지적인 방법 이외에도 다른 많은 방법이 존재한다고 강조하기 시작했다. 즉, 학습은 신체적인 수단을 통해 지적인 결과로 나타난다. '주체(identity)는 가르침을 받기 이전부터 살아 있었다.'(Grumet & Macedo, 1996: 17)

Lewis(Lewis & Macedo, 1996:33)에 따르면, '학습이 정적이고 조용한 것으로 여겨지는 학교에서도 교육과정이라고 하는 지식의 몸과 신체적 경험은 교육의 과정에서 서로 분리될 수 없다.' Margolin(1994)에 따르면, 영재학생이 '훌륭한' 학생으로 여겨지는 것은 그들이 순종적이고, 호기심이 많으며, 위트가 있고 좋은 기억력을 갖고 있기 때문이다. 또 부모의 후광에 의해 떠받들어지거나 수업 시간에 예의 바르게 앉아 있고 떠들지 않으면서 자기보다 못한 학생을 도와주기 때문이다. 따라서 지친 교사가 문제아나 신체적으로 활발한 학생과 씨름하느라 정신이 없어서 영재학생에게는 그만큼의 관심을 쏟지 못할 수도 있다. 또한 일부 똑똑한 학생은 주의력결핍-과잉행동장애라는 꼬리표를 달고 있는데, 이들은 학습과정에서 보이는 신체적 활동에 대해 억제를 받게 된다.

한편 최신 교육이론은 교사 자신의 주요 역할이 '통역자로서의 교사' 에서 '관리자로서의 교사'로 옮겨 가야 한다고 주장하고 있다. 미국 오하이오 주와 조지아 주에서는 이른바 '중재 · 촉진 · 통합 전문가' 모델이 영재학생 교육 방법을 지배하기 시작했는데, 이는 교사와 학생의 친밀한 인간관계를 저해하게 될지도 모른다. '수행' 으로서의 수업은 신체적 행위이며 사랑과 자발성의 행위다. '촉진자' 로서의 교사는 개별 학생과의 인간관계를 형성하지 못할 수 있다. 즉, 수업을 학생에게 손을 내미는 척하다가 바로 되돌리는 것으로 만들 수도 있다. 촉진자 모델은 교사를 비인간화함으로써 교사를 사람이 아닌 기능(function)이 되게 한다. 수업이란 특정 학생, 이른바 '내 아이' '내 학급' 에 대한 열의와 관심의 행동이다. 다른 한편으로 이 모델이 그러한 관계를 오히려 이끌어 낼 수도 있다.

우리의 감성적 동조를 얻어 내는 교사상은 〈죽은 시인의 사회〉(Weil, 1989)라는 영화에서 책상 위로 뛰어오르는 교사의 모습이나 〈위험한 아이들(Dangerous Minds)〉(Smith, 1995)이라는 영화에서 대도시의 빈민학교에서 헌신하는 교사의 모습이다. 우리의 마음과 감성을 사로잡는 교사는 바로 이런 교사다. 우리가 추구하는 교사는 영화 〈Teachers〉(Hiller, 1984)에 나오는 Ditto처럼 교실 뒤편에 앉아 신문을 보면서 아이로 하여금 학습지에 똑같은 것을 반복적으로 채워 넣게 하는 교사가 아니다.

우리가 수행자(performer)로서 수업을 할 때, 우리는 학생에게 요술을 걸고, 학생 또한 우리에게 요술을 건다. 교사로서의 나는 예술가이자 댄서이기도 하다. 나는 수시로 초점을 바꿀 수도 있다. 내 학생의 기분과 분위기를 읽을 수도 있다. 뒤에서 졸고 있는 학생이 일어나 수업에 참여하게 하기 위해 목소리를 높일 수도 있고 뭔가 이야기할 수도 있다. 순간순간의 판단에 따라 진도를 나갈 수도 있고 나가지 않을 수도 있다. 교실에서의 매 순간마다 나는 어느 정도 환상의 세계를 여행하고 있다. 나는 '촉진자'나 '옆에 선 안내자'가 아니라 내 학생의 학습을 위한 동반자다.

hooks(1994)에 따르면 교사가 지적일수록 그 교사는 교사 앞에 있는 교탁 뒤에서 움직이지 않음으로써 몸을 부인하고 오로지 정신만이 고귀하다는 것을 나타내는 경향이 있다. 즉, 지식의 '몸'이 '정신' 안에 있다는 것을 주장하고 몸소 보여 주는 것이다. hooks는 사회적 계층의 분리는 부분적으로 사람이 자신의 몸을 얼마나 많이 이용하는가와 관련이 있다고 생각한다. '교사가 교탁 뒤에서 걸어 나오면 교사의 몸이 학생의 몸과 관련된다.' (hooks, 1994: 137). hooks는 가장 큰 힘을 가진 사람은 자신의 몸을 부인할 수 있는 특권을 갖는다고 하는 도발적인 진술을 하였다 (hooks, 1994:139). 지성인은 정신 안에 몸을 소유한 것으로 보이고 수업 노트의 정신적인 내용을 가르치며, 교탁 뒤에 서 있는 동안 그의 몸이 무엇을 하는지 아무도 묻지 않는다. 그 지성인은 대부분의 경우 남성이며 그의 재킷이 담배 냄새로 찌들어 있는 것에 대해, 그리고 대부분의 시간을 학생에게 등을 보인 채 판서하는데 보내는 것에 대해 아무도 상관하지 않는다. 가장 존경을 받는,

아마도 가장 큰 권력을 갖는 지성인은 유명대학에서 강의하는 지식인일 것이다. 가장 존경을 받지 못하고, 가장 적은 보수를 받으며, 권력에서 가장 거리가 먼 사람은 아마도 대부분이 여성인 유아교사, 즉 몸을 굽히고 뒤틀어야 하는, 그리고 학생과 신체적으로 활발하게 부대껴야 하는 이들이다. 수년간에 걸쳐 공부하고 대학에서 학위를 받아도, 심지어 박사학위를 받아도, 또 유아에 대한 전문가가 되기 위해 훈련을 받음에도 불구하고 그러하다.

그러나 이와 같은 몸의 부인은 한편으로 여교사의 삶의 한 부분일 수도 있다. '영재학생 상담 및 창의성' 이라는 강좌에서 24명의 여성 신참교사 가운데 1/3가량이 Mary Pipher의 *Reviving Ophelia* (1994)를 읽은 후에 자신 또는 자신의 딸이 섭식장애로 어려움을 겪고 있거나 그러한 경험이 있음을 고백하였다. 영재학생을 가르치는 이 여교사가 잘 차려입고 학생을 잘 돌보고 일면 완벽해 보이는 가운데 그러한 경험을 하고 있다는 것을 고려해 보면, 여교사, 더 나아가 대부분의 여성은 여전히 매스미디어에 나오는 여성의 이미지와 학창 시절에 조용히 하고 순종하도록 가르침을 받음으로써 야기된 '몸' 의 문제를 아직도 해결하지 못한 것으로 보인다.

통합: 규범집과 성의 문제

세 번째 의제는 단일성에 대한 비판이다. 포스트모던적인 생각은 하나로 생각되었던 것이 궁극에는 여럿으로 보이게 되리라는 주장을 한다. '예를 들어, 하나의 교과서는 수없이 다양한 방식으로 읽힐 수 있으며, 그중 어느 것도 완벽하거나 진정한 의미를 제공해 주지 않는다.' (Cahoone, 1996: 15) 규범집(canon)은 종교적인 용어로서 '식자(educated)' 가 되기 위해 반드시 읽고 논의해야 할 필수적인 학습 과정을 의미하게 되었다. 물론 교실에서 가르쳐야 할 것으로서 어떤 책은 다른 것보다 더 가치 있다는 주장도 있기는 했다. 포스트모던주의자는 대중문화도 학문적 관심의 대상이 되어야 한다고 주장한다. Bloom(1985: 15)은 '읽는 자가 선택한다.' 고 한 바 있다.

이와 같은 생각은 여권운동가와 소수자 이론가에 의해 제시되었지만, 여권운동가 Moi(1985)는 교육과정이 DWM(Dead White Males)만을 포함해서는 안 된다고 믿는 여권운동가조차 주로 19세기 여류작가의 시와 소설을 가르쳐야 한다고 믿는 나름의 규범집을 가지고 있다고 비판한다. 그러한 생각의 밑바탕에 깔린 믿음은 학생이 위대한 작가가 쓴 위대한 작품을 읽으면 그들이 더 훌륭한 인간이 되리라는 것이다. '위대함' 의 의미는 그 작품에 담긴 삶의 방식이 참되고, 현실적이고 진리라는 것이다. 독자는 그 작품을 존경과 경외감을 가지고 본다. 보다 최신의 작품을 읽는 것의 위험은 학교의 목적에 비하여 볼 때 덜 존경할 만한 경험을 제시하고 있을지 모른다. Moi는 그러한 작품을 많은 여성, 소수자, 또는 노동계층의 글에서 발견할 수 있는 비정상적이고 비전형적인 경험이라고 표현했다(1985: 78). 인간이 무엇인지는 규범에 포함되는 자료의 선택에 의해 반드시 검열을 받게 된다. 이러한 작품을 통해 전해지는 역사는 너무나도 흔한 각색된 역사다. 이러한 역사는 *Lies My Teacher Told Me*(Loewen, 1995)와 같은 책에서 설득력 있게 보여 주고 있는데, 이 책에서는 현재의 역사 교과서와 그 교과서의 이야기를 해체하고 있다.

규범이 무엇인가라는 질문은 특별히 영재학생을 가르치는 이와 관련시켜야 한다. 왜냐하면 영재학생은 자신이 속한 지역사회와 문화를 떠나 정보화시대의 정보생산자 집단에 편입하기 위한 자격을 부여하는 각종 테스트를 통과해야 하기 때문이다. 이때 기초란 무엇인가라는 질문이 제기된다. Grumet(Grumet & Macedo, 1996: 7)에 따르면, '기초라는 이름 안에서 관계, 감정, 환상, 불안, 공격성, 기억, 모순 등은 모두 사라진다(1996: 17).' 구조와 경이로움은 많은 책에서 사라지게 되고, 학생이 고등학교와 대학에 들어가게 되면 그 책은 '학생이 실제로 살고 있고 또 관심을 가진 세계에서 잊혀 버린 조상숭배(1996: 17)'의 위치로 격하되어 버린다. Grumet은 우리가 수단보다 결과에 초점을 맞추고 있다고 말한다.

그러나 사회 비평에 똑똑한 학생을 끌어들이는 것은 바람직하지 않다. 이제는 민주주의적 이상의 기초가 모든 사람이 비판과 사고에 참여하여 결정을 내려야 한다. 물론 수업에서 학생은 교과서를 통해 배우고 연대표를 외워서 성취도 평가를 통과한다. 학생이 비판적 역사, 즉 권력 구조가 어떤 일을 했는지, 또 그것이 어떤 결정을 했는지 등을 비판하는 역사적 관점에 대해 배우는 경우는 거의 없다. 1991년의 걸프전쟁은 결코 '자신의 검증되지 않은 특권의 교훈을 잘 배운 미친 남자의 사악한 남근숭배적 태도' 대 '자신이 가진 파괴의 힘에 대한 자아도취적 유희를 위한 배타성, 폭력, 제거의 의식화된 게임'으로 그려지지 않는다(Lewis & Macedo, 1996: 39).

많은 교육을 받은 사회 및 교육 이론가 Joanne Pagano는 이에 동조하는 의미로 '우리의 가장 숭고한 이상의 근원과 양식으로서 그토록 열심히 지켜 온 문학적 규범집이 나의 교육 역사에 주요한 내용이 되었다.' 고 말한다(Pagano & Miller, 1996: 142). 그녀는 음악, 예술, 과학, 수학 등을 다루며, SAT와 GRE에서도 높은 점수를 받았다. '그러나 이러한 것은 나를 더 나은 사람으로 만들어 주지 못한 것으로 보인다.' (Pagano & Miller, 1996: 142) 그녀는 현재의 교육 논쟁이 교육이 길러 내는 인간의 종류에 대해 초점을 맞추고 있는지를 궁금해 한다. '이는 도덕적 문제이지 단순한 기술과 내용의 문제가 아니므로 교육은 우리가 더 나은 사람이 되도록 도와주어야 한다.' (Pagano & Miller, 1996: 142) 미국의 많은 주에서 그러한 생각을 담은 교육 목표가 '도덕은 학교가 가르칠 것이 아니라 부모나 교회가 할 일' 이라고 생각하는 많은 학부모에 의해 격렬히 반대되었다. 물론 포스트모던적 견해는 그 누구든 가르치다 보면 자신의 인격을 가르치는 내용에 무의식적으로 반영하게 된다.

이러한 것은 이제 오래된 논쟁이며, 영재교육 분야에 종사하는 많은 이는 이미 이러한 논쟁에 대해 자신의 답을 가지고 있다. '우리가 조부모와 이야기할 수 있어야 한다.' '교육이론이 실패했다.' '내용과 관련되지 않은 기술은 쓸모없는 것이다.' '교육이론이 근거하고 있는 원리가 그럴듯하지만 너무 낭만적이다.' '학생에게 전달할 수 있는 지적체제가 없다면 민주주의는 실패한다.' 등의 말로 논쟁에 대항하는 Hirsh(1996)의 견해를 따를 수도 있다. 그러나 여전히 의문이 남는다.

규범집에 대해 비판적인 많은 비평가는 사실 그들 자신이 특권층에 속하는 전문가다. 그러면서 그들은 가난한 자, 빼앗긴 자, 절망적인 자에게 규범집을 배울 필요가 있다고 선언한다. 다른 한편으로, '규범집' 이라는 이름으로 한 학생이 가진 지적 유산을 무시함으로써 그 학생의 가치를 부인하는 것 또한 오만한 것이다. 나는 4개의 학위를 모두 수업료가 낮은 주립대학교에서 받은 노동계층 출신의 학생으로, 문학교사의 소명에 충실하게 '교과 중심' 교육과정을 신봉해 왔다. 하지만 비판적 이론에 대한 독서를 통해 나 자신이 소수민인 핀란드계 미국인 가정의 자녀로서 스스로 경험한 것을 왜 가치 없는 것으로 여겨 왔는지 의아하게 생각하게 되었다. 왜 나의 문화, 그리고 그 문학과 종교가 주변적인 것이어야 하는가?

미국여성대학교직원협회(American Association of University Women, 1995), Sadker와 Sadker(1995)의 연구는 학문적으로 재능 있는 여성은 위험에 처해 있다는 결론을 내렸다. Lewis(Lewis & Macedo, 1996)의 다음과 같은 진술은 매우 흔하다. '나의 대학원 과정 이후 공교육에서의 17년 동안 여성, 노동계층, 인종 · 문화 · 성적 소수자 등의 역사, 문화, 정치적 현실 등에 대해 공부해 본 적이 없다.' (Lewis & Macedo, 1996: 43) Pagano(Pagano & Miller, 1996)에 따르면, '학생으로서 나는 너무나도 다양한 면에서 여성이 열등하다고 매우 객관적으로 가르쳐 주는 모든 종류의 학문과 각종 이념에 노출되었다.' (Pagano & Miller, 1996: 145)

그러나 영재의 성별과 관련된 문제는 그 이상의 의미를 갖고 있다. 창의성이 뛰어난 재능인은 양성성이라는 성격적 특성이 있는 것으로 알려져 있다. 양성성은 경우에 따라 성과 관련된 성격 특성이 융통성을 가지고 발현되는 것으로 표현될 수 있다. 여성이 매우 공격적이 될 수 있고, 남성이 매우 예민하게 될 수도 있다. 창의성이 뛰어난 사람들에게 양성성이라는 성격적 특성이 나타난다는 것은 심심찮게 언급된 바 있다(Barron, 1968; Heilbrun, 1988; Csikszentmihalyi et al., 1993; Piirto & Fraas, 1995; Piirto, 1998a, 1999).

성별과 관련된 또 다른 이슈는 동성연애와 관련되어 있다. 학문적인 영재성이 뛰어난 동성애자의 존재는 영재교육 문헌이나 현장 교육에서 거의 다루어지지 않기 때문에 이러한 특성을 가진 영재학생이 역할 모델이나 또래 수용과 관련하여 가질 수 있는 고유한 필요는 거의 충족될 수 없었다. 영재교육 전문가가 이제서야 동성애적 특성을 가진 영재학생의 존재에 대해 무지했다는 것을 부끄럽게 생각하기 시작했을 뿐이다. 1997년에 열린 세계영재학회의 학술대회(World Conference of the World Council for Gifted and Talented Children)와 미국영재학회(NAGC)의 연차학술대회에 이르러서야 동성애 영재학생의 학부모와 동성애 교사에 의한 발표 기회가 있었을 뿐이다.

성별 문제는 양면성이 있다. 여학생이 수학과 과학 분야에 참여하도록 독려하는 활동은 어느 정도 시도되는 반면, 남학생이 예술과 문학 분야에 참여하도록 독려하는 활동은 찾아보기 힘들다. 이는 수학, 과학 분야가 심미적 분야보다 더 우월하다는 방향으로 성적 편향성을 야기한다. 만약 남학생으로 하여금 예술, 특히 무용과 같은 분야에 참여하도록 독려하는 경우 격렬한 저항이 나타나기도 한다.

무엇보다 영재교육 분야의 구조 자체가 성별과 관련한 문제를 반영하고 있다. 영재교육에 참여하는 거의 대부분의 교사는 백인 여교사다. 영재교육 프로그램의 행정담당자도 대부분 백인 여성이다. 남자 또는 소수인종 교사의 부족은 영재교육의 발전 방향에 예기치 않은 영향을 끼치고 있음이 분명하다. 이러한 상황을 해결할 방법은 과연 있을까? 남교사, 그리고 소수민족 교사의 모집에 늘 실패하고 있는 현실을 고려해 보면 해결책은 쉽지 않을 것 같다.

초월성의 부인: 권력과 계급의 문제

> 대부분의 철학자가 정의(正義)의 개념을 이용하여 사회적 질서의 정도를 판단하였던 반면, 포스트모더니즘은 정의라는 개념 자체도 그것이 판단하고자 했던 사회적 관계의 산물이라고 보았다. 즉, 정의라는 개념은 특정 시기와 장소에서 특정 이해관계를 대면하기 위해 만들어졌고 특정한 지적 · 사회적 맥락에 종속된 것으로 본다(Cahoone, 1996: 15).

절대적 기준은 존재하지 않는다. 예를 들어, 진리, 선, 미, 사랑, 지능, 재능이란 무엇인가? 이 문제는 상대주의와 허무주의에 대한 포스트모던적 비판을 하고 있는 비평가에게서 나타났다. 권력과 계급의 문제는 이 주제와 관련하여 제기되었다.

우리 분야에 존재하는 비판, 즉 실증주의적 패러다임에 근거하여 학생의 사회적 역할을 너무 당연하게, 아무런 거리낌 없이 가정하고 학생을 교육하고 있다는 비판은 반드시 검토해야 한다. 특정 학교 환경에서 남자나 여자 또는 아이는 권력을 어떻게 보고 있을까? 교사는 자신이 권력 구조와 공모하고 있다는 것을 인식하고 있을까? 또 학생의 자기평가 능력을 저해할 수도 있는 교육 목표를 위해 학생을 훈련시키는 일에 스스로 얼마나 순응적인가를 인식하고 있을까?

기술주의 사회가 가진 합리주의적 환상이 우리 분야에 만연해 있다. 교육자로서 우리의 목표 중 하나가 학생에게 모든 신념이 상대적이라는 것, 즉 세상에 대한 서로의 신념과 견해를 이해할 수 있도록 하는 것이지만, 포스트모던적 이론가는 진리는 상대적인 것이 아니라 관계적이라고 주장한다. 다시 말하면, 무엇을 진리라고 보는가는 누가 권력을 가지고 있는가, 학생 또는 교사가 그 권력과 어떤 관계를 갖고 있는가, 또 시대정신(Zeitgeist) 또는 지배적 패러다임이 무엇인가에 달려 있다. 이는 이른바 중립이라는 것이 존재하지 않는다는 것을 시사한다. 지적으로 재능 있는 학생을 위해 특수교육을 제공하고자 하는 노력을 정당화하기 위해 흔히 동원되는 논리 중 많은 경우가 이들 학생이 '천연자원' 과 마찬가지로 '세상을 구할 수 있다.' 는 식의 주장이다. 본질적으로 우리는 학생을 교육함으로써 그들이 권력과 특권을 누리도록 하고 있다. 누군가가 권력을 가지면 다른 누군가는 갖지 못하며, 피지배자가 자신의 처지를 당연하게 여기거나 타고난 것으로 여기거나 운명적인 것으로 받아들이거나 한다면 이 권력은 견고하게 자리를 잡게 된다.

「국가적 수월성(National Excellence)」(1993)이라는 보고서는 성취도시험 성적의 국가 간 비교에 근거하여 뛰어난 재능을 가진 학생을 위한 교육이 촉진되어야 한다고 주장했는데, 이는 개개인의 '조용한 위기'가 다른 나라의 똑똑한 학생만큼 높은 시험성적을 나타내지 못했다는 것에서 드러나고 있다. 미국 연방정부는 이 보고서를 발표하고 TIMMS(Avery, 1998)와 같은 국제비교 시험에서 더 나은 성적을 얻을 수 있도록 미국의 똑똑한 학생의 교육을 적절히 손봄으로써 자본주의자의 이해에 부합하는 성취검사 결과가 나올 수 있도록 교육 정책을 펼쳐 나간다. 이러한 교육적 활동의 정당화 논리는 미국이 '좋은' 나라이며, 자본주의적 자유기업 시스템이 세계 모든 나라에게 좋은 것이고, 똑똑한 학생을 교육하여 자본주의를 다른 나라로 전파할 수 있도록 하여야 한다는 것이다. 헤게모니에 근거한 권력에 대한 일방적인 관점은 미국의 정책을 다른 시각에서 볼 수 있도록 배우지 못하는 똑똑한 학생에게 영향을 끼칠 수 있다. 예를 들어, 미국의 똑똑한 학생은 외국 언론의 사설을 읽도록 장려되지 않을 수 있다. 1998년의 이라크 폭격과 관련한 권력의 문제는 인도 언론의 사설에서는 전혀 다른 시각으로 바라볼 수 있다.

사회적 계급의 권력 문제에 관하여 hooks(1994)는 자신이 노동계급 출신으로서 스탠퍼드 대학교에 들어갔을 때 노동계급 출신 교수를 전혀 만나 볼 수 없었다는 것을 지적하였다. 그녀의 교수는 계급을 초월한 가치관을 신봉하고 있었으나, 그들 스스로는 모두 특권 계급의 일원이었다. 반면 공립학교 교사의 대부분은 노동계급 출신이고, 교사의 아버지 중 상당수는 노동조합의 골수 조합원으로서 자신이 못 이룬 꿈을 이루기 위해 자녀를 대학에 보낸 것이었다. 영재학생을 교육하는 이들은 여전히 계급이 중요하게 작용하는 상황에서 활동하고 있다. 자신의 임무가 지성인을 훈련시키는 것으로 여기는 영재학생의 교사는 자신과 같은 동네에서 나온 지성인보다는 '동부지역 명문가'에서 나온 지성인을 더 동경하도록 배웠는지도 모른다. 따라서 영재학생을 교육하는 이들이 똑똑한 학생을 상위 계급으로 이동시키도록 교육하는 것을 암묵적 목표 중 하나로 삼고 있다는 것에 전혀 놀랄 필요가 없다.

그들은 학문적으로 재능 있는 학생을 위한 특수교육의 목적이 무엇인지 질문을 받게 될 때, 많은 이들은 이 학생이 좋은 대학에 들어가서 상위계급으로 이동할 수 있도록 돕는 것이라고 대답할지도 모른다. 이 학생은 노동 계급에 속한 그들의 부모, 교사, 문화를 뛰어넘게 될 것이다. 이러한 목적이 의문시되는 경우는 거의 없다. 자신이 살고 있던 지역, 자신의 사회적 계급, 자신의 출신 배경을 떠나 기술사회의 엘리트 계급에 참여하게 될 때 뒤에 남기게 되는 것은 무엇일까? 아마도 그것은 가족, 연속성, 친밀감, 소속감 등이 아닐까 싶다. 즉, 할아버지, 할머니, 이모, 삼촌과의 관계, 지역사회와의 연대감, 가정의 전통 등을 잃어버리게 될 것이다. 이러한 것을 버리는 것은 이민자의 유산을 가진 미국 문화에서 매우 고질적인 문제다(물론 비자발적으로 정착하게 된 아프리카 출신 미국인이나 이미 정착하여 살고 있던 미국 인디언을 제외하고). 이민자의 조상은 고국에 모든 것을 남겨 둔 채 더 나은 삶을 찾아 새로운 세계로 떠났는데, 이러한 위험 부담을 다시 감수하지 못할 이유가 무엇이겠는가?

그러나 집과 가족, 전통을 떠날 때 우리가 치러야 하는 대가는 무엇인가? 이러한 것이 과연 더 많은 돈을 벌고 보다 많은 지적 존경심을 얻기 위해 버릴 만한 것인가? 이는 그럴 수도 있고 그렇지 않을 수도 있다. 창의적인 작가에 대한 한 연구에 따르면 작가는 종종 자신의 집을 주제로 글을 쓰는 데 요구되는 어떤 정도의 거리감을 두기 위해 집을 떠나야 한다는 주장도 있다.

권력에 관한 또 하나의 문제는 영재학생을 위한 교육자 중 일부가 현재의 패러다임에 근거한 영재교육 모델을 제안하는 다수에 의해 무시되었던 것은 아닌가 하는 점이다. 예를 들어, 예술교육을 하는 이들은 다른 이들이 신봉하고 있는 실증주의적 심리학에 기반한 영재교육의 한계점으로 많은 어려움을 겪을 수 있다. 그들은 스스로 익숙한 직관적인 지식 습득 방법을 적극적으로 활용하지 못하고, 실증주의적 모델에 대해 본능적으로 느끼게 되는 의구심을 애써 억누르게 된다. 왜냐하면 이러한 것을 표현할 경우 이들이 정직하지 못하다는 비난과 조롱을 당할 수도 있다는 두려움을 갖고 있기 때문이다.

권력과 관련한 또 하나의 문제는 누가 결정권을 갖는가 하는 것이다. 학습자가 무엇을 배우고, 교사가 무엇을 가르칠 것인가를 누가 결정하고 있는가? AP 교과나 상위 집단 교과(honors class)를 가르치는 교사는 너무 많은 내용을 가르쳐야 하기 때문에 숨 쉴 여유도 없다고 불평한다. 교사는 자신의 지위가 마치 예전의 우유 배달 아저씨와 같은 교육과정 배달 아줌마로 전락해 버렸다고 종종 말하곤 한다. 즉, 어떤 교재를 가르치고 읽을 것인가를 결정하는 위원회의 권력은 매우 크다.

권력과 관련된 문제가 또 있는데, 그것은 큰 교육의 편제 안에서 작은 영역을 차지하는 심리검사 중심의 영재교육에 관한 것이다. 이들은 선도적인 역할을 통해 수년간에 걸쳐 많은 교수전략과 철학을 개척했다. 이 분야의 주창자는 이와 같은 공적에 대해 이렇다 할 인정도 받지 못한 채 뒤로 물러나 있어야 했으며, 비판자에 의해 인종주의자, 계급주의자, 엘리트주의자, 시험점수 신봉자 등으로 비난을 받는다고 하소연하고 있다(Margolin, 1994; Sapon-Shevin, 1994). 이 분야의 몇몇 대학 교수는 그들에게 맞서는 비판자의 맹공에 대해 무력감을 느낀다. 이들은 일반 아동과는 전혀 다른 교육적 요구가 있는 학생을 교육하고 돌보는 일을 하기 위해 그토록 애써 왔음에도 불구하고 아무런 금전적 지원도 없고, 유력한 지지자도 없으며, 정부에 의한 공인을 받지도 못한다는 것을 알고 있다. 이들이 그러한 일을 할 수 있도록 하는 것은 무엇인가? 아마도 그동안 그렇게 해 왔던 것처럼 재능 있는 학생을 위한 교육에서 시작했으나, 곧 모든 학생을 위한 교육으로 받아들여질 혁신적인 교육활동의 개척자로 계속 살아가고자 하는 것일지도 모른다. 어쩌면 그들이 가르쳐 온 아동의 미약한 재능이 폭발적으로 꽃피게 되는 날 무기력해 보이기만 했던 교육자의 교육 활동이 결코 헛되지 않은 것으로 드러나게 될지도 모른다.

구조적 타자

구조적 타자는 이미 앞서 언급한 많은 문제를 내포하고 있다. 특히 권력의 문제, 담론의 문제, 성별의 문제, 몸의 문제, 규범의 문제 등과 관련되어 있다. 학교 시스템에서 개인차를 구별하는 메커니즘에 의해 나타난 지적 엘리트주의에 대한 비판과 논의를 펼쳤던 대표적인 사람은 Lasch(1995)다. Kaplan과 Kaplan(1997)은 다음과 같은 의문점을 제기하였다.

> 테크놀로지에 의해 갈수록 구조화되어 가고, 새로운 엘리트층이 주도하는 세계에서 지능이 평균 이하에 해당하는 부류의 사람을(그들이 어떤 특정 인종의 사람으로 나타나는가에 관계없이) 공정하게 포용하는 어떤 질서를 창조해 낼 수 있을까(1997: 427)?

상위 5~10%의 학생, 즉 지적 엘리트를 교육하는 사람들이 세상을 상징적 분석가(Hernstein & Murray, 1994)가 될 수 있는 이들이 사는 지역사회[즉 타자(他者)]로부터 구별되는 곳으로, 즉 빈번한 직업 재배치나 집단 간의 장벽에 의해 단절되어 서로 간에 이메일이나 팩스 등으로 의사소통하거나 비행기를 타고 오고 가며 의사소통해야 하는 곳으로 설명하는 경우는 거의 없다. 아마도 똑똑한 이들을 '타자'로부터 분리하는 일은 정부와 기업을 비판할 수 없는 사람들을 만들어 내는 일일 것이다. Kaplan과 Kaplan(1997)이 이야기하는 것처럼, '미국은 더 이상 진정한 의미의 민주주의에 의해 귀족주의의 통치를 대신하고 있는 나라가 아니다. 미국은 단지 귀족 계급에 진입하는 길이 세습보다는 능력에 의해 이루어지는 나라일 뿐이다.' (1997: 430)

물론 매우 지적인 학생을 교육하는 많은 이와 부모는 이 학생이 초등학교와 중등학교에서 '타자'와 동일한 대우를 받았으며, 오히려 학급과 교육과정 모두에서 차별을 받기까지 했다고 주장할 것이다. 앞서 논의한 다른 문제와 마찬가지로, 구조적 타자에 대한 포스트모던적 개념은 양방통행 도로가 될 수 있다. 그러나 적어도 여기에서는 그 논의 자체가 제한되어 왔으며, 이 문제에 대해 이야기하는 것을 터부시하는 것은 아마도 부질없는 것임이 드러나게 될 것이다.

결 론

영재교육 분야는 창의적 문제 해결, 미래 문제 해결, 문제 중심 학습 등과 같은 교육과정 모형을 받아들였다. 또 우리는 비판적 사고력, 고등사고 능력, 창의적 사고 과정 등이 정규교육과정의 일부가 되기 이전부터 그것을 영재학생에게 가르쳤다. 영재교육 분야의 교육자는 AP 과정, 국제학사 프로그램, Junior Great Books, 뇌기반 사고, 주제 중심 교육과정, 학제 간 교육과정과 같은 것에 대해 일반교육에서 관심을 갖기 이전부터 주창해 왔다. 일반적으로 혁신을 주도한 개척자는 거의 주목을 받지 못한다. 하지만 이제 포스트모던 교육과정 이론가도 교육과정 모델의 개발이나 정교화를 넘어선 영역까지 나가고 있다. 그들은 교육자에게 자신이 하고 있는 일이 무엇인지, 왜 그것을 하고 있는지, 또 그것을 계속할 것인지 등에 대해 질문을 던지고 있다. 그들은 지난 세대의 이야기에 질문을 던질 것을 요구한다. 인도의 철학자 Krishnamurti(1974)는 교육에 대한 논의에서 교사와 학생이 편견을 버리고 모든 것을 새로운 안목으로 바라보라고 촉구하였다. 그는 지식과 지능을 구별하였는데, 지식이 학위의 직업을 얻기 위해 갖는 것인 반면 지능은 편견 없이 볼 수 있는 능력이라고 하였다. 그는 지금 당신이 조건화되어 있다는 것을 알게 되었다면, 이젠 어떻게 할 것인지 질문하였다(1974: 34). 정말 이젠 어떻게 할 것인가?

비 고

이 장은 Piirto(1999)에 나오는 특정 부분의 요약본이다. 또 이와 비슷한 내용이 *Journal for the Education of the Gifted*의 1999년 가을호에 실린 바 있다.

제2장

문해, 융통적 사고, 미성취

Joan Freeman

서 론

이 장에서는 문해(literacy)와 사고의 질 간 관계를 살펴 보고자 한다. 사고의 질이란 잠재력이 있는 아동이 다양한 상황에서 탁월성을 드러내게 하는 융통성 있고 창의적인 사고를 뜻한다. 발달자료를 보면 읽고 쓸 수 없는 아동은 매우 높은 잠재력이 있음에도 미성취한다는 증거가 있다. '문해의 과정'과 '사고의 융통성'은 태어나면서부터 시작된다. 처음에는 가족에 의해 좌우되다가 나중에는 외부의 교육적 지원에 의해 좌우된다. 이러한 외부의 교육지원은 사회적 맥락의 영향을 받는다.

전 세계적으로 볼 때 다양한 능력이 있는 아동이 매우 다른 조건 속에서 성장한다. 어떤 아동은 단지 매우 제한된 문해 교육만을 받을 수 있다. 예를 들어, 브라질의 파벨라 빈민가에서는 아이가 살기 위해 돈을 벌어야만 하고, 선생님은 아이가 학교에 오게 하기 위해서 음식과 같은 유인가를 사용해야만 한다. 남아프리카의 빈민촌 아이는 인종차별적인 교육 정책에 놓여 있다. 학급 인원수는 많고 선생님은 종종 충분한 훈련을 받지 못했다. 또한 일부 엄격한 종교 문화에서는 아이가 문맹일 뿐만 아니라 스스로 질문하고 생각하는 것을 금한다(Freeman, 1992).

문 해

기본 문해(literacy)는 보통 어느 정도 읽고 쓸 수 있는 능력을 의미하며, 때로 기초계산 능력이 이 안에 포함되기도 하는 등 사회맥락에 따라 문해가 의미하는 것이 달라진다. 결핍된 일부 지역에서는 문해를 단순히 철자를 읽을 수 있거나 자신의 이름을 쓸 수 있는 정도를 뜻한다. 그러나 보다 기술이 진보된 사회에서는 일상생활에서 더 수준 높은 능력이 필요하기에, 초등학교 교육을 받은 사람조차도 기능적으로는 문맹에 속할 수 있다. 문해의 유용성은 사람들이 읽어야만 하는 자료가 얼마나 많은가에 달려 있다. 일반적으로 더 복잡한 사회의 경제와 구조일수록 개인은 더 높은 수준에서 더 많이 읽고 쓸 수 있어야만 한다(Street, 1990).

유럽공동체위원회(The Commission of European Communities, 1988)는 문해라는 용어를 신체적이나 정신적 장애 때문에 읽고 쓸 수 없는 사람들에 대해서가 아니라, 다음과 같은 사람들에게 적용된다고 하였다.

> '공문서 작성하기, 기차 시간표 읽기, 영수증 보고 알기 등에 어려움이 있거나 아예 할 수 없는 사람' '정보를 받아들이는 데 확실히 제한이 있는 사람' '사회복지에서 배제되는 사람' '사회적으로 보조적인 역할 담당으로 제한되는 사람' (1988: 5)

문맹인 사람들이 라디오, TV, 전화, 컴퓨터와 같은 여러 의사소통 매체 덕분에 활자화된 말이 아닌 다른 방법을 사용할 수 있다고 하더라도, 그러한 매체의 유용한 정도가 나라마다 매우 다르다. 일부 국가에서는 일간신문의 발행 부수가 1,000명당 1명보다도 적다. 어떤 나라에서는 국가적 방송망이 없거나 심지어는 전화 체계도 안정적이지 못하다.

문해가 가능하다는 것은 단지 기계적으로 읽는 것뿐만 아니라, 말을 이해하고 이야기하고 분석하여 적절하게 반응하는 것은 물론 활자화된 글을 사용하여 생각을 표현할 수 있다는 것을 의미한다. 국제 교육국(International Bureau of Education)은 문해를 '문화의 구성원에게 부과된 문화적 요구로서, 일반지식 영역에 일련의 기술을 적용하는 것'으로 정의했다(UNESCO, 1988). 문해가 안 되는 사람들은 농업이나 건강에 대한 지시사항이나 인구 계획 등의 정보를 얻는 것이 제한된다.

문해가 가능해지는 기회는 사회의 수준에 따라 차이가 있다(Dubbeldam, 1991). 예를 들어, 가족 수준에서 본다면 읽고 쓸 수 있는 가족은 자녀가 학교에 다니는 기회는 물론 활자화된 글자에 친숙해 지는 정도도 증가시킨다. 그러나 의무교육 자체만으로 문맹의 문제가 없어지지는 않는다. 예를 들어, 열악한 환경이나 다문화 가정의 아동은 아동의 요구에 맞게 제대로 부응할 준비가 안 된 교사의 지도를 받기 쉬운데, 교사는 아동이 읽기를 못하는 것이 어쩔 수 없는 것이라고 생각해 버린다.

문해는 전생애학습(lifelong learning)에서 가장 중요한 초석이다. 그러나 전 세계의 수만 명이 읽고 쓸 수 있는 능력을 제대로 획득하지 못한 채 학교를 떠난다(사회적 장애나 지적 장애 때문은 아닐 것이고 아마도 이들의 어떤 결핍 때문일 것이다). 충분한 시간과 적절한 도움을 받는다면 대부분의 정상 아동은 읽을 수 있다. 읽기 단계와 기초계산 단계에 도달하기 위해서는 먼저 언어와 수에 친숙해져야만 한다.

언어 발달

아기는 성인이 말하는 것의 의미를 배워야만 하는데, 말의 직접적인 의미를 이해할 수 있어야 할 뿐만 아니라 제스처와 몸동작이 담은 함축된 의미도 이해해야 한다(Messer, 1994). 정확하게 말하는 것을 배우기 위해서는 많은 노력이 필요하다. 이는 개별 소리를 발음하기, 단어를 문장 순서에 맞게 배열하기, 이해할 수 있는 생각으로 소통할 수 있게 문장을 배치하기와 같은 것이 포함된다. 대화는 타인이 말하는 것을 해석하는 것뿐만 아니라 자기 말의 의미를 타인에게 이해시키는 것을 포함하며, 언어가 그 사회에서 사용되는 방식에 대한 여러 가정(assumption)을 공유해야 한다. 아무리 문장이 문법적으로 발음상으로 맞다고 하더라도, 의도한 의미를 표현하지 못하는 문장은 사회적으로 받아들여지지 않는다. 아동이 그렇게 빨리 그렇게 쉽게 언어를 획득하는 이유 중 하나는 의사소통에 대한 강렬한 소망 때문인 것 같다.

갓난아기는 제일 처음에는 울며, 그 다음은 목을 갸르르 울리며, 떠듬거리며 말하다가 단어를 말한다. 모든 언어에서 첫소리는 양육자에 대한 명칭(아빠, 엄마, 마마, 파파 등)이다. 그래서 세계적으로 아기의 첫 단어와 그 단어 의미는 비슷하다. 첫 단어는 아동이 흥미가 있거나 흥미를 끄는 사람, 동물, 장난감 등 주로 구체적인 대상을 언급한다. 사물 이름을 배우게 되면 사물을 범주로 묶는 것이 더 쉬워지며, 사물을 범주화하면 더 많은 새로운 명칭을 배우는 데 유리해진다. 1세 말까지 언어와 사고가 밀접한 관계를 맺으며, 각각 서로의 발달에 영향을 미친다(Mehler & Pupoux, 1994). 언어는 단어의 범주 세트가 확고해질 때까지 계속해서 사고에 영향을 미친다. 또한 사고는 이미 배운 범주에 적합한 단어를 더 쉽게 배울 수 있게 하기에 언어에 영향을 미친다.

세계적인 지위를 얻은 사람은 아동 초기부터 언어 수준이 높았고 상호적이었다(Radford, 1990). 일반적으로 학령기 때 이미 훨씬 앞섰고, 사고 기술 면에서 매우 우수했다. 또한 지능이 매우 높은 5세 이하의 아동은 종종 요구사항이 많으며, 그 때문에 가족에게서 더 많은 자극을 받는다. 그래서 자신의 학습 환경을 스스로 바꾸게 된다. 여아는 대체로 남아에 비해 언어 기술이 일찍 발달한다.

언어적 상호작용(단순히 주고받는 이야기가 아니라 성인과 함께 체계적으로 진행되는)은 언어 발달에 상당한 도움을 준다(Fowler,

1990). 이러한 언어적 상호작용이 지식과 사고 기술의 습득까지 포함하기에 더 폭넓은 지적 발달과 관련있다. 영아기 때부터 특출난 언어 능력을 드러내는 아동은 5세가 되기도 전에 어느 정도 읽을 수 있기에, 스스로 더 폭넓은 교육의 장을 탐색할 준비를 갖춘다.

언어는 피드백이 있어야 발달한다(듣기, 교정하기, 상황에 맞는 단어 사용하기). 피드백의 비율과 폭은 아동을 돌보는 성인의 언어와 확실히 관계가 있다. 혜택을 받지 못하는 아동은 필요한 피드백을 부모에게서 받지 못하기에, 풍부한 환경에 있는 아동과 이들 간의 의사소통 능력에서의 격차는 단지 몇 년 사이에 더 커진다. 피드백을 주고받으며 대화를 하지 않는 아동이 자발적으로 복잡한 언어를 발달시키기란 쉽지 않다. 왜냐하면 빈약한 언어 능력을 가진 아동은 종종 지각 능력이나 다른 지적 능력에서도 취약해지기 쉽기 때문이다.

대부분의 가정에서, 성인과 아동 간의 대화는 학교에서보다는 더 균형적이다. 심지어 어린이집 교사조차도 이미 마음 속에 답을 갖고 아동에게 질문을 하기에, 아동의 사고를 장악하게 되어 아동이 실제로 사고를 향상할 수 있는 질문을 못하게 막을 수 있다(Tizard & Hughes, 1984). 주위 환경이 열악한 어린 아동은 교사가 세련되게 말하는 것 자체가 혼란스러울 수 있다. 교사가 아동의 질문을 격려하는 것과 경청하여 들어주는 것이 중요하다. 그러면 아동이 자신의 생각을 더 큰소리로 드러내게 되고 상상력을 사용하게끔 된다.

읽기학습

아동 읽기에 대한 상호작용 모형에 따르면, 읽기는 사전 배경지식과 글감에서 제시된 아이디어 둘 모두를 이용하여 능동적으로 의미를 구성하는 심사숙고한 인지 과정이다. 이 모형은 독자(讀者)가 이해를 통제하고 조절하는 능력인 상위 인지 과정을 강조한다.

읽기는 융통성을 요하는 고차 사고 기술이다. 독자는 작가가 마음에 담고 있는 것이 무엇인지를 이해하려고 애쓰면서 새로운 생각을 점검해야만 하고, 그 다음에는 새로운 생각을 조직화하고 자기가 이미 알고 있는 것과 새로운 생각을 비교해야만 한다. 독자는 글감의 주제에서 핵심적이지 않은 상세한 것을 빼내고, 글감을 이해하는 데 필요한 것을 기억(그리고 폭넓은 문화) 속에서 찾아내어 추가 정보를 덧붙인다.

일반적으로 문해가 가능한 문화에서도 개인에 따라 인쇄물을 접하는 정도가 상당히 다르다. 측정된 독서 이해 수준이 같은 집단의 사람들도 활자화된 글과의 접촉 정도에서 상당한 차이가 있다(Stanovich, 1993). 읽은 양에서의 사소한 차이가 중요한 인지 기술 면에서 상당한 변이를 낳는다. 이런 변이에는 어휘량, 언어 유창성, 일반 지식, 다른 언어 기술의 다양성 등이 해당된다. 인쇄물에 대한 노출 정도가 내용 지식에 대한 확실하고 유일한 예측자인 것 같다. 내용 지식이 인지적 변화와 매우 밀접하게 관련되어 있는 것처럼, 인쇄물에 대한 노출도 역시 인지적 변화와 관련이 깊다. 즉, 많이 읽으면 읽을수록 정신이 더욱더 활기차진다.

아동이 단어를 발음하는 데는 우수한 능력을 보이나 글감의 의미를 이해하는 능력은 뒤처지는 경우도 있다. 지도된 단어 놀이(guided word play)(인지 연습의 한 형태)가 이러한 차이를 메우는 데 효과적이다(Yuill & Easton, 1993). '사과 퍼프를 어떻게 만들지?'(정원에서 사과 퍼프를 열심히 쫓아가!)* 처럼 말놀이(word-play joke)를 기억하고 따라할 수 있는 어린 아동은 '자동차에 코끼리 6마리를 어떻게 태울까?'(앞좌석에 세 마리 뒷좌석에 세 마리!)처럼 언어적으로 모호함이 없는 농담만을 기억할 수 있는 아동에 비해 더 나은 읽기 이해를 보인다. 아동이 스스로 농담을 만들 수 있게 되면, 상당히 유창한 개념 조작자라고 할 수 있다.

Rowe(1991)와 동료들은 호주 아동 5,600명을 대상으로 한 연구에서 나이, 성, 사회경제적 수준이 읽기 수준에 직접적으로도 간접적으로도 영향을 끼치지 않는다고 하였다. 유의미한 차이는 가정에서의 독서로 나타났다. 또한 아동의 일반적 주의력과 성취가 읽기 수준에 정적인 영향을 미쳤다. 런던의 초등학생을 대상으로 한 연구 결과와 마찬가지로(Tizard & Hughes, 1984), 읽기 기술의 향상에는 부모의 참여가 지속적으로 영향을 미친다. 아동이 읽기 기술을 배워야 하는 것뿐만 아니라 읽기 기술을 연습할 기회와 격려 역시 주어져야만 한다. 부모가 아동의 놀이와 대화에 참여하면 상당한 도움을 줄 수 있다. 쓰기 학습에서도 마찬가지라고 생각된다(Blatchford, 1991).

---

* How do you make an apple puff? Chase it around the garden! 사과 퍼프(디저트류)를 만드는 방법을 알려 달라는 것을 "어떻게 하면 사과를 숨차게 하지?"의 다른 뜻으로 해석해서 "정원에서 사과를 쫓아다니면 숨이 차서 헐떡거릴 거야."라고 답한 것이다. 즉, 묻는 사람은 'puff'를 디저트로 물었고 답한 사람은 '숨을 씩씩거리다'로 그 뜻을 바꾸었다.

매우 지능이 높은 아동은 때로 스스로 읽기를 배울 수 있다고들 말한다. 그러나 이것은 아동이 배워야 하는 재료와 아동의 언어 경험에 달려 있다. 어린 시기에 지나치다 싶을 만큼 많은 독서를 하는지가 지적 영재아인지의 표시다. 책을 접할 기회와 배우는 것이 허용되지 않는다면 아무리 잠재력이 높다고 하더라도 읽을 수 없다.

수학습

단어학습에 대한 사실이 수에서도 마찬가지다. 아기는 부모가 손가락으로 사물을 세는 것같이 수 세는 것을 여러 번 들려 줌으로써 수를 배우기 시작한다. 아동이 지니고 있는 리듬감 덕분에 세는 것을 배우며, 생동감 있는 가정에서 자연스레 수학이라는 언어가 발현한다. 미국의 수학자인 Seymour Papert(1980)는 가정이 수학적으로 문해가 가능해야만 한다고 했다. 이것은 아동이 수를 배우는 것이 문자를 배우는 것과 같은 방식임을 의미한다. 그러므로 아동은 수를 사용하는 것을 배워야 한다. Papert는 아동을 무언가를 짓기 위해 재료가 필요한 건축가로 보았다. 수학에 실패한 아동은 대개 '수학-말하기'를 해 줄 성인이 없는 환경에서 나온다. 그러므로 학교에 입학했을 때 학교 수학을 쉽게 배우는 데 필요한 기본 학습이 부족하게 된다.

Papert는 또한 '문화적 독(cultural toxins)'을 언급한다. 학습자로서 자기 자신에 대한 상(image)을 오염시키는 부정적인 생각이 있기에, 어떤 영역에 대해서는 자신이 유능하지 않다고 스스로 생각하게 된다. 결국 자신의 결함을 아예 정체성으로—'나는 수학을 못해.'—형성한다. 이렇게 되면 학습이 어린 시기에는 세상에 대해 자유롭게 탐색하는 것이었지만, 커서는 그냥 해야만 하는 일로 바뀌어 버려서 자신이 스스로 부과한 제한에 갇히게 된다. 수학에 대한 사랑과 적성을 성장시킨 아동은 수학을 어떻게 '말하는지'를 아는 성인이 있었기에, Papert가 말한 '수학 문화'라는 '병균'을 뽑아낼 수 있어서 긍정적인 감정을 지닐 수 있었다. 아동이 방정식을 어떻게 해결해야 하는지 아는 것보다 더 중요한 것이 Papert가 주장하고 있는 아동의 마음에서의 변화다. 그러한 행운을 거머쥔 아동이 선호하는 놀이는 종종 퍼즐, 동음이의어의 익살, 패러독스이며, 이런 놀이를 즐기는 것이 수학적으로 앞선 것으로 생각된다.

수학 공포증은 서구 문화의 고유한 장벽이며 특히 여학생에게 영향을 미친다. 이러한 수학 공포증을 스스로는 인식하고 있지 않더라도 아동이 수학으로 여겨지는 그 무엇인가를 학습하지 못하게 방해한다. 그러한 공포가 있는 아동은 수에 대해 강력한 부정적인 감정을 생성하게 되며, 심지어는 일반 학습에 대해서도 학교 학습 상황을 불편하다고 느끼게 된다. 이에 따라 계속 하락하는, 자기 영속적 순환고리(self-perpetuating cycle)가 생긴다. 이러한 개인이 부모가 되었을 때, 수학 '병균'을 스스로 극복하지 못할 뿐 아니라 '수학 공포증'이라는 지적으로 파괴적인 병균을 자녀에게도 퍼뜨린다. 따라서 이러한 자기 영속적 순환고리를 깨뜨려야만 한다. 이것이 초등학교 때 좋은 선생님에 의해서 가능할 수도 있지만 될 수 있는 대로 아동의 생애 초기에 깨져야만 한다.

학교에서 수학 질문이 제시되는 맥락이 아동이 질문에 답할 수 있는 능력에 커다란 영향을 미친다. 예를 들어, 수학 문제에서 수학적으로는 상관없이 뒤엉킨 말은 기억에 부담을 주기에 문제의 난이도를 높인다. 말이 과하게 복잡하지 않을 때조차도 친숙하지 않은 맥락은 아동의 유능성을 떨어뜨린다. 이 때문에 다른 맥락에서는 잘 사용했던 절차를 적용하지 못하게 된다.

이것은 브라질에서 9~15세에 해당하는 아동을 대상으로 한 연구에서 잘 나타난다(Nunes et al., 1993). 이 아동은 큰 도시로 이주해 온 브라질의 가난한 노동자 자녀였고 거리 행상으로 코코넛이나 팝콘 등을 팔아 가계에 보탬을 주고 있었다. 물건을 팔기 위해서는 머릿속으로 더하기, 빼기, 곱하기, 때로는 나누기까지 해야 한다. 거의 정규교육을 받지 못했음에도 불구하고 아동은 손님이 얼마나 돈을 내야 하는지 자신이 얼마를 거슬러 주어야 하는지를 알았다. 이 아동은 자신이 살고 있는 환경에서는 머리 회전이 빠르고 발음도 정확했다.

이 연구에서 아동은 세 가지 유형의 문제를 풀었다. 첫 번째 유형은 전형적인 사고팔기 거래였고, 두 번째 유형은 유사한 문제해결 상황이지만 아동에게 익숙한 물건이 아니었다. 세 번째 유형은 산술적으로는 동일하나 '85+63=?' 처럼 문제 해결 맥락이 없었다.

식품을 파는 맥락의 문제는 98%의 아동이 풀었고, 친숙하지 않은 물건을 파는 문제는 74%의 아동이 풀었다. 그러나 문제 해결 맥락이 없는 문제는 단지 37%의 아동만이 풀 수 있었다. 이 아동은 더하기를 어떻게 하는지를 확실히 알았지만, 다른 상황으로 전이시킬 수 있을 만큼 사고가 융통적이지 못했다.

사실 이들은 수학의 기본 법칙을 이해한 것이 아니라 단지 기법을 제한적으로 선택한 것이다. 자신이 무엇을 해야 하는지와 관련된 통찰이나 반영이 거의 없었다. 그래서 다른 수학 상황이나 다른 주제로는 기법을 전이시키는 것이—불가능하지는 않더라도—어려웠다. 이들이 사용하는 것은 수학적 사고 능력에서의 순수한 유능성이 아니라, 숫자를 사용해 봄으로써 생긴 기본 대처 기술이었다. 분명한 것은 피상적인 정보로 살아가는 것은 그럭저럭 가능할 수 있으나, 인지 기술에서 교수와 연습 없이는 어떤 아동도 자신의 능력 만큼의 수준과 사고의 융통성에 도달할 수 없다.

융통성 있는 사고

융통성 있는 사고는 정보와 타인을 유능하게 다루는 능력이다. 그러나 아무리 잠재력이 많다고 하더라도 융통성 있는 사고가 저절로 높은 수준으로 발달하지는 않는다. 아동이 일상생활의 간단한 문제 해결 능력을 필요한 것 이상으로 향상하기 위해서는 정서적 지지와 좋은 가르침이 필요하다. 학습과 융통성 있는 사고에 대한 인간의 잠재력은 아직까지도 매우 평가절하되어 있다. 글자를 해독하고 구두 언어를 배우는 것만으로도—느린 학습자를 포함하여—놀라운 성취다.

그러나 똑똑한 아동이 교육을 잘 받았다고 해서 융통성 있고 창의적으로 사고하고 행동할 수 있다고 가정할 수는 없다. 이러한 사실은 14세의 영재아와 비영재아 210명을 대상으로 실시한 영국의 한 연구로 알 수 있다(Freeman, 1991, 1994). 우수한 학업 영재아, 열심히 공부하는 학생, 교사와 부모 모두가 공부에 관심이 많은 학생은 졸업할 때에 시험 성적은 좋은 반면 호기심이 적고 견해가 좁았다. 영재아 집단은 그렇지 않았는데, 이런 집단 간 차이는 생활양식과 성격에서의 차이 때문인 것으로 생각되었다. 정서 통제력이 높고 새로운 생각을 실험하는 것에 대한 두려움이 있는 학생이 우수한 학업적 성취를 보였다. 반대로 융통성 있고 창의적인 사고를 보여 주는 학생은 정서적 안정성이 더 높았고 스스로 사고를 하는 경향이 있었다. 이러한 면이 지적으로 예술적으로 탐색할 용기를 주었고, 이들은 창의적인 산출 능력에서 매우 특징적이었다.

사고는 사회적이다. 개개인은 살아가면서 자신의 행동을 함께 접하는 사람들에 맞게 적응시킨다. 다른 사람의 역량을 평가하고 다른 사람의 행동을 예측하는 것은 지적 성장에서 중요한 부분이다. 우리가 행동하는 방법은 마치 '실험'을 진행하는 것과 비슷하다. 환경에서 피드백을 받은 결과는 미래의 행동을 결정하는 데 영향을 미친다. 사회적 맥락이 개개인이 문제를 다루는 방식에 영향을 준다. 또한 상황이 다를 때에는 문제를 다루는 방식이 급격하게 변화될 수도 있다. 예를 들어, 가정에서는 매우 창의적으로 생각하는 아동이 학교에서는 순응적일 수 있다. 또는 학교의 학습 상황에서는 잘 못하지만 길거리 깡패의 요구에는 매우 유능할 수도 있다.

한 장면에서 좋은 수행이 다른 장면에서는 부적절할 수 있다.

융통성 있게 생각하는 사람은 자신의 기회를 활용하고 다른 사람에게 맞게 자신의 행동을 조절하여 매우 다양한 상황—특히 매우 복잡한 상황—에서도 잘 기능하는 사람이다. 심리학, 사회과학, 신경생물학, 의학에서의 연구 결과에 따르면, 사람이 생각하고 행동하는 방식은 자신의 경험과 자신의 경험을 받아들이는 방식 모두와 직접적으로 관련이 있다고 한다.

사고 기술의 기반

아기가 세상에 태어나면 시각과 청각을 더 많이 사용하지만 그래도 모든 감각을 능동적으로 사용한다. 생후 1일부터 영아는 자신이 관심 있는 것에 호기심을 보이고 쳐다보며, 다른 것보다 관심 있는 물건이나 사건을 더 많이 응시한다. 아주 초기의 지각은 매우 빠르게 세련되어 가며, 아기가 배우는 것이 미래의 정신 생활에 중요한 근원이 된다.

아기 때에도 지적 발달을 문제해결 기술이라는 말로 생각해 볼 수 있다(Mayer, 1992). 생후 몇 주 된 아기도 단순한 문제해결을 위해 자신의 경험을 사용한다. 그러므로 비록 이런 기억이 취약하고 신뢰할 만하지는 않더라도 경험을 기억에 저장해 놓아야만 한다.

그러나 인간의 뇌는 결코 수동적이지 않다. 자신의 경험을 단순화하고 부호화하는 변형을 통해 경험을 이해하려고 항상 노력한다. 그 결과 작동하는 모델이 생긴다. 성인의 기억은 수천수만의 지름길 부호와 모델을 가지고 있다.

지름길의 예로는 경험에서 배운 조망 단서를 사용하여 거리를 판단하는 것을 들 수 있다. 가장 초기의 부호는 공이 둥근 것을 느껴 보고 구르는 것을 지켜보는 것과 같이 감각의 협응에서 시작한다. 그러나 좋은 지각 기술이 단지 저절로 생겨나는 것은 아니며, 경험을 통해 학습되어야만 한다. 연습이 있어야 수행이 향상되기에 아동에게 최고의 장난감은 탐색할 수 있는 물리적 특성이 있는 것, 해결해야 할 문제가 있는 것, 분류할 가능성이 있는 것이어야 한다.

복종은 정서 모델이다. 복종이 때로는 아동기에 유용할 수도 있다. 그러나 아동이 스스로 의사결정을 연습해 볼 기회가 없게 되면, 복종이 고착되어서 다른 사람이 내린 결정을 그대로 받아들이는 행동을 지속한다. 그렇게 되면 독립적으로 질문하기, 생각하기, 행동하기가 어려워진다.

경험을 가장 가치 있고 사려 깊게 순서화(ordering)하는 것이 '상위인지'다. 상위인지는 사고 과정, 집중력, 기억력과 같은 자신의 지적 활동에 대한 자각이어서 경험을 가장 효율적으로 사용할 수 있게 한다. 효율적인 계획하기와 자기점검을 사용하는 사람은 자신의 행동을 조절하지 않는 사람보다 더 좋은 수행을 한다(English, 1992; Span, 1995). 이들은 자기조직적(self-organized)이게 되며 경험에서 배우는 데 자유롭다. 새로운 경험이 자신에게 필요한 것인지, 미래학습으로 이어질 수 있는지를 평가하는 참조 '검사'로서 스스로를 이용한다. 아동이 가장 효율적으로 되기 위해서는 자신이 공부(활동)하는 영역에서의 적절한 사고 방식과 친숙하게 되는 것이 중요하다.

복잡한 과제 수행에 대한 연구를 살펴보면, 상위인지가 순조롭게 작동하는 것이 주요 특징이다. 상위인지는 아동이 자라나고 경험하면서 향상된다. 예를 들어, 숙련된 자동차 정비사가 자동차가 고장 난 이유를 추리할 때, 아무 생각 없이 일상적인 점검 목록대로 일을 하는 것이 아니라 엔진 작동에 대해 습득한 좋은 심적 모델을 사용한다.

문화적으로 혜택을 받지 못하는 아동은 생애 초기 지각 학습과 모델링의 복잡성을 연습하고 향상시키는 것이 어렵기 때문에 상위인지 수준까지 도달하기가 힘들다. 대상(object)과 상황을 인식하는 면에서 '평균 이하 아동'과 '대상과 상황을 있는 그대로 기술할 수 없는 아동'은 상위인지가 나타나기 힘들다(Siegler, 1991). 영국에서는 자극이 없는 가정에서 자란 아동의 경우, 5세가 되었을 때 다른 아동에 비해 상당히 뒤쳐진다는 보고가 있다(Mascie-Taylor, 1989).

생후 3개월부터 추적 연구를 한 결과를 보면, 미래에 생생한 정신(mind)을 가질 수 있는지를 나타내는 가장 강력한 초기 지표는 의사소통 능력이다(Bryant, 1992). Vygotsky(1978)의 '사회-역사적' 접근법에 따르면, 아동이 언어를 배울 때에 언어만 배우는 것이 아니라 의사소통하기와 생각하기에서 필요한 '준비되어 만들어진' 문화 역시 받아들이게 된다. 그의 저서에 따르면, 성인이 체계(system)를 배워 왔으며, 이러한 문화적 가정(assumption)을 공유하기 때문에 체계가 작동하게 된다. 또한 상황이 변하더라도 자신이 배웠던 상황에 근거하여 모든 말과 글에 정서적 의미를 담아낸다.

그러므로 언어가 우리의 지각을 중재하고, 그 결과 매우 복잡한 조작—지각하는 정보를 분석하고 종합하기, 세상에 대한 지각을 순서화하기, 느낌(impression)을 체계와 모델에 맞게 부호화하기—이 일어난다. 이러한 방식으로 언어가 매우 복잡하고 창의적인 과정의 기초가 된다. 언어학자인 Noam Chomsky는 아기가 보편적인 문법—인간의 모든 언어의 요인이나 속성인 원리, 조건, 규칙에 대한 체계—에 대한 지식을 가지고 태어난다고 주장했다(Chomsky, 1968). 그렇기 때문에 걸음마기 유아라도 아무리 복잡한 문법일지언정 그 문법을 재빨리 파악할 수 있다고 주장하였다.

복합성의 효과

언어와 문화

언어발달은 지적 성장의 가장 분명한 단일 지표다. 언어는 정보가 있는 생각뿐만 아니라 정서적 면도 표상한다. 비록 언어가 관련 경험에 따라 변하기도 하지만, 학습 당시 상황의 정서적인 의미도 전달한다. 그러므로 아기의 정서적인 안정성이나 언어로 의사소통하려는 요구와 같은 수많은 요인이 말하기, 읽기, 쓰기를 배우는 데 영향을 미친다.

엄마는 세상에 대한 경험을 중재하거나 걸러 줌으로써 보편적 문화를 아기에게 소개해 준다. 엄마 자신의 정서가 이 과정에서 작용하기 때문에, 엄마의 정서가 아기의 지적 일생에 큰 영향을 미친다. 생후 10주된 영아조차도 엄마에게서 행복, 슬픔, 분노 간의 차이를 인식한다(Collins & Gunnar, 1990). 엄마의 행복감은 영아가 탐색하는 것을 격려하고, 엄마의 불행감은 아기에게 슬픔이나 분노를 일으키며, 엄마의 고통은 아기를 위축시킨다.

스트레스를 일으키는 조건이 있으면 영아는 엄마를 찾는 요구가 더 늘어나서 탐색하려는 추동이 줄어든다. 불안-각성 경험(빈곤처럼)과 같은 나쁜 감정이 많을수록 더 쌓이게 된다. 결과적으로 안정적이고 행복한 가정에서 자란 아동은 과제가 복잡할 때 특히 더 호기심이 있고 스스로의 탐색을 추구한다. 비교 연구를 보면, 아기 때 안정 애착을 형성했던 3세 6개월의 유아는 안정성이 떨어졌던 유아보다 새로운 생각을 하고 어린이집 활동에 더 참여적이고 친구에게 인기가 더 많았다. 담당교사는 이 유아가 호기심이 더 많고 학습에 더 열심이고 자기주도적이며 효율적이라고 평가했다(Waters et al., 1979).

인간은 선천적으로 사회적이다. 특정한 문화적 정체성을 지닌 사람끼리 무리 지어 살면서 구성원으로서 배워야 하는 것과 어떻게 행동해야 하는지를 만들어 나간다. 역사적 기원, 신화, 종교와 같은 문화적 영향은 노동 분야나 신분의 구분 등의 행동을 합법화한다. 문화는 세대에 걸쳐 아래로 스며들지만 또한 수평적으로 퍼지기도 한다. 이러한 방식으로 문화가 다른 문화에 영향을 미치는데 전 세계적으로 가장 대표적인 예가 미국 문화의 영향이다. 젊은 사람에 의해 만들어진 새로운 언어 표현이 일반 대중의 언어로 흡수되는 것처럼, 문화가 위로 전달되기도 한다. 변화는 또한 창의적인 노력—심리학에서 Freud의 새로운 생각이나 Picasso의 예술에 대한 새로운 개념—에서 나와서 문화 네트워크로 흡수된다.

문화에서 어떤 변화가 있으면 뒤이어 언어가 변한다. 신조어가 소개되고 다른 단어는 폐어가 되거나 사라진다. 이러한 모든 풍조와 문화 교차적인 특성으로, 특정 세대가 상속받은 문화가 그 후에도 마찬가지로 똑같이 전해지지는 않는다.

사람들은 서로를 이해시키기 위하여 자기 문화의 부호, 기호, 언어를 배워야만 한다. 사람들이 한 나라에서 같은 언어를 사용하더라도 다시 다른 하위 문화로 구별되는 다른 말이나 사투리를 사용한다. 사회적 가치에 대한 사람들의 생각은 다양하다. 비언어적 신체 표현—사람들이 인사를 하거나 다른 사람에게 무례하게 행하는 방식과 같은—이 바로 문화 기반이다. 때로는 집단을 구분하는 데 어떤 말보다도 옷 모양새나 머리 스타일이 더 많은 정보를 담고 있다.

혜택받지 못한 아동

전 세계적으로 수만 명의 아이가 학교에 가지 못하고 생존을 위한 일상의 전투에 매달린다. 일하는 아동은 선택, 직업 목표가 희박하기에 공교육을 지속할 유인가(incentive)가 부족하다. 학교를 장기 결석하는 것이 자발적이든 아니든 많은 면에서 나쁜 예후를 낳는다. 예를 들어, 영국의 종단 연구에서 무단결석자가 결혼, 건강, 성취에서 실패하는 경향이 유의미하게 높았다(Hibbett & Fogelman, 1990). 이러한 개개인적인 손실을 전 세계적으로 합치면 어마어마하다.

아동이 돈을 벌어야만 한다면, 학교에 갈 시간이 줄어들고 학교에서 배울 수 있는 지식을 제대로 얻지 못하게 된다. 학교교육을 받지 않는 것이 꼭 나쁜 것만은 아니다. 어느 연령에서는 개인적 충만함의 근원이 될 수 있으며, 삶의 질에 보탬이 되는 긍정적인 자극을 얻을 수도 있다. 그러나 적은 보수의 대가로 돌아오는 것은 마약과 같은 정신적 마비일 뿐이다.

서기 3000년에 온종일 노동을 하는 15세 이하의 아동의 수를 추정해 보면 52만 정도로 추정된다. 이들은 대부분 가정의 생계에 보탬을 주고 심지어는 가정에서 유일한 생계 책임자이기에 다른 선택은 불가능하다. 스리랑카, 니카라과, 페루 같은 나라에서는 소년병 지원제가 있다. 방콕에서는 6세 소년 소녀의 매춘이 증가했으며, 매춘부 중 대략 3만 명이 16세 이하다. 21세기의 초입인 오늘날 현재 세계 인구의 절반이 25세 이하다. 이들은 잠재력을 성취하기 위해 필요한 교육을 받을 기회가 매우 적다.

어린 시절부터 일을 한 아동은 필수적인 심리적 발달 단계를 일부 건너뛰기에 발육 부진의 상태가 되기 쉽다. 지적 발달이 필요한 나이에 심적 자극의 양이 매우 적기 때문에 지능 발달 역시 어렵게 된다. 최소한의 투입(input)도 없다면 지능이 잘 발달하지 못한다. 아동이 일상에서 해야만 하는 일에 대처하는 것은 배우더라도 현재를 넘어서서 생각하고 계획하는 것을 배우기는 어렵다—더 어린 나이에 일을 시작할수록 문제는 더 악화되는 것 같다. 어린이 노동자는 종종 가장 천하고 지루한 작업을 하게 된다. 이렇게 정신적인 면은 완전히 차단된 채 생존에만 매달리기에 사고하는 능력과 삶에서 감정 조절하는 능력의 발달은 제대로 이루어지지 못한다.

아동의 잠재력 발달은 사회 환경의 무형적인 풍요로움에 의해서도 좌우된다. 예를 들어, 대부분의 나라에서 이민자와 이들의 자녀는 주로 남이 하기 싫어하는 일에 종사한다. 또한 대체로 그 나라의 언어를 제대로 구사하지 못하는 어려움을 겪는다. 결과적으로 이들의 자녀가 학교에 가면 언어 유창성 부족이 마치 어리석은 것처럼 보인다. 헝가리에 사는 집시나 독일에 사는 터키인처럼 많은 학교에서 이민자의 자녀가 미성취를 한다. 한 나라의 국어는 문화에 기반을 두며 많은 사고방식을 함축하고 있다. 아동이 그러한 언어적 기초 없이 자라났을 때 이들은 다소 일반적인 사고방식과 거리를 두게 된다. 결과적으로 이들은 자신이 출생한 나라에서도 '외국인'이 된다.

캘리포니아에서의 베트남과 한국 출신 아동과 서부 유럽에서의 유태인이 대체로 우수한 수행을 하는 증거가 있는 것처럼, 모든 이민자 자녀가 그러한 문제를 겪는 것은 아니다. 필수적인 차이는 교육에 대한 부모의 태도에 달린 것으로 생각된다. 아동이 학교에 가지 않고 일을 해야만 하는 가정에서도, 가정 내에서 대안적인 형태의 교육이 이루어질 수 있다.

문해와 여성

가난한 나라에서는 교육, 특히 기초적인 문해(읽기 쓰기)는 신분, 자기 존중감, 권력과 관련 있다. 그러나 가족 구성원 모두가 같은 권리를 가지지 못한다는 점은 매우 유감스럽다. 예를 들어, 여성의 삶이 가정으로 제한된 나라의 여성은 읽고 쓰기를 배울 수 없고, 남성 인척이 더 넓은 사회와의 모든 의사소통을 결정한다. 파키스탄, 네팔, 아프가니스탄, 예멘과 같은 일부 국가에서는 어린 여성의 3/4이 전혀 교육을 받지 못한다. 소녀는 아버지의 무지와 문화적 태도 때문에 부당한 교육적 대우를 받는다. 예를 들어, 인도에서는 아들에게는 가장 좋은 음식을 주고 딸에게는 버려질 음식을 주는 것처럼, 교육 역시 딸에게는 거의 제공되지 않는다. 결과적으로 고된 육체 노동의 삶을 살기에 자주 영양실조에 걸리는 것처럼 소녀와 여성의 경우 문맹이 일반적이다. 인도의 여성은 활자화된 글자를 거의 접하지 못하고 자신의 권리를 알지 못한다.

그러나 여성을 위한 문해는 가치가 있는 것으로 입증되었다. 여성 문해는 더 나은 가족 건강과 영양, 더 낮은 산모 자녀 사망률, 더 낮은 출생률과 관련이 있다. 문맹 정도가 높은 지역에서의 주요 연구는 한쪽 집단의 여성에게는 읽기를 가르치고 다른 통제 집단에게는 가르치지 않았을 경우, 아주 적은 교육이라도 받은 여성은 더 건강하고 더 똑똑한 아이를 키웠다는 결과를 제시한다(Hundeide, 1991). 교육이 조금만 제공되는 지역에서 나온 정보는 여성을 위한 교육이 남성을 위한 교육보다 선행되어야 한다는 것을 제안한다.

이것을 오늘날의 영국과 비교해 보면, 영국의 소년 소녀는 5세에서 14세까지 공통과정의 국가 교육과정을 받는다. 모든 학교 과목에서 어느 연령에서나 여학생이 남학생보다 더 높은 점수를 받는다. 소녀가 학교에서 지내는 비율이 늘어나고 있으며 고등 교육을 더 많이 받고 있다. 실제로 1992년부터는 남성보다 여성이 더 많이 대학에 들어갔다. 이는 지속되는 추세로 여학교가 남학교에 비해 전반적으로 더 높은 성적을 유지했다. 결과적으로 남학생의 시험 성적은 국가적 관심 주제가 되었다.

사람들이 배울 수 있도록 허용하는 것에 대한 공포—특히 읽기를 배우는 것—가 마치 다른 사람에 대한 통제력을 상실하는 것에 대한 공포와 비슷한 것 같다. 사람들이 읽을 수 있으면 기존에 하던 방식과는 다르게 하는 것을 배울 수 있다. 그런 다음, 사람들은 이런 지식으로 무엇을 할 수 있는지를 안다. 예를 들어, Gutenberg가 최초로 성경을 인쇄하자 교회는 그에게 유죄판결을 내렸다. 왜냐하면 위협이 될 만한 비종교적인 것이 생길 수 있고 허가받지 않은 서적이 널리 퍼질 수 있기 때문이었다—권력자는 사람들이 믿는 것과 성취하는 것에 대한 통제력을 잃을 수 있다.

결론

높은 수준의 성취를 추구하는 아동의 의지는 대체로 개인적 경험뿐만 아니라 세대 간 상호작용에서 나온다. 개개인의 성격과 능력에 따라 변형이 있더라도 자신과 밀접한 사람에게서 생각을 받아들인다. 사회에서 자신의 위치에 대한 감정은 자기 자신에 대한 감정을 결정한다. 또한 어떤 변화가 있든지 없든지 간에 다음 세대의 태도에 강한 영향을 준다.

가치 있는 존재라는 가치감은 자신이 무엇인가를 할 수 있다는 아동의 신념에 영향을 미친다. 자기 자신에 대해 좋은 감정을 가진 사람과 높은 목표를 확신하는 사람은 교육적 발달 경로에서 심리적으로 더 나은 위치에 있다. 이러한 마음을 가지면 통제감이 늘어서 자신의 학업과 환경에 대해 추정해 보는 힘이 생긴다.

좋은 교육의 주요 목표는 단지 지식을 축적하는 것 이상으로 지식을 보편화하는 것이라고 생각된다. 그러면 생애 끝까지 지속되는 호기심과 문제 해결 태도와 배움에 대한 사랑을 발달시킬 수 있다. 특히 배울 내용을 담은 프로그램 자료가 있는 직접적인 교수법이 이러한 유익한 가르침을 목표로 하는 데 도움이 된다. 유익한 교수 목표가 문화적인 금지뿐만 아니라 아동의 자신감 부족에 의해서도 차단된다. 사람들이 자신감이 충분하고, 새로운 방법으로 경험을 사용하려는 용기가 있을 때 긍정적으로 행동할 수 있다.

학습자가 의미 있는 방식으로 지식을 획득하면 사고력의 다양성이 향상되며, 이런 사고의 다양성이 여러 상황에서 발휘될 수 있다. 개개인은 또한 다른 사람과 함께 작업하면서 배워야 하며, 이렇게 되면 대인 간의 이해가 더 풍부해진다. 가르치는 것에 융통성이 있으면 개별 아동에게 관심을 가질 수 있으며, 문해가 가능해지는 자유롭고 질 높은 교육이 되며, 원하는 사람에게 비학교 교육 프로그램을 제공할 수 있다—이 모든 것이 사람들의 잠재력을 전 생애적으로 발달시킬 수 있게 하는 방법이다.

제3장

영재아의 심리 · 행동적 어려움에 대한 심리역동성: 심리치료실에서의 경험

Barbara Schlichte-Hiersemenzel

서 론

충분히 존중받으면서 성장하지 못한 사람에게는 많은 고통과 불행이 뒤따를 수 있으며, 이것이 성장기에 미치는 영향은 더욱 크다. 일반적으로 고도의 영재아는 가끔 이방인과 같은 느낌을 받는다. 왜냐하면 그들은 일반 사람과 달라서, 사람들을 표준화시키길 원하는 세상에서는 소수인에 속하기 때문이다. 또한 그들은 자기 주변 환경에 있는 아동과 성인에게서 인정과 존중을 충분히 받지 못하고 있다. 그 결과 그들은 불안정한 자아 개념을 발달시키며, 자신의 기반을 잡으려고 안간힘을 써야만 한다. 그에 따라 심리적이고 행동적인 고통을 낳게 되고, 결국 그들 생애에 걸쳐 지속되는 다른 문제의 연결고리의 원인이 되기도 한다.

많은 영재아와 그의 부모 중 몇몇 사람은 필자의 심리치료실에 도움을 요청하러 오기 전에 이미 자기 발전에 대한 희망 없는 투쟁으로 지쳐 있었다. 그중 일부는 부정적인 경험의 고리 끝에까지 와 있었고, 그런 경우 처음에 나로서 할 수 있는 일은 자살하려는 아이를 단지 살게 하는 것 외에 아무것도 없었다.

1995년 7월부터 1998년 6월까지, 도움을 필요로 하는 사람들이 나를 찾아 왔다. 93명의 사례는 그들의 문제가 뛰어난 능력과 연관이 있다고 생각되는 그런 사례다. 그중 89명의 사례는 표준화된 지능 검사 결과 IQ 130 이상을 보여, 이러한 나의 생각이 타당함을 지지해 주었다. 이들 사례 중 일부는 자기 스스로 걱정이 되어 온 경우이고, 나머지 사례는 자녀의 문제가 높은 능력에 기인한다고 생각한 부모가 도움을 요청한 경우였다. 대부분의 아동은 나를 찾아오기 전에 이미 지능 검사를 받았으며, 일부 부모는 검사를 목적으로 자녀에게 검사를 실시할 것을 요청하기도 하였다. 17세까지는 전체의 3/4이 남자였으나, 성인의 경우 1/4이 남자였다. 그러나 표본 크기는 매우 작았다.

전년도와 비교해 볼 때, 많은 사례에서 아이가 매우 높은 능력을 가진 것이 아닌가 하고 처음으로 의심한 사람이 바로 교사였으며, 교사는 부모에게 좀 더 세심한 조사와 상담을 받도록 권유하였다. 소아과 의사와 가정의도 더 심화된 훈련 과정을 통해 매우 우수한 영재아에게 좀 더 관심을 두기 시작했으며, 그 이후에는 뭔가 특별한 적성이 있을지도 모른다는 의심이 드는 사례를 의뢰하기도 하였다. 그러나 여전히 자녀에게 무언가 다른 것이 있다는 것을 처음으로 느낀 사람은 부모였으며, 그리고 부모 자신이 도움을 찾기로 결정한 경우가 대부분이었다. 부모는 뭔가 해야 할 필요성을 모호하게 느끼곤 하였으며, 때로는 자녀가 일반적으로 제공되는 것보다는 다른 종류의 정서적이고 지적인 자양물을 필요로 한다는 것을 확신하기도 하였다. 가끔 그들은 이미 여러 다른 자원에서 도움을 찾았고, 그 과정에서 차별에 부딪히기도 했다. 그러나 이들 부모는 자녀 인생의 즐거움이 감소되지 않고 위축되지 않는 방법뿐만 아니라, 나아가 자녀가 지닌 능력이 막히지 않고 발달하는 방법을 계속 찾고 있었다.

집단의 특성

부 모

크게 두 집단의 부모가 있었다. 첫 번째 집단은 단지 뛰어난 능력을 지닌 영재아에 관한 정보만을 좀 더 얻길 원하는 부모다. 이들은 자녀를 위해 적절한 지지와 도전을 제공해 주는 방법을 알기 원했다. 많은 사례의 경우, 전화로만 접촉해 왔다. 이들은 주로 조사와 상담으로 몇 시간씩 보냈으며 특별한 치료는 거의 받지 않았다.

두 번째 집단은 자녀의 상황 때문에 어려움을 겪은 부모다. 그들은 유치원이나 학교 교사가 자녀의 욕구에 반응해 주지 못하는 교육 시스템 때문에 많은 좌절과 고통을 겪었다. 부모는 도움을 얻으려고 애를 썼지만 때로는 오히려 퇴교 조치를 받거나 무시를 받았으며, 자녀가 느낀 것처럼 자신도 낙담하고 혼자라고 느꼈다.

나는 대부분의 부모가 용감해서 포기하지 않는다고 생각한다. 처음에 그들은 교사와 교육 시스템의 권한을 기대했다. 그러나 그들은 인내와 희망을 갖고 찾아다닌 후에 결국 오직 자기 스스로를 의지할 수밖에 없음을 깨달았다. 그리고 그들은 곤경 상태에서 벗어날 수 있는 다른 길을 찾기 위해 문헌을 찾아서 읽거나 질문을 하기 시작했다. 많은 사람은 더 이상 이 문제를 학교와 상의하려고 하지 않았으며, 거의 모두 학교 심리학자와는 연결되길 원치 않았다. 왜냐하면 자신을 자녀가 가진 것 이상으로 뭔가 특별한 것을 기대하는 그런 부모로 보고 있다는 인상을 받았기 때문이다. 그들은 학교 시스템의 구성원을 무조건 신뢰함으로써 긍정적인 결과보다 부정적인 결과를 얻게 되는 것을 두려워하였다. 어떤 경우에는 부모가 도움을 구하기 위해 막대한 시간과 돈을 투자하기도 하였다. 이것은 그들이 가진 절망의 심각성을 보여 주는 것이며, 자녀가 지닌 심리 사회적인 문제 영역의 전문가를 발견하지 못했음을 나타낸다. 많은 부모는 또한 신뢰성(비밀보장)을 염려한다. 그 때문에 학교 심리학자나 교사보다는 의사를 만나길 더 선호한다.

앞의 두 가지 부모 집단 외에 추가로 세 번째 집단도 있다. 이들은 소수 집단으로 자기 자녀에게 뭔가 특별한 것이 있음을 부정하려고 하는 부모다. 자기 자녀가 특이한 잠재력을 지닌 채 인생을 시작했다는 것에 대해 자신에게 부과된 책임감을 받아들여야만 하는 사실과 그 상황을 대처할 수 없는 능력 때문에 두려워했다. 자문을 구하는 목적은 확인받고자 하는 것이었다. 그들은 모든 것이 '정상'이길 원했으며, 마음속으로는 아이의 능력을 부정하려고 애썼다. 영재 자녀를 둔다는 개인적인 도전을 어머니보다는 아버지가 더 두려워하는 것 같았다. 이러한 두려움이 받아들여지지 않은 채 원리 원칙만을 내세웠을 때, 가족 내에는 높은 정서적 압박감이 특히 영재 자녀를 향해 일어났다. 이와 같은 상황에서 내가 뛰어난 능력을 지닌 자녀의 부모를 지원할 명백한 사회적 네트워크도 없이 남과 다른 길을 가는 것이 매우 어려운 일이라는 공감의 표현을 했을 때, 이들의 압박감은 감소되었다. 일부 부모는 상담도 받고 더 자세한 정보를 얻은 후에는 새로운 생각을 받아들이기 시작했다. 그러나 다른 부모는 자신의 태도를 변화시킬 필요성에 직면하는 것을 원치 않았다.

아동의 문제와 어려움

비록 아동기 초기에는 아동발달과 자신감 형성이 기본적으로 중요하지만, 이 장에서 기술한 문제는 주로 학령기에 초점이 맞추어져 있다. 독일의 경우, 모든 사람은 수년 동안 학교에서 의무교육을 받도록 법으로 정해져 있다. 따라서 형성기 동안 학교는 무엇과도 비교할 수 없을 정도로 아동에게 강력한 영향을 끼친다.

내가 본 바로는, 아동에게 영향을 준 상황은 부모가 학교 범위 외에서 그 이상의 도움을 찾게 하는 것과 같은 상황이었다. 학교에서 아이는 교사에게서 폭넓고 다양한 부정적인 신호를 받을 수 있다. 부정적인 신호는 또래 앞에서 아이를 깔보고 냉소하는 것부터 아이가 다르다는 점을 지적하면서 '적당하게' 순응해야만 서로 융화될 수 있다고 교묘하게 암시하는 것에 이르기까지 매우 다양하다. 아이는 또한 같은 반 또래나 이웃에 사는 사람들, 심지어는 가족에게서도 그러한 신호를 받는다. 주변 사람에게서 영재 자녀가 받는 메시지는 '네가 만일 수용받기를 원하면, 다르게 행동하지 말라.'는 것이다. 아동의—사람의—내적 자아에는 사랑받고 소속되길 원하는 욕구가 깊이 뿌리박혀 있다. 이것은 깊이 자리 잡고 있는 또 다른 욕구, 즉 자기를 발전시키려는 욕구와 갈등을 일으킨다. 두 개의 욕구는 거의 완전하게 억제될 수 없으며, 대신에 심리 장애나 행동 장애와 같은 위장된 형태로 표현된다.

아동기와 청소년기 동안, 아이의 성격은 계속 형성된다. 이 기간에 아동의 자아감은 어른보다 훨씬 더 높은 정도로 환경의 반응에 투영되는 방식에 의존되어 있다. 매우 뛰어난 능력을 지닌 아동에게도 마찬가지다. 비록 그들은 자신에 대한 외부 세계의 판단이 틀렸다는 것을 인지적으로는 이해할 수 있어도, 정서적으로는 찬성하는 반응을 요구한다.

앞에서 언급한 욕구가 외부세계의 반응 때문에 서로 갈등을 일으킨다면 아이는 그중 하나에만 우선권을 주도록 강요받는다. 만일 자기발전의 욕구가 우세하면, 뛰어난 능력의 아이는 고립되고, 이상하고 나쁜 아이로 보일 위험에 빠지게 된다. 비록 성격의 다른 부분은 자신이 옳다고 느낄지라도, 결국 자신은 이상하고 나쁜 사람이라고 느낄 수 있다. 만일 소속의 욕구가 우선권을 가지면 자기를 발전시키려는 아이의 추진력은 거대한 압박을 받을 수 있다.

한 영혼이 근원적인 갈등에 빠져 있는 자신을 발견하면, 불안감이 일어난다. 불안감을 줄이기 위해 가장 흔히 하는 응급 처치 중 한 가지는 하나의 욕구를 다른 것에서 격리시키는 것이다. 아동기의 취약한 시기 동안 그러한 갈등은 아이의 자아를 찢어 분리시킬 수 있기 때문에, 아이의 성장에 책임을 맡은 사람들은 그러한 갈등이 최고조로 일어나지 않도록 막아야 한다. 이러한 형태의 일이 일어나는 것을 막기 위해 아이의 자아는 해결책을 찾는데, 그것은 어느 정도 그 문제를 대처해 가도록 허락하면서도 위축과 억제라는 수단을 통해 긍정적인 자기 개념을 심각하게 축소시켜 놓는다. 다른 극단적인 것으로, 아이는 전에는 얻을 수 없었던 관심을 쉽게 끌어내기 위해 공격 행동을 발달시킨다. 주로 수업을 방해하고, 통제 불능 방식의 요구 행동을 하고, 교실에서 광대 노릇을 하며, 급우를 물거나 신체적으로 공격하고(이러한 행동은 대부분 유치원 시절에 일어난다), 집에서는 끊임없이 논쟁하고 시비를 거는 행동을 한다.

부모가 심리치료실에 도움을 요청하는 주된 이유는 아동의 행동이 달라졌음을 알아차렸기 때문이다. 부모는 또한 교사에게서도 아이가 주의집중을 하지 않고, 숙제를 해 오지 않으며, 교사의 기대에 맞지 않는 소위 약 올리는 행동을 한다는 지적을 받았다. 아이는 교사가 요구하거나 기대하는 것 이상의 지식과 사고 능력을 보여 주거나 너무 빨리 정보를 처리해 버려 교사를 방해하곤 하였다. 또한 집에서 부모는 아이가 일반적으로 흥미가 부족하고, 우울해 하며, 수면 장애를 보이고, 학교에 등교하기 위해 아침에 일어나기 매우 힘들어하고, 심지어는 의사에게 진료를 받아야 하는 심리적 신체 증상을 보인다는 것을 인식하였다.

아이가 우울해졌거나 더 이상 살고 싶어 하지 않을 때—이 일은 많은 아이에게 일어난다—부모는 놀라고 일종에 경고를 받은 셈이다. 그러나 가까운 환경 속에 있는 주변 사람과는 이러한 문제를 감히 함께 이야기하지 못한다. 이 점이 그들에게 더 고립감을 느끼게 한다.

다행히 상당수의 사례에서는 가족이 어떤 특별한 문제로 고통받지는 않고, 단지 자녀가 지능 검사에서 높은 잠재성이 있음을 보여 주는 단순한 사실에 부딪혔다. 그 때문에 그들은 어떻게 자녀를 적절하게 지원할 수 있을지를 알기 위해 또한 자녀를 어떤 학교로 보내야 할지를 결정하기 위해 상담받기를 원했다.

많은 부모는 뛰어난 능력을 지닌 아이를 특별하게 지원해 주는 학교가 있을 것으로 기대했으나, 독일에서는 높은 능력의 영재를 위한 특별한 교과과정을 지닌 학교가 거의 없고 극히 드물다는 사실에 곧 좌절을 겪어야 했다. 거의 모든 특별 프로그램은 중학교에서부터 시작하고 그것도 오직 소수의 매우 우수한 영재학생에게만 자리를 제공하고 있을 뿐이다.

그러나 치료실에서 필자가 만난 아동은 서로 달랐다. 이들에게서 특정한 행동과 증상 범주를 발견할 수 있었으며, 그에 따라 치료적으로 서로 다른 접근을 시도하였다. 예를 들어, 전체 57명의 사례(여자 6명, 남자 51명) 중에서, 4명(여자 1명, 남자 3명)은 지능 검사를 받았고 상담만 했다. 27명(여자 4명, 남자 23명)은 1~5회 정도의 상담 또는 심리치료를 받았으며, 17명의 아동(모두 남자)은 6~15회의 심리치료를 받았다. 9명(여자 1명, 남자 8명)은 심각한 혼란을 겪었기 때문에 장기 심리치료를 받았다.

대집단 아동은 진료 동안 어떤 두드러진 행동을 보이지 않았으며, 병리적인 진단을 고려할 만한 이유도 없었다. 그럼에도 불구하고 자녀에게는 아무런 문제가 없고, 자녀의 행동은 그들 나이에서 보이는 전형적인 것이며, 표준화된 세계 속에서 우수한 능력을 지닌 영재 자녀가 살아야 하는 특별한 상황을 고려할 때 꽤 이해할 만한 행동임을 부모에게 확실히 해 주는 것이 필요한 것 같았다. 나 또한 매일의 생활 속에서 아이에게 너무 많은 비판으로 주의를 주어서는 안 된다고 부모에게 조언하였다. 이러한 정보와 격려는 대부분 가족 체계가 그들의 문제를 다른 방식으로 다루도록 하는 계기로 작용하였다. 부모는 안심하였으며, 자녀를 비판하는 대신에 자녀의 자아존중감을 일으켜 세워 주었다. 이제 가족은 새로운 균형을 발견하였으며, 더 이상 전문가의 도움은 필요하지 않다는 피드백을 종종 주었다.

과잉행동아였다고 생각하고 진단한 아이, 그러나 그 범주에 정확하게 들어맞지 않은 사례가 하나 있었다. 때때로 그 아이는 진료 시간 동안에도 조용히 앉아 있지 못했다. 인간에 대한 존중과 공감으로써, 나는 아이의 지적 능력에 도전하는 방식으로 아이에게 이야기를 걸었다. 이러한 방법은 지나친 제재와 압박감에서 아이를 해방시켜 주었다. 아이는 이것을 즐기는 동안 조용히 앉아 있을 수 있었으며, 자기가 하고 있는 것에 집중할 수 있었다. 이것은 소위 과잉행동아라고 부르는 아이에게—실제로는 낮은 도전감을 받은 아이—학교에서도 학년을 뛰어넘거나 다른 방식으로 높은 수준의 과제를 받아 자신의 능력에 도전을 받았을 때 관찰될 수 있었던 변화다. 이것은 마치 '회색의 세포'가 충분히 자극받지 못하면 사용되지 못한 에너지가 방향을 틀어 근육을 통해 방출되는 것을 나타내는 것과 같다. 즉, 신체언어로의 전형적인 전이로서, 아이의 주장을 근육 세포가 적극적으로 표현하는 것을 의미한다.

주변의 정상적인 사람들과의 관계 형성에 심각한 위기로 고통받는 또 다른 집단의 아동이 있었다. 대부분 이 일의 근원은 학교 상황이었으며, 개인 환경에서는 가끔 위기가 행동을 감추기도 하였다. 이 아동은 위축되기 시작했으며, 불안과 우울뿐만 아니라 심리적인 신체 증상도 보였다. 그들은 자기 자신에 대해 꽤 혼란스러워했고, 외부 환경이 그들의 욕구에 반응할 것이라는 희망을 잃었다. 이에 특별한 심리치료를 더 깊이 진행시키고 부모와의 추가적인 진료를 통해, 단념하려는 심각한 경향성을 반감시켜야만 했다.

중재 전략

날마다 수업 시간마다 학교에서 벌어지는 상호작용을 살펴볼 때, 교사와 또래의 이해가 부족하다는 점이 명백하게 드러나는 사례가 있다. 이런 사례의 경우, 나는 영재학생에 관한 일반적인 정보를 교사에게 제공할 것을 제안하였다. 대부분 부모는 교사에게 어떻게 아이에 대해 이야기할 것인가에 관하여 격려와 아이디어를 필요로 하였다. 이는 개인이 기관에 대항하는 것이기 때문에 부모는 지지를 붙잡으려고 하였다. 부모는 교사에게 정보를 제공하고자 하였을 때, 교사가 자신이 교사의 전문 영역을 넘어섰다고 생각하고 부정적으로 반응할 것을 두려워하였다. 이런 행동은 어느 한편이 너무 쉽게 공격받는 것처럼 보이는 관계를 특징짓는 행동으로, '내가 충분히 알지 못하는 영역이 있다. 아마도 나는 실수를 했거나 학생에게 해를 입혔을 거야.'라는 사실에 직면했을 때 나타난다. 가끔 나는 심리치료실에서 교사에게도 격려를 주고 더 나은 상호 의사소통을 할 수 있도록 자극을 주기 위해 양쪽 집단을 모두 만나길 원했다.

일부 사례에서, 부모는 내가 학교에 전화를 걸거나 편지를 쓰는 것에 동의하였다. 비록 아이와 관련된 사항을 자세하게 드러내는 것에 동의하긴 하였지만, 이것은 좀 특별히 미묘한 상황이었다. 비록 나는 의료 비밀을 지키는 일에서 해방되긴 하였지만, 신뢰성(비밀보장)이라는 면에서 볼 때, 상대방을 신뢰할 수 있다는 확신이 없는 경우에 환자에 관한 자세한 사항을 드러내는 것을 원치는 않았다. 부모는 아이의 심리적 상황에 관한 자세한 내용이 아이를 나쁘게 말하는 것에 이용되거나, 학교에서의 어려움에 대한 책임을 오직 아이나 그 가족 쪽으로만 전가시키는 것으로 이용될까 봐 두려워하였다. 이 점은 충분히 이해할 만하였다. 전화 통화나 만남을 제안하기 위해 학교에 편지 쓰는 것을 부모가 승인할 때, 그리고 그렇게 하는 것이 정당하다고 여길 때마다 아이는 그 결정에 함께 참여하였다. 대부분의 학교에서 아무런 대답도, 심지어 편지와 동봉된 글을 받았다는 확인조차 받지 못한 것은 좀 부정적인 경험이었다.

그러나 어떤 교사는 영재학생에 관하여 배우고 주제를 함께 논의하기 위해 내가 근무하는 심리치료센터까지 거의 200km를 여행할 준비를 했다는 격려할 만한 예가 하나 있었다. 아이는 2학년의 7세 남자아이로 통합반에 속한 비범한 학생이었다. 통합반이란 소위 학습 지체의 정상아와 특수학교에 다니는 정신 장애아가 한 반으로 구성된 것이다. 교사는 전화로 나에게 말하였다. '만약 장애 때문에 정상적으로 통합반에 있지 않은 학생의 특별한 욕구를 충족해야 한다면, 비범한 능력 때문에 특별한 욕구가 있는 아이를 지원하는 것은 왜 안 되나요?' 나는 이 교사와 좀 더 길게 전화통화를 하였고, 관련된 정보와 문헌을 보내 주었으며, 이 사례에서 부모와 교사, 심리치료사와 아이 간의 협조가 잘 이루어졌다.

어린 시절에, 이 아이는 다른 분야에서 많은 사회적 헌신을 한 부모의 태도를 통해 일반 학교라는 공통체는 모든 아이를 다 수용한다고 생각하였다. 그는 자기 반 급우를 돌봤으며, 거의 반에서 최고의 위치를 차지할 정도로 수월하게 자기를 관리하고, 다른 사람도 잘 챙겨 주었다. 그러나 점차로 다른 사람이 별로 알아주지 않으면서, 그는 뒤처지기 시작하였다. 장애아에게는 수용과 지원이 주어졌지만, 이 영재학생도 같은 반응을 받을 기본적인 권리를 필요로 한다는 욕구를 아무도 눈치채지 못했다. 그 소년은 행간을 너무 잘 읽을 수 있었으며, 일반 혼합 능력 반의 영재아조차 잘 알지 못하는 메시지에 적절한 답을 잘 찾아내곤 하였다.

'더 멀리 발전하지 말고 다른 사람 앞에 서지 말라. 오히려 다른 사람과 똑같이 되기 위해 네가 발전하는 것에서 몇 발자국 뒤로 물러서라.' 그 아이는 그렇게 했고 결국 퇴행하였다. 그 후 '증상'이 나타났고, 그가 교실에서 경험한 방식은 그의 욕구와는 거리가 먼 것이었다. 그는 유아처럼 바닥을 기어 다니기 시작하였고, 아기 언어를 사용하였고, 수업에서 제공하는 과제를 더 이상 수행하려고 하지 않았다. 결국 마지막 해결책은 그가 학년을 건너뛰는 것이었다. 부모와 교사와 그 학생 자신조차 그다음 반이 '통합반'이 아닌 것에 아쉬워했다. 그러나 그가 더 높은 학년으로 진급하지 않았다면, 그는 높은 지적 · 창의적 잠재력을 포함하여 자기 성격의 모든 면을 발전시키기 위해 필요한 것을 얻지 못했을 것이다. 얼마 후 그 학생의 퇴행 행동은 즉시 사라졌으며, 전에 있던 교실의 친숙한 환경을 잃어버린 아쉬움의 2주간이 지난 후에 그는 다시 행복해졌고, 학교와 교사에게서 앞으로 열심히 발전해 가고 있다는 피드백을 받았다.

심각한 우울증으로 고생하고 주기적으로 자살을 시도하거나 극심한 방어 모드로 갇혀 있는 몇몇 아이가 있었다. 그들의 일대기를 좀 더 자세히 조사했을 때, 나는 그들이 학창 시절 동안 특별한 사건의 부정적인 사슬을 경험했음을 알 수 있었다. 예를 들어, 또래를 심하게 괴롭히는 아이가 있었지만 교사는 교실에서 악화되는 역동성의 책임을 수용하지 못하는 상황이었다. 그 집단은 희생양이 필요했으며, 그때 떠올림을 받는 영재학생이 있었다. 교사는 영재학생이 특별한 욕구를 지니고 있음을 수용하지 않았거나 교사 자신이 너무 불안정하여 그들보다 잠재력이 더 뛰어나고 특별한 기술이 많은 영재학생을 참아 내지 못했을 수 있다.

보통 나는 상담과 치료 회기를 최소로 하려고 노력한다. 그러나 이런 아동과는 좀 더 긴 기간 동안 아동과 부모를 함께할 목적으로 특별한 심리치료를 시작하는 것이 필요했다. 나는 자신을 치료 시간에만 한정시키지 않고, 어른을 치료할 때 하는 것처럼, 부모와 학교와의 협조를 통해 학교 상황에 영향을 주기 위해 노력하였다.

어려운 문제에 대처하는 아이의 방식에 영향을 주는 것은 학교만이 아니다. 아동의 타고난 기질성, 가족 내에서의 초기 관계성, 문제 해결을 위한 가족의 전형적인 책략, 그 밖의 다른 것도 영향을 준다. 그러나 학교는 아동의 발달 시기에 가장 중심을 차지한다. 독일의 경우 학교는 의무교육이므로, 학교 시스템이 아이의 욕구를 충족해 주지 못한다는 것을 깨달아도 이를 피할 방법이 없다. 학교가 아이 발달에 방해가 된다 할지라도, 심지어 학교 구조와 사람들이 자녀에게 영구히 해를 끼치는 원인이 된다 할지라도, 아이는 법적으로 학교에 가야만 한다.

이러한 현실은 교육 시스템이 좀 더 융통성 있게 되고, 교사가 특이한 영재아를 지지하고 도전감을 주기 위해 평범하지는 않으나 합법적인 가능성을 사용할 책임감을 좀 더 깨닫게 하는 방법을 발견하는 것이 필요하다는 것을 의미한다. 교사는 부적절한 장애물을 세워 각각의 모든 아동을 지원할 의무를 소홀히 해서는 안 된다. 학교 시스템의 구조가 대다수의 학생에게는 효과적이지만, 소수인 고도의 영재학생에게는 충분한 범위를 허용하지 못하고 있다. 그러나 고도의 영재학생에게도 학교는 여전히 의무교육으로 남아 있다.

결 론

내가 심리센터에서 만난 다수의 아동 집단은 심각한 혼란이 막 발달되기 시작한 상태였다. 상담을 받은 여학생 숫자에 비해 남학생의 비율(61:20)이 높은 것은 위기에 대처하는 남자의 성별 특유의 반응에 기인했을 것이다. 즉, 남학생은 여학생보다는 자신의 고통을 좀 더 강하게 행동으로 표현한다. 부모와 교사는 여학생보다 남학생에게서 불편한 신호를 좀 더 크게 포착하기도 한다.

교육 시스템 속에서 만족스러운 해결책을 찾을 수 없을 때, 부모가 할 수 있는 현명한 결정은 좀 더 다른 분야에서 도움을 찾는 것이다. 아동 생애의 지금 단계에서 나타나는 좀 더 심각한 심리적인 문제와 전체 가족의 불균형은 몇 회기의 심리치료만으로도 피할 수 있었고, 대부분의 사례에서 이러한 피드백을 얻었다.

학교 환경이 바뀌고 외로운 아동의 욕구를 좀 더 지지해 주고 존중해 준 경우에는, 심각하게 영향을 받은 아동조차도 심리치료 동안 훨씬 더 나은 진전을 보였다. 그러나 학교가 비협조적으로 나오면, 우수한 능력을 지닌 아동은 소속감과 발전이라는 두 가지 기본적인 욕구를 지닌 채 생존을 위해 더 큰 내적 싸움을 계속하게 된다. 이러한 고투는 가끔 외부 세계 사람은 눈치채지 못할 정도이며, 학교관계자도 전혀 인지하지 못한다. 그러한 사례에서, 학교 시스템이 너무 완고하다면 심리치료적 작업은 헛수고에 지나지 않게 된다. 그렇게 되면 심리치료를 성공으로 이끄는 방법은 오직 자살 시도를 방지하면서, 열심히 내적 싸움을 하는 것 외에 다른 길을 찾을 수 있다는 희망과 신뢰를 유지시키는 것 밖에는 없다.

학교 환경의 중요성은 덜 위협적인 위기를 겪는 다른 아동의 경우에도 증명되었다. 학교가 작지만 신뢰할 만한 변화를 보였을 때, 이것은 아이에게 새로운 희망을 느끼도록 해 주었다. 아이는 새로운 균형을 발달시킬 수 있었으며, 좀 더 쉽게 적절한 현실 개념을 되찾을 수 있었다. 이것은 발달하고 있는 자아 개념이 다른 사람의 부적절한 부정적 신호와 심사숙고하지 않은 반응과의 연결에서 벗어나 좀 더 자유로워질 기회가 주어졌음을 의미한다.

아동은 심리치료 관계에서 지지를 받으면서, 세상에서의 자기 위치를 정서적으로 더 잘 인식하게 되었으며 다른 사람과의 관계를 좀 더 현실적인 방식으로 인식하게 되었다. 그리고 '다른 사람의 이상하고 잘못된 반응은 나보다는 그들과 더 관련 있다(그러한 반응이 있음에도). 그럼에도 불구하고 나는 내가 옳다고 느낀다.'는 것을 정서적으로 구분하기 시작하였다. 그리하여 무가치하게 여겼던 아동의 자아는 다시 회복하기 시작하였고, 자기 신뢰감도 다시 성장하기 시작하였다.

학교에서 일어나는 일의 중요성은 모든 상담 사례에서 헤아릴 수 없이 막대하다. 교육 체계와 그 안에서 일하는 사람들이 소수의 높은 능력을 가진 영재아를 좀 더 주목한다면, 아마 내가 본 가장 심각한 혼란도 충분히 피할 수 있을 것이다.

영재학생과 그 부모와 함께하는 동안 깨달은 점은, 많은 부모가 높은 수준까지 사회적으로 헌신하고 있다는 점이다. 그들은 사회 평등 및 겸손의 원리와 올바른 방식으로 자기 자녀를 돌보려는 마음 사이에서 갈등을 느꼈다. 이러한 갈등은 교사를 만날 때에도 의미 있게 전달되었다. 부모는 공격적이기보다는 방어적으로 되는 것 같았고, 학교가 자녀에게 제공해야 한다고 생각하는 것을 충분하게 요구하지 못하였다. 우리 사회에서 갈등은 한편에서의 평등과 공평의 기회라는 윤리적 목적과 다른 한편에서의 높은 성취자인 엘리트의 존재를 허락하고자 하는 욕구 사이에 나타난다. 이러한 갈등은 부모에게 개별적으로 일어났으며, 영재학생에게는 무거운 짐이 되었다.

내가 본 많은 가정에서 자녀는 부모의 태도와 암묵적인 메시지를 채택한다. '남보다 뛰어나다는 것이 부끄러운 일인가?' 그들은 이러한 메시지에 순응하기 위해 자신의 강점을 억제하면서 자기를 축소시키는 방식으로 학교에서 자신의 문제를 해결하려고 노력해 왔다. 결국 그들은 평범한 것에 만족하게 되고, 거의 있지도 않지만 아주 작은 진정한 도전을 받았을 때에는 이미 특권을 받은 것처럼 느꼈다. 그럼에도 불구하고 많은 남학생은 그들의 불편함에 충분히 주의를 요구할 수 있었으며, 부모는 적절히 반응하였다.

하지만 우리는 뛰어난 능력을 지닌 여학생에게 관심을 가져야 한다. 그들은 내가 만난 아동 중에는 적은 수이지만, 나와는 전화로만 접촉하고 약속을 주저하거나 나중에 약속을 취소한 21명의 아동 중에서는 여성이 많은 수를 차지한다(여자 13명, 남자 8명). 뛰어난 능력을 지닌 여학생은 남학생과 같은 정도로 앞서 언급한 문제에 의한 영향을 받지 않는가? 그들은 자기 사회성 기술을 자신의 진보를 위해 적절하게 사용하는 대신에 다른 사람을 서비스하는 일을 기꺼이 채택하고 사용하는가? 반면 젊은 영재 남성보다는 젊은 여성이 갈등으로 더 고통받을까? 그렇다면 우수한 능력의 젊은 성인(21~32세) 중 여자가 9명인데 반해 남자는 오직 2명만 있다는 것은 놀랄 만한 비율이다. 우리 사회에서 소녀와 그 부모들은 여자에게 바라는 보통의 기대를 기꺼이 채택하고 참아 내고 있는가?

가끔은 아이의 행동과 심리사회적 · 신체적 혼란에만 집중하지 않고 오히려 그들이 살고 있는 시스템에서 잘못된 부분의 요인을 인식할 때, 상담 결과가 더 좋다. 건설적인 문제 해결 전략은 아동을 돌봐 주어야 하는 사람, 즉 부모와 교사의 성격과 상호작용 스타일에 주의를 기울이도록 요구한다.

영재아가 심리치료센터에 오면, 나는 매번 환자가 되어야 할 사람은 아동이 아니라는 인상을 또 다시 새기게 된다. 그래서 나는 높은 능력은 병이 아니며, 이런 아동을 환자로 범주화시키지 않으려고 애쓴다. 때때로 부모는 자기 자신의 문제로 고통받고 있으며 환자로 취급받아야 하지만, 그들은 자기 문제를 좀 더 깊게 심사숙고하길 원치 않는다.

때로는 관련된 교사가 대신 환자가 되어야 한다. 비록 아동의 경험은 단지 동전의 한 면에만 국한된 것임을 알고 있지만, 나는 교사도 가끔은 심리사회적으로 불안정하다는 것을 알고 있다. 그들은 가끔 힘들고 충동적인 감정에 의해 통제되는 것처럼 보이며, 장기간 지속되어 온 문제를 인식하지 못하거나 다룰 수 없거나 그 때문에 고통받고 있다. 이런 내적 갈등은 뛰어난 영재성을 지님으로써 불안과 부러움을 일으키는 아동과의 관계에서 폭발되는 것 같다.

따라서 구성 요소를 갖춘 전체 시스템이 환자여야 한다. 관련된 개인으로는 영재아, 1차적인 사회화 집단의 대표로는 부모, 그리고 강력한 국가 기관이면서 아동과 청소년의 2차적인 사회화 시스템인 학교의 대표로는 교사가 환자가 되어야 한다.

하나의 모델로서, 통합반 교사는 격려받아야 한다. 통합반 교사는 학교 안에서 영재아의 필요에 반응하기 위해 기존에 갖고 있는 것에서 새로운 기술을 보태며, 학교 밖의 외부 사람과 협조하는 중요한 발걸음을 떼었다. 그리고 잘 되어 갔다.

비 고

나는 이 장에서 내가 경험한 결과를 제시할 수 있도록 도움을 준 자상한 Nico Benadie에게 진심으로 감사를 전하고 싶다. 나는 또한 자신의 이야기를 출판할 수 있도록 허락한 통합반의 남학생과 부모님께 감사의 말을 전하며, 나를 믿고 자신의 경험과 감정을 털어놓은 모든 환자에게도 감사를 드린다.

제4장

미성취 여성에 대한 이해와 극복 방안

Lorraine Wilgosh

서 론

이 장에서는 성인 여성과 여학생에게 미치는 역사적 · 사회적 영향 그리고 이들의 성취 수준과 직업 선택에 끼치는 부정적 효과와 관련한 일반적인 문제를 개괄한다(Wilgosh, 1993, 1996). 그리고 바로 뒤이어 젊은 여성과 특히 청소년기 여학생의 성취를 촉진하고, 영재성과 재능성을 증진하기 위한 혁신적인 접근책과 교육 문제에 대한 고찰이 제시된다.

고려해야 할 일반적인 사항

Ognibene(1983)은 '진정한 여성'에 대한 그릇된 통념, 즉 여성의 일터에 대한 편견이 수세기에 걸쳐 어떤 식으로든 끊이지 않았다는 것에 대해 논의하였다. 미국 여성의 1/2 이상이 직장에 다니긴 해도, 결혼과 가정은 여전히 여성에게 이상적인 것으로 여겨진다. " '진정한 여성' 에 관한 그릇된 통념은 정치적 · 경제적 · 사회적 · 개인적 구조의 기저에 깔려 있으며, 이는 여성의 직장에서의 삶을 결정한다. 이러한 구조가 내외적으로 통제를 가하기 때문에, 우리는 이에 대한 영향력을 인식할 필요가 있으며 그 효과를 상쇄시키기 위해 노력한다." (Ognibene, 1983: 8)

경영 분야 여성사에서, Alpern(1993)은 19세기와 20세기의 중 · 상류층 여성을 (잠재적인) 아내와 엄마로 고찰하였다. 이는, 즉 여성을 경제계보다는 가정에 위치해 놓고 있음을 말한다. 그리고 Alpern(1993)은 다음과 같이 진술하였다. '이 장에서는 구조적인 난관, 관습적 차별, 그리고 중 · 상류계층 백인 여성의 적절한 성역할과 관련한 태도가 여성이 경영직에 진출하는 데 어떠한 부정적 영향을 끼쳐 왔는지에 대해 보여 주었다.' (Alpern, 1993: 47)

입법상으로 변화하고 노동 및 경영계에서의 여성 종사자의 수가 보다 많아지면(보다 대화적인 리더십 양식으로), 경영계 여성이 안고 있는 장애 요소를 극복해 나갈 수 있으리라는 것이 Alpern의 바람이다. 최근 들어 보다 많은 여성이 기업계와 경영계에 들어서고 있다고 하는 몇몇 근거가 있기는 하지만, Ciccocioppo(1998)는 여성이 기업계와 대학의 최고 경영직 수준에 도달하는 것을 방해하는 지속적인 태도상의 장애 요인('유리천장 – 회사 내에서 여성의 승진을 막는 보이지 않는 장벽')이 존재한다는 것을 기술하였다.

Alpern(1993)은 경영계에 종사하는 여성 중 일부가 여성적인 감수성이 없는 효율적인 '수완가'라는 이미지를 매체를 통해 무례하게 퍼트려 왔음을 지적하였다. 그녀는 20세기 여성의 정체성은 여성다움과 일치한다는 점에서 Friedan의 저서, 『여성의 신비(*The Feminine Mystique*)』를 언급하였다. 게다가 제2차 세계대전 동안에 노동계에서 여성이 점차적으로 두각을 나타내자, 매체와 교육기관에서는 여성의 1차적인 역할은 아내와 엄마임을 강력하게 다시 확인시켜 주었다.

Pyke(1997)는 여성의 작은 두뇌가 지적 열등성을 뒷받침해 준다고 하는 19세기 시각을 회고하였다. 손뜨개, 그림 그리기 및 무용과 같은 가르침으로 구성되어 있는 여성의 교육은 여성의 1차적인 역할로서, 이는 남성을 기쁘게 해 주고 남성에게 유용하도록 하는 것에 초점을 둔 것이었다. 그 당시의 작품을 회고해 보면, 현재의 시각과 태도가 어디에서 유래했는지를 추적해 볼 수 있다. 예를 들어, 그 시대의 '이상적인 여성'은 타인, 특히 남편과 가족의 욕구를 충족시키는 데 초점을 둔 여성으로 묘사되었다. 여성다움에 대해 널리 퍼져 있는 이데올로기는 강력했으며, 이는 여전히 존재한다.

> 빅토리아 시대의 이상적인 여성은 특히 남성의 마음에 대해 감수성을 보이며, 진부하기까지 하다……. 여가를 즐기는 여성이 대중소설에 등장인물로 만연하는 것은 많은—아마도 대부분의—중류층 여성이 '완벽한 여성'의 세련된 삶으로 하는 일 없이 노는 것을 열망하였다는 것을 강력하게 보여 준다(Pyke, 1997: 155).

우리가 19세기 여류소설가의 작품을 고찰해 보면—예컨대, Jane Austen의 경우—우리는 그 시대의 여성과 여아에게 잠재적으로 영향을 끼친 여성의 역할에 대해 알 수 있다. *Northanger Abbey*의 당대 서문에서, Rowe(1993)는 그 역할이 TV와 영화에 나오는 부패에 대한 현 시대의 관심사와 견줄 만하다고 지적하였다. 여 주인공 캐서린과 같은 사람의 태도와 행동에 소설이 미치는 영향에 대한 Austen의 묘사에서, 그녀는 캐서린을 '15세에서 17세에 이르기까지 그녀는 여장부로 길러졌으며…….' (p. 4) '……17세 여성의 마음이 대개 그렇듯이 무지하고 무식한 것으로…….' (p. 6)와 같이 묘사하였다. 캐서린은 성 평등에 대한 몇 가지 견해를 표출하였다. '수월성은 성별에 따라 상당히 구분된다.' (p. 13) Austen은 소설 뒷부분에 보다 냉소적으로 다음과 같이 진술하였다.

> 견문이 넓은 마음에는 타인의 자만심을 통치하지 못하는 무능력이 따라 붙는데, 이는 양식 있는 사람이 늘 회피하기를 바라는 것이다. 특히 한 여성이 어떤 사실을 알게 되는 불운을 지니게 된다면, 그녀가 할 수 있는 한 그 사실을 감추어야 한다(p. 71).

명백하게 이러한 단적인 예를 통해 여성과 여아에 대한 당대의 태도는 20세기 이전에 이들에게 미친 영향에서도 드러나 있음을 보여 준다.

직장 내에서의 성 평등의 결여는 문서에 의해 충분히 입증된 바 있다(Dick & Rallis, 1991). Tomini와 Page(1992)는 남성에 비해 하위 수준의 직종에 과도하게 여성이 표상됨과 더불어 직업 선택에서 여성과 여아의 불리한 점을 밝혀내고, 과학, 수학 및 공학 분야 이외의 직종을 선택하게 되는 경로에 대한 연구를 인용하였다. 그들은 성역할 조건화, 가족 및 또래의 영향, 성공에 대한 두려움, 그리고 매체 내용을 포함한 현 상태에 기여한 요인을 규명하였다. 학생에 대한 상담가의 조언은 전통적으로 성에 적절한 직업에 주안점을 두는 경향이 있다는 것을 그들의 연구에서 설명하였다. 놀랄 만한 일은 아니지만, Masson과 Hornby(1986)는 여아는 불충분한 정보를 가지고 있는 교육자와 상담가로부터 그들의 삶에 교육과 취업이 얼마나 중요한지에 대해 '잘못된 정보'를 받는다고 경고하였다. 그들은 비전통적인 직업 선택과 노동시장의 요구에 대해 상담가를 교육할 것과 직업 선택과 관련한 정보를 알려 주기 위해 여아를 대상으로 한 멘토십 프로그램을 개발할 것을 제안하였다.

많은 작가(예, Hyde et al., 1990)가 전통적으로 남성이 우세한 분야에서 여아에게 동등한 기회를 부여하기 위한 성평등 전략을 도모하기는 하지만, 작가 중에는 여아가 보다 한쪽 성에 국한된 진로 개발을 할 수 있도록 돕는 별도의 교육 접근책을 제안하는 이들도 있다.

이러한 이분법과 일관되게, Kimball(1994)은 상당히 다른 사회적 성과를 자아내게 하는 성차와 성유사성에 대한 두 가지 별개의 페미니스트적인 시각을 규명하였다. 남성과 여성 간의 유사성에 초점을 두는 이들 페미니스트 심리학자는 '남성 지배적인 공공의 세계' 에 여성의 전적인 참여를 도모하고자 하는 동기가 유발되어 있다. 그들은 기술과 능력 면에서 성별에 따른 차이의 결여와 성 불평등에 미치는 상황적 변인의 영향을 강조한다. 이와 대조적으로, 성차에 초점을 두는 페미니스트 심리학은 권력, 이탈 및 위계에 앞서 돌봄(caring), 인간적 관계, 상호관계와 같은 여성의 특질에 가치를 두는 별개의 세계를 창출하는 데 목적을 둔다(Kimball, 1994). 전통이 옹호하는 그 차별은 여성의 세력 범위를 분리하는데, 이는 긍정적인 인간의 본질이 여성과 관련이 있기 때문에 과소평가되어 왔다고 하는 바에 기초한 것이다.

Reis(1991)는 여성이 직면한 문제와 도전에 대한 연구의 필요성을 제안하였다. '우리는 뛰어난 능력을 지닌 여성의 의식적인 선택과 의사결정이 적절히 반영되어 있다는 측면에서 성취를 재규명하는 것이 유용하다는 것을 알게 될 것이다.' (1991: 197) Kimball (1994)은 여성과 남성의 삶을 이해하는 데 정의와 돌봄 모두의 시각에 대한 필요성을 주장한다. 그녀는 남성 못지않게 여성도 남성 지배적인 사회에서 수행을 잘한다는 것을 보여 주는 유사성 시각이 상징적 남성체제를 '강화하고 정당화한다.' 고 경고한다(1994: 400). 그러므로 현존하는 질서에 도전하고, 우리가 인간의 가치로 추구하고자 하는 가치에 대해 질문을 던질 필요가 있다.

최근 수십 년 동안, 많은 청소년 여학생은 거식증, 자기 자신을 해하고자 하는 갈망 혹은 성폭력의 피해와 같은 심각한 문제를 다루는 치료를 받는 반면, 또 다른 청소년 여학생은 등교 거부 혹은 미성취와 같은 비교적 덜 심각한 문제를 지니고 있다(Pipher, 1994). 그 원인은 문화에 바탕을 두고 있으며, 이를 일컬어 Pipher

는 ‘여학생 중독(girl-poisoning)’ 이라 칭한다(1994: 12). Pipher는 ‘아름다워야 하지만, 미모란 단지 거죽 한꺼풀에 불과하다……. 독립적이되 친절하라. 똑똑하되, 남학생을 위협할 만큼 똑똑하지는 마라.’ 와 같은 뒤섞인 메시지를 여학생이 받고 있음을 밝혀냈다(1994: 36).

Wilgosh(1993, 1996)는 상담가와 교육자에게 매체가 젊은이, 특히 여학생과 젊은 여성에게 미치는 영향에 대해 경각심을 일깨우기 위해, 일간지와 시사 잡지를 표집하여 여성과 여학생에 대한 매체에서의 이미지를 고찰하였다. 8가지 테마로 분류된 기사에서, 약 1/3은 유사한 시각을 묘사하거나 이에 도전하는 것으로 분류되었으며, 기사의 약 1/2은 전통적인 시각으로 분류되었다. 따라서 견해 차이의 관점—즉, 사회에 대한 여성 특유의 헌신에 가치를 두는 것—은 언론에서 거의 관심을 받지 못했다.

여성의 고정관념(테마1, ‘여성의 이미지와 고정 역할’)은 신체적 미모에 역점을 두고 있다. 그러나 지배적인 (그리고 혼란스러운) 테마1의 메시지는 여학생과 여성이 의존적이긴 하지만, 아름다워야 한다는 것이다. 요즘 들어 역점을 두고 있는 분야는 성차인데, 이는 적어도 몇몇 차원에서(테마2, ‘성차’), 즉 성 경쟁에서 여학생이 이기는 것을 말한다. 폭력 행위에 따른 평등권 획득의 기저에 여성에 대한 많은 폭력(테마3, ‘여성에 대한 폭력’)이 지속되고 있다. 여성과 여학생을 위한 테마3의 기본적인 메시지는 그들이 맞서 싸워야 하지만, 세계는 그들에게 위험한 곳이라는 것이다. 전통적 · 비전통적 직업 분야(테마4, ‘여성의 탁월한 성취’) 모두에서 여성이 성취한 사례가 있지만, 여성은 채용시에 ‘약자’ 라는 수많은 증거가 여전히 존재한다(테마5, ‘여성과 직업’).

테마4의 메시지는 여성의 직업적 성공의 측면에서 긍정적이었지만, 테마5의 명확한 메시지는 여성이 직장 세계에서는 여전히 이류라는 것이며, 남성 지배적인 전문직업 세계에서 여성이 전문적 선택을 도모하기 위해 적극적인 행위를 시도할 때, 분개하게 된다는 것이다. 여학생을 교육하는 데(테마6, ‘여학생의 교육 · 성취’), 이들을 위해 어떤 교육 모델(예, 분리학교 혹은 분리학급)을 추구할 것인지에 대한 혼동의 증거가 있다. 결국 여성의 불이익을 감소시키고 여성의 유익한 점을 증진하는 것에 대한 관심이 지속적으로 있지만(테마7, ‘페미니즘 · 주장’), 예컨대 보건 분야(테마8, ‘여성 · 성 및 건강’)에서는 ‘남성’ 모델이 널리 퍼져 있어, 여성이 안고 있는 불이익이 만연해 있다. 언론 표지에 여성과 여학생에게 종종 부정적인 메시지나 혼동되는 메시지가 제시되어 왔음이 분명하다.

Wilgosh(1993, 1996)는 여성과 여학생에 대한 혼란스러운 매체 메시지를 문서화하여 여학생을 지도하는 교육자를 위한 몇 가지 쟁점과 고려사항을 고찰하는 데 도움이 될 만한 내용으로 정리하여 제공하였다. 이는 위에서 언급한 일반적인 결과물을 뒷받침해 주고, 교육 변화를 위한 혁신적인 모델과 실제를 제공하는 다량의 연구물이다.

여학생 교육에서의 이슈 및 접근책

학교 내에서의 정책발의

Mirkin(1994)은 청소년기에 여학생은 자신의 대인 관계를 보호하기 위해 모르는 척하는 것을 배우는데, 상담가와 교사는 '그들이 아는 바를 표현하도록' 도움을 주고, 그들의 관계 욕구를 존중해 주어야 한다고 주장한다(1994: 81). Mirkin은 여학생이 자신의 정체성 발달을 해치는 매체의 힘을 약화시키는 여성, 즉 사회에서 두각을 나타내는 여성을 인식하게 될 것이라는 바람을 표출하였다.

Pipher(1994)는 자기 자신이 지니고 있는 느낌(감정)을 신뢰하고, 전달된 메시지의 관점에서 문화를 비판적으로 관찰하며, 생각과 감정을 구분하고, 의식적인 선택을 하며, 그들의 삶에 대해 책임을 지고, 그들만의 한계를 규명할 수 있도록 하기 위해 여학생을 격려해 준다. 그러나 그녀는 "우리의 딸은 그들이 지니고 있는 모든 재능을 개발하고, 그 가치를 인정받을 수 있는 사회에서 생활할 가치가 있다."고 주장하면서 우리가 사회를 변화시켜야 한다고 경고한다(Pipher, 1994: 13). Schlosser(1999)는 자기신뢰와 리더십 기술이 여학생에게 장려되어야 하며, 그들이 이룬 성취에 대해 가치를 인정해 주고, 지지해 주어야 하며, 이를 통해 그들이 확실한 진로를 개발하여 직업적 성공을 경험하게 된다고 제언한 바 있다.

수많은 작가는 매체가 성 고정관념에 미치는 영향을 약화시키고 이를 극복하는 데 교사와 학교의 역할을 직접적으로 다루었는데, 이는 학생에게 정치적인 견지에서 올바른 자아상을 제공해 주기보다는 성 고정관념에 대해 학생이 이의를 제기할 수 있도록 가르치기 위한 것이었다. Steinke와 Long(1995)은 여학생에게 긍정적인 역할 모델을 제공하고, 그들이 과학을 직업으로 선택하도록 격려하기 위해 교육과학 프로그램은 변화되어야 한다고 제안하였으며, Reinen과 Plomp(1993)는 교사 역할 모델을 통해 여학생에게 학교 컴퓨터 강좌와 컴퓨터 사용에 여성과 여학생의 참여를 독려해 왔다.

Horgan(1995)은 남학생과 여학생 모두에게 성공을 위한 자신감과 유능감을 증진해 줄 수 있도록 교사에게 사례연구, 체크리스트, 워크시트 및 기타 자료로 구성된 전략 워크북을 제공하였다. 이와 유사하게, Kleinfeld와 Yerian(1995)은 교사가 성평등 상황을 다루는 방법을 개발할 때 도움이 될 만한 교실 상황과 관련한 사례집을 출간하였다. 매체에서의 〈성 고정관념: 슈퍼맨과 신부〉(인문과학 영화, 1998) 프로그램과 같은 교수자료는 성 고정관념을 양성하고 강화하는 데 매체의 역할에 대한 고찰과 논의를 활성화하도록 고안되었다.

또한, Grossman과 Grossman(1994)은 성불평등에 대한 교사의 인식을 고취시키도록 도움을 주고, 성에 대한 편견을 불식시키기 위한 적절한 교육접근책을 개발하여 적용하는 방법을 알려 주는 책을 출간한 바 있다. 그들은 교사가 비슷하거나 혹은 다른 역할을 남학생과 여학생에게 준비시켜야 하는지에 대해 중대한 문제를 제기했으며, 교육자 사이에 논란을 야기하는 4가지 명확한 시각을 개괄하였다.

- 자연적이고 생리적인 성차는 각기 다른 역할을 위한 준비를 정당화해 준다.
- 양성적인 역할 준비는 사회 변화를 초래할 것이다.
- 교사 개개인은 학생을 가르칠 때 두 가지 관점 중 어느 것을 취할 것인지를 결정해야 한다.
- 교사는 학생이 위에 제시된 첫 번째와 두 번째 지시 사항 중 어느 것을 취해야 할지에 대해 결정을 내릴 수 있도록 도와주어야 한다.

Measor와 Sikes(1992)는 여학생의 미성취가 순전히 학교만의 책임은 아니라는 것을 인정하긴 했지만, 어느 정도 이에 대한 책임을 학교에 전가하였으며 성평등을 촉진하기 위해 학교에서의 변화를 꾀하기 위한 몇 가지 제안을 내놓았다. 이들의 제안 중에는 학교경영의 보다 '여성적인' 속성, 즉 보다 협동적이고 개인적인 경영스타일을 도입하기 위해 경영 분야에 보다 많은 여성을 배치하는 것을 포함하고 있다. 교사, 교생 및 학생 모두는 성과와 관련한 추론과 예측에 대해 이의를 제기할 수 있도록 도움을 받아야 하며, 성평등을 실행해야 한다. 이러한 쟁점은 학교 조직, 교육과정 및 교수, 측정 및 진로상담의 수준에서 제기되어야 하며, 성별상 민감한 상황이 발생하였는지에 대한 점검이 이루어져야 한다.

Measor와 Sikes(1992)는 교육에 대한 두 가지 페미니스트적 접근책에 관심을 가졌다. 이른바 기회 균등 접근책(여학생에게도 동일한 교육과정을 동등하게 이용할 수 있도록 함)과 성차별 반대론자적 접근책('여학생에게 친숙한' 새로운 학교 교육과정 및 학교 구조 개발)이다. 두 접근책 모두 변화를 위한 전략에 대해 명확히 동의하지 않았지만 성평등을 위한 변화의 필요성에 대해서는 인정하고 있다. Measor와 Sikes는 동일한 성과 다른 성이 혼합된 집단편성과 학급편성은 여전히 상대적 효과성의 측면에서 평가되고 있음을 인식하였다. 그들은 전국 단위와 지방 단위 기회균등에 대한 주민 발의를 고찰하여 "체계적인 진보가 이루어지지 않았다."(1992: 145)라고 결론을 내렸다.

Wilgosh(1999)는 여성과 여학생들에 대한 묘사와 그들의 역할(예, 인쇄물과 시청각 자료에서)을 분류하기 위한 세 가지 범주 평정 척도를 개발하고 있다. 이는 매체 메시지가 여성과 여학생에게 미치는 영향을 분류하기 위해 유사점 및 차이점에 대한 Wilgosh(1996)의 범주와 여성에 대한 전통적인 시각을 기초로 하고 있다.

이 평정 척도는 미성취를 강화하는 것을 해소하기 위해 교육자와 상담가를 도와줄 것이다. 기초적이고 실제적인 수준에서, 매체 메시지를 분류하는 행위는 다양한 매체 메시지가 존재하고 있다는 것에 대한 인식을 고취시켜 준다. 이는 교사와 상담가의 인식을 고취시키기 위해 교사를 위한 직무 연수 상황에서, 혹은 학급 내 학생활동에서 매체가 전하는 메시지에 대한 인식과 토의 그리고 이것이 태도와 행동에 미치는 효과를 도모하기 위해 효과적으로 사용될 수 있다. 이것은 개인 및 집단 수준에서의 교육적 개입을 통해 사회적 태도와 인식에 잠재적으로 변화를 불러일으키는 또 다른 방법이다.

행정 및 정부 차원에서의 발의

정부 정책 및 발의는 물론 적극적으로 지지해 주는 학교와 관할 구역 행정은 교사가 교육적 변화를 위해 작업할 수 있는 환경을 제공해 주었는데, 이는 젊은 여성과 여학생을 위한 지지와 격려를 증진하기 위한 것이다. 그러나 Measor와 Sikes(1992)는 정부정책과 시정 방침이 여학생에게 동등한 기회와 접근을 보장해 주지 못한다고 경고하였다.

여아의 참여율, 직원 중 여성이 차지하고 있는 비율 등을 추적함으로써, 학교이사회는 관할구역에서 여성과 여학생의 지위에 대해 인식할 필요가 있다(Scollay, 1994). 또한 학교 이사진은 성차별 풍습에 대한 금지령을 정부에 통보해야 하며, 그들의 정책, 프로그램 및 관행을 분석해야 하고, 성평등을 주장해야 하며, 편견을 불식시키기 위해 강력한 리더십을 발휘하여야 한다(Scollay, 1994).

교육부는 성 중립적이거나 설명식 교육과정 자료와 실습 프로그램을 준비함은 물론 교육정책 및 법안을 통해 교실과 학교를 지지해 주는 역할을 한다. 알버타 지역사회 개발부(1995)에 의해 발간된 토의 도구인 '청소년의 목소리를 드높이라: 성 사회화를 위한 자료' 와 같은 자료 개발은 성 사회화와 평등에 대한 논의를 도모할 수 있도록 교육가와 상담가를 도와주기 위한 것이다. 이 도구는 다음과 같은 질문을 던진다. '만일 당신이 내일 일어났을 때

성이 반대가 되었음을 발견하게 된다면, 당신의 삶은 현재와 어떻게 다르게 펼쳐질까?'

Burbridge(1992)는 정부가 여학생과 여성을 직업교육에 보다 많이 포함시켜야 한다고 주장하였는데, 이는 현재의 직업 프로그램이 비전통적인 분야에 여성을 끌어들이는 데 성공하지 못해 왔기 때문이다. 이것이 정부 법안으로 규정된다 해도, 직업 교사의 성 역할에 대한 태도와 신념을 평가하여, 이들에게 학생을 어떻게 가르쳐야 하는지에 대해 여전히 알려 줄 필요가 있다. 이는 교사가 어떤 특정 태도를 취함으로써 나타날 수 있는 유해성을 이해하고, 모든 학생을 위한 적절한 학습 활동을 설계할 수 있도록 하기 위함이다(Lasonen & Burge, 1991).

대학교육 발의

대학교육 발의를 잠시 고려해 볼 필요가 있는데, 이는 여학생이 고등교육으로 나아갈 수 있도록 준비시키기 위해 긍정적인 대학교육 환경을 조성하는 것이 중요하기 때문이다. Astin(1990)은 여성이 과학 분야의 공부를 계속 하도록 장려하기 위해서는 고등교육이 여성의 증가하는 열망과 변화하는 교과 내용과 과학을 배우는 방식에 대해 '창의적 반응' 을 제공해야 한다고 촉구하였다. 여성에게 과학의 문호를 개방함으로써 '새로운 사람' 의 영입을 허용해 주면, '체제가 운영되는 방식이 점차적으로 변화되며, 과학은 대체로 확실히 더 진보하게 될 것이다.' (Prentice, 1996: 9)

Caplan(1993)은 고등교육 분야의 여성(교수진과 대학원생 모두)

을 위한 생존 가이드를 제공하였다. 그녀는 개인 차원과 기관 차원에서 불평등을 극복하기 위한 방법을 개괄하였는데, 예컨대 학계에 있는 여성이 적절한 멘토를 찾을 수 있도록 조언을 제시하였다. '당신의 인간성을 유지하고, 타인 또한 그렇게 할 수 있도록 돕고, 자아존중감과 자신감을 획득하여 유지하는 것을 당신의 목적에 포함시킬 수 있도록 스스로 결정하라.' (Caplan, 1993: 81)

그녀는 여성이 공부 환경과 작업 환경을 선택할 수 있는 권한을 강조하였다. 그녀의 '친여성적(women-positive)' 기관을 선택하기 위한 체크리스트에는 기관에 있는 여성의 고용 및 승진 기록을 검토하고, 차별금지 정책의 존재를 확인하는 것과 같은 지침이 제공되어 있다. 또한 Welch(1990)는 고등교육 분야에서 여성을 위한 지원을 제공하기 위한 네트워킹과 멘토링의 중요성을 강조하였는데, 이는 여성이 캠퍼스 환경에서 변화를 일으킬 수 있도록 하기 위함이다. 그녀는 적절한 학급 활동이 젊은 여성의 능력을 배양하고, 자신감을 증진하는 데 활용될 수 있다고 결론지었다.

결론

Wilgosh(1996)가 규명한 테마는 문제가 있는 여학생에 대한 상담가와 치료사의 경험담에서 확인되었을 뿐만 아니라(Mirkin, 1994; Pipher, 1994), 교육자의 관심사에도 반영되어 있다(Meagor & Sikes, 1992). 여학생 특히 청소년기에 있는 여학생이 경험하는 난관의 범위는 미성취부터 생명을 위협하는 수준까지 이른다

(Pipher, 1994). 이들의 많은 관심사(고민거리)는 똑똑한 여학생에게 수학 및 과학 장학금을 제공하는 것 그 이상이다. 모든 여학생과 특히 위기에 처해 있을지 모르는 똑똑한 여학생을 위한 지도와 상담이 제공되고, 남학생과 여학생 모두에게 동등하게 가치를 두며(Pipher, 1994), 미성취를 야기하는 근본적인 문제를 다루는 긍정적인 교실 환경과 학교 환경이 필요하다.

여학생과 여성에게 사회적 영향이 미치는 부정적 효과는 잘 문서화되어 왔으며(Pipher, 1994), 교육체제의 역할과 책무가 규명되어 왔다(Measor & Sikes, 1992). 앞에서 언급한 많은 저자는 여학생이 학습 환경에 대처하는 기술을 견고히 하고(Mirkin, 1994; Pipher, 1994), 보다 성평등적인 교육 환경을 창출할 수 있도록 하기 위해 모든 학생에게 영향을 끼칠 수 있는 교육적 변화를 제기하였다.

이들 저자는 또한 여학생과 여성에 가치를 두고 이들을 보다 많이 지지해 줄 수 있도록 학교와 사회가 변화되어야 할 필요가 있음을 주장해 왔다(Steinke & Long, 1995).

불행하게도 변화의 방향은 교육 수준에서 그리고 보다 폭넓은 사회의 측면에서 볼 때 애매모호하며 불명확하다. Grossman과 Grossman(1994)의 '비판적인' 질문은 다음과 같다. 교사는 유사한 역할 혹은 다른 역할을 위해 남학생과 여학생을 준비시켜야 하는가? 그러나 변화의 방향을 이끌 만한 명쾌한 '이상적인' 답은 없다.

최소한 두 가지 모델이 존재한다. 현재의 공통 교육과정과 교육환경에서 젊은 여성과 여학생을 위한 동등한 기회 및 접근을 창출하는 것, 그리고 '여학생에게 친숙한' 새로운 교육과정과 환경을 창출하는 것이다. 이러한 이분법은 Kimball(1994)의 유사성과 차이점 구분을 연상하게 한다. 여학생과 남학생에게 동등한 기회를 주는 정도로 양쪽 시각 모두에 가치를 두면서 절충안이 모색되어야 할 필요가 있다. 여학생에게 적절한 역할 모델과 보다 애정 어린 환경을 제공하기 위해서는 교직과 행정직에 여성이 있어야 한다. 교육과정과 교실은 모든 학생에게 지지적이어야 하며, 모든 학생이 사회에서 대학교육의 기회를 받을 수 있도록 합리적인 준비를 제공해야 한다.

결론적으로, 우리는 교육적 · 사회적으로 변화가 이루어져야 할 필요가 있음을 인식하기보다는 오히려 여학생이 변화되어야만 한다고 추정하게 하는 접근책을 조심스럽게 고찰해야 한다(Briskin & Coulter, 1992). 여학생이 수학 분야에서 성공할 수 있도록 격려하는 것은 가치가 있지만, 다른 선택사항을 평가절하해서는 안 된다. 우리는 모든 개인의 학습 선호도와 양식을 지지하면서 개개인의 선택의 폭을 다양하게 해 줄 필요가 있다. 우리는 남성 지배적인 구조에서 탈피하여 권력과 계층을 뛰어넘는 배려와 관계에 보다 많은 가치를 두는 사회로의 변화 및 개선에 초점을 두어야 한다(Kimball, 1994).

제5장

미성취 남아에 대한 이해 및 이들의 미성취 극복 방안

Barry Hymer

서 론

지적인 미성취 영재아는 학교마다 모든 학년 수준에서 찾아볼 수 있을 정도로 도처에 있지만, 특히 중등학교 수준에서 매우 심각한 도전에 부딪히게 된다. 미성취 영재아는 게으르고, 학업에 무관심하고, 지루해하며, 반항적이며, 교사와의 관계가 원만하지 못하며, 한 개 혹은 그 이상의 과목에서 어려움을 지니기도 하는 등의 외양상 다양한 모습을 보인다.

그럼에도 불구하고, 미성취 영재아는 자신이 어떤 모습으로 다른 사람에게 비춰질 것인지와 관계없이, 학업 수행을 위해 자신의 지적인 잠재력을 사용하지 않는 보통 아이다. 일반적인 정의에서처럼, 고능력 미성취아는 자신의 탁월한 능력으로 학문적 수월성을 달성할 수 있음에도 불구하고 이에 실패할 뿐만 아니라, 평균수준의 능력을 지닌 학생의 학문적 수준보다 더 뒤처지거나 혹은 기껏해야 이들의 수준을 유지하는 것으로 밝혀졌다(Ralph et al., 1966: 1).

왜 '그'인가? Supplee(1990)의 저서에서 Passow는 고능력 미성취아에 대한 초기 연구를 기술하면서, 그와 그의 동료들이 남성 대명사를 사용하여 그 시대의 글쓰기 관습을 따랐다고 지적하였다. 그러나 동시에 미성취는 특정 성에만 한정되는 영역이 아니며, Passow 자신도 '……동일한 숫자의 남아와 여아(능력 있는 미성취아)를 해당 분야에서 밝혀냈다. 그러나 이러한 현상은 5년에 걸쳐 지속되었다.' 고 밝혔다(Supplee, 1990: XI; 원문에 역점을 두었음).

영국의 학술논문, 매체 및 응용 분야(특히, 학교)에서는 관심의 초점에 변화가 일어난 바 있는데, 이는 바로 1970년대와 1980년대의 미성취 여성에서 1990년대의 미성취 남성에 대한 '발견'으로의 거대한 전환이다. 이에 대해서는 중등교육 일반자격증(General Certificate in Secondary Education: GCSE), 국가교육과정, 그리고 새로운 평가 절차가 공립학교에 도입되기 시작한 1988년 이래로 축적된 데이터를 토대로 출간되어 왔다.

그 이전에는 경고의 징후가 초기에 나타났다. 그러나 1980년대까지만 해도 '여아는 초기에 인지적으로 유리하며, 어린 시절에 신체적 성숙에 도달하는 것을 화제로 삼았지만, 남아는 십 대에 여아를 따라잡는다는 통설이 있어 왔다.' (북아이랜드 교육과정 검토 및 평가 위원회, 1999: 37) 그러나 새로 수집된 데이터를 토대로 한 결론은 강력하며 외현적으로 일방향적이었다. 예컨대, 여아는 1단계 수준에서 읽기 부문에 앞서 있으며, 이는 2단계와 3단계 수준에서도 유지된다(이 결과는 1995년 데이터를 토대로 한 것이다). 1998년경, 읽기 부문에서 성차는 1단계와 2단계 수준 사이에서 벌어졌다. 1995년에 남아는 5학년 혹은 그 이상의 학년 수준에서 패스(C학점에서 A^+학점에 이르기까지)하는 비율이 GCSE에서 여아보다 이미 뒤처져 있었으며, 이러한 경향은 계속되어 왔다. 여아와 남아의 GCSE 수행 간의 차이는 1998년경에는 10%까지 벌어졌다. 여아의 51%는 5학년 혹은 그 이상의 학년 수준에서 패스하였는데, 남아는 41%에 불과하였다. 비록 전국적으로 패스 비율이 일반적으로 향상되긴 하였으나, 여아의 향상도는 남아의 향상도를 능가하고 있었다. 영어 과목에서 상위 수행 수준, 즉 GCSE 성취도가 가장 높은 수준(A와 A^+학점)을 살펴보면, 1995년에 여아의 14%가 이 수준을 차지하였는데, 이는 남아의 8%가 이 수준을 차지한 것과 견줄 만하다. 1951년에는 A학점 수준에서, 여아가 남아에 비해 뒤처져 있었는데, 1998년에는 여아가 남아에 비해 보다 높은 평균 점수를 획득하였다(교육 및 고용 통계청).

그러나 모든 이용 가능한 데이터를 면밀하게 살펴본 결과, 남아와 여아의 수학과 과학 수행 면에서—KS1에서 GCSE에 이르기까지—모든 학년 수준에서 상당히 암울한 실태가 드러났다. 심지어 1998년에도 특정 수준에서 남아는 전통적으로 '남성적인' 교과목—물리, 수학, 컴퓨터 및 경제—에서 여아보다 여전히 우세했다. Arnot 등(1998)이 지적했듯이 '여아가 남아보다 수행을 더 잘한다거나 혹은 그 반대라는 포괄적인 진술은 정당화하기가 어려우며, 교육과정의 구체적인 측면에서 근거 자료가 항상 제시되어야 한다.' (1998: 8; 원문에 역점을 두었음) 타임즈의 교육 특집판에 Sarah Cassidy가 기고한 기사에서, 자격증 및 교육과정 기관의 Jannette Elwood는 다음과 같이 언급하였다.

> 막대한 통계 수치만 보면 여아는 모든 수준에서 앞서 나가고 있는 것처럼 보인다. 그러나 좀 더 자세히 들여다보면, 여아가 GCSE에서 남아보다 월등히 수행을 잘하는 것으로 나타났지만, A-수준에서는 잘하지 못하는 분야가 있다는 사실이 통계 수치에 드러나지는 않는다. A-수준에서의 선택은 여전히 매우 성차별적이다(Cassidy, 1999: 7).

또한 다른 충고성의 여론이 제기된 바 있는데, 몇몇 사람은 검사의 구성, 시행 및 채점이 수행획득 면에서의 성차와 일반적인 평가 자료에 끼칠 법한 영향을 보다 신중하게 살펴볼 것을 촉구한 바 있다(Black & William, 1998; Davies & Brember, 1998). 예컨대, 페미니스트적 관점에서 조심스러운 비판이 있었는데, 이는 남아의 미성취에 대한 역사적인 내력과 남아의 학업적 성공과 실패에 대한 귀인(Cohen, 1998) 혹은 페미니스트 연구를 통해 나타난 지식과 통찰을 경시하는 위험성이다(Skelton, 1998). 또한 남아의 미성취에 대한 틀에 박힌 고정관념, 즉 이는 그들만의 독특한 환경에 토대를 둔 실행 기반 연구에 의한 것으로, 학교와 교사가 이를 멀리하려는 시도가 있어 왔다(Pickering, 1997). 게다가 능력 있는 미성취자에 대해 언급하면서, Joan Freeman은 관심을 미성취 여성에서 미성취 남성으로 완전히 전환시키는 것에 대해 주의를 당부하였다(Freeman, 1996). 그러나 특히 여아의 경우, 학교에서의 성취는 학교를 졸업한 이후 생활에서의 성취와 상관이 불충분하다고 지적하였다. 악명 높은 '직장 내에서의 보이지 않는 차별' 은 여전히 깨지지는 않은 듯 보인다.

공공 분야에서 나타나는 우려의 목소리는 별 효과를 발휘하지 못했다. 정부와 매체에서 보이는 막대한 관심은 1990년대 중반 이래로 '실패하는 남아' 와 이에 대한 해결방안 모색에 쏠려 있었다. 영국 전역 · 교육 출판물의 표제에 나타난 몇몇 예는 다음과 같다. '여아는 잘하고 있는데 남아는 방치됐다고 느낀다.' '여아는 남아를 훨씬 능가한다.' '실패하는 남아, 공공의 부담 제1호' '성차의 골은 깊어만 간다.' '남아는 여전히 문해 분야에서 뒤처질 것이다.' '탈학교(anti-school)적인 편견은 평생 동안 남아의 희망을 꺾는다.' '건장하고 남성다운 그리고 그들의 최악의 적' 등등. 이렇듯 격렬하고 열성적으로 대중적인 불안의 불꽃이 높이 타오르게 되었다. 전국의 학교에서 성취 통계 결과가 발표되자, 남아의 미성취에 대해 개입을 위한 시사점과 함께 그럴 듯한 다양한 설명이 탐색되었다. 학교에서 쉽게 도입할 수 있는 설명은 교육자에게 가장 큰 흥미를 끌었는데, 그렇지 못한 다른 설명 또한 살펴볼 가치가 있다.

남아의 미성취에 대한 설명

한때 과제 수행 면에서 남녀 간 생물학적인 차이가 관심을 끈 적이 있다. 1977년에 유전신경생물학 연구 분야에서, Stewart(1977)는 성별에 따라 차별화된 교수 학습의 필요성을 강력히 주장한 바 있다. 그는 성차에 기여하는 생물학적 문화적 요인의 상호작용과 여아와 남아 모두가 학습과제를 보다 잘 수행하고 이에 대해 만족감을 경험한다고 하는 포괄적인 연구 결과를 성차와 관련한 적절한 문헌을 토대로 제시하였다(1977: 1). 하지만 그는 그 시대의 사회문화적 경험이 학습자의 욕구와 기대 그리고 연구자의 방법론과 결과 해석 모두를 규명해 줄 수 있다는 것을 간과하였다. 최근 들어 이러한 근거는 적어도 인지양식과 학습전략 분야에서만큼은 결정적이지 못한 것으로 간주되어 왔으며, Riding과 Rayner(1998)의 인지양식 분석—정보를 조직하고 반응하는 데 개인마다 다른 습관적인 방식을 탐색하기 위해 사용되는 연구 도구—결과, 수행 면에서 남녀 간 유의한 차이가 없는 것으로 나타났다. 또한 인지양식은 능력, 성격 및 성(gender)과는 별개라고 주장된 바 있다. Bray 등(1997)은 태내기부터 남녀 성별에 따른 유전적인 차이를 논의하였으며, 자궁 내에서 여아는 남아에 비해 소리와 억양 패턴에 보다 더 잘 반응한다고 하는 연구 결과를 밝혀냈다. 이러한 성숙의 효과는 종종 문해 기술 면에서 여아가 남아보다 월등함을 설명하기 위해 인용되었다.

예컨대, Biddulph(1998)는 '남성 운동'의 주창자 중 한 사람으로서 남아가 신경학적으로 속도가 비교적 느리며, 이는 영국, 호주, 미국에서(여아에 비해) 남아의 학문적 미성취를 낳게 한다고 수많은 연구를 통해 제안하였다. Pickering(1997)은 이를 두뇌 연구에서 밝혀낸 바 있는데, 즉 분석가와 숙고자(reflector)로서의 여아, 사색가와 실험가로서의 남아라고 하는 바를 탐색하고 다음과 같이 언급하였다. '순차적이고 분석적인 학습접근책에 근거한 영국의 현재 평가체제하에, 여아는 상당히 유리하다.' (1997: 48) 흥미롭게도 이와 같은 주장은 학습부진아—자신의 약점이 노출되고 자신의 강점이 드러나지 않는 교육체제에서 고투하는 것으로 알려진 고도의 난독 증세를 보이는 수많은 어린이—분야에서 한때 활발히 논의된 바 있다.

구체적으로 극단적인 수준에서의 성취 및 성차와 관련한 연구에 따르면, 남아가 수학과 영어 과목(OFSTED/Equal Opportunities Commission, 1996; Davies & Brember, 1998)에서 점수를 상당히 높게 받는 것으로 종종 관찰되어 왔는데, 이는 문헌에서도 많이 언급된 현상이기도 하다. Terman, McLeod와 Cropley(1989)는 이에 대해 다음과 같이 언급하였다.

> 남아와 비교하여 여아에 관한 3가지 사실이 있다. 남아에 비해 극단적으로 높은 IQ점수를 획득한 여아는 적으며, 경이로울 정도의 성취를 보이는 사람 중에는 남아에 비해 여아가 적고, 한 집단에서 여아는 남아와 달리 다양한 교과목에서 성취하는 경향이 있다(1989: 124).

Benbow와 Stanley(1983)는 비환경적 요인이 수학 과목에서 가장 높은 수준으로 수행하는 남자와 여자의 편향된 표집에서 약간의 영향을 끼친다고 하는 증거를 제시하였다. 보다 최근에는 Van Tassel-Baska(1998)가 수학 과목에서의 성차에 대한 심화된 연구 결과를 정리하였는데, 고차적인 수준에서의 문제 해결과 교사에게서 배우지 않은 개념적 이해(Mills et al., 1993)를 필요로 하는 과제나, 시험 수행, 전략 사용(Becker, 1990), 그리고 학생의 성공에 대한 부모의 기대(Dickens & Cornell, 1993)에서—모두 남아에게 유리하지만—다양한 차이가 있다고 하는 증거를 밝혀냈다.

물론 앞에 언급한 그 어떤 것도 수학 혹은 전반적인 인지 능력 면에서 남아가 여아보다 더 능력이 있거나 혹은 보다 구체적으로, 극도로 능력 있는 남아가 극도로 능력 있는 여아보다 더 능력이 있다고 하는 단순한 결론을 도출해 주지는 못한다. 수행 면에서 남녀 간 차이를 기술할 때 이전에 나타난 유의사항, 능력 검사의 구성과 관련한 문제와 함께 능력과 수행 간의 부적합도는 최상위 수행 수준에서도 적용될 가능성이 크다. 이는 '……영재성의 몇몇 두드러진 특성의 일례는—적어도 통계상—성별에 따라 다르며'(McLeod & Cropley, 1989: 126), 지능 면에서 성별에 따른 차이가 없다(Sutherland, 1990; Golombok & Fivush, 1994)고 하는 전반적인 결론과 상호공존할지도 모른다. 극단적인 성취 면에서 남아가 우세하다고 하는 것은 남아가 극단적으로 탁월한 성취(주로 수학 과목에서)를 보인다고 하는 인상을 줄 뿐만 아니라, 미성취(주로 어학 과목에서)를 보인다고 하는 인상을 주기도 한다. 그러나 이에 대한 실증적 자료가 이러한 뉘앙스를 덮어 버릴지도 모른다.

구체적인 교과 영역에서 어느 정도 성차가 나타날 가능성이 있다는 전제하에, 결정론자는 남아의 성취를 증진하기 위해 적극적으로 노력할 필요가 없다고 생물학적 제안을 한 바 있는데, 이는 남아(그리고 여자아이들)가 학령기 동안에 단순히 유전적인 생애 각본(life scripts)대로 살아가기 때문이다. 교육적 구인으로서 남아의 미성취는 개념상 절대 존재하지 않는다. 그러나 타고난 어학(혹은 수학, 과학) 능력에서의 불균형에 대한 증거가 전집 수준에서 (1993년 OFSTED보고서는 남아와 여아의 영어 과목에서의 차이는 타고난 어학 능력에서의 차이를 반영했다고 하는 확고한 증거를 찾아내는 데 실패했다) 존재한다 해도, 능력과 성취 간 상당한 차이는 성별이 아닌 각각의 동일한 성 집단 내의 개인 수준에 있다는 사실 또한 여전히 존재한다. 개괄적으로 볼 때, 미성취는 확실히 성 중립적인 교육적 구인으로 존재한다.

교육 분야에서, 미성취는 일반적으로 결정적인 상태라기보다는 행동으로 간주된다. 행동은 마치 (적어도 이론상) 사회적 행동 분야에서와 마찬가지로 변화할 수 있는 것으로 논의되어 왔는데, 이는 또한 학교 교육과정상 특정 분야 혹은 보다 일반적인 분야에서 남아의 미성취에 한몫한다.

자녀양육 역할과 특히 남아의 성취에 아버지의 역할에 대한 시각의 변화를 이끈 사회에서, 고용 패턴의 변화를 포함한 인구통계학적인 요인은 상당히 많이 논의되고 연구되어 왔다. 그중 언론에 폭넓게 보고된 Oxford 대학교의 한 연구자 집단에서 이루어진 The Tommorrow's Men 프로젝트가 있다. 그들은 13세에서 19세에 달하는 1,400여 명의 남아를 대상으로 조사했고, 그 결과 이들

중 90% 이상의 아이가 아버지와 함께 시간을 보냈으며 자신의 진전도에 대해 상당한 관심을 지니고 있는 것으로 나타났는데, 이들은 자신감 있고, 희망적이며, '할 수 있다.' 는 신념을 지니고 있었다. 이들 중 72%의 남아는 자신의 아버지가 하급 수준의 일자리를 갖고 있는 것으로 생각하였는데, 이들은 자아존중감과 자신감 수준이 가장 낮았으며, 우울증이나 좋지 못한 학교 태도를 보였고 비행에 가장 취약한 집단에 속했다. 이것이 원인인지 결과인지는 탐색되지 않았다. 아버지가 아들과 함께 보다 적극적으로 어울리고 아들에게 귀 기울이라고 하는 권고는 여러 연구 결과에서 나온 자연적인 부산물이다. Biddulph(1998)는 심지어 직장에서 일주일에 55시간 이상 보내는 아버지는 자녀를 실망시킨다고 말하면서, 이를 통계 수치로 제시하였다.

긍정적인 역할 모델로 남성을 이용한 학교기반중재(intervention) 프로그램은 초등학교 교사의 남녀 성비의 불균형을 시정하기 위한 시도로 진행되었으며, 명성이 높은 스포츠 스타를 발탁하여 미식축구 혹은 럭비를 가르치는 것과 문해 관련 활동을 결합시키고, 교실과 운동장에 아버지의 참여를 독려했다. 이것은 개인별 사례에서 열정과 학생 태도 면으로 볼 때, 상당히 성공적인 것으로 보고되었다. 그러나 이에 대해 대규모로 진행한 장기적인 평가는 거의 이루어진 바 없다. 또한 이러한 접근책에 대해 페미니스트는 다음과 같은 우려를 표명하였다. 이는, 즉 틀에 박힌 전형적인 '남성'의 성취와 남성의 성취가 낮은 분야를 연결시킴으로써 남성의 낮은 성취를 끌어올리고자 시도한 것이며, 이는 여성으로 하여금 수용 가능한 남성의 행동 범위를 좁히고, 첫 번째로 미성취에 기여할지도 모르는 남성다운 태도를 확고하게 해 줄 수도 있다는 내용이었다.

현재는 구체적으로 미성취 남아나 미성취 영재 남아를 탐색하는 활동이 거의 이루어지고 있지 않지만, 영국에서 '실패하는 남아'를 위한 운동이 이루어지고 있는 것은 미성취와 불만에 따라 파생되는 사회적 문제가 관계가 있기 때문이다. 이는 노동자 계급에 속해 있으면서 성취가 낮은 남아에 대한 전통적이고 전형적인 틀에 박힌 분야다. '노동자 계급에 속해 있으면서 성취가 저조한 남아는 특히 정부의 관심을 받아 왔는데, 이는 방랑생활 및 범죄율이 높은 것과 관련이 있기 때문이다.' (Economist, 1999: 36) 그러나 Ralph 등(1966)이 기술한 바와 같이, 미성취 영재 남아에게 시대가 바뀌어도 징후가 나타나는데, 그들의 능력, 성취 및 행동 간의 경계는 만일 존재한다고 해도 불분명하다.

태도 분야는 사회적 요소와 관련하여 남아의 학문적 미성취를 설명하기 위해 많이 지목되는 또 하나의 요소인데, 여기에는 남아의 태도와 교사의 태도가 포함된다. 예컨대, Pickering(1997)은 '일반적으로 여아에 비해 남아의 최근 시험 성적이 저조한 것으로 나타나는데, 이는 남아의 교육에 대한 일반적인 태도, 특히 학교에 대한 태도로 부분적으로 설명되며, 이와 관련한 일화적 제언을 지지해 주는 상당량의 연구 결과가 있음을 언급하였다.' (1997: 31)

Pickering은 30,000명의 학생을 대상으로 한 Keele 대학교의 조사에서 남아의 학교에 대한 태도가 여아에 비해 대략 4%(GCSE와 A수준에서도 보고된 바와 같음) 정도 다르다고 제언하였다. 불만스러운 남학생의 이미지는 다양한 문화권 내의 문학 작품에 널리 퍼져 있다. 예컨대, Schneider와 Coutts(1985)는 남아가 특히 또래에게서의 반지적인(anti-intellectual) 영향에 민감하며, Warrington과 Younger(1996)의 연구에서는 많은 남아가 학교의 기대와 가치에 순응하려 하지 않는다고 결론지었다. 이들에게는 이탈적인 태도 혹은 최소한 내켜하지 않는 참여 태도가 필수적인 듯 보인다.

외현적으로 나타나는 행동 이외에도, 수많은 작가는 학문적 성공과 실패에 대한 귀인을 성별에 따라 상반되게 설명한 바 있다. 남아의 경우, 여아에 비해 자신의 성공을 능력에 귀인시키며, 자신의 실패를 노력 부족에 귀인시키는 경향이 더 크다(Licht & Dweck, 1987). 이와 유사한 연구에서도 남아가 자신의 과거 및 미래 성취와 관련하여, 자신의 미래 수행을 과대추정하는 경향이 더 크다고 제언하였다. Arnold(1997)는 이후의 연구에서 Licht와 Dweck의 연구 결과를 지지하였으며, 감소하는 고용 전망으로 나타나는 불안감, 남성다움에 대한 시각, 교실 수행에 대한 또래집단의 기대에 시달리는 남학생의 이미지에 대해 설명하였다. '평범한' 남학생은 자신의 학교 수행과 미래에 대해 오히려 더욱 자신을 보이는 듯하다. 평범한 남학생은 남성 지향적인 교실과 사회에 반응하는 듯하며, Montgomery(1996)와 Freeman(1996)이 잘 요약한 바와 같이 사회 내에서 여아가 성취하는 데 끊임없는 장애가 있는 현실에 대해서도 반응하는 듯하다. 흥미롭게도 Downes(1994)는 능력이 뛰어난 남아를 다음과 같은 내용을 통해 부분적으로 제외시켰다.

> 중간 수준과 낮은 수준의 능력을 지닌 남아에게 만연되어

> 있는 '사내다움'의 이미지는 영웅적인 아이가 교실에서 잘 생활할 것이라 단순히 기대되지는 않기 때문에 취약한 면이 있다. 스포츠, TV, 대중음악 등과 같은 분야에서 세계적으로 영향력을 행사할 수 있는 역할모델은 학문적으로 재능이 있는 인물로는 드물게 투사된다. 하지만 그들은 '학교에서는 우둔한 존재' 였음에도 불구하고 입신출세하였다(Downes 1994: 8).

많은 능력이 있는 남아가 탈학교 활동에 얼마나 덜 민감한지에 대해 생각해 볼 가치가 있다. 예컨대, 보다 능력이 있는 남아는 형식적인 학문용어로 성공에 보다 높은 가치를 부여하는, 즉 또래가 지니고 있는 '성공'에 대한 개념을 취할 가능성이 적다. 예컨대, Csikszentmihalyi 등(1997)은 재능 있는 남녀는 성취 동기와 인내를 포함한 핵심적인 특질 면에서 평범한 남녀와 구분된다고 언급하였다(1997: 75). 이러한 점은 남아 사이에서 보다 더 두드러진 특징이 나타나는데, 이는 빠른 변화를 추구하는 것에 대한 저항과 보수 기질의 두드러진 정도 때문이다. 남아는 또한 '……사회적 인정에 대한 독특한 욕구, 즉 사회적 유능감에 대한 관심을 반영할 수 있는 ……욕구를 지닌다.' (1997: 78) 6~12세에 달하는 9명을 대상으로 미성취영재 남아의 특징에 관한 소규모 연구에서 Sadler(2000)는 남아가 보인 미성취의 주된 특징이 교육과정과 관련한 요인이었는데, 그녀가 연구한 남아는 '교사 혹은 부모와의 관계보다는 또래 집단과의 관계에 보다 많은 관심을 보였으며, 이는 이들의 수행에 영향을 끼치는 것으로 보았다.'(2000: 7) Leyden (1985)은 남자 영재아가 직면한 딜레마를 지적하였는데 이는, 즉 이들의 재능이 또래집단의 규준을 벗어나는 것으로 창의적 표현(예컨대, 시 혹은 무용)에서의 재능이다.

> 그의 재능은 비웃음과 아부를 통해 파괴되고 축출될 수 있다. 자기 자신이 수용할 수 있는 남성다운 이미지를 창출해 내고자 하는 바람은 여아가 직면할 수 있는 것과 마찬가지로 부적절하고 불필요한 것으로 남아에게 놓인 어쩔 수 없는 선택일 수 있다(1985: 78-9).

또래집단으로부터 인정을 받고자 하는 것과 자신이 지닌 재능, 흥미, 성향에 충실하고자 하는 것 간의 갈등은 남자 영재아가 겪는 상당한 스트레스의 원천이 될 수 있는데, 특히 학교에 만연해 있는 문화와 태도로 인해 남아가 이 모든 것을 조화시켜나가고자 할 때 그러하다. 상당히 능력이 뛰어나면서 창의성이 뛰어난 영재로 컴브리아산지에 거주하는 9세 소년인 John은 작가로 알려져 있는데, 그는 초등학교 시절에 이 모두를 조화시켜 나가야 한다는 엄청난 압력을 견뎌 냈으나, 학교의 변화로 엄청난 개인적 대가를 치렀다. 스트레스가 절정에 이르렀을 즈음에, 만일 상황이 더 나아진다면 어떻게 할 것인가에 대해 그에게 묘사해 보라고 하였다. 그는 4개의 원시적인 나뭇가지 모양을 그려 놓고, '다른 사람들도 나와 같은 처지에 있다는 것을 내가 아는 한, 이들 중 어느 것이 나인지 신경 쓰지 않아.' 라고 말했다. 개인적 통합감을 유지하고자 하는 그의 강력한 결단과 또래의 태도를 전적으로 받아들이지 않기 위해서는, 다른 모든 아이처럼 존은 여전히 마음에 맞는 친구가 필요하다. C. E. M. Joad 교수는 1948년에 이러한 정신적 긴장 상태를 잘 표현하였다. '나는 두 개의 주기, 즉 외로움에 대한 두려움 때문에 사람들을 매혹시켜야 한다는 주기와 내가 지루하다는 것을 내가 알기 때문에 사람들을 쫓아 버리고자 하는 주기 간의 끊임없는 반복으로 내 인생을 소비한다.' (Gross, 1993: 233)

John과 모든 아이의 이러한 독특성은 미성취 치유를 위한 일상적인 처방을 혼란스럽게 한다. 구체적으로 미성취 영재아의 욕구에 초점을 둔 프로그램에서도, 개인의 욕구 면에서 독특성이 인지될 필요가 있다. '미성취를 전환시킬 수 있도록 하는 특별 프로그램으로 교육받아야 할 어린 아이는 모두 잠재능력은 높지만 성취가 낮다. 그러나 이는 잠재능력과 성취 간의 유사점이 사라지는 곳에 존재한다.' (Supplee, 1990: 5) 모든 관습, 문화, 조직 구조 및 교육과정과 무관하게 모든 학교에서 미성취에 대한 틀에 박힌 가정이 거짓으로 드러났는데, 이는 남자 영재아와 역경을 이겨 내고 성취를 이룬 남아에게도 해당된다. 그러나 모든 학생의 성취 증진을 도모하는 데 학교의 역할, 구조, 교육과정(명시적, 잠재적)을 최소화하거나 이에 흡족해 할 필요는 없다.

미성취에 대한 해결방법으로 동일한 성을 지닌 학생을 가르치는 장점에 대한 상당한 조사가 이루어진 바 있다. 지난 20년에 걸쳐 이루어진 단성교육에 관한 최근 연구고찰에서 성별에 따라 학생을 구분하여 가르치는 것이 유익한 것인지에 대한 근거가 불명확하였는데, 여아가 학교 시험을 통해 보이는 뛰어난 수행은 성(gender)보다는 사회계층, 능력, 학교 전통 그 이상에서 기인한 것임을 제언하였다(Elwood & Gipps, 1999). 그러나 특정 과목에 대해서는 성별에 따른 학급을 운영하는 남녀공학 학교에서는 남아와 여아 모두 학문적 결과와 행동 면에서 향상을 보였다고 하는 증거가 나타났다. 1996년에 OFSTED/기회평등 위원회의 보고서에 따르면, 동일 성 학교교육과 교수 분야에서의 연구 결과가 일관적이지는 않지만, 남아만을 가르치는 학교에서는 남아에게 적합한 전략을 사용하여 미성취에 대한 문제를 잘 다룬 것으로 나타났다.

정서적인 문해와 정서적으로 문해학교와 학급을 창출하는 역할은 1990년대 현저해진 것으로 추정되었다. 1997년에 Pickering은 남학생의 미성취에 대해 다음과 같이 언급하였다. '최근 연구에 따르면, 학생은 교수(teaching)의 대인 관계적 측면에 의해 보다 많은 영향을 받는데, 남학생의 경우가 특히 이에 해당하는 것으로 보인다.' (1997: 15) 그는 교사가 '무엇이 효과적인 교사가 되도록 만들어 주는가?'라는 질문에 대해 응답할 때, OFSTED(1995)의 능력 기반 접근책과의 비교를 통해 학생의 시각에서 세심하게 설명해야 한다고 제언한 바 있다. 공정함, 좋은 청취자 되기, 다정하게 대하기, 각각의 학생을 한 개인으로 대우하기 등은 OFSTED 목록에 두드러지게 나타나 있지는 않지만 많은 학생의 시각에서 볼 때 매우 주목할 만한 덕목이 될 수 있다.

특히 미성취 남학생의 경우, 언어와 문해 기술 분야에서의 미성취는 정부 차원(문해 관련 여름학교와 장관의 발표)에서, 지역 교육청 차원에서(1999년 영국국립문해재단에서 제시한 보고서 요약본 참조), 그리고 개별 학교 차원에서 인식되어 왔다. Arnold(1997)가 언급한 바와 같이, '학교교육에서 요구하는 가장 중요한 능력은 아마도 교육과정을 통한 학습을 습득하고 학습한 바를 표현 할 때 필요한 언어사용 능력일 것이다.' (1997: 23) 영국에서는 모든 교과목의 서두에 국가교육과정령이 제시되어 있는데, 이는 학생이 말하기와 쓰기에서 자기 자신을 표현하고, 읽기 기술을 개발할 수 있도록 가르쳐야 한다는 것이다. Arnold에 따르면, 많은 남학생은 활자를 적절하게 해독하지만 원문에서 융통성 있게 정보를 습득하고, 추론하고, 세부사항에 대해 주의를 기울이고, 상호참조하고, 읽기를 계속하는 데 실패하는 미성취 독서가로 간주될 수 있다고 제언한다. 이러한 기술을 개발한다면 수행하는 남학생은 영어 과목에서 뿐만 아니라 모든 교육과정에 걸쳐 성취를 상당히 잘할 수 있을 것으로 기대된다.

초기에 언급된 성숙에 따른 성차와 남학생이 초기 문해 기술 발달 면에서 뒤처져 있다고 하는 증거를 볼 때, 특히 남아가 형식적 문해 기술을 습득할 것으로 예상되는 연령에 주의를 기울일 필요가 있다. 영국에서는 특히 남학생이 표현적이고 수용적인 언어 능력을 개발하는 데 보다 많은 시간이 필요하다는 것에 의문점을 제시한다. 실제로 완전히 반대 방향으로 나아간 지난 10년에 걸친 정책 발의에도 불구하고, 문해보다는 구어 표현기술이 중요하다고 역설된 바 있다. 또한 4세 된 남아는 학습 준비도 수준을 넘어서는 이들에게 소근육운동과 형식적인 문해 기술을 습득해야 한다고 요구받고 있는 것에 대해 많은 부모와 교사가 염려하고 있다.

초기에 자세히 기술된 영국 남학생의 미성취에 대한 증거를 토대로 볼 때, 남학생이 보다 더 세련되게 글을 쓰며, 철자를 보다 더 잘 안다고 제언한 최근 보고서는 검토해 볼 만하다(자격증 및 교육과정 관할기관, 1999). 이 연구는 GCSE시험에서 A, C, F 학점을 받은 300명의 학생에 대한 분석을 토대로 하였다. 남학생은 여학생에 비해 세부적인 묘사가 덜하고 짧은 행동을 기반으로 한 이야기를 쓰는 경향이 있는데(Millard, 1997; Hall & Coles, 1999 참조), 이는 영국에서 시행되는 시험에서 불리하게 작용한다고 제언하였다.

Freeman(1996)이 지적한 바와 같이, 남학생은 여학생에 비해 어휘력이 뛰어나며, 보다 세련된 기교와 구두점 기술(punctua-tion skills)을 지니고 있는 것으로 알려져 있고, 문장의 평균 길이 또한 길다. 다른 연구자가 지적한 바와 같이, 이 연구에서는 단순한 시험 통계자료가 성별에 따른 시사점을 반영하지 못하는 점을 제언하는 듯하다.

미성취에 대처하기 위해 남학생이 고려해야 할 사항

영국의 많은 학교와 지역 교육 관할 기관에서는 특히 문해 분야에서 남학생의 미성취에 대한 대처방안을 소개한 바 있다(Arnold, 1997). 중학교 수준에서 한 작가가 관여한 것이 한 예다. 언어능력 면에서 선천적으로 남녀 차가 있다고 하는 명확한 근거는 없지만, 컴브리아 산지의 남학생은 모든 영어 습득 수준—Key Stage 2에서의 가장 최상위 수준(국립교육과정 수준 5+)과 GCSE(A 학점 혹은 A+ 학점)—에서 여학생에 비해 현저하게 수행도가 떨어진다. 컴브리아 교육청에서는 초등학교 수준에서 사용할 수 있는 자료집을 발간하였는데, 이는 영어 교과에서 중등 연령에 해당하는 아이의 성취를 향상하기 위한 다양한 전략과 기법을 교사가 시험해 볼 수 있도록 격려하는 데 목적을 두었다. 자료집에서 소개된 전략은 문해 관련 자문가인 Paula Iley와 Joan Stark, 그리고 부장교사의 지식과 전문성에 기반을 둔 것이었으며, 자료집의 효과성은 이를 사용하는 여러 학교에서 오랜 기간에 걸쳐 평가될 것이다.

컴브리아 자료집에 소개된 전략은 구어체(예, 역할놀이와 드라마 활동을 통해)를 통해 의사소통하고, 다양한 읽기 자료(담화풍의 소설에 한정한 것이 아님)를 활용하며, 신중한 작문 틀의 사용과 영화와 비디오 클립의 창의적 사용을 통해 작문을 구조화하고, ICT를 응용하는 등의 활동을 통해 남학생의 전문적 지식과 흥미를 이용하고자 한다. 자료집에서 제시된 전략을 중심으로 권장사항과 영어 과목에서 남학생의 강점과 약점이 자격 및 교육과정 행정기관 보고서(1998)「Can Do Better – Raising Boys' Achievement in English」에 제시되어 있다.

다음은 남학생의 미성취에 대처하기 위한 프로그램과 함께 고려해야 할 사항이다. 다음 사항은 이 장에서 제기한 문제와 다음과 같은 주요 자료(Frater, 1997; Freeman, 1998; Grubb, 1999; 북아이랜드 CCEA 보고서, 1999)에서 도출된 것이다.

학교 수준에서

- 태도 및 성취 면에서 학교 간 차이가 크고, 전집 수준에서의

통계적 경향이 이처럼 작은 표집에 반영되지 않을 수 있기 때문에, 성취와 미성취에 기초한 강한 지엽적 효과의 중요성을 인지하라.

- 안건 토의에 부모, 학생, 이사진, 교사를 참여시키라.
- 가능한 한 많은 세부사항에 대해 일차적 · 이차적 근거자료를 수집함으로써 학교에 영향을 끼칠 만한 쟁점에 대해 보다 명확한 식견을 지니라. 예컨대, 학생의 성취 관련 통계자료, 교사 및 학생 태도, 학급 경영, 운영 및 정책의 실례를 표집하고 조사하라.
- 깊숙이 뿌리박혀 있는 믿음 그리고/혹은 불안을 변화시키기 어렵다는 입장을 인지하되, 남학생과 여학생, 그리고 미성취에 관한 틀에 박힌 고정관념에 맞서기 위해 지엽적인 결과자료를 사용하라.
- 학교정책과 운영 면에서 고정관념 혹은 편견을 갖게 하는 믿음과 언어가 사용되고 있는지를 살펴보라.
- 새로 온 모든 학생에 대한 기초학력 검사의 중요성과 학생 개개인을 대상으로 하고, 이들을 모니터링하며, 멘토링해 주기 위한 교육프로그램, 그리고 교원 개발 욕구—예컨대, 남학생의 욕구에 대한 교원의 인식—를 고취시키기 위한 명시적인 관심에 대해 학교 정책 차원에서 신중을 기하라.
- 교육과정에서 언어에 대한 일관된 접근책을 개발하라.
- 인지양식과 학습전략에 대해 교원을 교육시킬 것을 고려하고, 학습접근책에서의 차이점을 수용하라.
- 부모와의 파트너십을 개발하라.

- 실행 대상과 계획표, 성공을 측정하는 데 필요한 관찰 가능한 준거, 모니터링과 평가를 위한 절차, 그리고 이를 실행하는 주요 담당자에게 동의하라.

교실 수준에서

- 학습 단원의 대상을 명확히 하라.
- 일정한 순서로 과제를 신중히 배열하고, 정보를 아주 작은 단위로 제공하라.
- 교육과정을 압축하여 제공하라. 학생이 핵심 영역을 숙달했을 때, 심화학습을 할 수 있도록 허용하라.
- 특히 능력이 보다 뛰어난 학생의 경우, 과제 완성을 위해 도전의 역할에 가치를 두라. 어떤 과제의 경우에는—담화식의 글쓰기에만 한정하지 말고—대안적인 과제 성과를 허용하라.
- 과제에 적합하게 하기 위해 학급 편성을 다양하게 하라. 조별과제, 실습과제, 협동 및 적극적 참여를 위한 기회를 제공하라.
- 동성 학생 혹은 능력이 같은 학생을 가르치는 것에 대한 장점을 고려하되, 이 분야에 대한 결정적인 연구 근거가 결여되어 있음에 유의하라.
- 어떤 과제의 경우에는 미성취자를 고성취자와 함께 자리에 앉히라.
- 심화 학습을 위해 숙제를 부과하라.
- 단계별로 심화 교과목을 수강하게 하고 학점을 부과하라. 학

점만 제시하기보다는 학점에 대한 설명과 조언을 제시하라.

- 일대일로 듣고 자기평가를 위한 시간을 제공하라.

언어와 문해 분야에서

- 남학생과 여학생의 읽기 습관을 조사하라.
- 토의, 역할놀이, 말하기, 구조화된 이야기 쓰기를 격려하라.
- 영어학습 단원의 구조와 '사고에 관한 사고'(일명, 초인지)를 포함한 학생의 사고 구조에 주의를 기울이라.
- 단순한 묘사 혹은 대화의 질이 아닌 내용, 단어 사용 및 기술적 정확도에 주목하라.
- 다양한 종류의 글쓰기를 위한 비계 설정으로 글쓰기 틀을 제공하라.
- 남학생과 여학생의 흥미를 불러일으키되 순전히 담화적 소설이 아닌 다양한 읽을거리를 제공하라.
- 문학 서적이 아닐 수도 있지만 남학생이 자발적으로 다양한 책을 읽는 것에 가치를 두라.
- 재미로 책을 읽거나, 둘이 짝지어 읽거나, 혼자 읽거나, 또는 자발적으로 책을 읽도록 격려하고, 남학생이 좋아하는 읽을거리에 대한 아이디어를 공유할 수 있도록 격려하라.
- 읽기 및 쓰기 기술을 개발시키기 위해 ICT를 사용하라.
- 쓰기 및 읽기 기술과 기법을 가르치라. 쓰기에서 다양한 저자의 예를 사용하고, 읽기에서 훑어보기와 의미를 되뇌며 읽는 등의 기법을 가르치라.

- 지위가 높은 남성 역할 모델(예, 스포츠 스타)을 사용하여 읽기와 쓰기가 촉진될 수 있음을 고려하라.

정의적 동기적 요소

- 공공의 실패작으로 전락할 위험을 줄이고 동기를 촉진하기 위해 언어적으로 격려하라. 성공을 학생의 능력 혹은 흥미에 귀인시키고, 실패를 노력의 부족 혹은 외적 요소(예, 과제 난이도)에 귀인시키라.
- 바로 성공하지 않더라도 시도를 할 수 있도록 격려하라.
- 칭찬과 다른 강화를 제공하되, 또래 앞이 아닌 개별적으로 하라.
- 숙제는 간단하고 집중적으로 할 수 있는 것을 부과하되, 신속하게 채점하여 결과를 알려 주도록 하라.
- 교과과정 이외의 흥미와 성취를 촉진하라.
- 어떤 학생은 성적보다 학습 그 자체에 더 가치를 두는데, 이러한 것이 차이를 가져옴을 수용하라.
- 공정하게 하라.
- 학생이 자신의 학습 목적을 수립할 수 있도록 하라.
- 과제와 학생 개인의 흥미를 가능한 한 밀접하게 부합될 수 있는 곳을 찾으라.
- 학생이 잘하는 분야에서 자신보다 어리거나 능력이 낮은 학생을 개인 교수할 수 있도록 격려하라.
- 멘토를 활용할 것을 고려하라.

• 학생 개개인의 내면에서 우러나는 무조건적인 관심과 흥미를 파악하라.

결 론

학교에서 많은 남학생의 미성취가 생물학적 · 사회적 · 교육학적 · 언어적 요인이나 태도 면에 연관이 있든, 아니면 성별에 따른 미성취를 과장해서 표현했든, 이는 남학생의 미성취와 관련이 있을 법한 다양한 요소이며, 이는 부모, 교사, 교육전문가, 정부기관에서 미성취 학생에게 필요한 것이 무엇인지를 파악하기 어렵게 하는 과제이기도 하다.

학교와 지역 관할 교육청에서는 여학생에 비해 보다 많은 남학생이 특별교육을 받을 필요가 있다는 것과, 이들이 학교에 싫증을 느끼며, 학교 출석률이 저조하다는 것을 감지하였다(Grubb, 1999). 확실하게 말할 수 있는 것은 전집 수준에서 그리고 개인별 수준에서조차도 이와 관련한 단 한 가지 요인은 없다는 것이다. 그러나 남학생의 미성취를 검토할 때 다양한 요인에 대한 상대적 가중치를 확정하는 것이 어렵다는 이유로 현장 전문가가 출발점으로 삼을 만한 근거를 사용하여 변화를 가져올 수 있도록 상황을 조성하고, 이를 독특한 상황에 적용하며, 개입프로그램의 효과를 모니터링하는 것을 방해해서는 안 된다. 현재 통용되는 이론을 뛰어넘어 주도해 나갈 수 있도록 준비하라. 당신은 아마도 이를 진행시키고 있을지도 모른다.

제6장

총체적 학습자: 실험적 접근을 통한 학습장애 영재아 판별

Eva Gyarmathy

서 론

1980년대에 영재 집단 내에서 하위 집단을 변별할 필요성이 대두되면서([그림 6-1] 참조), 이에 대한 연구에 관심이 높아졌다. 그러나 아직까지는 영재에 대한 선입견과 정의 문제 때문에 이러한 집단에 속하는 영재를 정확하게 판별해 내는 일은 어렵다. 대부분의 연구는 학습장애를 지닌 영재아를 다루고 있는데, 이는 이 아이들이 가장 모순되고 이해하기 어려운 재능 프로파일을 지녔기 때문이다. 이 아이들이 보여 주는 프로파일은 분산이 심하여 최고점과 최저점을 지니고 있으나, 전체 지능에는 거의 영향을 받지 않는다. 또한 이 아이들은 적어도 학교 입학 전까진 다른 집단의 아이들에 비해 발달상 방해를 덜 받는다.

다수의 위대한 창조자는 학교 생활을 실패하였거나 학업 성취에서 심각한 어려움을 겪었다. 그중 다수는 학습장애의 형태를 지녔다. Albert Einstein은 3세 때까지 말을 하지 못했으며, 학교에서도 학습부진아였다. 교장선생님은 그가 인생에서 절대 성공하지 못할 것이라고 했지만, 그는 26세 때 노벨상을 받았다. Leonardo da Vinci도 말을 늦게 텄으며, Freidrich Nietzsche도 비슷한 어려움을 겪었다(Briggs, 1990). Anatole France는 글은 일찍 읽을 수 있었지만 철자를 쓰지 못해서 학사학위를 따지 못하였다(Ambrus,

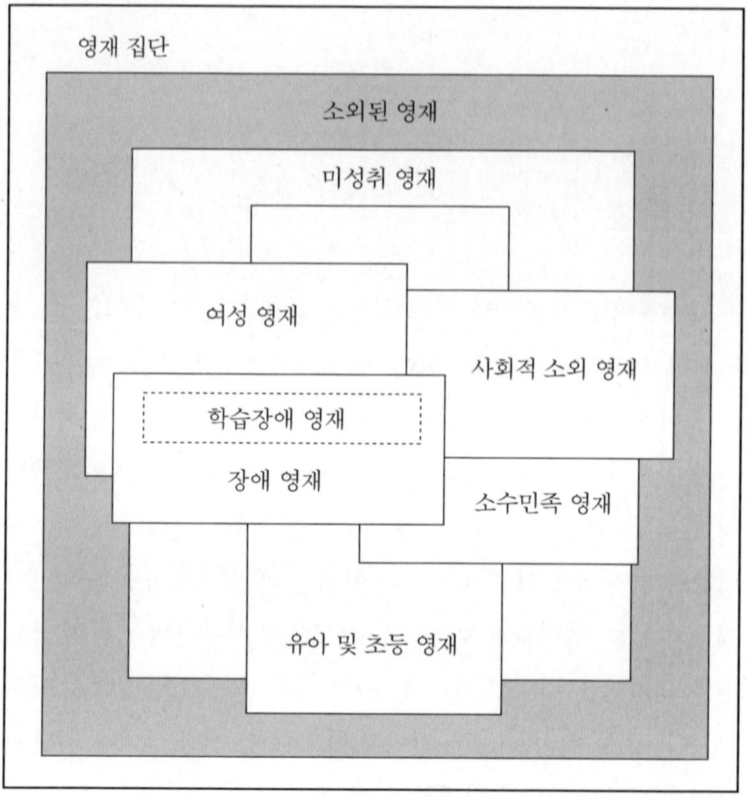

[그림 6-1] 영재아의 특수집단

1935). 위대한 화가인 Pablo Picasso, 시인인 William Yeats, 유명한 작가인 Gustave Flaubert와 Agatha Christie도 모두 글을 읽는 것을 어려워했다. 프랙탈 기하학의 발명자인 Benoit Mandelbrot는 숫자를 잘 세지 못했다(Briggs, 1990).

학습장애 영재아

뛰어난 능력과 학습장애가 공존하면 특별한 재능이 발달할 수 있음을 암시하는 상당한 증거가 있다. Geschwind와 그의 동료들(1984)은 태아에 관한 연구에서 두뇌 반구의 발달과 난독증 사이의 관계가 있음을 보여 주었다. 그들은 난독증이 좌뇌 발달에서의 결함에 의해 생긴다고 결론지었다. 그러나 같은 과정은 또한 우뇌를 더 많이 발달시킬 수 있다. 비록 좌뇌의 기능이 약하다 해도, 우뇌와 연관된 기능에서는 평균보다 더 높은 수준에서 작용할 수 있다. 이 학자는 이 현상을 '탁월성의 병리학(Pathology of Superiority)'이라고 명명하였다.

이 현상을 지지하는 또 하나의 흥미로운 연구가 있다. Shaw와 Brown(1991)은 주의력결핍-과잉행동장애의 특성을 보이지만 높은 IQ를 지닌 97명의 6~7학년생을 연구하였다. 이들은 주의력에 문제가 없는 IQ가 높은 학생에 비해 좀 더 뇌의 편측성을 보였고, 다양하고 비언어적이면서 집중되지 않은 정보를 사용하였으며, 도형에서 고도의 창의성을 보였다. 이 결과는 어떤 유형의 학습장애 사람들에게서 고도의 재능이 발견될 수 있다는 게슈윈드의 가설을 뒷받침하였다. Shaw와 Brown(1991)은 자극을 동시에 제시하였을 때에 이 아이가 또래 아이보다 더 창의적임을 발견하였다. 이 아이는 배경지식을 보다 더 잘 지각하고 효과적으로 사용하였다.

웩슬러 아동용 지능검사(Wechsler Intelligence Scale for Children: WISC-R)의 하위 소검사가 개정된 다음에, Johnson과 Evans(1992)는 14명의 평균 수준의 아이를 높은 공간 능력을 지녔지만 상식 점수가 낮은 14명의 아이와 비교하였다. 결과는 두뇌반구의 우세성 부족이라는 것 하나만으로 학습장애아의 읽기 결핍이나 공간 능력의 강점을 설명하기에는 부적절하다는 것을 지적하였다. 언어 능력을 희생한 대가로 영재의 공간 능력을 지나치게 부각시킨 것 같다.

Yewchuk(1986a)은 학습장애가 있는 영재아의 WISC-R 답변과 개요를 자세히 분석하였다. 그녀는 언어성 검사에서 7점의 차이, 동작성 검사에서의 9점 차이, 두 개의 하위 소검사 간의 10점 차이, 또는 언어성 검사와 동작성 검사 간의 15점 차이가 학습장애가 있는 영재아를 나타내는 척도라는 것을 발견하였다.

Barton과 Starnes(1989)는 학습장애를 지닌 영재아와 일반 영재아의 WISC-R의 하위 소검사 수행과 분산도 값 및 학업성취 검사 결과에서 나오는 패턴을 비교함으로써 학습장애를 지닌 영재아만을 나타내는 독특한 특성을 확인하고자 하였다. 80명의 일반 영재아와 41명의 학습장애가 있는 영재아를 대상으로 WISC-R과 캘리포니아 성취도 검사(California Achievement Tests)의 하위 소검사를 실시하였다. WISC-R 하위 소검사의 평균과 표준편차 점수에서 일반 영재집단의 공통점을 나타내는 분명한 인지 패턴이 드러났으며, 변별분석에서는 조기 변별을 위한 추후 심층 분석에서 변별되는 학생들을 표적으로 삼을 수 있는 표시가 될 만한 학업 성취 검사 점수상의 패턴을 보여 주었다. 그러나 사례 군집 분석에서는 한가지만의 독특한 패턴이 없었다. 이 결과는 학습장애를 지닌 영재학생들이 이질적인 집단임을 보여 주고 있다.

고도의 지적 능력을 지닌 학습장애는 서로 방해를 하므로 영재아동의 판별을 어렵게 한다. Yewchuk(1986b)에 따르면, 학교 심리학자에게 WISC-R 하위 소검사의 분산은 학습장애 영재아를 나타내는 적절한 표시라고 하였다. 그러나 다른 학자는 큰 분산도와 언어성 지수와 동작성 지수 간의 차이는 영재학생이나 학습장애아 사이에서 흔하게 나타나는 것이기 때문에 이를 지나치게 신뢰하지 않도록 경고하고 있다. 사실 난독증을 지닌 300명의 평균 및 높은 능력을 지닌 아동을 연구한 결과, Montgomery(1997a)는 거의 70%의 사례에서 언어성 지수와 동작성 지수 간에 그저 몇 점 정도밖에 차이가 나지 않음을 발견하였다.

Patchett과 Stansfield(1991)는 IQ가 100~140 사이에 속한 9~10세 일반 아동 290명을 대상으로 WISC-R 하위 소검사 분산과 언어성-동작성 차이를 조사하였다. 그 결과 IQ가 더 높은 집단의 아동에서 분산이 훨씬 컸다. 이 결과는 학습장애를 지닌 영재학생을 나타내는 근거로서 WISC-R 하위 소검사의 분산을 사용하는 것을 주의해야 할 필요성을 암시하고 있다. 언어성-동작성 차이를 측정한 결과, 평균 IQ 집단과 우수 수준 IQ 집단 간의 차이는 발견되지 않았다. 그러나 Herskovits와 Gyarmathy(1995)는 높은 지적 능력을 지닌 사람들에게서 언어성 지수와 동작성 지수 간의 유의미한 차이가 있음을 발견하였다.

이러한 연구를 재검토한 뒤, Gyarmathy(1995)는 연구 결과가 지나치게 포괄적이기 때문에 WISC-R의 하위 소검사 분산으로 학습장애가 있는 영재학생을 판별하는 것은 의심스럽다는 결론을 내렸다. 예를 들어, 만약 Yewchuk(1986b)의 기준을 적용해 본다면, 123명의 영재아 중 76명만이 학습장애를 가리키는 1개 또는 그 이상의 표시를 확실하게 나타내지 않았다. 이것은 거의 절반에 가까운 영재아에게 학습장애가 있는 것으로 판별할 수 있음을 의미한다.

다른 연구 결과는 WISC-R의 몇몇 하위 소검사 분석이 학습장애 영재아를 판별하는 데 도움을 줄 것이라고 제안하고 있다. Suter와 Wolf(1987)는 여러 판별 절차의 특성을 논의하였으며, 학습장애 영재아에게서 나타나는 지적 재능과 학업적 결핍에 따른 필요성을 둘 다 만족시켜 주는 서비스를 제공할 전략을 논의하였다. 또한 그들은 학습장애 영재아의 판별을 위해 WISC-R를 사용한 연구의 개요를 제시하였는데, 언어성-동작성 점수에서의 큰 차이를 많이 보였다. 주의력과 집중력을 나타내는 숫자 따라하기, 산수, 기호 쓰기 소검사에서는 점수가 대체적으로 낮은 경향을 보이는 반면, 언어적 추론 능력을 측정하는 하위 소검사에서는 점수가 높은 경향을 보였다(이해와 공통성). Suter와 Wolf는 WISC-R가 전체적인 수행 수준뿐만 아니라 강점과 약점을 파악하는 데 도움이 되지만, 이것은 학습 검사와 다른 평가를 포함하는 보다 폭넓은 다면적 측정 절차의 일부분에 지나지 않는다고 결론을 내렸다. 이러한 측정 검사 결과의 추가 분석은 판별에 사용할 특성을 발견하는 데 도움을 줄 수 있으며, 학습장애를 지닌 영재아의 재능을 좀 더 정확하게 드러내는 과제를 창의적으로 만드는 데 도움을 줄 수 있다. Silverman(1989)은 이 집단이 표준화된 지능 검사 점수에서 공간 능력은 강점, 순차적인 능력은 약점인 특징을 갖고 있으며 이것이 판별에 도움을 줄 수 있음을 제시하고 있다.

Mishra와 동료들(1989)은 정보처리 과정에서의 차이점을 다루었다. 그들은 나바호 아이의 WISC-R 결과를 해석하기 위해 경험에 기초한 연구를 시행하였다. 나바호 아이는 순차적이거나 동시적인 접근이 요구되는 하위 소검사 점수에서 유의미하게 차이를 보였다. 그들은 동시적인 방법과 순차적인 인지과정에 대한 루리아-다스(Luria-Das) 모델에 근거하여, 학습장애가 있는 영재아가 전형적으로 정보를 다른 방법으로 부호화한다는 것을 발견하였다.

가장 확실한 접근 방식은 WISC-R의 하위 소검사를 재분류하여 사용하는 것이다. Kaufman(1979)과 같은 연구자는 언어이해 능력(VC)(상식, 이해, 공통성, 어휘)과 지각적 조직화 능력(PO)(빠진 곳 찾기, 차례 맞추기, 토막 짜기, 모양 맞추기)를 비교하는 진단용 간편형 검사를 제안하였다. Bannatyne(1974)은 주의산만성(Freedom from Distractibility)(숫자, 산수, 기호 쓰기)를 순차적 처리 요인으로 기술하였다. 지금은 이 검사를 음운 부호화 결핍으로 이해하고 있다(Vellutino, 1979).

최근 Birely와 동료들(1992)은 학습에 어려움을 겪는 아이의 지적 능력을 보다 잘 측정하기 위해 전체 결과에서 순차적 정보처리를 요구하는 소검사(숫자, 산수, 기호 쓰기)를 제외시킬 것을 제안하였다. 이것은 '읽기 검사와 철자쓰기 검사에서의 성과' 와 '다른 학과목에서의 성취 결과' 와 비교할 수 있다.

난독증은 WISC-R에서 'ACID(Arithmetic, Coding, Information, Digit Span)' 프로파일을 보인다고 종종 보고되어 왔다(Thomson, 1990). 그들은 주로 산수(A), 기호쓰기(C), 상식(I), 숫자(D) 소검사에서 낮은 수행을 보였다. 이 현상이 일어나는 이유는 이 소검사가 각각 음운부호화 형성 및 사용 능력에 기인하기 때문이다. 이 능력은 대부분 난독증 환자의 기본적인 약점이다(Vellutino, 1979, 1987). 상식 소검사와 음운 능력 간의 연결고리는 다른 3개의 하위 소검사보다는 좀 더 간접적이다.

학습장애 영재학생을 판별하는 가능한 방법

학습장애와 영재성은 둘 다 각각 이질적인 집단이라는 사실, 그리고 본질적으로나 외형적으로나 하나의 정의에 여러 종류의 하위 집단으로 구성되어 있다는 사실은 판별을 더욱 어렵게 한다. 우리는 학습장애 영재가 사용하는 전형적이고 불규칙적인 정보처리 과정을 발견하는 데 초점을 둔 판별 방법을 사용해야 한다. 경험과 연구에 따르면(Geschwind, 1984; Shaw & Brown, 1991), 학교에서 이 아이들은 높은 능력 수준에 걸맞게 기대한 것보다 훨씬 낮은 성과를 거두며, 학업 성취와는 잘 맞지 않는 학습 방법을 가지고 있다고 한다(Mishra et al., 1989). 암산, 숫자 따라하기와 기호쓰기와 같은 언어 명명화와 부호화 과제에서의 어려움은 언어의 순차적인 배열에서의 어려움으로 이어지며, 결국 표를 암기하는 일이나 요일과 달을 기억하는 일, 그리고 자모의 순서를 기억하는 일을 어려워한다. 이는 다른 학습 전략을 사용하게 하며, 다른 형태의 처리 과정에서는 보다 더 잘할 수 있게 하는 원인이 된다. 결국 이들은 총체적인 접근 방식이 필요한 상황에서는 우수한 사람으로 보일 수 있다.

Gyarmathy(1995)는 초기 연구에서, 불규칙적인 정보처리 능력이 있는 학습장애 영재아 집단을 선정하였다. 이 아이들은 정보처리 시 병렬적이고 총체적인 과정을 사용하였으며, 학교 환경에서 보다 더 적합한 순차적이고 단계적인 접근 방식이 필요한 과제는 힘들어했다. 이 집단의 아이들을 '총체적' 학습자라고 할 수 있다. 이 집단은 WISC-R의 숫자와 산수 하위 소검사에서 공통성 소검사보다도 약 3점가량 낮은 성취를 보였다. 이러한 방식을 통해서 확인된 아동은 높은 지능을 가졌음에도 불구하고 학습장애로 진단받거나 또는 진단을 받지 않았어도 발달상 또는 학업상 어려움을 겪었다.

최근 연구에서, 심지어 학교 환경에서도 이 집단 아이들에게도 적용될 수 있는 검사 방법이 개발되었다. 이 방법의 목적은 그들의 강점을 통해 학습장애를 지닌 영재아를 판별할 수 있을 뿐만 아니라 그들의 약점까지도 나타내 줄 수 있는 과제를 발견하는 데 있다. 총 280명의 3학년 학생을 조사하여, 학업 성취검사와 특별한 실험 결과에 따라 4집단으로 나누었다([그림 6-2] 참조).

이 아이들의 학업 성취는 교사의 구조화된 면담을 통해 평가되었다. 교사의 보고에 의해 학습장애의 징표가 있다고 판정된 학생은 어려움을 겪는 그룹으로 분류하였으며, 최소한 2개 이상의 검사에서 상위 10% 안에 든 아이는 매우 우수한 집단으로 분류하

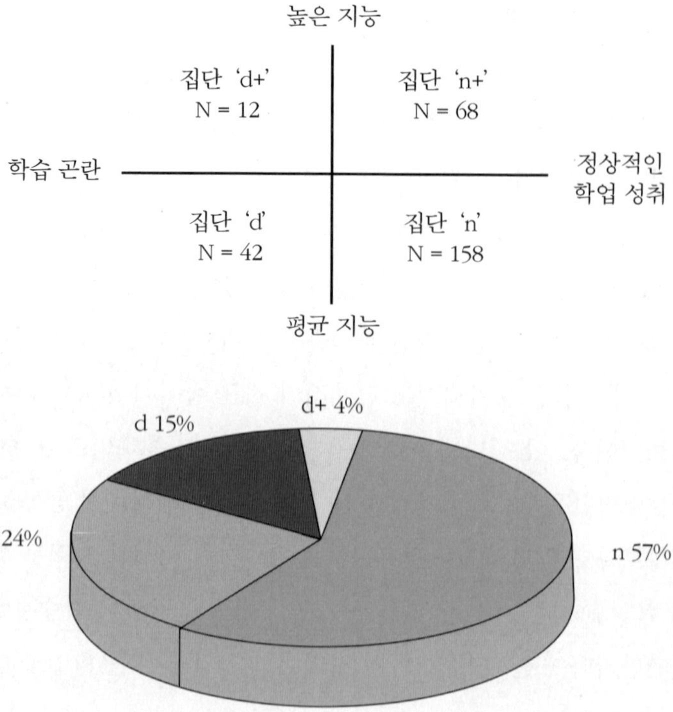

[그림 6-2] 검사 결과와 학습 곤란에 의해 형성된 집단

였다.

4개의 집단은 다음과 같다. 집단 n은 평균 및 평균 이하의 재능을 지닌 아이로 구성되었다. 집단 n+는 매우 뛰어난 능력을 지닌 아이로 구성되었다. 집단 d는 학습장애의 표시가 있거나 평균 또는 그 이하의 능력을 지닌 아이로 분류되었다. 가장 흥미로운 집단은 집단 d+다. 이 집단은 학습장애의 표시는 있었지만, 특별한 검사에서는 평균보다 훨씬 뛰어난 성취를 보였다.

레이븐 매트릭스 검사(Raven's Progressive Matrices test: Raven,

1988)는 학생의 지능을 통제하기 위하여 사용되는 표준화된 검사 방법이다. 이 검사는 비언어성 지능을 측정하는 방법으로 널리 쓰인다. 보통 사람 집단에서는, 언어적 지능과 공간적 지능이 몇 점 정도밖에 차이 나지 않는다. WISC-R에서 공통성과 어휘 소검사는 높은 능력을 나타내는 좋은 징표로 알려져 왔다. 학습장애가 있는 영재아도 이 검사에서는 좋은 성과를 거두었다. 그러므로 이러한 검사는 현재 연구에서 영재성을 측정하는 적절한 도구로 생각하고 있으며, 심지어 학교에서도 풍부한 어휘력과 공통점을 쉽게 찾아내는 것을 뛰어난 능력의 표시로 생각한다. 이 연구의 가설은 다음과 같다. 공통점을 찾아낼 때, 그 사람은 여러 자극에 동시에 대처해야 한다. 이러한 상황은 바로 학습장애를 지닌 영재아의 특별한 재능에 적합하다.

어휘력 검사에서, 두 단어가 한 세트로 구성된 두 세트의 단어가 사용되었는데, 아이는 의미 없는 단어 중에서 한 개의 진짜 단어를 찾아내야 했다. 처음에는 쉽고 일상생활에서 많이 쓰이는 단어가 제시되었고, 점차적으로 보다 어려운 단어로 나아갔으며, 심지어 문화적인 배경지식을 필요로 하는 단어도 있다. 첫 번째 세트에서는 읽기의 정확성을 측정하고, 두 번째 세트에서는 아이의 지식을 측정하였다. 아이의 어휘력을 측정하기 위한 또 다른 과제는 철자바꾸기 과제였다. 아이는 8개의 주어진 철자를 이용하여 의미 있는 단어를 구성해야 했다. 모든 자극은 동시에 주어졌고, 과제를 수행하기 위해서는 지식과 동기가 필요했다. 아이가 구성한 단어의 개수와 길이를 측정하였으며, 아이가 적은 철자의 총 개수에 따라 종합 점수를 매겼다.

마지막 과제는 기억 과제였다. 연구자인 나는 순차적인 정보처리와 동시적인 정보처리라는 두 종류의 정보를 분류하길 원했다. 나는 Hagen과 동료들(1975)의 우연 학습 검사를 집단 검사로 전환하였다. 아이들에게 주어진 과제는 일련의 그림을 보여 주고 거기에 그려진 동물의 순서를 기억하는 일이었다. 우연 학습에서처럼, 그들이 주 과제를 다 마친 후에는 각각의 동물과 연관된 카드에 그려진 가정용품을 기억해 보도록 함으로써, 가정용품과 동물의 짝을 서로 맞추도록 했다. 아이는 첫 번째 과제에서는 순차적으로 생각해야 하지만, 두 번째 과제에서는 그들 앞에 놓인 정보 전체를 기억해야만 좋은 성과를 낼 수 있었다. 〈표 6-1〉은, 각각의 집단에서 얻은 평균 점수와 결과를 비교한 것이다. 뛰어난 능력을 지닌 아이는 남녀 비율을 제외하고는 모든 지표에서 달랐다.

가장 흥미로운 것은 학습의 문제를 지닌 집단의 비교였다. 뛰어난 능력의 집단은 대부분 지표에서 좋은 결과를 보였지만, 학습장애 판별에 적용되는 검사에서는 유의미하게 더 잘하진 못했다. 뛰어난 능력과 학습장애를 동시에 지닌 아이는 쉬운 단어 시험에서는 유의미하게 더 잘하지는 못했지만, 보다 어려운 단어 시험에서는 성과가 훨씬 더 좋았다. 철자 바꾸기 과제에서 그들은 훨씬 더 많은 단어를 찾아내었지만, 보통의 학습장애아 집단보다도 더 긴 단어를 찾진 못하였다. 기억 과제에서 두 집단의 성적은 비슷했다. 뒤에도 언급하겠지만, 순차적인 과제에서는 낮은 성과를, 짝 찾기 과제에서는 좋은 성과를 내었다. 학교 환경에서, 뛰어난 능력의 학습장애학생은 평균의 능력을 지닌 학습장애학생보다 훨씬 더 좋은 성과를 거둘 수 있었다.

〈표 6-1〉 집단 간 평균 점수

총체적 학습자-학습장애 영재아														
	성비	교사 평점	레이븐 검사	공통성	어휘력		철자 순서 바꾸기			기억력		학교 성적		
					I.	II.	개수	길이	종합 점수	순차	쌍	철자	문해	수
n	1.57	3.52	32.45	6.06	6.87	3.15	5.96	4.94	20.69	5.43	3.49	3.51	3.99	3.63
n+	1.47	4.82	39.31	10.01	8.51	4.22	9.29	5.72	33.37	6.65	4.58	4.37	4.50	4.60
d	1.38	2.79	28.90	5.05	5.78	2.78	5.00	4.65	17.46	4.46	3.78	2.39	3.00	2.54
d+	1.25	3.67	42.17	9.33	7.25	4.92	8.83	5.58	29.58	5.83	4.45	3.42	4.00	3.67

세 번째 비교에서, 뛰어난 능력을 지닌 두 집단에서는 쉬운 어휘력 과제를 제외하고는 능력상 큰 차이를 보이지 않았다. 쉬운 어휘력 과제가 학습장애가 있는 아이에게는 오히려 더 어려웠다. 교사나 학교 성적에 따르면, 학교 과제에서는 학습장애가 있는 아이의 성과가 유의미하게 좋지 않았다고 한다.

그다음 비교에서는 학습장애 영재아가 일반 학생과 잘 구분되지 않았음을 보여 주었다. 학습장애 영재아는 평균 수준의 아이보다 능력 면에서 훨씬 더 뛰어나지만, 교사의 의견이나 학교 평점에서는 그다지 다르지 않았다. 이 아이는 읽기와 순차적인 정보처리 능력이 필요한 과제에서 더 잘하지 못하였다.

집단 n과 집단 d를 비교한 결과, 학습장애 집단인 d에서는 능력이 부족한 점이 드러났으며, 교사의 평가와 학교 성적에서도 마찬가지로 나타났다.

전체적으로 비교한 결과는 집단 n+와 집단 d가 성별을 제외한 모든 지표에서 달랐다는 것을 보여 주었다. 동시적인 기억 과제에서는 높은 능력을 지닌 학습장애 집단(집단 d+)이 학습장애가 없는 높은 능력을 지닌 아이의 집단인 n+만큼 잘할 수 있었다.

결 론

앞에서 살펴본 연구는 적절한 학습과 검사 상황에서는, 학습장애가 있는 영재아도 또래 학생만큼의 성과를 거둘 수 있다는 것을 보여 주었다. 그들 문제점의 대부분은 서로 다른 정보처리 방식과 학습 스타일에서 비롯되는 것으로 보였다. 그들이 사용하는 보다 총체적인 접근 방식은 비록 학교생활에서는 효율적이지 못하다고 증명되었지만, 몇몇 경우에서는 순차적인 접근 방식보다 더 효율적으로 작용할 수 있다. 학습장애가 있는 아이는 다른 방식으로 생각하려는 경향이 있으며, 그에 따라 아마 세상을 다른 시각으로 볼 것이다. 만일 우리가 이러한 현상을 하나의 재능으로 또한 추상적 사고 능력, 융통성, 및 내적 동기와 수행에 필요한 인내심과 같은 영재적 특성으로 본다면, 우리는 이들을 문제아 집단으로 보는 대신에 영재성의 한 가지 가능한 형태로 판별해 낼 수 있다. 하여튼 그들의 수행 방식은 바로 그들이 지닌 조건의 원인이나 결과가 된다.

종합하면 두 가지의 직접적인 결론을 내릴 수 있다. 첫째, 학습장애아를 '독특한 학습자' 로 칭해야 하며, 이들에게 적합한 방식의 교수법과 학습이 이루어져야 한다. 둘째, 그들의 높은 능력과 재능을 증진하기 위해, 우리는 반드시 이러한 특수한 재능과 특수한 학생을 발견하고 발달시켜 줄 준비가 되어 있어야 한다.

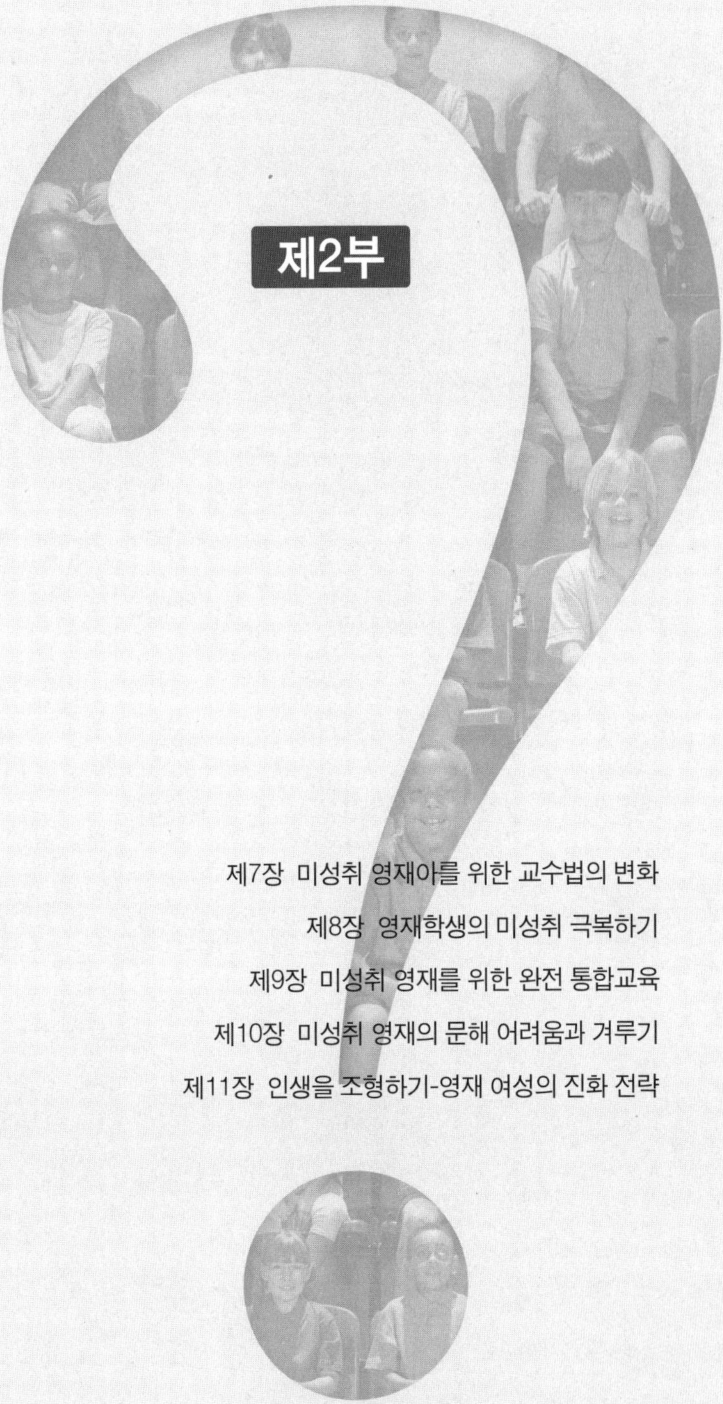

제2부

서 문

이 책의 제2부에서는 미성취 학생을 위한 교육모델, 전략, 프로그램 등에 대해 보다 자세히 살펴보고자 한다. 이 문제에 대해 지구상의 여러 대륙별로 독립적으로 나타나고 있는 각각의 접근 방식에 상당한 공통점이 있다는 사실은 매우 흥미로운 일이다. 미성취 문제에 대한 접근 방식은 다양하게 나타나는 학습자의 필요를 어떻게 분석해 내느냐에 달려 있으며, 교실 현장에 대한 실제적 연구에 근거하고 있다.

미성취 학생을 위한 프로그램은 영재학생에게 무엇이 필요한지에 대해 이론가가 주장하고 있는 바와 유사하게 나타나는 경향이 있다. 이런 프로그램은 인지적·정서적 필요를 다루게 되고, 주제에 따른 문제 인식 및 문제해결 방식을 중심으로 구성된다.

미성취 영재학생을 위한 프로그램은 조기진학, 교육과정 압축, 능력별 집단편성, 속진 등 차별적 프로그램 모델을 따르곤 한다. 통합교육을 지지하거나 주입식교육보다 열린교육을 지지하는 이들에게는 이러한 교육 프로그램이 부적절한 것으로 공격받기도 한다.

제7장에서 Wills와 Munro는 호주 루이톤 여자학교(Ruyton Girls' School)에서 진행했던 미성취 여학생을 대상으로 한 프로젝트에 대해 보고한다. 이 프로젝트는 학습효과성의 원리에 근거하고 있으며, Sisk가 제8장에서 소개하고 있는 다중지능이론(Gardner, 1993)과 관련된 요소를 공유하고 있다. 연구자는 소수계 학생이 다니는 여러 학교에서 프로젝트를 진행하였는데, 미성취 영재학생을 판별하는 데 전통적인 지능 검사가 아닌 참평가 방식을 활용하고자 하였다. 이러한 평가 방식은 연구자가 해당 학생을 위해 적절하고 효과적인 교육과정을 설계하는 일을 훨씬 용이하게 하였다.

제9장에서 Montgomery는 통합교육이라는 주제와 함께 일반 학급에 있는 우수 학생을 위한 프로그램의 필요성에 대해 다루었다. Montgomery는 학교가 모든 학생의 필요를 채우기 위해서는 7개 수준에 걸친 교육 프로그램을 제공하여야 한다고 제안하였다. 이 주제에 대한 Piirto 식의 분석은 '과거와 현재의 학교 시스템이 불만에 가득 찬 미성취 학생을 양산해 내고 있다면, 이는 학생에게 문제가 있다기보다는 학교 자체에 문제가 있다고 보아야 하지 않을까?' 하는 질문과, '근본적으로 문제가 있는 어떤 것을 더 견고하게 만들려고 노력하기보다는 시스템 자체를 살펴보고 새롭게 고쳐야 하지 않을까?' 하는 질문을 자연스럽게 던져 준다.

Montgomery는 교육 시스템의 문제를 교육과정보다 교육 방법에 있는 것으로 보고, 학교 운영과 교사교육이 어떻게 변화해야 하는가에 대해 다양한 제안을 한다. 제10장에서는 미성취와 관련된 3가지 주요 주제에 대해 다시 한 번 확인하고, 이러한 주제에 관한 실제적인 교육 사례를 소개한다. 관련 주제는 구어 능력 향상 활동을 통한 인지적 · 언어적 자신감을 이끌어 내는 것을 다루고 있으며, Freeman이 불리한 상황에 처한 학습자의 필요로 제시하였던 것과도 관련되어 있다. 제안된 교육 방법은 Hymer가 논의했던 미성취 남학생의 필요를 충족해 주는 것으로 나타났으며, 그 자신이 제안하였던 전략에 더했다. 이 장은 글쓰기와 철자법에서의 문제 등 미성취 학생에게서 발견되는 다방면에 걸친 문제도 다루고 있다. 이런 문제는 일반 학생을 위해서도 매우 유익한 인지적 · 언어적 문제해결 방식으로 확인된 교육 방법에서도 언급된다. 따라서 이러한 이슈는 결국 교육의 중요 이론을 옹호하는 근본적인 문제로 귀결된다.

Leroux의 마지막 장은 이 분야에서 갈수록 중요한 것으로 부각되고 있는 다양한 증거에 대해 소개한다. Leroux는 불리한 여건에도 불구하고 크게 성공했던 이들의 사례와 함께 그들이 어떻게 성공하는 법을 학습할 수 있었는지에 대한 분석을 제공한다. 제시된 사례를 통해 이 책이 그동안 제안하였던 바가 현실에서 어떻게 실현되고 있는지를 볼 수 있다. Leroux는 자기효능감과 관련한 신념이 인지적 조절과 학령기 이후의 직업과 학문에서의 성취에 얼마나 큰 역할을 하는지 강조한다. 교육은 학습자를 가치롭게 여겨야 하며, 이들의 심리적 강인성, 탄력성, 다양한 전략 활용 능력 등을 길러 주어야 한다. 이러한 능력은 삶 가운데 당면하는 스트레스와 변화에 어떻게 대처하는지와 관련한 중요한 요인이라는 것을 그녀가 연구한 여성을 통해 알아냈다.

우리에게 필요한 것은 이러한 전략이 학교 현장에서 적용될 수 있도록 하는 것이다. Churchill, Einstein, Faraday, Bell, da Vinci 등 한때 미성취자였던 위대한 인물을 우리는 잘 알고 있다. 그런데 미성취자였으나 성공한 여성은 누가 있는가? 미성취자였으나 성공한 보다 평범한 이는 누가 있는가? 학교에서 미성취 학생이었으나 이를 극복하고 성공한 평범한 이들에 대한 보다 많은 사례를 알 수 있기 바란다. 만약 이러한 사례에 대해 알고 있다면 1,000단어 이내로 적어 다음 주소로 보내 주기 바란다.

Learning Difficulties Research Project

21 Butt Lane

Maldon, Essex CM9 5HD

United Kingdom

제7장

미성취 영재아를 위한 교수법의 변화: 루이튼(Ruyton) 학교 사례

Lee Wills & John Munro

서 론

이 장에서는 미성취 영재아의 학습 특징과 자기 점검을 검토하며 이들에게 적합한 교수법과 학습 과정에 대해 논할 것이다. 미성취 영재아에게는 왜 자신이 미성취하는지를 이해하는 교사가 필요하다. 그런 교사는 아동의 감정을 함께 공유하고 아동이 긍정적인 시각으로 성취를 바라볼 수 있게 격려한다.

여러 관찰에 따르면, 지적으로 우수한 집단의 적어도 10~15%의 아동이 미성취에 해당한다고 본다. '……이 분야의 전문가가 이처럼 미성취가 많다는 것에 주목하고 있다. 그러나 이것보다 더 진전된 것은 아무것도 없다. 미성취 영재아는 대략 1965년 이래로 무시되어 왔다.'(Gallagher, 1995: 414-415) 교실에서의 변화가 가장 핵심적이다. 그러나 아동이 변화에 대한 필요성을 이해하고 정말로 이러한 변화를 원할 때만 변화가 가능하다.

교육에서 급격한 변화가 이루어지고 있는 요즘 학교에서의 주요 쟁점은 다음 사항을 어떻게 다룰 것인지에 대해서다.

- 교사가 사고에서의 변화에 대한 최신 정보를 파악할 수 있게 도와주기
- 어떻게 하면 아동이 가장 잘 배울 수 있는지에 대한 이해를 발달시키기
- 이런 변화에 적응하기 위한 교수법을 인식하기

'아동이 어떻게 가장 효과적으로 학습하는가.' 와 관련된 이론은 계속 변하고 있다. 교사는 이런 변화를 인식하여 자신의 교수법에 새로운 아이디어를 추가해야 한다. 호주 빅토리아에 있는 학교는 최근에 교육과정과 관련된 새로운 아이디어를 적용하여 교육과정 표준틀(Curriculum Standards Framework: CFS)을 개발했다. 교사가 자신의 교수법에 새로운 아이디어를 손쉽게 포함시킬 수 있도록 학교가 어떻게 접근할 것인지가 중요하다.

좋은 교수의 핵심 영역은 어떻게 모든 학생의 학습을 가장 심화시킬 것인가다. 최근 연구는 일부 학교에서 최우수 영재아를 어떻게 속진시킬 것인지에 대해 제안하였다. 다른 관점은 모든 학생이 어떤 영역에서든 재능이 있고, 학생 모두의 학습이 심화될 수 있다고 본다. 이런 두 번째 관점을 받아들인 학교는 개별 학생에 맞는 교수법과 모든 학생이 각기 더 발전할 수 있도록 돕는 교수법을 널리 실천할 수 있을 것이다. 그러면 많은 파생 효과가 있을 것

인데 특히 '미성취' 영재아 집단에게 효과가 클 것이다.

루이튼 여학교(Ruyton Girls' School)는 두 번째 관점을 받아들여서 지난 12개월에 걸쳐 전문성 개발 활동에 착수했다. 이 활동은 모든 교직원이 학습에 대한 최근 이론과 친숙해져서, 이들 이론을 교수법에 적용시키는 것이었다.

'효과적인 학습과 교수를 촉진하기'에 기반을 둔 접근은 멜버른 대학교의 John Munro 교수에 의해 개발된 프로그램이다. 이 프로그램은 Munro 교수의 주도로 2시간씩 총 4회기로 진행되었다. 1997년 2학기의 첫 회기 전에 교사는 3학기에 자신이 가르치려는 CFS 주제를 선택했다. 과정의 매 활동마다 교사는 자신이 선택한 주제를 개발할 때 논의한 아이디어를 적용했다. 이런 방법으로 교사는 자신의 교수에 그런 아이디어를 적용할 수 있었고, 아이디어를 어떻게 세부 조정할지를 알 수 있었다. 교사가 변하는 것이 중요하다. 왜냐하면 한 연구에 따르면, 교사가 자신의 교수에 새로운 아이디어를 적용하는 것이 지연될수록 새로운 아이디어를 사용하려는 경향이 점점 줄어든다고 하기 때문이다.

교사 재교육

첫 번째 회기에서 교사는 다음의 내용을 검토했다.

- 교사가 스스로 배우려면 무엇을 해야 하는가
- 이상적인 수업 구조

- 학생이 어떻게 학습에 동기화되고 도전감을 갖는지에 대한 최근 연구
- 학생이 지식을 저장하고 사용하는 여러 방식

두 번째 회기에서 다음의 내용을 검토했다.

- 학생이 학습하는 동안에 자신의 사고 공간을 어떻게 사용하는가
- 학습의 다른 방식
- 읽기로 학습이 이루어질 때 학생을 보조하기 위한 구조

교사는 학생이 학습하는 다른 방식을 이해해야 하며, 이처럼 다른 방식의 학습에 맞는 활동을 어떻게 설계할 것인지에 대해 연구해야 한다.

세 번째 회기에서는 교사가 이전에 배웠던 것을 다른 방식으로 질문함으로써, 또한 지식을 적용시키고 전이시킴으로써, 학생이 학습했던 것을 어떻게 업데이트하는지를 검토했다. 그래서 교사는 학생의 다음 활동에 대해 검토했다.

- 새로운 상황에서 이미 아는 아이디어 사용하기
- 아이디어를 따로 떼어 분리하기
- 학생이 미리 생각하게끔 아이디어 사용하기
- 예측하기와 추론하기
- 한 아이디어와 다른 아이디어를 다른 방식으로 종합하기

- 아이디어 평가하기
- 특정한 결과나 해결을 이끌어 낼 수 있도록 아이디어 조직화하기
- 창의적인 방식으로 아이디어 사용하기

교사가 학생을 가르칠 때 고려해야 할 두 가지 중요한 사항이 있다. 첫 번째는 더 심층적인 학습을 도모하는 개방형 과제(open-ended)를 사용하는 것이며, 두 번째는 학생이 자신의 지식을 확장할 수 있는 다양한 질문을 할 수 있도록 명시적으로 가르치는 것이다.

또한 교사는 학생이 자신이 아는 것을 드러내는 여러 방법과 언어적으로 비언어적으로 아이디어를 의사소통하는 여러 방법을 검토했다. 다른 방식으로 학습하기를 좋아하는 학생은 자신의 지식을 다르게 표현한다. 자신의 지식이 어떻게 변화되고 있는지를 글, 그림, 또는 행위로 표현할 것이다. 이처럼 다른 표현 방법이 학생에게 강력한 동기적 가치를 준다.

네 번째 회기에서 교사는 다음과 같이 학생을 돕는 방법을 연구했다.

- 아이디어 기억하기
- 학생이 이전에 배웠던 것을 기억에 어떻게 저장할 수 있는지
- 협력하기와 같은 다른 형식 배우기
- 학습자로서 스스로를 조직화하는 법 배우기

마지막으로 교사는 동료 교사와 함께 개발한 교수 단원을 발표했다.

특정 형태의 전문성 개발은 전통적인 '일회성' 활동이 지닌 많은 제한점을 극복할 수 있었다. 첫째, 교사가 자신의 교수법을 변화시키기 위해 배워야 하는 가장 잘 알려진 효과적인 방법에 근거하였다. 둘째, 자신만의 아이디어를 갖도록 격려하였다. 셋째, 교사가 이미 알던 학습에 대한 기존의 지식과 새로운 이론을 연결시킬 수 있도록 여유를 주었다. 이를 위해 매 회기 전에, 교사는 논의할 아이디어에 대한 배경지식과 이것을 어떻게 교수법에 적용시킬 수 있는지 그 방법을 담은 지침서를 읽었다.

그런 다음 교사는 자신의 교수에다 그 아이디어를 실제적으로 적용하여 다음 회의에서 결과를 함께 나누었다. Munro 교수와 지속적으로 교류하면서 루이튼 여학교 교직원은 학생에게 학습 프로그램을 지속할 수 있는 방법을 논의하였다. 목표는 학습과 교수법 절차를 가장 효과적으로 결합하는 것이었다. 이것이야말로 모든 아동에게 확실히 도움을 준다고 생각하였다.

교사는 동료 집단과 작업을 계속함으로써 토의의 장을 열고 아이디어를 공유하게 되며 상호 지지를 얻었다. 이를 통해 교사 자신의 교수법을 업데이트했는지가 중요하다는 사실을 깨달았다.

미성취 학생의 특징

첫째, '영재아'의 특성을 아는 것이 필요하다. '영재아는 대체로 빨리 그리고 기꺼이 학습하며, 또래에 비해 더 빨리 새로운 아이디어와 기존의 아이디어 간의 연결을 할 줄 안다.'(Munro, 1996a: 3) 이런 특성을 다음 6개의 주요 표제로 검토할 것이다. 이 목록(Munro, 1996c)을 보면 영재아가 왜 미성취아가 되는지 그 이유에 대한 통찰을 얻을 수 있다.

영재아가 홀로 작업하는 것을 선호하는 것은 중요한 의미가 있다. 닫힌 학습 상황을 지향하거나 반복 과제를 해야 하는 상황이 되면 영재아는 집단 학습 상황을 피하며 행동 문제를 일으킨다.

탁월한 학습 과정

영재아의 탁월한 학습 과정 때문에 다음의 행동이 가능하다.

- 빨리 결정 내리기
- 동시에 여러 아이디어 염두에 두기
- 사고 단계 압축하기
- 반복과 노출이 적어도 아이디어 배우기
- 상위 수준에서 상상, 환상, 유머 사용하기
- 관심 분야에서 특히 잘 개발된 기억력

반면 단점이 있을 수 있다.

- 기계적 학습, 철자, 글씨 쓰기, 산수 정보에 대한 기계적 회상과 같은 특정 영역 학습에서의 어려움

- 글씨 쓰기와 일상적인 과제에 부주의함
- 일부 영역에서는 세부 사실 무시하기
- 학습 속도가 너무 느리면 지루해하고 좌절함
- 자신이 한 것이나 문제를 해결한 것을 말로 설명하기가 어려움, 왜냐하면 ① 말하는 것보다 생각이 더 빨리 진행되거나 ② 자신이 어떻게 생각하는지를 남과 의사소통할 필요가 없다고 생각함

학습 결과

- 광범위한 일반 지식이 있고 관심 영역에 대해서는 상위 학년에게나 기대할 수 있을 정도의 상당한 지식이 있음
- 다른 또래가 인식하지 못하는 것을 앎
- 고급 어휘의 사용, 특히 관심 영역에서 아이디어를 유창하게 의사소통하기

학습 동기와 학습 양식

- 알기 원하는 것에 '자기주도적(self-driven)' 이고 동기화됨, 지시적인 교수 없이도 자발적으로 학습하기
- 종종 독립적으로 학습하기, 자신이 스스로 학습을 주도하는 것을 선호, 학습이 지시(권위주의적 교수 맥락)되거나 호기심 없는 학습 상황을 어려워함
- 집단 학습 상황에 의구심을 가지며, 심지어 지시적이고 닫힌

학습 맥락이나 반복 과제에서는 행동 및 훈육 문제를 일으키기도 함
- 동조하는 것에 반항하기
- 긴 기간 동안 집중할 수 있고 높은 수준의 인내력을 보임

그러나 에너지 소비가 너무 많아서 다른 영역에서는 골치 아픈 문제를 일으킬 수 있다.

대인관계 상호작용

영재아는 또래와 다르다고 느낀다. 왜냐하면 또래와 교사에게서 필요한 긍정적 지지를 받지 못하기 때문이다. 그러나 그들은 왜 이런 현상이 일어나는지를 이해할 수 없다.

- 자신의 뛰어난 능력이 가치가 있다는 것을 알지 못한다. 왜냐하면 영재아가 자신이 아는 것을 어떻게 드러낼지 모르기에 지지를 얻지 못하고 집단의 기대에 맞추게 된다.
- 또래 집단에 동일시하는 데 어려움이 있다. 영재아는 또래와의 공통점이 적다. 또래가 영재아의 아이디어를 이해하지 못하거나, 영재아가 무엇인가 잘못되었다는 느낌을 가질 것이다.
- 같은 연령의 또래와 대화하기가 어렵다. 왜냐하면 종종 이상한 괴짜로 보이며 외로움과 고독감을 느끼고 집단에 속했다는 느낌이 없다.

- 또래 집단에서 적당한 역할 모델을 찾지 못한다.
- 영재아가 사회적으로 수용되기 어렵다고 느끼면 또래 집단 상황에 과잉 동조할 수 있다. 영재아는 종종 타인의 거절에 민감하며 다르게 보이지 않기 위해 동조하려 한다.
- 고도의 지각과 민감성이 있다.
- 또래 친구처럼 걱정이 없지도 않고 태평하지도 않으며 약간 진지하다.
- 자기와 같은 수준으로 아이디어를 이해하지 못하는 반 친구 때문에 짜증이 난다.
- 또래와 상호작용할 때 자신감이 부족해 보인다.
- 타인의 학습을 이해하는 것과 가치 있게 여기는 것에 어려움이 있다.
- 다른 사람을 신뢰하는 데 어려움이 있다.
- 세상의 다른 사람과 세상에서 일어나는 사건에 대해 민감하다. 불공정하게 대우받는 아동을 걱정한다. 타인의 문제와 세계 문제를 마치 자기의 일로 여기는 등 도덕적 가치에 대한 자각 수준이 높다. 영재아는 개개인의 강점과 차이점을 수용하고 가치 있게 여기는 것을 배워야 한다.

영재아의 학습에서 자기지각과 감정 양상

- 자아 존중감이 낮아서 학문적인 생산성이 제한된다. 영재아의 혼잣말은 종종 낙관적이기보다는 비관적이어서 좀 더 낙관적인 선택을 하는 것을 배울 필요가 있다.

- 높은 (종종 비현실적으로 높은) 기준과 목표를 세우고 스스로를 가혹하게 판단한다.
- 자신이 '완벽' 해야만 한다는 기대감에 대해 걱정하지만 자신이 완벽하지 않다는 것은 알지 못한다.

영재아가 자신의 영재성이나 창의성이 위협받는다고 지각하면 위축된다. 영재아는 위협적인 상황을 좀 더 건설적으로 다루는 데 필요한 분석적인 전략이 종종 부족하다.

- 학습에서 '위험 감수'의 중요성을 이해하기 어렵다.
- 실패감 때문에 학교를 거부할 수 있다.
- 다른 학생보다 걱정을 더 많이 하며 스스로 스트레스 상황을 만들고 비현실적인 기대를 하는 타인에게서도 스트레스를 받는다.
- 결과, 미래 등에 관심이 있다. 또래는 보지 못하는 결과를 볼 수 있다.
- 자신감이 없어 보이고 스스로에 대한 확신이 부족하다. 내적 갈등을 해결하는 데 어려움을 겪기도 한다.

발달의 불균형

영재학생은 각 영역이 서로 다른 속도로 발달하기에 전반적 기능 면에서 종종 발달의 불균형이 나타난다. 발달에서 '비동시성(asynchrony)'이 있기에 영재학생은 다음과 같은 모습을 보인다.

- 정서적으로 또는 신체적으로 미성숙함
- 기계적인 학습, 글씨 쓰기, 산수 정보의 기계적 회상과 같은 특정 분야에서 특수한 학습 장애

그러므로 이런 특징을 설명할 수 있는 학습 모형을 찾아내는 것이 필수적이다. 적절한 학습 모형을 찾으면 교사는 결정을 내릴 수 있으며, 영재학생을 가르치는 것과 관련된 광범위한 쟁점을 다룰 수 있는 전략을 개발할 수 있다.

오늘날의 교사는 효과적인 교수법, 평가, 관리, 그리고 훈육 절차를 행할 때 필요한 전략을 개발해야 한다. 이러한 전략은 교실에서의 다양한 학습 접근법을 반영하고, 사회가 교육에 부과한 방향성과 제약을 포함해야 한다.

교수 전략은 학생을 포용해야 하며 학생이 최적의 진보를 이룰 수 있는 기회를 주어야 한다. 앞에서 논의했듯이, 영재학생과 재능 있는 학생은 또래와는 학습 특성이 달라서 '고정관념 속의 영재'와 일치하지 않는다. 교사는 이들의 학습 특성 때문에 당황하기도 하고 좌절감을 맛볼 수도 있다. 더하여 영재아가 또래와의 상호작용을 원활히 할 수 있도록 도움과 상담이 필요하다.

학생을 최대한 공평하게 대하기 위해서는 견고한 학습 모형에 기반을 둔 교사의 결정이 필요하다. 교사가 자신의 학습 이론을 명확히 하면 학생이 학습에 대한 이해와 학습자로서 스스로를 관리하는 능력을 가장 잘 획득할 수 있도록 도울 수 있다. 21C에는 이런 것이 학교에서의 가장 중요한 결과물로 여겨질 것이다.

교실에서 영재아가 일으키는 문제는 이들이 어떻게 학습하는지

를 설명하지 못하는 관례적인 교수법에 그 원인이 있다. 예를 들어, 교사는 '영재아가 여러 분야에서 잘 할 것'이라는 기대처럼 종종 비현실적인 기대를 한다.

많은 학교에서 일부 영재학생과 재능 있는 학생의 요구를 간과하기 쉬우며 이들이 어떻게 배우는지를 설명하지 못하는 결정을 내리기 쉽다. 이러한 면이 미성취가 증가하는 완벽한 조건을 제공한다.

일반적인 미성취 특성

앞에서 제시한 영재아와 재능아의 특성 목록과 여기서 제시한 미성취 아동의 특성에 대한 목록을 비교해 보면 미성취 아동이 증가하는 것에 관심이 생길 것이다. 확인된 미성취 특성은 다음과 같다.

- 낮은 자아 존중감
- 한 가지나 그 이상의 기본 학습 영역에서 낮은 수행: 읽기, 쓰기, 수학
- 일상의 과제를 종종 완성하지 못하거나 빈약하게 하기
- 학교 이외의 환경에서는 프로젝트를 수행하거나 주도권 잡기
- 흥미 있는 영역에 대해서는 탁월한 이해와 개념 보유
- 반복 과제나 실제 연습을 싫어함
- 구두 과제와 서술 과제 간의 꽤 큰 질적 차이
- 완벽주의자여서 자신의 수행에 종종 만족하지 못함

- 실패에 대한 두려움 때문에 새로운 활동을 회피함
- 관심 영역이 넓고, 특히 관찰과 연구 영역에서 특별한 전문성을 띰
- 교실에서 위축되거나 공격적인 경향이 있음
- 사실적 지식에 대한 뛰어난 기억력
- 창의적인 상상력
- 집단에서 잘 작업하지 못함
- 지각(perception)과 방어성 면에서 민감함
- 비현실적인 자기기대(self-expectations)를 세우는 경향
- 백일몽 때문에 타인이 주도하는 과제에 집중하기가 어려움
- 학교에 대한 부정적 태도
- 학급에서 교사가 동기부여를 하려고 하거나 행동을 훈육하려는 노력에 저항함
- 친구를 사귀거나 우정을 유지하기 어려움

공간 능력에 강점을 지닌 미성취자

다음의 추가 특성은 공간적 능력에 강점이 있다는 것을 나타낸다.

- 어렸을 때 퍼즐과 미로에 뛰어남
- 세련된 유머 감각
- 정교한 낙서를 함
- 백일몽(풍부한 환상 생활)에 빠짐

• 창의적인 사고가
• 높은 추상적 추리력
• 예리한 시각 기억
• 열광적인 TV 팬
• 컴퓨터에 열중, 특히 컴퓨터 그래픽
• 과학에서의 높은 역량
• 기하학에서 탁월함
• 은유와 유추 파악하기
• 음악 즐기기

체크리스트의 모든 항목이 각 개인에게 다 적용되지는 않는다. 다른 아동과 마찬가지로 미성취자 역시 개인마다 재능 프로파일과 취약점 프로파일이 다르다. 그러나 미성취자는 위 특성 중 핵심 징후와 관련된 패턴을 보인다. 앞의 체크리스트는 다양한 출처로부터 개발되었는데, 영재아와 재능아를 위한 남부 웨일스 신규협회(New South Wales Association for Gifed and Talented Children)의 Farmer(1993)가 수집하고 편집한 것이다.

유용한 학습 모형의 특징

기초 학습 모형의 특징이 무엇일까? 이 장에서는 유용한 학습 모형을 사용하여 영재아와 재능아의 학습 요구를 종합하고자 한다. 학습에 대한 초기 이론은 다음과 같다.

- 행동주의 이론: 학습자를 수동적인 유기체로 본다(Skinner, 1967).
- 발달 이론: Piaget(1952) 등은 학습자가 자신의 지식을 능동적으로 재배열한다고 본다. 모든 학습자는 같은 경로를 밟기에 예측 가능하고 미리 결정된 방법으로 지식을 재배열한다.
- 망-유형 도식 모형: 학습을 '지식이 어떻게 조직되는가' 라는 관점에서 본다(Norman, 1977).
- 정보처리 모형: 학습을 정보처리 과정으로 설명한다(Newell et al., 1972).
- 사회문화적 상호작용 모형과 거래 모형: 학습을 사회문화적 지식의 내재화로 설명한다(Bandura, 1986).
- 구성주의 모형: 학습을 세상에 대한 주관적인 모형을 세우는 것으로 설명한다(Desforges, 1998).

이 모형 중 어느 것도 일반 교수법과 교육과정에서 지속적인 효과를 보이지는 않으며, 영재학습자와 재능학습자의 교육에서도 역시 마찬가지다. 이들 모형이 적어도 교실이나 교사에 친근하지 않기 때문만은 아니다.

학습 모형을 친근하게 사용하기

학습 모형을 '친근하게 사용하는 사람'은 영재학습을 설명할 수 있다. 이것은 단순히 영재학습을 서술하는 것보다 해야 할 것이 더 많다. 영재아와 재능아가 드러내는 학습 행동의 유형을 설명해야 한다. 이것은 '전체 아동(whole-child)' 조작에 대해서도 설명하며, 영재학생의 학습에 대하여 긍정적·부정적 양상 모두를 설명할 수 있다. 학습 행동의 특정 영역을 예측해야만 하고 유용한 교수 전략과 연계되어야 한다.

학습이란 무엇을 의미하나

학습은 개인의 지식 기반의 변화나 재조직화와 관련 있다. 학습자는 이미 자신의 지식이 충분하지 않다고 판단하여 도전이나 목적을 갖고 미래에 성공하고자 기대할 때 학습이 일어난다. 학습 목표는 미래에 닥칠 도전을 보다 효과적으로 다루는 것이다. 즉, 학습은 목적적이거나 목표지향적이다. 학습자가 학습에 대해 동기화되거나 목표가 있을 때 배운다. 목표는 호기심을 충족하고 자신의 홍미에 관심을 보이는 것에서부터 일시적인 목표(새로운 방법으로 대상 얻기)를 달성하는 것까지, 또는 문제를 해결하는 것부터 타인에게 가치가 있는 사람이 되고자하는 것까지 다양하다.

학습은 개인지향적 혹은 사회지향적일 수 있다. 현재 맥락에서 영재아와 재능아의 학습을 관찰해 보면, 우리는 좀 더 학교 기반의 제도권 학습, 즉 사회적으로나 문화적으로 결정된 아이디어를 내면화한 학습자에 초점을 맞추고 있다. 우리가 사용하는 학습 모형은 Munro(1996a, 1996b)가 개발한 것이다. 이 모형에는 두 가지 주요 차원으로 사회문화적 차원과 학습자 내적 차원이 있다.

학습의 사회적 기초

학습은 학습자와 학습이 일어나는 사회문화적 집단 간의 상호작용이다. 그러므로 사회구성주의 모형을 제안한다. 개인의 지식 기반은 사회문화적 맥락 내에서 변한다. 사회적 과정은 공교육 맥락에서 다양한 방법으로 사람들의 학습에 영향을 미친다. 학생은 문화적으로 결정되고 가치가 있다고 여기는 아이디어를 학습하며 종종 사회적으로 가치가 있는 방식으로 생각할 필요가 있다. 아이디어에 대한 문화적 기원을 생각해 보면, 문화는 학습의 목적을 주도하며 학습자가 '알도록' 채근한다. 그러나 영재아는 문화에 의해 '프로그램되는 것'을 좋아하지 않는다.

공교육에서 학습자는 자신의 경험과 경험에 대한 해석을 문화적으로 가치 있는 의미와 비교해 볼 필요가 있다. 학습자는 경험과 해석을 조화시키거나 경험과 해석이 서로 타협하는 과정을 이해해야 한다(Voigt, 1994). 학습자는 자신의 지식을 사용하여 아이디어를 해석하고 추측하려고 하며 이러한 시도에 대해 피드백을 받는다. 환경은 학습자가 아이디어를 논의하고 도전하며 검증하고 확장한 것을 평가한다. 학습자는 자신이 제시한 것에 대해 다른 사람이 어떻게 반응하는지를 통해 배운다.

학습에 대한 사회문화적 차원의 모형은 많은 영재아가 공교육 학습 맥락에서 어려움을 겪는 것에 대해 설명할 수 있다. 영재아는 또래와는 종종 질적으로 다른 아이디어를 드러낸다. 영재아가 생각한 바를 말했을 때, 또래는 종종 무엇에 대한 이야기인지 이해할 수 없다. 또래가 아이디어를 제대로 이해하지 못하기에 영재아가 받는 피드백은 왜곡되어서 영재아는 종종 또래와의 의사소통에서 제대로 인정받지 못한다.

이렇게 되면 또래 집단은 영재아와의 의사소통을 거부할 것이다. 반대로 만약 영재아가 집단의 가치를 긍정적으로 생각하면, 자신이 자연스럽게 생각하는 바와 또래 집단의 압력에 의해 생각하고 배워야 한다고 여겨지는 것 간에 갈등이 생긴다.

일부 영재아는 타협을 원하지 않는다. 이들은 집단 학습 활동에 참여할 준비가 잘 되어 있지 않아서 자신이 추측한 결과를 그대로 드러낸다. 영재아가 초기에 학습 과정에서 표현하는 것이 집단으로부터 가치를 인정받지 못하므로 집단의 신뢰를 얻지 못한다. 영재아는 자신이 알고 있는 것에 대해 집단이 가치를 두지 않는다는 것을 알게 되지만, 어떻게 해야 좀 더 긍정적인 피드백을 얻을 수 있는지에 대한 방법은 알지 못한다. 영재아는 집단 내에서 학습하는 방법을 배워야 하며 다른 학생이 어떤 식으로 배우는지를 이해해야 한다.

사회문화적 영향의 두 번째 양상은 문화적으로 프로그램된 것에 대한 영재학생의 준비도다. 공교육 학습은 학생이 문화적으로 결정된 아이디어를 배우는 것과 관련이 있다. 학생은 프로그램된 것에 대해서 준비도가 각기 다르다. 어떤 학생은 학교가 잘 프로그램되어 있기를 바란다. 그러나 다른 학생은 문화에 대해 자기 자신의 아이디어를 제시하고자 한다—영재학생은 후자 집단에 좀 더 가까운 것 같다.

학생은 학습자로서 조직화된 준비도가 다르다. 영재학생은 종종 덜 조직화되어 있다. 또한 영재아의 학습이 좀 더 색다른 경향이 있기에 영재아는 자신이 배우는 것을 자발적으로 말로 표현하지 않는다. 그래서 종종 자신이 아이디어를 어떻게 배웠는지, 어떻게 문제를 해결했는지를 설명하기 힘들어한다.

영재아는 종종 집단 가치에 대해 또래보다 더 많은 취약성을 보인다. 영재아가 또래에게서 부정적인 피드백을 더 많이 받기 때문이다. 그래서 영재아는 상대적으로 더 깊게 생각하여 결과를 지각하는 능력이 잘 개발된다. 그렇지 못하면 사회 집단에서 쉽게 위축되어 학교에서 지내는 긴 시간 동안에 사회적으로 고립되거나 '괴짜'가 되기 쉽다.

학급 내에는 영재학생도 있기 때문에 이러한 쟁점은 교사가 학급을 어떻게 가르칠 것인가에 직접적으로 영향을 미친다. 이것은 교사가 영재아에게 의미를 타협하는 기회에 영향을 미치고, 피드백을 주고받고 사용하는 영재아의 학습에 영향을 미친다. 또한 다른 아동이 어떻게 스스로를 성공한 것으로 지각할 것인지에 영향을 미치며, 학습자가 다른 방법으로 학습에 어떻게 도전할지 그 틀을 세우는 데도 영향을 미친다.

교사의 교수법은 개개인이 가치 있다고 여기는 아이디어를 배우는 것과 문화적으로 가치 있는 아이디어를 배우는 것 간의 균형을 잡아야 하며, 보다 더 개방된 학습 기회를 제공해야 한다. 일부 학생은 자신의 아이디어를 문화적으로 결정된 아이디어에 맞게 수정해야 하며, 다른 학생은 문화적으로 결정된 아이디어를 내면화하기 위해서는 더욱 다양한 교수 전략이 필요하다. 자기주도학습(self-directed learning)—집단에서 성공적으로 배울 수 있는 방법을 학습할 기회와 더불어—을 위한 더 많은 기회를 제공해야 한다. 영재학생으로 하여금 자신이 아는 것을 보여 줄 기회를 만들도록 도와주는 것—자신의 학습법을 다른 것과 조화롭게 연결시키는 방법과 집단 가치를 증가시키는 방법—역시 필요하다.

학습자 내적인 차원

학습자가 다르면 같은 내용이더라도 다르게 학습한다. 개인차는 광범위할 수 있다. 학생은 자신의 지식을 다르게 표상하거나 다른 방식으로 과정을 재조직화한다. 어떤 학생은 다른 학생에 비해 더 수월하게 자신의 생각을 나눌 수 있다. 학습자는 도전을 받아들이는 준비도 면에서 차이가 있고 자신의 지식이 충분하지 않다는 것을 보여 주는 정도가 다르다. 학습에 대한 은유를 통해 다음과 같은 사항을 제안한다([그림 7-1]).

- 학습자에게는 학습이 일어나는 장면이 하나 이상 있다. 이 장면에서 학습자는 지식을 재조직화한다. 이들 장면을 나타내는 용어가 '사고 공간'과 '단기 작업 기억'이다(Baddeley, 1990).
- 학습 장면에서 특정 시기에 동원할 수 있는 자료의 총량은 한정적이다. 이러한 제한을 사고 공간과 주의 자원의 분할이라는 용어로 표현한다.
- 새로운 아이디어를 배울 때는 학습자의 지식을 이용한다. 학습자는 학습하는 동안에 특유의 방법으로 정보를 해석한다.
- 학습자가 생각 중인 아이디어가 이 '장면'에서 다른 방식으로 부호화되거나 표상된다. 교사는 다른 방법으로 아이디어를

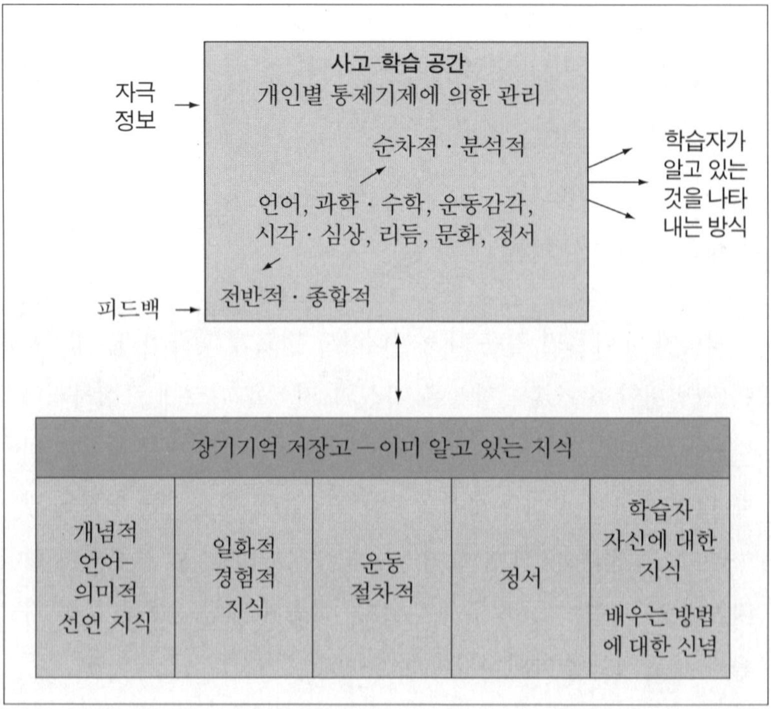

[그림 7-1] 학습에 대한 은유를 나타낸 도식 표상(Munro, 1996b)

알아볼 수 있다. 각 부호는 특정한 방법으로 이미 아는 것과 새로운 아이디어를 함께 연결하고, 새로운 아이디어와 이 새로운 아이디어에 대해 현재 생각 중인 것을 함께 연결하며, 같은 아이디어를 다른 관점으로 전달한다.

- 아이디어가 부호 간에 '이동'될 수 있기에 새로운 부호가 기존의 아이디어에 녹아들어 재부호화 과정이 일어날 수도 있다. 물론 아이디어가 초기에 부호화되었던 그 의미 그대로 유지될 수도 있다.

- 학습자마다 학습 중에 아이디어를 어떻게 조작할지가 다르다. 어떤 학습자는 좀 더 분석적으로 조작하지만 다른 학습자는 종합적으로 조작한다.
- 특정 학습 행위에서 학습자는 자신의 학습을 관리하고 통제하고 주도한다. 예를 들어, 학습자가 학습 중에 점검을 하고 학습하고 있는 것에 대해 스스로에게 질문을 던지는 것 등이다. 학습자로서 우리의 기존 지식은 우리가 어떻게 학습하는지에 영향을 미친다. 학습 초기 단계에서 이미 어떤 아이디어를 학습하면서 받을 느낌이 무엇일지 스스로 안다.
- 학습자마다 다른 방법으로 배우는 것을 선호한다는 것을 인식해야 하는 것처럼, 학습자가 배웠던 것을 표현하는 기회 역시 필요하다. 지식에서의 변화가 계속 일어나며, 지식을 계속 유지하기 위해서는 다양한 방법으로 아이디어를 조작해야 한다.

학습 시 아이디어가 부호화되는 방식에서의 차이

학습 중에 조작되는 아이디어는 그 '장면'에서 부호화되거나 표상되기에, 학습자가 그 아이디어에 대해 생각하는 것이 가능하다. 한 아이디어가 다른 아이디어와 연결되어야 한다고 생각하면 이미 알고 있는 것을 이용하여 연결시킨다. 이미 알고 있는 지식을 이용하여 새 아이디어를 생각하거나 생각을 부호화하게 된다. 이러한 부호는 그 아이디어가 어떻게 관련되며 연결되는지에 대하여 우리가 이미 알고 있는 것을 표상한다. 아이디어는 다른 방식으로 부호화되거나 표상될 수 있다.

각 부호는 특정 방식으로 아이디어를 조직화하거나 연관시킨다. 즉, 아이디어의 특정 양상에 주목한다. 인지 과정에 대한 현대 모형은 언어 명제와 비언어적 심상 지식(halford, 1993)이라는 2개의 주요 부호화 체계를 가정한다. 학습자마다 특정한 사고 부호를 어떻게 사용할지에 대한 선호도가 다르기 때문에 생각하는 방법에서의 성향인 인지 양식이 생긴다.

다음에 제시된 모형(Munro, 1996b)은 학생이 여러 가지 부호화 방식으로 학습하는 것이 가능하다는 것을 제시한다.

- 언어 부호: 이것은 글을 이해하고 언어의 속성(단어, 문장, 언어 명제를 사용하여 생각하기)을 사용하여 아는 것이다. 이에 따라 학생은 다음 사항을 할 수 있다. 첫째, 언어 형판(template)을 사용하여 고급 수준에서 사고를 할 수 있다. 둘째, 어휘량이 풍부하기에 심오한 글을 읽고 이해하며 복잡한 언어를 사용하여 토론을 하고 높은 수준의 언어 개념을 추리할 수 있다. 셋째, 언어적 맥락하에서 언어적으로 된 아이디어를 배울 수 있으며, 토의하고 논쟁하고 토론하면서 아이디어에 대해 사고할 수 있다. 자신이 아는 것을 이용하여 실제 생활의 문제를 해결하는 것은 힘들 수 있으며, 자신의 아이디어를 행동화하는 데 어려움이 있을 수 있다.
- 과학 · 수학 부호: 아이디어를 연결하기 위해 추상적인 수학이나 과학 개념, 논리, 상징을 사용하여 이해하는 것이다. 이러

한 부호로 귀납적 · 연역적으로 추리하여 아이디어를 생각해낼 수 있다. 조직화와 논리를 찾고 복잡한 패턴을 분석하고 상위 수준에서 규칙과 일관성을 찾고, 특수한 상황에 일반적인 규칙을 적용하는 것뿐만 아니라 사려 깊은 가설을 형성하고 결론에 도달한다.

- 일화적 · 공간적 또는 시각 심상 부호: 아이디어를 비언어적 심상으로 만들어서 이해하는 것이다. 이를 위해 예전에 겪었던 일화를 이용하거나 이미 배웠던 개념을 원형(prototype)으로 삼아 아이콘 · 형판을 구성한다. 이러한 부호로 공간적 속성이나 일시적 속성의 아이디어를 관련시킬 수 있다. 가장 효율적으로 사용했을 경우, 일부 학생은 한 번에 비교적 상당히 많은 공간 관계—또는 일화적 심상—를 조작할 수 있다. 그러므로 이전에는 관련이 없던 아이디어를 고차 수준에서 종합할 수 있다. 학생은 독특한 방법으로 여러 구체적인 정보를 심적 그림으로 바꾼다. 정보를 이리저리 움직여서 심상을 조작할 수 있고, 정보가 시간이 지나면서 어떻게 변할 수 있는지 상상할 수 있다. 이를 통해 고차원적인 수준의 창의적 사고와 수평적 사고가 가능하다.
- 신체 · 운동 감각 부호: 아이디어를 표상하기 위해 행동을 사용하여 이해하는 것이다. 이런 부호를 사용하는 학습자는 행위의 연속이나 절차로 사고한다. 일부 학생은 복잡하고 심오한 방법으로 행위의 순서에 대해 생각한다. 이들은 복잡한 문제를 행위-기반 이해를 통해 효율적으로 멋지게 해결한다.
- 리드미컬한 부호: 리듬, 반복 패턴을 사용하여 이해하는 것으

로 암송 또는 챈트로 배운다. 어떤 학생은 정교한 리듬 지식이 발달되어 있어서 음악, 움직임, 개념 영역에서 복잡하고 창의적 리듬 패턴을 찾아내고 만들어 낸다.

- 감정 · 기분 표상: 감정, 정서, 느낌이나 기분으로 이해하는 것이다. 어떤 학생은 매우 분화되고 통합된 기분 표상 체계가 발달하여서 아이디어를 배우고 이해하는 데 이 체계를 사용한다. 이들은 정서나 기분에서의 차이를 식별하여 반응하고, 다양한 방법으로 기분의 차이를 드러내며, 맥락(그림, 소설, 사회적 상호작용) 등의 정서적 특성에 대해 효율적이고 빠르게 '읽어서' 반응한다. 이들은 정서를 다루는 요인(성공과 실패에 대한 귀인, 끈기의 수준 등)을 이해한다.
- 대인관계 표상: 역사적 · 사회적 · 문화적 · 종교적 지식으로 이해하는 것이다. 이 대인관계 표상은 역사적 · 문화적 · 종교적 관계에 의해 정의된 연결망을 배경으로 아이디어를 참조한다. 문화적 · 종교적인 '논리'는 문화적 · 종교적 신념 체계하에서 아이디어를 연결한다. 이 신념은 명제 형태다. 이러한 논리의 준거는 수학적 · 과학적 논리, 언어적 논리, 일화적 논리의 준거와는 다르다. 다른 문화에 속한 학생은 같은 교수법이더라도 다르게 해석할 수 있다. 어떤 문화의 관점에서는 아이디어를 의심할 여지없이 정확하게 구성하는 것을 추구하고, 다른 문화에서는 아이디어에 대해 가능한 한 정확하게 질문하는 것을 격려하며, 또 다른 문화에서는 질문하기에 이어서 추정해 보는 것을 지지한다. 수학에 성차가 없다는 관점을 지닌 문화에서의 학습은 수학을 배우는 데 남자가 더 우수하

다는 신념을 가진 문화에서의 학습과는 다르다.

부호 간 아이디어 이동하기

학습자는 아이디어를 부호 간에 어떻게 이동할 수 있는지, 재부호화 과정을 통해 어떻게 한 부호에서 다른 부호로 아이디어를 전환할 수 있는지를 배워야 한다. 이것은 영재학생에게 중요하다. 학습 상황에서는 학생이 자신이 아는 것을 보여 주는 방법이 제한적이다. 영재학생은 학습 상황의 제약 내에서 적합한 방법으로, 또래가 더 가치 있다고 생각하는 방식으로 자신이 아는 것을 제시하는 방법을 배워야 한다.

이것은 아이디어의 복잡성을 '축소'시키는 것이 아니라 청중에게 설명할 수 있는 형태로 아이디어를 재부호화하는 것이다. 학습자는 하나의 부호(본인이 선호하는 부호)로 아이디어를 확립한 다음 타인이 받아들일 수 있는 수용 가능한 다른 부호로 바꾸어서 자신이 아는 것을 보여 주어야 한다.

표상되는 아이디어 관련시키기: 분석적 또는 총체적 전략

두 번째 차원은 아이디어가 각 부호 내에서 어떻게 조작되는가다. ① 부분으로 분석한 다음에 연결시키기, ② 각 아이디어를 부분으로 분석하지 않고 전체로서 취급하여 다른 아이디어와 통합하기로 나누어 살펴볼 수 있다. 첫 번째 유형의 전략을 '분석적'

이라고 하며, 두 번째 전략은 '종합적' 또는 '총체적'이라고 한다. 대부분의 학습자가 이러한 전략을 선택적으로 사용하지만 일부 학습자는 한 가지만을 지나치게 사용한다.

영재와 재능아는 분석적·순차적 전략보다는 총체적 전략을 사용하는 것을 더 좋아한다. 사고에 융통성이 있기에 종종 모호하거나 답이 없는 질문에 대해서도 참을 수 있다. 구체적인 세부사항이 더 큰 개념 구조로 통합되지 않으면 무시하거나 놓치는 경향 때문에 순차적이고 기계적인 방법으로 배우는 아이디어를 학습하는 데 많은 어려움이 있다. 이들은 종종 글을 정확하게 읽는 것보다는 이해해서 읽는 것을 더 잘할 수 있다. 왜냐하면 고차 수준 사고에서 필요한 언어추리 지식이 있기에, 철자화된 것을 학습하는 데 필요한 분석적 활동에는 신경을 적게 쓰기 때문이다.

공식적인 교수법에 따르면, 한 아이디어를 작은 부분으로 나누어 순차적으로 배열하여서 한 번에 하나씩 제시할 때 학생이 가장 잘 학습한다고 한다. 이것은 사회나 문화에서 정해진 준거를 사용하여 아이디어를 분석하는 전략을 사용하는 학습자에게 맞는 방법이다.

물론 특이한 방법으로 아이디어를 분석할 수 있다. 학생이 그렇게 할 때 분석에 대한 준거는 단지 자신만 알고 있다. 종종 영재학생이 하나의 아이디어를 주관적으로 부분으로 분석할 때와 한 아이디어를 새롭고 창의적인 방법으로 조작할 경우에 자신이 했던 것을 설명하기 어렵다—이들은 자신이 했던 것을 말로 부호화하지 않는다.

학생이 문화적으로 받아들이는 방법으로 아이디어를 부분으로 분석하면, 분석한 것에 대해 말하는 방법을 배우며 사람들에게 자신이 어떻게 했는지 더 쉽게 설명할 수 있다. 전체적이고 총체적인 전략을 사용하는 것을 선호하는 학생은 분석을 하려고 하지 않고, 자신이 배웠던 것에 대해 긍정적인 관심을 받지 못하며, 종종 효과적인 학습과는 멀어진다.

각각의 부호가 사고 전략 단위로 연결되면 조작이나 처리 과정에서 두 유형(분석적 · 총체적)의 전략이 자기 지시적인 순서(self-instruction sequence)로 진행된다. 더 자세한 내용은 Munro (1996a, 1996b)를 참고하면 된다.

관리-통제 기제

학습자가 자신의 학습을 어떻게 관리하고 조절하는지, 즉 학습자의 상위인지 지식에 대해서 알아보고자 한다—학습자는 자신이 어떻게 학습할지 계획하기 위해, 자신의 학습을 점검하기 위해, 어떤 목표나 목적에 따라 학습의 효과성을 평가하기 위해, 필요하다면 더 나은 전략 행동을 취하기 위해, 지식에서의 자신의 변화를 평가하기 위해 상위 인지 지식을 사용한다.

영재학생은 이런 통제 기제를 매우 효과적으로 사용한다. 자신의 학습을 방향 짓고 조절하는 능력, 자신의 학습 진보를 계획하고 점검하는 능력, 필요하다면 더 나은 전략 행동을 취하는 능력이 분명히 잘 발달되어 있다. 사실 영재아에게는 이런 활동의 많은 부분이 자동적인 것 같다.

한편 학습자로서 자신의 지식이 스스로 부족하다고 느끼거나 집단 학습 맥락의 경우 자신감이 부족하기 때문에 때로는 학습에 몰두하지 않는 선택을 하기도 한다. 영재아는 결과를 지각하지만 이를 다루는 데 필요한 경험은 부족하다.

요컨대, 이 학습 모형에 따르면 영재아의 학습은 2개나 3개의 부호를 매우 효율적으로 사용하는 것과 연관이 있다. 특히 전체적 · 종합적 전략을 사용한다. 다른 부호는 잘 개발되지 않았기에 일부 영역의 학습에서는 영재성을 드러내지만 다른 영역에서는 미성숙함을 보인다. 선호하는 부호일 때는 자동적 반응을 하기 때문에 한 번에 여러 아이디어를 다룰 수 있으며, 순차적이기보다는 종합적으로 또는 '동시적으로' 사고한다.

학습 모형에 대한 지식이 있는 루이튼 학교의 교사는 문로 박사와 논의하여 다양한 부호 아이디어를 제시했다. 교사는 각 부호화한 아이디어를 발달시키는 활동을 고안했다. 아이디어에 대한 일화적 지식에서 시작하여 언어적 방법으로 아이디어를 부호화하고, 탈맥락화된 행동 방법으로 부호화했다. 증발에 대한 다음의 예는 증발과 관련된 아이디어를 각 부호로 어떻게 만들 수 있는지 제시한다.

증발 주제를 사용한 학습 방법

- 문화적 · 사회적 · 역사적으로 아이디어 부호화하기: 역사적으로 증발이 어떻게 사용되었나(마실 물을 먹기 위해, 냉동을 위해)? 다른 공동체에서는 증발이 어떻게 사용되었나? 문제점이 무엇

인가? 공동체가 증발을 어떻게 통제할 수 있을까?

- 논리-수학적으로 아이디어 부호화하기: 접시에 담긴 물이 증발하면 방 안에 같은 양의 물이 존재하는가? 어떻게 변화되는가(같은 양 · 상태의 변화)? 증발과 고체가 어떻게 연결되나? 왜, 언제 증발이 일어나나?
- 언어적으로 아이디어 부호화하기: 브레인스토밍, 개념 지도, 네트워크 지도, 증발을 설명하는 글을 자기말로 쓰거나 요약하기, 증발하는 액체를 인터뷰하기, 증발은 무슨 말을 할까? 증발에 대해 어려운 질문 6개 하기, 증발에 대한 이야기나 연극 대본 쓰기('~의 모험'), 증발이라는 단어를 사용할 때는 또 언제인가? 무슨 일이 일어날까(증발과 관련된 상황에 대해 토의하기)?
- 정서적으로 아이디어 부호화하기: 만약 네가 증발한다면 어떤 기분이 들까(어지럽다, 신경질이 난다)? 증발되는 액체는 느낌이 어떨까?
- 일화에서 시공간적으로 부호화하기: 증발이 일어나는 상황(접시에 담긴 물, 빨래 마르기, 차체에 묻은 휘발유, 바닷물의 증발, 드라이아이스) 상상하기, 그리기, 찾아보기, 차체에서 증발하는 휘발유에 대한 연재만화 그리기, 증발에 대한 유용한 아이콘 개발하기, 증발에 대한 그림 분류하기
- 행동으로 아이디어 부호화하기: 증발을 행동으로 표현하기(병에서 뽑히는 병마개), 소집단이 기체 증발을 몸으로 표현하기(부풀기, 팽창하기, 퍼지기), 증발에 대한 행동 표현을 거꾸로 표현해 보기

교사는 다음과 같은 구조를 사용할 수 있다.

- 학생이 다른 방법으로 아이디어를 부호화하는 것을 장려하는

수업 계획을 개발한다.

- 학생이 다른 종류의 활동을 생각해 보게 하고, 이런 다른 종류의 질문으로 무엇을 배웠는지를 생각해 보게 한다.

다양한 방법으로 핵심 아이디어를 제시하면 학생은 자신이 선호하는 학습 방법으로 '학습자에게 친숙한' 맥락하에서 배울 수 있다. 개개인의 학습 특징을 고려하고 인정하기에 학생의 자존감이 향상된다.

아이디어를 다른 방법으로 생각하도록 단서 주기

교사는 학생이 현재 배우고 있는 아이디어를 어떤 식으로 생각하는지를 통제할 수는 없다. 아이디어가 비록 시각적으로 제시되더라도 학생은 시각화하지 않을 수도 있다는 것을 뜻한다. 그러므로 한 가지 전략은 학생이 어떤 특정한 방법으로 아이디어에 대해 생각하도록 단서를 주는 것이다.

각 부호와 결합된 학습 전략이나 사고 전략 가르치기

각 부호는 특정한 방식으로 아이디어를 생각하는 것이며 교사는 이것을 명료화할 수 있다. 학생은 다양한 종류의 질문을 각기 다른 부호로 묻는 것을 배울 수 있다.

특정한 결과를 얻기 위해 부호를 선택적으로 사용하기

학생은 각 유형의 생각을 언제 사용하는 것이 좋은지 배울 수 있으며, 다른 방법으로 생각하면 어떻게 다른 결과가 나오는지를 배울 수 있다. 학생은 필요한 경우에 각기 다른 방식으로 부호화하여 맥락이나 과제 특성에 맞는 바람직한 결과를 얻을 수 있다.

아이디어에 대해 생각하는 방법 전환하기

학습자는 한 부호에서 다른 부호로 아이디어를 전환하기 위해 부호 간에 아이디어를 어떻게 이동시켜야 하는지를 배워야 한다. 학생은 다음의 내용을 점차적으로 배워야 한다.

- 한 부호로 아이디어를 만든다(아마도 자신이 선호하는 부호로). 그 다음 자신이 아는 것을 적당한 방법으로 표현하기 위해서 다른 부호로 전환한다.
- 더 선호하는 부호로 아이디어를 만들면 그 아이디어를 더 잘 이해할 수 있다. 그 다음 아이디어가 표현되는 부호로 전환한다.

다른 관점으로 아이디어 보는 법 배우기

학습자가 다른 부호로 핵심 아이디어를 탐구하게 되면, 각 부호와 연결된 사고 전략을 배울 수 있으며 아이디어를 재부호화하는 것을 연습할 수 있다. 또한 학습자는 하나의 아이디어를 다른 각도로 보는 것을 연습할 수 있다. 이렇게 하면 아이디어에 대한 이해도 면에서 풍부성과 복잡성이 향상된다. 다음 예는 루이튼 여학교의 4학년이 수행했던 '비행' 이라는 주제다.

수업을 담당하는 교사는 팀을 이루어 모든 아동이 참여할 수 있는 학습 환경을 조성하였다. 교사는 교수법과 선호하는 학습법이 서로 잘 맞지 않아서 학습에서 어려움이 생길 수 있다는 점을 고려하였다.

예: 비행-학습 방법

문화적 · 사회적 · 역사적

- 역사에서 중요한 획기적인 사건
- 체펠린(Zeppelin) 비행선부터 미르 우주 정거장까지의 시간 연대기
- 비행사를 연사로 초청하기
- 왕립 호주 공군 박물관(Royal Australian Air Force: RAAF) 견학

논리적 · 수학적

- 로고 라이터(Logo writer)
- 다양한 비행기의 마하 속도를 그래프로 나타내기
- 거리가 다를 때 비행 속도에서의 차이 계산하기
- 여러 종류의 비행체 속도 비교하기

언어적 · 언어학적

- 개념 지도를 만들기 위해 관심 단어를 브레인스토밍하기
- 관련 있는 시와 이야기 읽고 쓰기
- RAAF 박물관에 대한 기사와 관련 정보 조사하기
- 5명의 조종사에 대해 '조각 맞추기' 활동(Lerner, 1971)하기
- 라이트 형제, 아멜리아 에어하트(Amelia Ehrhart) 등(Lerner, 1971)에 대한 이야기 읽기

정서적

- 인간은 왜 항상 날기를 원하는가?
- 나는 것에 대해 어떻게 느끼나?

- 우리는 무엇을 배웠는가?

시각적 · 공간적

- 상상하기: 비행 상황 그리기
- 드라마: 비행 기계, 전투기
- 비행에 대한 동영상 시청
- 우주선, 초기 비행체 모형 만들기

행동

- 비행기, 글라이더, 회전하는 장난감, 프로펠러 비행기를 디자인하고 만들기
- 풍선으로 시험하기
- 다양한 재료로 비행기와 글라이더를 만들어 시험하기

그 외

교수법과 학습법이 잘 맞지 않으면 다음과 같은 어려움이 있다.

- 학습의 어려움
- 높은 수준의 좌절감과 불안감
- 행동 문제와 훈육 문제
- 결국은 학교에서의 소외감

교사는 또한 자신의 학습 양식과 교수법, 그리고 자기에게 쉽게 배우는 학생의 학습 양식 간에 연결점을 생각해 보고, 자신의 교수법을 확장시키는 데 이런 정보를 이용할 수 있다. 학생이 또한 교수법과 학습 양식이 서로 잘 맞지 않는다는 것을 인식할 수 있도록 장려하고 어떻게 하면 효과적으로 대처할 수 있을지 생각해 보게 한다.

학생이 아는 것을 표현하는 다양한 방법

시각적으로 배우는 것을 선호하는 학생은 그림으로 아이디어를 기록한 다음에 상징이나 글로 전환한다. 반대로 언어적으로 배우는 것을 선호하는 학생은 아이디어를 상징으로 변환하기 전에 스스로에게 아이디어에 대해 말해 본다. 운동 감각적으로 배우는 것을 선호하는 학생은 아이디어에 대해 쓰거나 말하기 전에 아이디어를 행동화한다(학생은 행동화하는 것을 남이 보지 않도록 해야 한다. 그러나 학생은 자신이 수용되고 있으며, 학습에 도움을 받을 것이라는 것을 알아야 한다).

학생이 어떻게 해야 가장 잘 학습하고 이해하며 폭넓은 학습 전략을 사용할 수 있는지 점검하도록 돕기

- 해결해야 할 과제가 있을 때 자신이 하고 있는 것에 집중하고 혼잣말을 밖으로 드러내 놓고 이야기하도록 격려하기
- 자신이 선호하는 전략을 사용하도록 상기시키기
- 추가 전략을 깨닫게 하기
- 새로운 전략을 시도하고, 이것의 효과성을 관찰하며, 의식적으로 자신의 학습 전략 목록에 새 전략을 추가하기
- 앞으로도 이 전략을 언제 어떻게 사용할지를 결정하게 하기, 학생은 '내가 ~할 때, 나 자신에게 말하기' 라고 쓴 목록을 여러 전략 아래에 쓰고, 이 전략을 전략 목록에 추가하기

'심적 행동' 을 언어화하면 더욱더 '구체화' 되므로 회상하기, 분석하기, 수정하기가 수월해진다.

장기 기억에 정보 저장하기

- 기존의 지식에 새로운 정보를 연결하여 기억에 저장하기

- 정보를 재구성하여 정보 인출하기

장기 기억과 같은 저장은 여러 아이디어를 의미 있는 관계로 만들어 아이디어를 저장하는 것이며, 비언어적 방법(일화 기억)과 일련의 행동 순서의 저장은 정서적으로 아이디어를 저장하는 것이다.

언어-의미적 장기 기억으로 아이디어를 저장하기 위한 자기 지시적 전략의 순서

- 가능한 간결하게 주요 아이디어를 서술한다.
- 이 아이디어를 기존의 지식 기반과 관련시킨다. 이 아이디어는 나에게 무엇을 상기시키나? 이 아이디어가 내가 이미 배웠던 것과 어떻게 비슷하고 다른가?
- 주요 아이디어에 대해 그림을 그린다. 즉, 구체적인 모형을 사용하고 아이디어가 어떻게 관련되었는지를 보여 준다.
- 이들 아이디어에 대해 의미 지도를 그린다.
- 앞으로 이 아이디어가 언제 사용될지 서술한다.

결 론

내용 영역에서 그리고 자신이 아는 것을 제시하는 면에서 학습에 대한 명확한 함의가 있다. 예를 들어, 수필을 쓸 때 분석적 · 순차적 전략을 사용하는 학습자는 자신이 배웠던 예측 가능하고 전통적인 방법으로 아이디어를 순서화하는 경향이 있다. 전체적 · 총체적 전략을 사용하는 학습자는 덜 예견적인 방법으로 아이디어

를 순서화하는 것을 좋아한다. 분석적인 방법을 선호하는 국어 교사는 독서를 할 때 순차적으로 조직화하는 것을 더 수월해한다. 그러나 이전에 배우지 않은 방법으로 아이디어를 순서화하는 것을 더 선호하는 교사는 학생이 전체적 · 총체적 전략으로 조직화하여 제시하는 것을 더 가치 있게 여긴다. 일반적으로 교사와 학생은 무의식적으로 자신의 관점을 사용하고 있다.

이 장의 주제는 모든 학생에게 교수 활동을 행할 때와 교과과정에서 '학습 차원'을 시행할 때 학습 준거에 포함되어야 하는 요건이었다. 이것은 교과과정을 추가하자는 것이 아니라 학습 원리에 따라 교과과정을 실행하는 방법을 검토하자는 것이다.

프로젝트가 실시된 지 12개월이 지났고 루이튼 학교의 교사는 초기의 열정을 그대로 간직한 채, 이 프로그램을 계속 진행하고 있다. 학생은 핵심 학습 영역에서 자신과 자신이 속한 집단을 탐색하고, 참여와 동료의 성공이라는 가치를 점점 더 중히 여기면서 함께 고무적인 학습 환경을 조성해 가고 있다.

제8장
영재 학생의 미성취 극복하기

Dorothy Sisk

서 론

미국의 영재교육 프로그램에 대한 정보를 살펴보면, 교육을 받고 있는 학생이 다양한 집단의 비율에 따라 구성되어 있지 않다는 것을 확인하게 된다(Ross, 1993). 비주류 집단의 학생이나 학습장애가 있는 학생은 표준화된 능력 검사나 성취도 검사에서 좋은 점수를 얻지 못하기 때문에 미성취자로 분류되곤 한다(Cromer, 1990; McCalope, 1991; Wayman, 1991; Steele, 1992; Ford, 1995). 결국 이런 학생은 영재교육 프로그램을 위한 판별 과정에서 거의 항상 배제된다.

비주류 집단에 대한 최근의 한 연구에서 Sisk(1999a, 1999b)는 참평가 절차를 활용한 바 있는데, 이 평가 방법에는 다양한 정보가 동원되었다. 가령, 학생의 강점, 흥미, 인지적 · 정서적 욕구,

학습양식, 장애 등의 중요한 정보가 포함되었다. 이런 정보를 활용하여 학생의 잠재력을 보다 정확하게 평가하고 그들의 교육적 필요를 충족하기 위한 적절한 교수 목표 및 전략, 평가 기법 등이 개발되었다.

많은 영재학생이 일상적인 수업 활동에서 의미를 발견하지 못하기 때문에 학습을 게을리하게 된다(Arter & Spandel, 1992; Coil, 1992a, 1992b). 이 학생은 교실에서 사용되는 많은 평가 절차가 자신의 실패를 드러내고 있다는 것을 직관적으로 알아차리며, 이러한 교육적 상황에서는 이들의 반복적인 미성취가 피할 수 없는 일이 된다. 포트폴리오, 실제 상황 평가(real world assessment), 참평가(authentic assessment) 등이 기존의 지필식 평가에 대한 대안을 가리키는 용어다.

이런 형태의 평가 방법을 활용하게 되면 평가를 위한 평가, 무의미한 정보 수집(Knight, 1992)을 넘어선 진정한 의미의 학생 성취도 평가의 수단을 얻게 된다. Sisk(1999a, 1999b)는 높은 수준의 잠재력이 있는 미성취 학생에게 그들 자신의 교육적 경험과 그러한 경험에 대한 평가 계획을 수립하도록 돕는 기회를 제공함으로써 이들 미성취 학생이 자신의 교육에 의미 있는 협력자로 기능할 수 있다는 것을 발견하였다. 이 연구에 참여한 학생은 그들의 포트폴리오에 담길 내용을 결정하는 데 역할을 할 수 있었고, 이러한 기회는 그들의 학습활동에 대한 추가적인 권한 위임의 역할을 하였다. 또한 교육과정에는 주정부가 규정하고 있는 시험처럼 협상 불가능한 요소도 있다는 것을 깨닫기 시작하였으나, 자신의 역할이 매우 중요하다는 것을 확신하고 있었다.

지난 10여 년에 걸쳐서 Sisk는 June Maker, Roberta Daniels, Robert Seney, Pamela Gilbert, Gillian Erickson, Charles Whaley 등의 학자와 함께 특수집단 내 영재학생의 미성취에 관한 연구를 수행하였다(Maker, 1992). 다음에 제시한 몇 가지 연구 문제가 이들의 연구활동을 이끌어 왔다.

미성취와 관련한 연구 문제

연방정부의 Jacob Javits 기금을 활용하여 다섯 가지 연구 문제가 다루어졌다.

- 미성취는 상황의존적이고, 일시적인 현상인가 아니면 영구적인 현상인가?
- 미성취는 영역보편적인가 아니면 영역특수적인가?
- 미성취를 일으키는 요인은 무엇인가(예, 동기, 학문적 자존감, 또래 압력, 가족지원, 학생과 교사의 관계, 교사의 기대 등)?
- 미성취 학생을 위한 상담 및 교육 프로그램을 설계하는 데 이러한 요인을 활용할 수 있는가?
- 미성취 양상은 극복할 수 있는가?

이런 연구 문제가 다섯 건의 연구 프로젝트를 통해 10여 년 동안 다루어졌다. 미성취 학생을 위한 교육 프로그램을 중심으로 한 스탭 업(Step Up) 프로젝트는 1991년부터 1994년까지 미국정부 기금의 지원 아래 진행되었고, 유아를 위한 가족 중심 프로젝트로는 스텝업/이븐스타트(Even Start)가 1994년부터 1998년까지, 스텝업/이븐스타트 II가 1998년부터 2001년까지 연이어서 진행되었다. 한편 미국 텍사스 주 정부의 지원 아래 진행된 가족문해교육 프로젝트로는 '100 프로젝트: 엄마가 읽어요(Project 100: Mothers Read)' 가 있었다.

스텝업 프로젝트의 주요 원리

다음은 스텝업 프로젝트의 주요 원리다.

- 모든 인종적 · 사회경제적 집단의 아동에게 영재성과 재능이 있다는 철학을 개발하고 실천하라.
- 소수 집단 및 사회경제적으로 불리한 계층의 높은 잠재력이 있는 학생이 적절히 차별화된 교육과정을 경험할 수 있는 융통성 있는 집단 편성 방법을 개발하고 실천하라.
- 모든 인종적 · 사회경제적 집단의 재능 있는 학생을 기꺼이 육성할 교사, 멘토, 지역사회 지도자를 양성하라.
- 스텝업 프로젝트에 참여하는 교사가 다른 교사와 협력하고 정보를 공유할 수 있도록 전문성 훈련을 실시하고 시간적 여유를 제공하라.
- 스텝업 프로젝트에 참여하는 학생을 위해 방과후학교 및 여름학교 프로그램을 제공하라.
- 스텝업 프로젝트에 참여하는 학생과 교사를 연결할 수 있는 기술과 통신을 제공하라.

• 스텝업 프로젝트에 참여하는 학교에 재정적 · 인적 자원을 제공할 수 있도록 지역사회 및 기업과의 협력관계를 개발하라.

이들 일곱 가지 원리는 스텝업 프로젝트에 참여하는 연구자에 의해 제시되었고, 라마 대학교에서 여름 프로그램 기간 중의 논의를 거쳐 각 지역의 참여팀에 제공되었다. 이 원리는 5점 리커르트 척도로 만들어져서 영재교육 프로그램의 책임자와 담당 학교의 학교장 등이 각 학교의 해당 프로그램을 평가하는 데 활용되었다. 이 원리의 실천 정도는 참여 학생의 성공적인 수행 수준과 정적(正的)인 상관이 있는 것으로 확인되었다.

미성취를 예방하고 극복하기 위해 제시된 전략

효과적인 전략 가운데 하나는 높은 잠재력이 있는 것으로 판명된 학생의 미성취에 대해 행정가, 교사, 학부모가 열린 대화를 지속적으로 수행하는 것이었다. 학교에서 치르는 전통적인 시험은 대안적 평가에 의해 대체되었는데, 예를 들어 Raven의 비언어성 지능검사(Raven's Progressive Matrices)나 Guilford의 SOI 검사(Guilford Structure of Intellect battery), 또는 Howard Gardner의 다중지능이론에 근거하여 June Maker(1992)가 개발한 문제 해결 과제 등이 활용되었다.

양적인 평가와 함께 질적인 평가가 적용됨으로써 평가 방법의 타당성과 신뢰성이 확보되었고, 수집된 모든 정보는 교사, 학교장, 영재교육 전문가, 스텝업 프로젝트 연구진 등에 의해 검토되었다. 이러한 정보는 스텝업 프로젝트의 교육프로그램에 참여하는 학생에 대한 기준점 자료로 활용되었다. 이 학생은 표준화된 검사에서 평균 이하의 점수를 받는 등 모두가 미성취를 보이고 있었기 때문에, 고수준 잠재성 학급에 포함된 학생 중 그 누구도 보통의 영재교육 프로그램을 위한 판별 과정에서 고려 대상이 되지

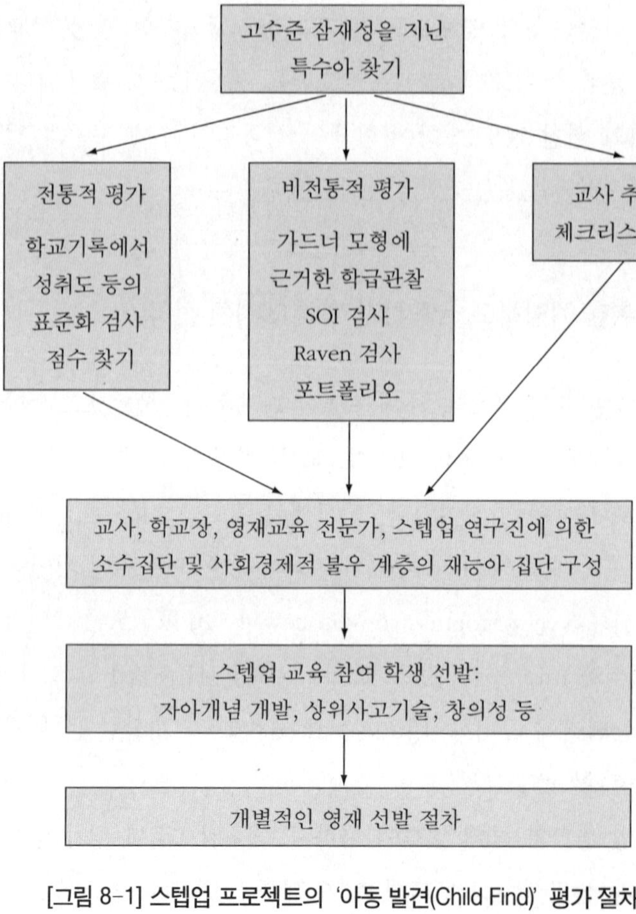

[그림 8-1] 스텝업 프로젝트의 '아동 발견(Child Find)' 평가 절차

못했다. 그러나 이 학생에게 SOI 검사를 실시하였을 때 모두가 하나 이상의 활동 영역에서 영재성 수준의 점수를 보여 주었다. 스텝업 프로젝트의 '아동 발견(Child Find)' 평가 절차는 [그림 8-1]에 제시되어 있다. Meeker에 따르면, 이러한 수준의 수행능력은 잠재적 영재 집단에 속하는 학생으로 판정된다.

교사 훈련에의 접근법

교사 훈련에 대한 새로운 접근법을 실천하였는데, 그 방법은 다섯 가지 기법, 즉 역량집중, 권한위임, 조력, 전환, 코칭 등으로 요약할 수 있다.

역량집중(focusing)은 시간과 자원을 극대화하기 위해 자신의 주의력과 에너지를 집중하는 능력으로 정의되었다. 역량집중 기술은 교사에게 자기 자신은 물론 학생이 무엇에 초점을 맞춰야 할지 알 수 있도록 도와주었다. 교사는 프로젝트의 목표와 학교의 요구 간의 균형을 유지하는 데 자신의 창의적 에너지를 사용하였다. 성공적인 교사는 프로젝트의 가장 중요한 목표, 즉 학생 각각의 잠재성을 개발하는 것에 초점을 맞출 수 있었다.

권한위임(empowering)은 교사와 강력하고 신뢰로운 관계를 개발하는 것으로 정의되었다. 프로젝트의 목적을 공유하고 학생에 관한 서로 간의 가치관을 분명히 하기 위해 토론이 진행되었다. 교사는 스텝업 교육 프로그램에 대해 지역 및 전국 차원의 학회에서, 또 국제학회에서 발표할 기회가 주어졌다. 교사가 권한위임을 경험하게 되면서 학생에게 '할 수 있다.'는 철학을 강조함으로써 학생이 보다 성공적으로 성취할 수 있도록 도왔다.

조력(facilitating)은 교사가 전통적인 수업 방식에서 아동 중심의 수업으로 옮겨 가는 과정에서 이들에게 긍정적 피드백을 통해 지원하는 것으로 정의되었다. 교사의 행동 변화 목록표는 교사의 발전 양상을 확인시켜 줄 수 있다(〈표 8-1〉 참조). 교사가 다양한 공식적 · 비공식적 토론 활동을 통해 정보와 아이디어 공유의 경험을 할 수 있는 기회가 제공되었다. 교사에 대한 조력 활동은 그들로 하여금 그들의 학급을 바람직한 학습 환경으로 창조해 낼 수 있도록 하였는데, 여기에서는 학생으로 하여금 자기인식, 자기존중감, 학문적 · 사회적 자아개념을 증진하며 자신의 인종적 정체

〈표 8-1〉 스텝업 프로젝트의 교사 훈련

다음은 스텝업 교사에 대한 훈련 프로그램의 교육목표를 개요화한 것이다.

교사 행동	지원 전략
1. • 변화에 대한 두려움과 저항 • 전통적인 수업 방식 • 교실 전체 강의 • Q & A	1) 교사의 행동에 영향을 끼칠 수 있는 역할모델을 제공한다(역량집중/코칭/조력). 2) 변화를 위해 학교장 및 지원팀과 협력한다. 3) 질문기법, 학습센터 등에 초점을 둔 현장 연수를 실시한다(역량집중). 4) 수업 자료 활용 매뉴얼을 제공한다(역량집중/조력). 5) 교사가 사용하는 효과적인 전략을 찾고, 이를 칭찬한 후, 새로운 전략을 보완한다(역량집중/코칭/조력).
2. 개별 학생의 특별한 요구에 대한 인지	1) 추가적인 인식 제고를 위한 훈련을 실시한다(역량집중/조력). 2) 수업 자료 및 특수아에 대한 연구물을 제공한다(역량집중/조력). 3) 참여 학교 및 학급을 방문하여 학습 환경의 평가를 지원하고 적절한 전략을 제시한다(역량집중/코칭/조력).

3. 지식과 정보의 추구	1) 참여 기관 간 네크워킹 및 참여 학급 간 정보 교류를 지원한다(조력/코칭). 2) 다른 참여 학교에 교사를 초청한다(코칭/권한위임). 3) 참여 기관 간 웹사이트 및 이메일 링크를 만든다(코칭/권한위임) 4) 비공식적인 토론 집단을 제공하고, 활용 가능한 자원을 파악한다(역량집중/조력). 5) 네트워크 간의 정보 공유를 장려한다(권한위임). 6) 상위사고기능, 창의성 개발 등과 같은 측정 전략에 대한 훈련을 제공한다(역량집중/코칭/조력).
4. 교육과정을 개별 학생의 특별한 요구에 맞추어 변형	1) 현장 세미나 또는 지역 및 전국 단위 학술대회에의 참여를 통해 외적 동기를 불러일으킨다(권한위임). 2) 현장 시범 또는 녹화물을 통한 장학활동을 제공한다(권한위임/조력). 3) 학교장과의 긍정적인 의사소통 채널을 유지한다(권한위임). 4) 교사를 위한 뉴스레터 등을 제공한다(조력). 5) 현장 세미나를 통해 진행 과정을 공유한다(권한위임/전환).
5. 개별학생의특별한요구를이해하고 이를충족하는 것에헌신	교육과정을 적절히 수정할 수 있도록 교사를 지원한다(조력/역량집중/권한위임).

성과 자부심을 강화시켜 준다.

전환(transformation)은 교육적 변화에 대한 다양한 장애물을 제거하고 극복할 수 있는 기회를 행정가와 스텝업 연구진에게 제공해 주는 것으로 정의되었다. 여기에서의 장애물에는 특수아와 그 부모에 대한 선입견, 즉 '그들은 제시간에 도착하지 않을 거야.' '그들은 자녀의 학업에 관심이 없다.' '이 학생은 게으르고 느려

터졌으며 학업이 부진하다.' 등의 생각을 포함한다. 교육 프로그램이 이 학생을 위하여 전환되면서 학습기술, 시간 관리, 정리하기, 시험 보기 요령 등을 다루게 되었다(Coil, 1992b). 전환의 다른 예로는 예전에 한 번도 영재학생이 선발된 적이 없는 학교에서 영재학생을 선발하는 것이었다. 그 외에 교사와 행정가의 학생에 대한 인식 변화도 포함하였다. 경제적으로 불리한 계층의 학생이 다니는 학교에서는 정서장애, 학습장애, 발달장애, 비행 등의 문제가 있는 학생은 수시로 나왔으나 영재학생은 판별된 적이 없었다. 이런 학교의 교사는 혁신적이거나, 유능하거나, 창의적인 사람으로 여겨지는 경우가 거의 없다는 특징이 있었다. 본 프로젝트는 학생과 교사가 함께 수월성을 쟁취할 수 있다는 것을 보여 줌으로써 이러한 태도를 전환시켰다.

코칭은 교사로 하여금 자신이 현재 사용하고 있는 효과적인 전략을 발견할 수 있도록 독려하는 것으로 정의되었다. 프로젝트 연구진은 교사의 행동을 수정하기 위해서 효과적인 수업을 코칭하고 시범을 보임으로써 교사의 역할모델로서 기능하였다. 코치로서 연구진을 개별 교사에게 다양한 수업 방법과 수업 전략, 그리고 관련 자료를 제공함으로써 교사를 평가하고 지원하였다.

스텝업 프로젝트는 주 정부의 표준적인 기준을 활용할 때 60%의 아동이 영재학생으로 판별될 것으로 가정하였다. 이러한 프로젝트의 목표는 프로젝트가 진행된 14개 학교에서 실현되었다. 이들 학교의 학생 중 영재학생으로 판별된 비율은 10%에서 100%까지 다양하게 나타났다.

스텝업 프로젝트의 형성평가 및 총괄평가를 통해 프로그램의 성공에 필수적인 열 가지 변인이 확인되었다. 이 변인은 다음과 같다.

- 긍정적인 학급 분위기
- 긍정적인 언어의 사용
- 사고기술의 직접적인 지도
- 시각적 강화
- 교사의 융통성 및 창의성
- 다문화 교육 및 상담을 위한 교사 훈련
- 내용과 과정에 대한 강조
- 언어 교과와 예술 교과의 통합
- 스텝업 교사가 학생을 위해 특별히 고안한 수업 자료
- 가족 구성원의 교육 과정에의 참여

적절한 교육과정의 제공을 위한 새로운 프로젝트

교사는 매일 45분씩 사고 기법을 직접적으로 가르치기 위해 교육과정을 차별화하였는데, 여기에는 찾기(identifying). 관찰하기(observing), 판단하기(judging), 순서화하기(sequencing), 비교하기(comparing), 대조하기(contrasting), 결정하기(making decision), 선택 정당화하기(justifying choices), 예측하기(predicting), 추정하기(estimating), 문제 해결하기(problem-solving) 등이 다루어졌다(Bronson, 1992). 학생의 출신 문화에서 유래한 문학, 음악, 예술과 그 사회에 크게 기여한 지도자의 전기 등이 정규 교육과정으로

통합되었다. 학생은 중요한 아이디어를 교환하는 방법을 학습하였고, 일상적인 기술의 학습이 고상하고 복잡한 작업의 학습과 균형을 이루도록 하였다. 반복 훈련과 연습 과제는 도전적인 게임과 집단활동을 통해서 수행되었다. 학생은 왜 배워야 하는지에 대해 토론하도록 독려되었고, Hendryx(1993)가 제안했던 바와 같이 자신의 흥미에 근거한 선택을 할 수 있도록 하였다. 자기확신, 목표설정, 자기동기화, 학습기술 등을 개발하고 '체제(system)'를 다루는 것을 강조하였다(Coil, 1992b). 교사는 학생에 대해 기대 수준을 높이고 Gardner(1983)의 다중지능모형에 근거한 문제 해결을 활용하도록 독려하였다. 학생은 다중지능이론의 용어를 정확히 사용하여 다른 학생 및 자신의 부모와 의사소통할 수 있도록 학습되었고, 이러한 과정을 통하여 학생은 '자신의 생각에 대해 생각하기(think about their thinking)'를 실천할 수 있었다. 프로젝트 담당자는 연구의 다양한 주제에 대한 태도와 신념에 영향을 끼치기 위해 의식적인 노력을 기울였으며, 교사가 학생에게 단순히 지식 이상을 전달하도록 독려하였다. 이를 위해 학생에게 교사 및 상담자와 만날 수 있는 시간을 주었다.

사고기법을 가르치는 데 교사와 프로젝트 담당자는 인지적 과정을 모형화하였다. 예를 들어, 교사가 학생에게 책을 읽어 줄 때 학생이 저자의 관점을 이해하도록 독려하고 고등사고기능을 다루는 토론에 참여하도록 하였다. 학생은 학급 토론에서 서로를 자료원으로 활용하는 방법을 배우고 집단적인 작업의 유용성을 이해할 수 있게 되었다. 학생은 정기적으로 저학년 학생에게 책을 읽어 주거나 기본적인 산수와 철자법 등을 도와주도록 하였다. 교사는 학생의 다양한 학습 양식을 고려한 긍정적인 학생 중심 교실 환경을 조성하는 것에 최고의 우선순위를 두었다. 또한 교사는 융통성과 창의성을 발휘함으로써 다양한 수업 자료와 수업 전략을 활용하여 학생이 자기인식의 중요성을 경험하고 학습을 통한 자기만족을 느낄 수 있도록 하였다. 프로젝트의 교육과정은 복잡한 과제, 정교한 산출물, 그리고 상위사고를 제공하는 것에 초점을 맞추고 있었다. 학생은 다양한 문화권의 수많은 강사가 제공하는 세미나를 통해 다양한 관점에 노출되었고, 현장학습에 참가하여 자신의 정보의 폭을 넓혔다. 교사는 지식의 이해를 강조하고, 지식을 갖추고, 시연, 역할극, 사례연구, 프로젝트, 실습 등의 지식을 활용하면서 매우 숙련된 수업을 해냈다. 교사가 이러한 일에 역량을 집중함으로써 학생의 학습을 보다 개별적인 경험으로 만들어 주었고, 이를 통해 학습에 대한 목적 의식을 갖도록 하는 데 도움을 주었다.

교사는 반응성, 창의성, 융통성, 동감, 의사소통 기술, 유머감, 문제 해결, 리더십, 자율성 등을 포함하는 행동 체크리스트를 학생의 수행 수준을 평가하는 데 활용하였다. 또 정적 강화와 건설적이고 일관된 피드백을 강조하였다.

스텝업 프로그램은 텍사스, 아칸소, 플로리다, 애리조나 등의 15개 학교에서 성공적으로 적용되었다. 이 학교에서 활동하는 스텝업 교사는 자신의 학급은 물론 다른 학급에까지 가서 사고기법을 가르쳤다. 대부분의 참여 학교는 긍정적인 협조를 하였고, 이 프로그램을 다른 학급에도 확대하여 실시하였다. 각 학교는 2학년의 1개 학급으로 시작하여 학생이 진급하게 되면서 새로운 2학년 학급이 추가되는 식으로 프로그램을 확대해 나갔다. 가령 3년차에 이르면 해당 학교에는 3개 학급이 스텝업 프로그램에 참여하게 하였다.

학부모 참여를 위한 방법 및 도구

본 프로젝트의 학부모 관련 요소는 전체적인 변화 과정의 필수적인 부분이었다. 교육 프로그램을 계획하고 실행하는 데 가족 구성원이 참여하였다. Shannon(1993)은 학부모와의 협력을 통해 학생이 학습 스타일을 파악하는 방법과 그 결과를 수업 지도에 반영하는 방법 등에 대한 정보를 제공하였다. Shannon은 여섯 차례의 세미나를 통해 비판적 사고와 창의적 사고를 지원하는 다양한 방법을 제시하였다. Shannon의 목표는 학부모와 아동이 함께 학습하고 일할 수 있도록 하는 것이었다. 학부모와의 개별 면담을 통해 학부모의 자존감과 자녀의 학습 지도에 대한 자신감의 제고가 학부모 요소에 긍정적 혜택이 된다는 것을 확인하였다.

지역사회 인사를 멘토, 역할모델, 교사로 활용하기

프로젝트 연구진은 지역사회의 상공인과 대학을 포함한 다양한 전문가 집단과의 협력을 통해 학생에게 역할모델, 멘토, 특강 강사 등을 제공할 수 있었다. 지역사회의 인사를 활용하는 데 다문화교육과 상담 전략의 통합에 주안점을 두었다. 프로젝트에 참여하는 학교가 지역의 상공인을 학교교육에 활용하도록 독려하였으며, 이런 시도를 통해 이루어진 성공적인 교내 활동으로는 장난감 만들기, 문학활동, 컴퓨터 및 수학 경진대회 등이 있었다. 이러한 활동은 학생의 학습에 대한 열정을 불러일으키고 전통문화 예술을 중심으로 한 예술 분야에 대한 흥미를 증진하는 것을 중요하게 여겼다.

워셤(Worsham) 초등학교의 사례

텍사스 주 휴스턴 시에 소재한 워셤 초등학교에는 940명의 히스패닉 학생이 있었는데, 이들 중 80%는 무료 급식을 제공받고 있었다. 두 명의 교사와 교감 선생님은 1994년 라마 대학교에서 열린 여름 연수 프로그램에 참여한 후 스텝업 학급을 학교에 설치하여 혁신적인 개별화 프로그램을 제공하기로 결정하였다. 스텝업 학급을 설치하기 위해 준비하는 가운데, 해당 학교는 전통적인 측정 도구로는 영재학생을 발굴하는 것이 매우 힘들다고 보고하였다.

스텝업 판별 과정을 사용하여 2학년 학생 가운데 재능 있는 학생의 집단을 형성할 수 있다. 이 판별 과정에서는 지능 구조(SOI) 검사 점수, 성취도 및 능력검사 점수, Sisk(1991)의 소수집단 아동 능력 체크리스트를 활용한 교사의 추천서 등이 활용되었다. 20명의 학생을 두 개의 학급으로 나누고, Susan Birkitt 교사와 Norman Leza 교사가 지도하였다. Leza 교사의 이중언어 학급은 스페인어를 주언어로 사용하였고 이 학생의 영어 사용의 어려움은 검사 점수에도 반영되었다. 이런 이유로, Illinois 기초능력검사의 스페인어판인 La Prueba를 학생에게 실시했고, 발달적 인지능력 검사(DCAT), 교사추천서, SOI 검사 점수를 사용하여 Leza 교사의 학생 중에는 10명이 영재학생으로 판별되었고, Birkitt 교사의 학생 중에는 14명이 영재학생으로 판별되었다.

두 영재학생의 사례

Miguel이라는 히스패닉계 미성취 학생은 스텝업 프로그램에 참여할 당시 2학년이었다. 이 학생은 상당한 매력을 지닌 작고 강단 있는 소년으로 또래 친구에게 꽤 인기가 있었다. 하지만 프로그램 초기에 이 학생은 과제를 해 내지 못하고 이에 대해 책임감 있는 행동을 하지 못함으로써 학급 내에 많은 문제를 일으켰고, 자신의 학업과 관련한 실패에 대해 심각하게 반응하지 않았다. 또한 그는 학생 집단 내에서 불평을 늘어놓는 경향이 있었다. 이 학생의 담당 교사는 Miguel에게 최소한의 것만을 기대할 수 있다고 보고하였다. 반면 Miguel은 교사가 지나치게 많은 것을 요구하고 있다고 생각하고 있었다. Migule의 어머니는 그가 학교에서 좀 더 잘해 내기를 원하였으나, Miguel의 세 동생을 돌보느라 여념이 없었고 그의 학교 생활에 그다지 큰 관심이 없었다.

스텝업 프로그램의 교사는 Miguel에게 유치원생을 위한 보다 쉬운 책을 읽어 주면서 자기보다 나이 어린 학생과 함께 공부할 기회를 주자 Miguel의 자아개념이 강화되었다. 그는 창의적 사고를 요구하는 수수께끼 놀이를 좋아하였고, 자주 정답을 맞추었다. 이러한 성공 경험을 통해 Miguel은 학습하고자 하는 강한 동기를 갖게 되었다. 스텝업 교사는 점차로 그에게 큰 학습 과제를 부과하였고, 활기 없는 학생이었던 그가 열정적인 학생으로 변하게 되었다. Miguel의 학급이 채소밭을 계획하고 가꾸는 그룹프로젝트에 참여하였다. 다른 학생은 매일 어린 채소에 물을 주었고 Migule은 물주기를 위한 주전자를 준비하는 책임을 맡았다. 당근, 콩, 감자 등이 다 자라자 학생은 스프를 만들어 자랑스럽게 자신의 부모와 함께 먹었다. Miguel은 이에 관한 시를 써서 다른 학생 앞에서 낭독하였다.

난 자그마한 녹색의 새싹을 봐요
난 나무 속에서 새들이 부르는 소리를 들어요
난 채소 주변의 보드라운 흙을 만져요
난 아침 공기의 상쾌함을 맡아요
난 우리 채소를 보면 행복해요
난 잘려진 당근과 콩과 감자를 봐요
난 채소 조각이 싹둑싹둑 썰리는 소리를 들어요
난 부드러운 녹색 피망을 만져요
나는 맛있는 스프의 냄새를 맡아요
난 정말 자랑스러워요

Miguel이 읽은 시를 보면, 그가 자신의 재능을 효과적으로 활용하는 방법을 학습하였고, 또 자신이 학급에 기여할 수 있었던 것이 분명하다. 3학년 말에 그는 학업능력검사의 읽기 및 셈하기 영역에서 모두 합격점을 받았다. Muguel은 위기 속의 아동에서 높은 잠재력이 있는 아동으로 발전하였다.

Shamir는 스텝업 프로그램에 참여할 당시 7세의 소녀였다. 그녀는 글로 이야기를 짓는 것을 좋아하였고, 가장 좋아하는 학급활동도 창작활동이었다. 예술활동이 없는 경우에는 색도화지 조각으로 작품을 만들어서 다른 급우가 놀라도록 자기 책상 위에 올려놓곤 하였다. 하지만 정규 수업 시간 중에 그녀는 주의집중을 하지 않고 과제를 제출하는 경우도 거의 없었다. Shamir의 홀어머니는 그녀를 무척 못마땅하게 생각하였고, 늘 꾸짖고 엄격하게 훈육하고자 하였다. Shamir는 매우 예민하여서 아주 작은 목소리로 이야기하였고, 조금이라도 꾸중을 들으면 곧 흐느껴 울곤 하였다. 이런 행동 때문에 다른 급우에게 따돌림을 받게 되었다.

Shamir의 스텝업 교사는 그녀를 '우리 창의적인 소녀' 라고 부르기 시작하였고, 학급에서 창작활동을 할 때 교사는 Shamir에게 아이디어를 내보라고 요청하였다. 이런 경우 Shamir는 단 한 번도 학급을 실망시키지 않았고, 늘 기발한 아이디어를 내놓아서 교사의 공개적인 칭찬을 받았다. 교사가 Shamir에게 학급 문집을 만들기 위해 이야기를 묶도록 부탁하였을 때, Shamir는 이에 더하여 기발한 3차원 표지까지 만들어 냈다.

Shamir가 숙제를 해낼 수 있도록 돕기 위해 교사는 지역의 한 서점에서 작은 공책을 기부하도록 하고, 6학년 상급생으로 하여금 학교의 과제물을 잘 기록하기 위해 공책을 사용하는 법을 학급 학생에게 가르치도록 하였다. Shamir와 나머지 급우는 '조직화(organization)' 의 중요성에 대한 상급생의 이야기에 감명을 받았다. Shamir의 어머니는 Shamir가 자신의 공부거리를 집으로 가져와서는 자신의 '조직화'에 대해 매우 자랑스러워하였다고 보고하였다.

스텝업 교사는 Shamir가 소그룹 작업을 통해 명절에 있을 종이공예품 전시회를 준비하도록 하였다. 완성된 종이공예품은 학교의 모든 학생이 볼 수 있도록 도서관에 전시하였다. Shamir는 자신감을 가지고 행동하기 시작하였고, 더 자유롭고 편하게 이야기하기 시작했다. 이제 학교는 그녀에게 더욱 행복한 곳이 되었다. 3학년 때 그녀는 영재교육 프로그램을 위한 검사를 받아 영재학생으로 판별되었다. 그녀는 그 프로그램에 성공적으로 참여하였다. 그녀의 학교는 최근에 열린 창의적 사고력 경진대회에서 우승을 하였는데, 그녀는 그 팀의 리더였다.

스텝업 프로그램 수업의 예

사고력 준비운동 수업

- 나는 무엇일까요: 이것은 대그룹 활동으로서, 한 학생이 하나의 물건이나 동물에 대해 생각하면서 그 물리적 특징에 대해 구두로 단서를 제공하면 다른 학생이 그 미지의 물건 또는 동

물이 무엇인지 주어진 단서에 근거하여 맞히는 것이다. 예를 들어, '대부분의 사람이 하루 정도는 나를 좋아하지만, 그 이후에는 날 멀리한다. I am black & white & 'read'.[*] 하지만 특별한 날에는 다른 색을 포함하기도 한다. 나는 그다지 오랫동안 걸려 있지는 않지만, 전혀 다른 모습의 나를 다시 볼 수도 있다. 나는 무엇일까요?' ('신문')

- 범주놀이: 이 활동은 학생이 가장 좋아한다. 교사가 가령 's로 시작하는 것'과 같은 범주를 선택하고 이를 학생에게 알려 주지 않는다. 그리고 'Fred는 sun을 좋아하지만 water는 좋아하지 않아.' 라고 말한다. 학생은 그 규칙을 이야기할 필요는 없지만, Fred 가 좋아하는 것과 좋아하지 않는 것의 예를 들 수 있어야 한다.

창의적 · 비판적 사고력 수업

이 수업은 학생으로 하여금 '아기 돼지 삼형제' 이야기에서 늑대의 유죄 여부를 판단하도록 요구한다. 우선 학생은 배심원, 돼지형제, 늑대 등의 세 그룹으로 나뉜다(배심원은 돼지형제 측과 늑대 측이 재판을 준비하는 데 도움을 줄 수 있지만, 배심원 역할을 하는 상황에서는 중립적인 입장을 고수해야 한다). 재판 과정에서 각각의 학생은 자신의 역할을 갖는다.

----

[*] 원문의 'read'가 색깔 'red'와 동음이의어로서 언어유의적인 단서이기 때문에 한글로 번역이 불가하여 해당 문장은 원문을 그대로 제시한다.

- 우선 엄마 거위가 실제 일어난 일을 이야기한다(학생은 이야기를 읽고 그 이야기에 대해 토론한다)(인지 및 기억).
- 증인: 각 그룹은 자신의 증인을 선정하고 적절한 증언을 준비하도록 한다(창의성, 의사결정).
- 범죄: 검사는 늑대에 대해 어떤 형벌이 주어져야 하는지를 정하고, 변호인은 이에 대항하는 논리를 준비한다(분석 및 의사결정).
- 사건: 각 그룹은 일련의 증거를 제시한다. 학생은 자신에게 필요한 것(예, 사망증명서, 경찰의 사건조서, 지문 등)이 무엇인지 결정한다(의사결정/분석).
  - 검사는 늑대를 체포한다(적절한 영장 제시).
  - 검사는 사건을 등록(입건)한다.
  - 검사는 최초의 증거 자료를 제출한다.
  - 변호인은 최초의 증거 자료를 제출한다. 이 시점까지의 모든 정보는 공적으로 알려진 것에 한한다.
  - 검사와 변호인은 재판이 열릴 때까지 공개되지 않을 추가적인 증거를 제출한다.
  - 검사와 변호인은 제출되지 않은 추가적인 증거를 한 건에 한하여 준비할 수 있다. 단, 적절한 문서에 의해 뒷받침되어야 한다.
- 재판: 재판정은 다음과 같은 것을 갖추어야 한다.
  - 정리(廷吏): 법정의 서기, 관리인
  - 속기사: 실제로 법정의 세세한 일을 기록하는 사람
  - 검사 및 변호인(각각 보조를 둘 수 있음) (비판적 · 창의적 사고)

- 판사(의사결정)
- 6인 배심원(분석/의사결정)

• 평결: 평결이 유죄로 내려지기 위해서는 6명 중 4명 또는 그 이상의 표를 얻어야 한다(의사결정/분석).

사고력 수업을 위한 다양한 주제

학생이 다양한 전략을 배우고 사용하는 연습을 함으로써, 무언가 결정해야 하는 문제를 해결할 수 있는 준비가 된다. 많은 경우에 하나 이상의 전략이 사용된다. 영재학생은 그들의 설명과 대답이 논리적인 범주 내에서 한 문제를 해결할 때 다양한 접근을 할 수 있다.

예를 들어, Katie는 인형에게 입힐 옷을 만들어 주기 위해 퀼트를 하려고 한다. Katie는 각각 세 장의 녹색(G), 빨간색(R) 조각, 노란색(Y) 조각으로 만들려고 한다. 어떻게 꿰매어 붙여야 세 가지 색의 조각이 모든 열과 행에 위치하도록 할 수 있을까?

• 전략: 그림을 그리거나 실제 천 조각을 사용한다.

• 해결안의 예: G Y R

R G Y

Y R G

4학년용 사고력 수업

교사는 Carl Sandburg의 시 '안개(Fog)' 를 읽어 주고 Sandburg가 안개를 묘사하기 위해 고양이를 어떻게 활용하였는지에 대해 학생이 토의하도록 한다. 토론을 시작하기 전에 시 속의 비유를 이해하기 위한 표 채우기 학습을 하도록 한다.

우선 학생이 브레인스토밍을 통해 고양이의 특징을 생각해 보고 난 후, 안개의 특징에 대해서도 생각해 보게 한다. 학생은 소리, 태도, 행동 등 고양이와 안개가 유사하게 여겨질 수 있는 다양한 측면을 찾아본다. 고양이는 소리 없이 움직이고, 안개도 아무런 소리가 없다. 고양이는 세상으로부터 초연하고 감정을 드러내지 않으며, 안개도 감정을 나타내지 않는다. 고양이는 사지를 쭉 뻗어 낮게 드러눕고, 안개는 넓게 펴져서 높이 드리운다. 예를 들어, 5학년 학생은 Black과 Black(1990)을 읽고 공룡과 관련된 비유에 대해 학습하였다.

비유의 이해

고양이	어떤 면에서 비슷한가?	안개
초연, 무감정, 무관심, 경계 ←	태도 측면	→ 무감정, 무자비
눈에 띄지 않음, 폭신, 조용, 무소음, 소리 없음 ←	소리 측면	→ 무음, 침묵, 소리 제거, 소리 없음, 침울

[그림 8-2] 비유의 이해를 위한 기법

논리 문제

논리 문제는 일반적으로 영재학생이 가장 좋아하는 활동이다. 학생은 몇 가지 귀납적 사고 문제를 학습한 이후에 스스로 문제를 만들어 낸다. 다음은 3학년 학생이 만들어 낸 귀납적 사고 문제의 예다.

Ronald Retriever, Harry Hound, Billy Beagle, Sammy Setter, David Dalmatian 등은 모두 다른 종의 개를 키우고 있다. 한 명은 golden retriever 종을, 한 명은 basset hound 종을, 한 명은 beagle 종을, 한 명은 setter 종을, 한 명은 dalmatian 종을 가지고 있다.

- David Dalmatian과 Ronald Retriever의 개는 검정색이 아니다.
- Sammy Setter와 Billy Beagle의 개는 엔진소리를 무서워한다.
- Sammy Setter와 Ronald Retriever의 개는 빨간색이 아니다.
- Billy Beagle의 개는 큰 귀를 가지고 있다.

누가 무슨 종의 개를 키우고 있을까?

답: RR = golden retriever, HH = dalmatian, BB = basset, SS = beagle, DD = setter

스텝업 프로젝트의 확대

라마 대학교의 Sisk 연구팀은 2건의 이븐스타트 연구기금을 받아 보몬트(Beaumont) 교육청과 함께 낙후 지역에 있는 5개 초등학교(Blanchette, Fehl, Fletcher, Martin, Southerland)의 유치원부터 2학년까지의 학생에게 스텝업 프로그램을 제공하는 사업을 진행하였다. 1999년 헤드스타트(Head Start)에 참여한 4, 5세 아동은 Kaplan 학습능력 검사에 근거할 때 4세 수준에서 5세 수준으로 향상되어 유치원 과정에 들어갈 수 있었다. 또한 이븐스타트 연구기금은 스텝업 프로그램에 참여하는 아동의 학부모가 고등학교 수준의 교육을 마치고 자녀 양육과 자녀 지도를 위한 기술을 습득할 수 있도록 지원하였다. 이븐스타트 프로그램은 [그림 8-3]에 소개되어 있다. 보몬트에서의 스텝업 프로그램은 미국 텍사스 주의 엘 패소, 매캘런 등으로 확대되었다. 미국 애리조나 주의 록 포인트 프로그램 책임자 Bobbie Ackley는 프로그램을 확대하기 위해 세 명의 교사를 라마 대학교의 연례 교사훈련 프로그램에 파견하는 등 본 프로그램에 대한 열의를 보여 준 바 있다. Maker는 DISCOVER라는 이중언어교육 프로젝트에 스텝업 프로젝트를 확대 적용하여 영어 사용 능력이 제한적인 학생에게 교육 프로그램을 제공하였다(Schmidt, 1993).

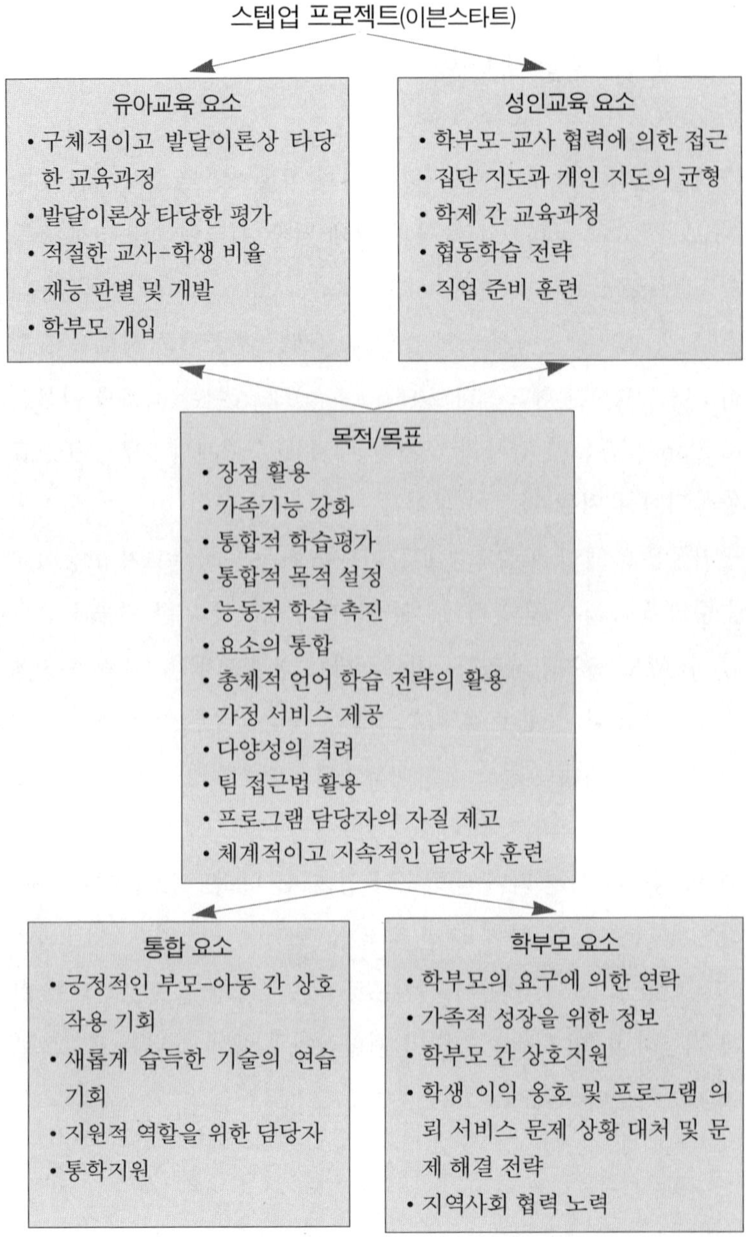

[그림 8-3] 스텝업/이븐스타트 프로젝트

결 론

프로그램에 참여할 능력이 있는 것으로 판명된 14개 학교의 287명 학생 중에서 학교의 절차와 검사에 의해 영재로 판별된 학생은 180명(60%) 뿐이었다.

프로그램을 통해 높은 잠재력이 있는 학생에게 미성취가 보이는 것은 상황 의존적인 것으로 나타났다. 학생은 특히 읽기와 수학의 기본 기능에 있어서 미성취를 보였다. 그러나 이제 많은 학생이 영재학생으로 판별되었고, 이들은 미래사회에 필수적이고 긍정적인 기여를 하게 될 잠재력이 있다.

종합적으로 볼 때, 이들 학생이 프로그램을 시작하던 시기에 어떤 상태에 있었는지를 생각해 본다면 엄청난 성취를 해낸 것이라고 볼 수 있다. 이들 중 많은 학생이 표준화검사에서 하위 50%에 속해 있었다.

미성취 영재학생을 판별하고 상담하고, 이들의 교육과정을 개발하기 위한 방법으로 스텝업 프로젝트에서 제시하고 있는 기본틀은 사회경제적으로 어려움을 겪고 있는 집단 속에 있는 미성취 영재학생을 도울 수 있었던 성공적인 사례 가운데 하나라고 할 수 있다.

제9장

미성취 영재아를 위한 완전 통합교육: 학습을 위한 교수의 변화

Diane Montgomery

서 론

영재를 양성하기 위한 어떤 특별 프로그램의 유형을 추천할 때, 통합의 원리(principle of inclusion)를 고려해야 할 필요가 있다. 이 분야는 영국이 다른 나라에 비해 더 앞서나가고 있지만, 영국에서 영재의 규명은 풀아웃 프로그램의 형태로든 올림피아드의 형태로든 간에 분리된 프로그램(segregated provision)의 형태로 이루어져 왔다. 현재 '시 · 도별 영재교육 프로젝트' (영국 교육 및 고용청, 1999)에서 학교는 영재지원 프로그램을 운영해 나가기 위해서 자체적으로 10%의 학생을 선발하도록 되어 있다. 그 결과 지금까지의 노력은 별다른 결실을 맺지 못하고 있다.

오랜 시간에 걸쳐, 수정된 자료 · 방법 · 투입 및 결과의 형태에서의 차별화(differentiation)는 결국 수업에서 학생이 차별적인 대우를 받는 결과를 초래하였다. '통합교육(integrated education)'에서는 학습자가 학교의 요구에 적절히 부합할 수 있도록 도움을 받는 반면, '완전 통합교육(inclusive education)' 에서는 학교가 학습자의 요구에 적절히 부합하고자 거듭 조정하고 있다. 완전 통합교육(inclusive education)은 미성취 영재의 요구를 충족하여 주는 문제에 대한 해결의 실마리가 될 수 있다. 아이들이 실패와 미성취를 경험하도록 하는 교육과정을 전달하는 것이 바로 여러 교수법 그 자체이기 때문에, 이 장에서는 변화를 해야 하는 것이 바로 학교 자체라는 것을 입증하려 한다. 어떤 어려움이나 불리한 여건을 지니고 학교에 입학한 아이는 학교교육의 유형과 형태로 더 많은 장애를 겪을 수도 있다.

이번에 우리는 여러 학생 사이에 불만이 현저히 증가하고 있고, 지난 몇 년간에 걸쳐 학교에서 제적된 학생의 수가 급격히 증가하고 있음을 알게 되었다(영국 교육 및 고용청, 1999). 예컨대, 초등 및 중등학교의 학생은 가장 큰 걱정거리가 시험에 통과해야 하는 것이라고 이야기한다(Visser & Rayner, 1999). 하지만 통합교육은 그러한 경우가 되어서는 안 된다.

이 모두는 영재 교육에 대해 보다 중대한 여러 가지 의문점을 제기하고 있다. 만약 통합교육이 모든 아동을 대상으로 하는 교육의 가장 적합한 형태라고 한다면, 통합교육은 영재 집단을 대상으로 하는 특정 유형의 속진 제도 · 심화 프로그램 · 선발 · 능력별 반편성 · 특수 프로그램 등과 어떻게 적절한 조화를 이루며 운영될 수 있을까?

만약 통합을 기초로 운영해야 한다면, 그 요구에 최대로 맞출 수 있는 방법은 무엇인가? 교사는 그에 대해 잘 대처해 나갈 수 있을까? 통합의 원리 역시, Piirto가 1장에서 우리가 의문을 제기하고 심지어 거부까지도 해야 한다고 말한 것처럼 영재교육에 대한 관점 중 하나가 되어야 하는가?

미성취의 규명

뛰어난 능력(ability)과 재능(talent)은 일반적으로 그에 대해 믿고 있는 것보다 훨씬 더 보편화된 현상일 뿐만 아니라(Goldberg, 1965), IQ 검사와 교사의 평가가 흔히 다수의 영재아를 규명해 내지 못하고 있기 때문에(Montgomery, 1996), 검사와 체크리스트를 토대로 한 제한적인 모형과는 다른 다양한 선발과 프로그램 모형이 요구되고 있다.

영재를 규명해 내는 것은 단순하고 간단한 일이 아닌 것으로 밝혀져 왔으며, 그중에서도 미성취 영재아를 규명해 내는 일은 훨씬 더 어려운 일이 될 수 있다. 한 가정 내에서도, 첫째 아이는 평균 정도 수준의 능력과 성취도를 지니고 있지만, 둘째 아이는 뛰어난 능력을 지니고 있을 뿐만 아니라 학교에서의 성적도 우수할 수 있으며, 셋째 아이는 훨씬 더 뛰어난 능력을 지니고 있지만 학교에서는 평균 이하의 성적을 거둘 수도 있다. 흔히 부모는 그런 아이가 제 능력을 발휘하지 못하고 있는 것임을 알고 있지만, 학교는 그 아이를 단순히 성취도가 낮은 학생이라고 간주하고, 그 학생이 능력이 부족하거나 게으르다는 결론을 내리고는 더 세심하게 조사해 보려는 노력을 기울이지 않으려 할 것이다. 학교에는 흔히 훨씬 더 심각하고 특수한 요구를 지닌 다른 아이가 더 많이 있기 때문에, 부모가 학교를 통해서 어떤 평가를 받는다는 것은 어려운 일이 될 수도 있다. 개별적으로 심리검사를 받는다고 해도, 그것이 아이의 영재성을 밝혀 줄 것이라는 보장도 없고, 만약 영재임이 밝혀진다고 해도, 그에 대하여 어떤 프로그램이나 교육이 이루어질 것이라는 보장도 없다. 난해한 문제가 제기되었을 때 아이가 그 문제를 해결해 나가는 독창적인 방법을 지켜보는 것뿐만 아니라 어떤 설명이나 예증이 제시되었을 때, 얼마나 신속하게 그것을 파악해 내는지를 관찰하는 일 등은 부모의 책임으로 남아 있다. 부모는 아이의 발달에 대한 다양한 프로파일을 기록할 수 있다. 대규모의 학급을 담당하는 교사에게 이러한 미묘한 사항을 관찰할 수 있는 시간이 항상 있는 것은 아니다. 하지만 교사의 판단은 큰 도움을 줄 수 있으므로, 영재 규명 전략에는 직무연수교육이 포함되어 왔다(Denton & Postlethwaite, 1985; Hany, 1997).

검사 조건하에서, 일부 영재아는 문제를 천천히 풀고, 다른 일부 영재아는 문항이나 문제에 대해 독특하게 다른 답을 내서, 그들의 수행이나 근거가 탐색되기 전에는 그 검사 점수가 부자연스러울 만큼 낮게 보일 수 있다. 일부 아동은 친구와의 관계를 유지하기 위해서나 다른 아이와 현저히 달라 보이는 것이 싫다는 이유로, 시험에서 고의적으로 부정행위를 하고 틀린 답을 제시하기도 한다. 만약 학생이 학업에서 두각을 나타내지 못한다면, 이것은 나태함이나 학업 목표 달성의 실패로 간주되기 쉽다. 학생의 성적표에는 '더 잘할 수 있었을 텐데…….' '능력은 뛰어나지만…….'

'더 열심히 노력해야 해요…….' 등의 글귀가 쓰여 있을 것이다. 학교 측에서 취하는 이런 부정적인 자세는, 왜 그들을 만족시켜 주는 것이 아무것도 없는지를 모르는 학생에게 좌절감을 안겨 줄 수 있다. 이러한 환경은 소외된 부적응 영재를 양산해 내게끔 조성한다.

모든 아동에게 정체감(identification)을 제공하기 위해서, '열린 접근과 자기 참조(Open Access & Self-Referral)'라는 원리가 적용되어야 한다. 이것은 교사나 멘토가 학생으로 하여금 어떤 프로그램에 참여해 볼 것을 제안하지 못하게 한다거나, 거장에게서 받는 수업이나 특별 심화 수업과 같은 것을 학생에게 추천하지 못하게 하는 것이 아니며, 모든 학생이 그들의 최대 관심사를 추구해 나가는 데 도움을 줄 수 있는 사람, 즉 멘토를 필요로 한다는 것을 의미한다.

만약 어떤 이유로 영재를 규명해 내어야 한다면, 우리는 8장에서 Sisk가 설명했던 것과 같은 삼각 과정(process of triangulation)을 거쳐야 한다. 이것은 IQ에서의 여러 가지 표준화 능력 검사, 교과목 영역에서의 SAT와 같은 학업 성취 결과와 읽기 · 철자법 · 수에 대한 기본 능력 검사의 결과에 부가하여, 우리는 체크리스트를 뒷받침해 줄 수 있는 교사의 평가 결과를 추가해야 한다. 이 결과에는 인지 교육과정에 대한 학생의 성적이 더해져야 한다. 수행 기반 평가(Shore & Tsiamis, 1986)나 인증 평가(Gardner, 1993)를 시행할 수 있고, 다른 방법을 통해 영재성이 파악되지 않은 다수의 아동을 규명해 낼 수 있는 것이 바로 이 교육과정을 통해서다. 수행 기반 평가가 미치는 영향과 인지 교육과정의 본질은 다음 단락에서 상세히 논의할 것이다. Gyarmathy와 시스크가 지적했던 바와 같이, 문해 능력 · 구어에 의한 표현 능력 · 문화적인 편견 등을 극복하기 위해서는 'Raven 지능 검사(Raven, 1988)' 와 같은 검사를 이용하는 것 역시 매우 중요하다. 이것은 뇌의 우반구가 더 많은 것을 주도하는 다양한 문제 해결 능력을 검사한다. 그것은 특히 청각 장애를 지닌 아동, 새로 이민을 온 아동, 난독증을 지닌 아동, 도피적인 성향을 지닌 아동에게서 특히 더 효과적임이 입증되었다. 하지만 어떤 종류의 검사이든 간에 단지 행동에 대한 작은 샘플만을 고려하는 것이기 때문에, 수행 기반 평가를 통해 보완되어야 하는 능력 및 잠재성에 대한 징후나 추정적인 판단만을 제공해 줄 수 있을 것이다.

영재를 위한 효과적인 프로그램의 특징

거의 모든 사람이 학교에 다닌 적이 있기 때문에, 교수와 학습 및 교사 교육에 대해 모든 것을 알고 있을 것이라고 가정되고 있다. 심지어 학생조차도 '그들이 원하는 것은 여러 가지 사실(fact)' 이라는 관점을 고수하고 있다. 8세 영재아는 자신이 지니고 있는 지적 욕구를 충족하기 위해서 세계의 대양 및 자국의 하천 이름을 모두 알고 있을 수도 있으며, 그렇게 하는 것을 즐길 수도 있다. 지난 세기를 되돌아보면 그것이 보편적인 방법이었다. 이것은 교육과정의 모든 영역에 대한 기계적인 암기식 학습법이 현재의 교육에서 적합한 방법이라는 것을 의미하지는 않는다.

경영인과 정부가 이야기하는 뉴밀레니엄 시대의 노동자에게 바라는 것과 학교에서의 학습이 본질적으로 행하게 되는 기능 사이에도 역시 극명한 부조화가 나타나고 있다. 정부 관리나 고용주가 자주 이야기하는 바와 같이, 이 시대를 살아가고 있는 국민이자 노동자는 자국이 세계 시장에서 경쟁하기 위해 필요한 기술과 능력을 갖추어야 할 것이다. 만약 우리가 그들의 말을 신뢰할 수 있다면, 노동자는 우수한 의사소통 능력 · 문제 해결력 · 창의적 사고력 · 융통성 · 탁월한 청취력 · 경험을 통해 배울 수 있는 능력 · 타인을 통해 배울 수 있는 능력 · 협동 능력 등을 필요로 할 것이다. 아이에게 이러한 기술과 능력 및 역량을 개발해 주기 위한 주된 매체는 학교의 교육과정이 되도록 기획된다. 영국에서 이것은 '국가 교육과정' 으로 구성되어 있는데(1988년 교육 개혁안, 1995년에 개정됨), 거기에서는 교사가 그것을 반드시 가르치고 학생이 반드시 '익힐' 수 있도록 하기 위하여, 7세 · 11세 · 14세 연령 대의 표준 평가 과제와 더불어 대부분의 과목에 대한 특정 내용의 교육과정을 매우 상세히 설명해 주고 있다. '국가 교육과정' 에 내재되어 있는 목표는 근본적으로 뉴밀레니엄 시대의 목표와 근본적으로 다르다. 또한 우리는 Piirto가 주장했던 바와 같이 두 가지 모두가 어떤 주장(propaganda)을 근간으로 정립된 것임을 명심해야 한다.

영국에서는 '국가 교육과정' 으로 교사 교육도 많이 바뀌고 있다. 교사 교육은 학교에서의 교과목을 기반으로 하는 시스템이 되었고, 교육 이론은 그 과정에서 배제되고 있다. 교과목 학습과 수업 실습 중 많은 부분은 학교에서 교사의 감독과 멘토를 받는 방식으로 대체되고 있다. 다시 말해서 교사는 지난 수십 년 동안 그 분야에서 충분히 숙달된 전문가로, 기존에 임명받은 사람에게서 가르침을 받고 있다. 국가 교육과정 자체는 매우 상세하게 설명되어 있기 때문에, 이제 그것을 읽고 학생에게 생생하게 전달해 주는 것은 교사의 몫이다.

우리가 분명히 알고 있는 것은, 일상적인 교육과정에서의 지루함과 인지적인 도전의 부족이 영재가 더 큰 꿈을 품게 하는 데 원래 예상했던 것보다 더 중요한 역할을 한다는 사실이다. 소위 학문적 기준(academic standard)을 달성하는 것에 대한 압박이 존재하는 곳에서, 학생 개인과 그들의 요구에 대한 관심을 제외시킨다면(Hargreaves, 1984; Galloway & Goodwin, 1987), 이것은 다수의 아이가 학업에 소원(疎遠)함을 느끼게 할 수 있다.

이러한 변화를 강경하게 주장하는 교사가 간과해 온 극히 중요한 원칙은, 교사가 학생에게 '교과목 자체를 가르치는 것' 이 아니라 '교과목을 배우는 방법' 을 가르쳐야 한다는 것이다. 이것은 사회적 · 인지적 능력에서 훨씬 더 높은 서열에 있는 것이며, 직접적으로 어떤 과목을 이수하는 것처럼 쉽게 습득할 수 있는 것이 아니다.

지난 10년간 영국에서는 계속적으로 일단의 교육적 소양이 부족한 교사와, 학문적 지식은 풍부하지만 자신의 지식을 어떤 유용한 현실 세계의 목적에 적용시킬 수 있는 능력이 부족한 학생을 양산해 내어 왔다. 뿐만 아니라, 더 유능하고 창의적인 영재를 포함한 훨씬 더 많은 학생이 현재 그러한 학교생활을 거부하고 그에 대한 흥미를 잃고 있다. 이제 우리는 국가 교육과정과 그것을 통한 교수법이 영재아에게 특별히 고무적이면서도 교육적인 경험을 제공해 주지 못하는 상황에 처하게 되었다. 영국 정부는 이 문제를 해결하기 위해 현재 위원회를 발족해 놓은 상태다. 일반적인 학교 모집단(母集團)을 통해서는, 뉴밀레니엄 시대에 유능함을 지닌 노동자를 성공적으로 양성해 내는 데 지금 이상의 어떠한 발전도 이루지 못할 것이다. 선별 시스템은 계속 운영되지 않고 있다가 1994년 교육 법령 이후에 다시 시행되었는데, 그 결과 학교 모집단에서 '가장 우수한' 20%의 학생이 문법 학교(grammer school)에 다니게 되었다.

이 학생의 대부분은 고등 교육을 받게 되었고—현재도 받고 있지만—고등 교육을 통해 득을 보기 위해 그들에게 반드시 필요한 비판적 능력 · 학습 기술 · 자기 조직화 능력은 여전히 부족한 상태다(Thomas & Augstein, 1975; Gibbs, 1990, 1994; Montgomery, 1993). 하지만 고등 교육에서도 역시 이러한 능력에 대한 가르침을 거의 받지 못할 것이다. 사람들은 그러한 능력이 학생의 내면에 이미 자리 잡고 있을 것이라고 생각하거나 학생이 어떤 식으로든 그것을 습득하게 될 것이라고 추정하기 때문이다.

Stephenson과 Weil(1988), 그리고 Gibbs(1994, 1995)에 따르면, 대부분의 학위 프로그램에서의 내용 기반 교육과정 및 교수법도 역시 비판적 사고력과 창의적인 사고력을 거의 길러 주지는 못할 것이다. 저자는 고등 교육을 변화시킬 수 있다는 이러한 결과에 따라 여러 학교와 기업에게로 침투될 것이라는 믿음으로, 여러 문제의 발생을 저지시키기 위해 노력하면서 여러 대학에서 교직원 개발 프로그램을 착수시켰다.

연구 결과는 전 세계 수업의 90%에서 교수법이 형식의 전달에 치우친 강의식 전달법으로 이루어지고 있음을 보여 줬다(Skilbeck, 1989; Rogers & Span, 1993). Paul(1990)은 교육에 대한 강의법 이론에 대하여 '학생이 무엇을 생각해야 할지는 배우지만 어떻게 생각해야 할지는 배우지 못하는 체계' 라고 설명하였다. 학생은 자신이 들었던 내용을 반복할 수 있을 때 그것을 익히게 되고, 다른 사람 사고의 산물을 받아들이게 된다고 한다. 이 모형에서, 교육을 받은 사람은 단지 자료 은행일 뿐이며 이것은 19세기 학습의 주된 특성인데, 지금 우리에게 요구되는 것은 21세기형 학습이다. 학교 학습에는 분명히 존재하지 않는 것으로서 Paul이 보여 주는 것은, '복잡한' 문제를 연관 지어 생각하고 문제를 해결하는 데 프로그램을 통해 체계적으로 주의를 기울인다는 것이다. 즉, 이것은 단일 논리적인 사고력이 아닌 다중 논리적인 사고력을 개발시켜 주는 '인지적 교육과정' 을 나타낸다. 연구자가 영재의 잠재성을 파악하도록 도움을 주기 위해 꼭 필요한 것이라고 알아낸 것은 바로 이와 같은 사고 지향적인 프로그램이다(Tannebaum, 1983, 1997; Passow, 1990; Poorthuis et al., 1990; de Alencar, 1990, 1999). 하지만 여러 증거를 통해 볼 때 모든 아이는 그러한 인지 지향적 과업을 통해서 이득을 얻고 있기 때문에, 이러한 접근법이 주는 이득은 영재아에게만 한정되는 것은 아니다(Tannenbaum, 1983; Montgomery, 1990, 1998; Watson, 1996).

컴퓨터 단말기를 통해서 막대한 지식을 입수할 수 있는 시대에서, 비록 그 지식 중 일부가 꼭 필요한 것이기는 하지만, 우리는 이제 걸어 다니는 백과사전이 될 필요가 없다. 대신에 우리는 우리가 입수한 정보를 관리하고 활용하는 방법을 배워야 한다. 또한 우리는, 여러 과목을 개별적으로 배우기보다는 통합적으로 배울 수 있는 환경에서 학생의 이해와 능력의 정도가 더 높은 수준에 도달할 수 있음을 알고 있다. 컴퓨터 용어로 나타내자면, 우리는 적절한 일련의 '응용(컴퓨터에 의한 실무 처리 등에 적합한 특정 업무, 또는 그 프로그램) 메뉴'가 없이 어떤 시스템을 구축해 왔던 것이다. Passow(1990)는 영재아가 다음 사항을 필요로 한다는 결론을 내렸다.

- 보다 더 심층적이고 더 폭넓은 범주의 내용을 제공해 주는 교육과정
- 개인의 요구에 맞게 조절된 속진 교육과정
- 학생의 요구와 관심사를 고려한 자료의 수정
- 비판적 · 창의적 사고력, 발견 학습, 문제 해결력, 효과적인 대인 커뮤니케이션과 사회적인 능력 등의 개발

프로그램이 효과적이었는지를 분석할 때, Poorthuis 등(1990)은 심화 학습 자료가 여러 가지 기준을 충족해야 한다는 결론을 내리게 되었다. 그들은 다음에 제시되는 것과 같이 이러한 목적을 위해서 교육과정 분석 도구를 만들어 내었다. 자료는 다음과 같아야 한다.

- 더 고차적인 사고력을 개발하고 활용하는 데 유익해야 한다.
- 지속적으로 새로운 지식과 정보를 탐구할 수 있는 가능성을

제공해 주어야 한다.

• 학생에게 여러 가지 정보의 출처(source)를 선택하여 활용하도록 가르쳐 주고 그것을 조장해 줄 수 있어야 한다.
• 중요한 개념 · 문제 · 주제에 대하여 복잡하고 질적으로 우수하며 심층적으로 연구하는 것뿐만 아니라, 어떤 주제 영역 내에서의 지식과 그것 사이에서의 지식을 통합시키는 것을 목표로 하는 내용을 포함하고 있어야 한다.
• 점차 더 자발적인 학습 활동을 할 수 있는 기회를 제공해 주어야 한다.

효과적인 교수를 위한 모든 사항을 고려해 볼 때, 학습을 효과적으로 만들어 주는 것이 무엇인지에 대해서도 고려해 보아야 한다. 해당 문헌에 대한 방대한 재검토를 마친 뒤, De Corte(1995)는 효과적인 학습의 본질을 다음과 같이 요약하고 있다. 그가 전달하고자 하는 요지는, 효과적인 학습은 다음과 같은 조건이 적용되는 환경에서만 이루어질 수 있다는 것이다.

• 학습이 구성적으로 이루어진다.
• 학습이 누적적으로 이루어진다.
• 학습은 자기 조직적(self-organized)일 때 가장 효과적이다.
• 전반적으로 학습이 목표 지향적으로 이루어진다.
• 학습이 상황적이다.
• 학습이 개인에 따라 다르게 이루어진다.
• 학습은 대개 협동적으로 이루어질 때 가장 효과적이다.

교실에서의 학습이 이러한 조건에 부합하는 경우는 좀처럼 없다. 흔히 학습은 미리 준비된 교수 순서에 따라 모두 누적될 것이라고 생각할 수 있겠지만, 여기에는 학습자가 대처해 내지 못해서 누락되는 부분과 뛰어넘게 되는 부분이 있을 수도 있다. 학생 개인은 자신의 학습을 구성해 보거나 직접 조직해 볼 수 있는 기회를 좀처럼 얻지 못하며, 자신의 목표를 직접 수립할 수 있는 기회뿐만 아니라 학습을 개인별로 다르게 그리고 상황에 따라 적절히 조정할 수 있는 기회 역시 거의 얻지 못한다. 교실에서의 학습은 같은 장소에서 이루어지지만, 때때로 정서적인 분위기는 학습을 다양하게 변화시키고 깊은 인상을 남겨 주어 그것이 더 오랫동안 기억되도록 해 주기도 한다. 학습은 그룹별로 이루어질 수도 있지만, 대개 그것은 협동을 하기보다는 학생이 함께 앉아 있기는 하되 개별 과제를 수행하는 형식으로 이루어지고 있다(Bennett, 1986).

효과적인 학습을 위한 조건과 영재 교육과정에서 필요한 요소 사이에는 중첩되는 부분이 있는 것을 볼 수 있다. 게다가 이렇게 중첩되는 요소와 Gibbs가 '효과적인 교수'의 핵심 요소로 규명했던 것 사이에도 역시 중첩되는 부분이 있다.

- 내재적 동기, 앎에 대한 소유 의식을 이해하고 가지려는 욕구
- 비록 그 행동이 충분하지 않다고 할지라도, 학습자의 수동적인 자세보다는 능동적인 자세가 효과적이므로 우리는 과거의 학습을 현재의 학습에 반영하여 결부시켜야 한다.
- 무언가를 배우는 가장 좋은 방법은 다른 누군가에게 그것을

가르치는 것이다. 아이디어를 논의하고 협의점을 찾는 것뿐만 아니라 다른 학생에게서 배움을 얻을 수 있게 하기 위한 타인과의 교류가 필요하다.

- 지식은 별개의 단위가 아니라 유의미한 전체로 나타내고 통합시키는 잘 구조화된 기반 지식이다. 이것은 학제 간 연구에서 가장 잘 나타난다.

여기에서 핵심 개념은 내재적 동기다. 내재적 동기는 일반적인 교실에서 쉽게 야기될 수 없다. Passow(1990)는 한 연구 조사서에서, 어떻게 영재아들에게서 학습에 대한 그 같은 동기를 유도해 낼 수 있을지에 대해서는 아직 지식이 부족하다는 결론을 내렸다. Deci(1988)에 따르면, 내재적 동기는 일관성 있고, 긍정적이며, 옹호적인 분위기뿐만 아니라 긍정적이면서도 구조적인 피드백을 통해서 이루어지게 된다. 흔히 다수의 영재아에게 지워지는 운명인 "어떤 '기준'을 달성하여 고수해 나가라."는 압박을 받는 상황에서 동기는 무효화될 수밖에 없다. 학생이 내재적 동기의 압박을 받게 되어 무언가를 학습해야 하는 상황에 처하게 될 때, 그들은 자발성과 자기 조절 능력을 잃게 된다. 우리가 현재 다수의 영국 교실에서 목격하고 있는 것은 바로 이러한 결과다(Montgomery, 1999).

최근 파괴적인 행동으로 특수 교육에 위탁되었던 8~10세의 영재와 일반 혼합 능력 소집단은, 문제 해결 학습법을 이용하여 계획 수립과 토지의 이용이 상충되는 측면에 대한 지리학 분야의 시뮬레이션 게임으로 이루어진 수업을 받았다. 학생 모두는 그 과제에 착수하였는데, 그중 남학생 6명은 그 과제에 매우 적극적으로 참여하면서 소집단 내에서도 협동을 잘하여 문제를 해결해 내었다. 특히 그때 학생의 의욕은 왕성했다. 문제의 핵심을 파악해 낼 수 없다고 진술했던 두 명의 여학생은 최소한의 기본적인 과제만을 수행해 내었지만, 예전처럼 파괴적인 행위를 한다거나 특별한 주의를 기울여야 할 필요는 없었다. 그 집단의 전반적인 견해는, 학생이 매우 즐거워했고 무언가를 글로 기록할 필요가 없었기 때문에 '그것은 실제 공부가 아니었다.' 고 느꼈다는 것이었다. 그 집단의 대부분은 '문해 장애(literacy difficulties)' 증상을 지니고 있었다.

학생이 무엇을 배우고 있는지, 왜 그것을 배우고 있는지, 어떻게 그것을 가장 잘 배울 수 있는지에 대하여 적절히 설명해 주어야 할 필요가 있음이 '학습 장애 연구 프로젝트(Learning Difficulties Research Project: LDRP)' 에 대한 여러 연구에서 수집된 다른 유사한 예를 통해서도 명백히 드러났다. 이것 자체가 공부에 흥미를 잃고 거리를 두고 있는 두 명의 여학생이 반드시 학습에 열중하도록 해 주지는 못하겠지만, 그들이 상황에 귀를 기울이고 메모를 하고, 차후에 이런 상황을 접했을 때 조금 더 적극적으로 참여하게 될 가능성이 더 커질 것이다. 전형적으로 학생은 최소한 상황이 어떻게 진행되고 있는지를 모니터링하는 일에라도 관심을 가지게 될 것이다. 처음부터 공개적으로 참여하는 것은 학생에게 큰 상처를 받게 할 수도 있겠지만, 그들이 제출한 지필과제와 구술과제에서는 더 많은 기술과 통찰이 나타나게 될 것이다. 자기조절(self-regulation) 및 자기모니터링(self-monitoring) 활동은 계획 수립하기, 결과 예측하기, 시간과 재원에 대한 스케줄 작성하기, 학습 모니터링하기, 계획과 기준과 비교해서 학습 결과 평가하기 등으로 구성된다.

방법과 모델을 살펴보기 전에 한 가지를 최종적으로 구별해 내어야 하는데, 그것은 지적 기술(intellectual skills)과 인지적 기술(cognitive skills)의 의미를 명백히 밝히는 것이다. 때때로 그것은 상호 교환할 수 있는 용어로서 이용되는 듯 보이기도 한다. 문제해결력과 사고력을 전혀 개발시켜 주지 않는 상황임에도 불구하고, 교사 자신이 그렇게 하고 있다고 믿는 것은 흔히 있는 일이다. 그에 대한 정의는 Gagné(1973)의 것을 토대로 한다.

지적 기술

지적 기술(intellectual skills)은 '그것을' 아는 것과 '어떻게' 아는 것에 대한 문제다. 지적 능력에는 인쇄된 문자를 의미로 전환시키는 것, 분수를 소수점으로 전환시키는 것, 분류 · 집합 · 범주에 대해 아는 것, 역학과 유전학의 법칙을 아는 것, 문장과 심상(心象)을 형성하는 것 등이 포함된다. 지적 기술은 우리가 '저기 바깥 세계(the world out there)' 의 문제를 처리할 수 있도록 해준다.

인지적 기술

인지적 기술(cognitive skills)은 주의를 이끌고, 배우고, 생각하고, 기억할 때 우리가 이용하는 내적으로 조직된 기술이다. 인지적 기술은 다른 학습 과정을 활성화하고 이끌어 나가는 집행 통제 과정이다. 즉, 우리는 자신의 학습에 대해 생각할 때 인지적 기술을 이용한다.

인지적 기술을 평가하려는 취지를 가진 검사가 대부분 지적 기술의 형태로 학습해 온 것을 검사하기 때문에 제대로 된 검사가 이루어진다고 볼 수 없다. 우리는 텍스트를 차례대로 순서에 맞게 배열하는 것이 인지적 기술이라고 주장할 수도 있지만, IQ 검사에 제시된 단어와 숫자에서 철자를 순서대로 배열하고 있을 때 지적 기술에 대해 고찰하고 있는 것이다. 그러므로 지적 기술과 인지적 기술 사이에는 때때로 밀접한 연관성이 있다.

영재교육의 모델과 방법

영재를 대상으로 하는 더 효과적인 프로그램을 마련할 때, 우리가 추구해 나갈 모델과 방법을 고찰해 보는 것은 꼭 필요한 일이다. 다음에 제시되는 증거는 교사교육과 여러 학교에 대한 방대한 연구를 토대로 한 것이다(Montgomery, 1983, 1985, 1990, 1996, 1999). 이러한 연구에 근거해 볼 때, 만약 교사의 교수법이 바뀌어야 한다면 우리가 바뀌었으면 하고 바라는 방법을 통해서 과거에 교사 자신이 배워야 했음을 알게 되었다(Montgomery, 1993, 1994). 이것이 이행되었을 때, 대학의 최종 학기말 시험에서 최상위 성적을 받는 집단이 극소수에만 해당되기보다는 그 비율이 20% 이상까지 증가하였고, 전체 집단의 결과(n=72)는 지난 몇 년간을 비교해 보건대 엄청난 향상을 보여 주었다. 더 최근에 수집된 효용성에 대한 자료는, 수많은 국가에서 일단의 영재와 일반 학생이 혼재한 집단뿐만 아니라 고도 영재학생 집단을 대상으로도 시행하였던 복합적인 사례 연구를 통해 얻은 것이다. 그것은 미들섹스 대학교가 운영하는 두 개의 원격학습 MA 프로그램 중 하나에 대한 연구의 일부로서 교사의 책임하에 시행 및 보고가 이루어졌다. 각 교과목 단위에서 교사는 자기 수업의 학생과 다른 교과목 영역의 학생을 대상으로 여러 교수 기법을 평가하고 있다.

만약 우리가 처음 여러 가지 차별화 모델(models of differentiation)을 접한다면, 그것을 대략 두 가지 주요한 접근법으로 나눌 수 있다. 한 가지는 '구조적(structural) 모델' 인데, 그것은 그룹핑(grouping) 체제를 응해 주는 것뿐만 아니라 해당 집단 내에서 그

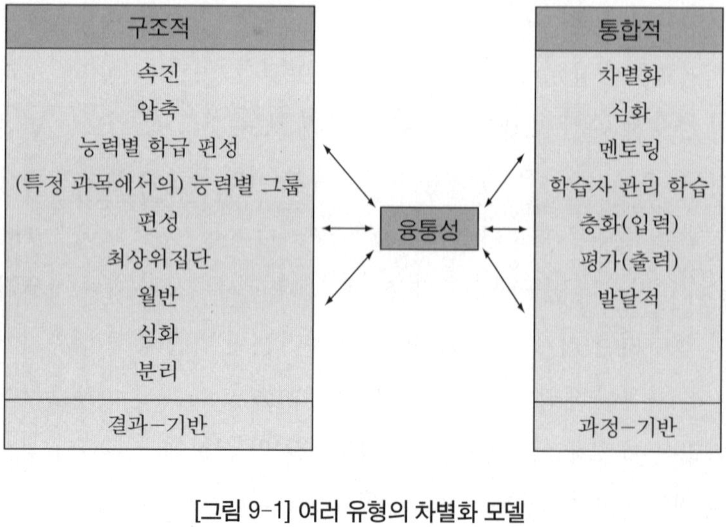

[그림 9-1] 여러 유형의 차별화 모델

룹핑 체제를 변경하는 것도 포함한다. 두 번째는 '통합적(integral) 모델' 인데, 그것은 '교실 내부에서의 생활 방식' 에 더 치중한 모델로서, 교사 개인이 교육과정이나 교수법을 변경하는 것이다.

요컨대, '심화(enrichment)' 가 이루어지는 상황에서조차도 대부분의 구조적 방법의 배후에서 이루어지는 일반적인 접근법은, 영재가 교육과정을 단기에 마치도록 계획된 내용을 전달받는 것이다. 즉, 더 높은 연령대의 학생이 전달받기로 한 내용을 더 낮은 연령대의 학생에게 전달해 주게 되는데, 대개 그 내용을 훨씬 더 빨리 통달해 낼 것이다(압축).

'통합적(integral)' 범주에서 차별화라는 용어는 흔히 그 접근법 자체를 상징하기 위해 이용된다. 여기에서 심화는 흔히 '손쉽게 접합할 수 있는(bolt-on)' 프로그램인데, 부연 자료로 이루어질 수도 있다. 층화(Layering)는 요점 부분에 대한 소개를 마친 후에 복합 영재 학급에 같은 과제를 다양한 수준으로 제시해 주는 방식으로 이루어진다. 영재 집단은 문제 해결 접근법에 더 치중하는 과제를 부여받게 되는데, 이것은 결과적으로 수준별로 분류될 것이기 때문에 그들의 과제는 더 흥미로운 것처럼 보일 수도 있다. 평가에서 비록 모든 학생이 수준별로 똑같은 과제를 부여받았지만, 누구의 과제에 더 가혹한 점수를 매길 것인지를 판단하는 일 역시 교사의 몫이다. 모든 결과가 피드백되고 있는 '학습장애 연구 프로젝트(LDRP)' 에 대하여 약 20년간 실험을 해 오면서 알아낸 것은, 발달적 프로그램(developmental provision)이라고 부르는 방법이 복합 영재 학급과 선발된 집단 모두에게 가장 효과적이라는 사실이다. 또한 그것은 그 안에서 자체적으로 멘토링뿐만 아니라 학습자 주도적 학습 혹은 자기조절적 학습 모두에 대한 범주를 제공해 줄 수도 있다. 본질에 있어서, 발달적 차별화는 모든 학생이 자신의 투입(input)에 기여할 수 있고 표면 학습에서 심층 학습으로 진보해 나갈 수 있다. 그 결과 더 개선된 학습 결과를 얻을 수 있게 하는 보편적인 과제를 학생에게 부여해 주어야 한다.

그러므로 이러한 형태의 차별화를 이루어 내는 것은 교육과정 자체를 변경시키는 것을 통해서가 아니라 전체적으로 모든 교과목의 교수법을 적절히 바꾸어 나감으로써 얻을 수 있는 결과다. 그것은 모든 교사가 전체 학생을 대상으로 하는 수업을 토대로 해야 한다. 이것은 영재를 위해 별도의 프로그램 준비를 할 필요가 없다는 것을 의미하지는 않는다. 그러므로 학교는 더 큰 융통성을 발휘해야 하고, 학교가 속진(acceleration)과 심화(enrichment)에 열중하는 것이 아니라 [그림 9-2]에 제시된 다양한 수준의 프로그램을 제공해 주어야 한다. [그림 9-2]는 모든 학교에서 이행해야 할 교육과정 차별화의 일곱 가지 유형을 도식화하여 설명해 주고 있다.

우리는 뉴밀레니엄 시대에 의사 교류와 문제 해결에 유능한 사람이 되기 위해서 풍부한 창의성과 상상력을 계발하도록 요구받고 있다. 하지만 통상적으로 사용하고 있는 방법은 정규 교재나 워크시트를 엄격히 고수하면서 교과서와 교육과정 내용을 가르치는 것이다. 일부 교사가 교과서 확장(text extension) 교수법을 이용하고 있지만, 텍스트 사고적 교수법(text thinking approach)을 이용하는 교사는 극소수에 지나지 않는다. 대개 수업은 교사의 설명과 질문 및 답을 통해 진행되는데, 그 뒤에 읽기 · 쓰기 · 그리

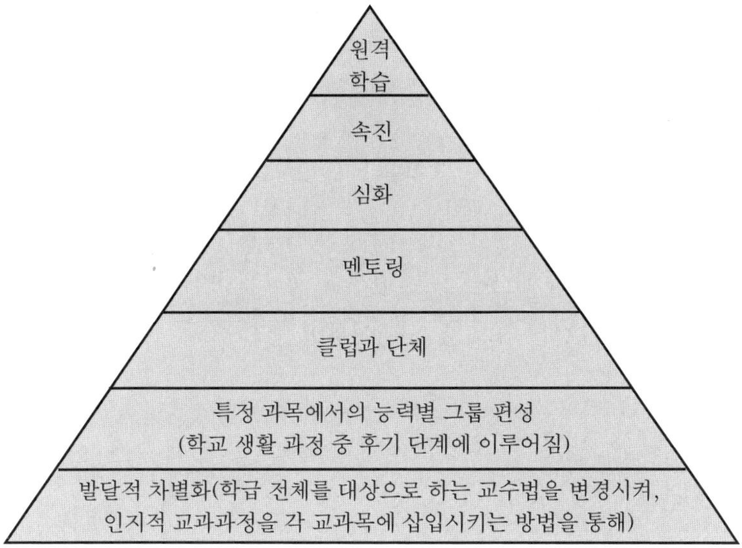

[그림 9-2] 잠재성 피라미드

기 · 수행하기 등이 포함된 '자습'이 이루어지게 된다.

만약 뉴밀레니엄 시대의 요구 및 발달적 차별화와 관련하여 학교 교육과정 자체를 고려해 본다면, 우리는 여기에 몇 가지 결함이 있음을 알 수 있을 것이다. 일반적으로 학교 교육과정은 다음의 요소로 이루어진다.

- 국가 교육과정, 학교 교과목
- 교과 외 활동
- 잠재적 교육과정
- 개인적 및 사회적 교육과정
- 기초 기술 교육과정: 읽기 · 쓰기 · 산수

• 윤리적 및 도덕적 교육과정
• 인지적 교육과정

차별화를 이루기 위해 그것을 해당 교과목 및 다른 교육과정과 어떻게 연계시킬 수 있는지를 보여 주기 위해 우리가 효과적으로 초점을 두어 검토해 볼 것은, 인지적 교육과정에 대한 부분이다. 인지적 교육과정은 다음 요소로 이루어진다.

• 발달적 · 적극적 · 인지적 중재(developmental positive cognitive intervention: PCI)
• 인지적으로 도전적인 질문 제기(열린 문제 제시)
• 사고 기술과 프로토콜의 의도적 교수(Swartz & Parks, 1994)
• 창의성 훈련(De Alencar, 1999)
• 인지 과정 교수법(Montgomery, 1990, 1996).

발달적 · 적극적 · 인지적 중재

'발달적 · 적극적 · 인지적 중재(Developmental Positive Cognitive Intervention: Developmental PCI)'는 해당 학급에서 매 수업마다 교사가 이리저리 이동하며 학생 개개인을 돌봐 주면서 그들의 학업에 대해 구성적인 무언가를 이야기해 주는 것을 통해 이루어지는데, 특히 그러한 방법은 고차적 수준에 이를 때까지 계속된다(Montgomery, 1984, 1999). 인지 과정 방법은 차후에 논의할 것이다.

사고력 기술의 의도적 교수

CBC(Catch Them Being Clever)는 PCI를 이루는 중요한 일부분이다. McGuinness(1999)는 최근에 수업에서의 사고력(thinking) 교수에 대한 재조사에서, 다음과 같이 여러 가지 다양한 접근법을 규명해 내었다.

- 사고력 교수(teaching of thinking): 비교육과정의 맥락에서 직접적인 사고력 수업을 한다.
- 손쉽게 접합할 수 있는 프로그램(Bolt-on provision): 'CoRT 사고 프로그램'에서 de Bono(1983)의 연구, '도구적 심화'에서 Feuerstein과 동료들(1980)의 연구, 'Somerset 사고력 기술 프로젝트'에서 Blagg 등(1993)의 연구는 이것에 대한 설명을 상세히 제시해 준다.
- 사고력을 위한 교수(Teaching for thinking): 교육과정 맥락 내에서 사고를 촉진하는 방법을 활용한다. 예컨대, Adey(1991, 1992) 그리고 Adey와 Shayer(1994)의 '과학교육에서의 인지적 속진(CASE)' '수학 교육에서의 인지적 속진(CAME)' '지리 교육에서의 인지적 속진(CAGE)' 프로젝트, Lipman(1991)의 '아이를 위한 철학(Philosophy for Children)' Renzulli (1995)의 학교 전체 심화 학습 프로그램과 회전문 모델 등이

있다.

- 융합(Infusion): 사고에 대한 직접적인 지도를 위해서 교과목 내용을 전달하는 수업을 재구성하는 것이다. 예컨대, Swartz와 Parks(1994)—융합 기법과 수업, McGuinness(1999)—아이의 사고력 기술 활성화하기 등이 있다.

창의성 훈련

창의성(creativity)을 길러 주려는 교사(de Alencar, 1995)는 학생에게 다음 항목을 장려한다. '독자적인 학습자 되기' '명확한 체계를 세워 자신의 생각 이야기하기' '생각하고 추론하기' '새로운 지식에 대한 관심 기르기' '난해한 질문을 하고 창의적인 행동을 하는 학생에게 보상해 주기'

인지 과정 전략

인지 과정 전략(cognitive process strategies)은 발달적 차별화와 PCI에서 핵심이 되는 요소로서, 발달적 차별화와 PCI가 성공적으로 이루어질 수 있게 해 준다. 인지 과정 교수법은 비판적 사고 이론을 토대로 하며, 고차적 사고와 초인지 기술이 정규 교육과정을 통해서 개발될 수 있도록 해 주는 방법이다. 또한 그것은 매우 총괄적인 성향이 있다. 학급 전체에게 기본 개념을 소개해 줄 수도 있고, 여럿이 섞여 짝이나 그룹을 지어서 주제나 소주제를 연구한 다음 교사의 도움을 받으면서 그들의 지식과 경험을 함께 논할 수도 있다. 이러한 전략은 초등학교나 중등학교 단계에서 참여를 촉진시키기 위해 널리 이용될 수 있다.

교수에서의 주요 목표는 다음과 같이 재규정되어야 한다.

- 학생이 효율적으로 사고할 수 있도록 하기(교육과정 영역 내에서, 그리고 현실 세계에서도)
- 자신의 생각을 간단명료하게 표현할 수 있도록 하기

인지 과정 전략 및 교수법에 대한 주요한 형태로는 다음 여섯 가지가 있다.

게임과 시뮬레이션

비(非)시뮬레이션 게임에서, 학생은 승리하거나 성공하기 위해서 그룹을 지어 활동하며 특정한 이론적 사실을 알고 여러 기술을 실행하고 특정 개념에 대한 기량을 발휘해야 한다. 참가자는 어떤 목표에 합의하고, 일련의 규칙을 준수하게 된다. 전형적으로 이러한 형태를 지닌 것으로는, '포닉 러미(Phonic Rummy)' '홀북 게임(Whole Book Game)' 과 같이 교육적인 목적으로 적절히 조정될 수 있는 카드 게임이 있다. 시뮬레이션 게임은 현실적인 상황의 요소를 포함하고 있으며, 학생은 개별적으로나 그룹을 지어서 상호 교류를 하며 그 현실에 참여하게 된다. 역할극을 하는 것은 대개 이 게임에서 주요한 특징이다.

모든 게임의 공통적인 특성은 정서적 · 교육적 · 초인지적 목표가 달성될 수 있도록 하기 위해서 무엇을 해야 할 것인지에 대해 나누는 토의 및 결과 보고 회기를 가져야 한다는 점이다.

인지적 학습 기술

여러 가지 예가 축어적 · 시각적 수행 자료에 적용될 수 있다. '인지적 학습 기술은 높은 수준의 독서 및 학습 기술로서, 주된 의견과 부차적인 의견 구별해 내기' '일을 수행하는 순서에 대한 계획 수립하기' '활동을 완수하고 예측하기' '비교 및 대조하기' '초안을 작성하고 편집하기' '체계적으로 정리하기(표를 만들어 요약하기, 분류하기, 순서대로 배열하기, 도식으로 만들기, 범주별로 나누기)' '추론 및 추상하기' '의도 · 편견 · 신념(교리) 파악해 내기' '교과서의 개요 인지하기' 등을 포함한다. 인지적 학습 기술은 자기 주도적인 학습의 유형으로서, 그에 대한 몇 가지 예는 10장에서 논의할 것이다.

실제 문제 해결 및 탐구 학습

인간의 본성은, 만약 당신이 해답이 명확히 제시되지 않고 때에 따라 해답이 변경될 수 있는 상황을 누군가에게 제기한다면, 그 사람은 당연히 그것을 풀고자 노력하게 되어 있다. 인간은 태어나면서부터 무엇이든 과학적으로 조사하고자 하는 본능을 지니고 태어났다(Kelly, 1995). 비록 모든 것을 문제로 전환시킬 수는 없겠지만, 해당 교육과정의 전반에서 그렇게 할 수 있는 가능성은 상당히 크다.

이 교수법의 특징은, 조사를 하고 아이디어와 전략을 개발해 내는 데 도움을 주며, 해답의 진위를 입증할 수 있는 자료의 양이 매우 풍부해야 한다는 점이다. 활동이 학생 자신의 아이디어와 지식에서 시작하기 때문에, 학생 각자는 자신만의 인지 구조를 구축하게 된다. 이에 대한 몇 가지 예가 10장에서 제시된다. 교사는 인적 재원일 뿐만 아니라 학습을 관리하고 도와주는 역할도 맡고 있다.

실제 문제(real problem)는 반드시 '애매모호' 한 것이어야 하며, 이슈를 발견해 내는 데 시간을 보내도록 해야 한다. Gallagher (1997)에 따르면, '애매모호' 한 문제에는 네 가지 요소(잘 구조화되지 않은 문제, 상당한 양의 내용, 학생의 실습 기간, 자기주도적인 학습)가 있다. 이 교수법은 장기 기억력 · 개념적 이해 · 자기주도적 학습 · 내재적 동기를 위한 통상적인 교수법에 비해 더 낫다. Deci(1988)와 Gibbs(1990)는 모두 효과적인 학습과 훌륭한 교수에 꼭 필요한 한 가지가 내재적인 동기, 즉 자신의 위해서 배우고자 하는 열정임을 보여 주었다.

문제 해결의 본질은 지적 · 인지적 사고 기술 및 능력을 촉진하고 개발하는 것이다(Gagné, 1973). 우리는 저차적 사고 기술과 고차적 사고 기술을 다음과 같이 규명해 볼 수 있다.

저차적 사고 기술

- 계열화와 서열화

- 나누기, 분류, 그룹별로 묶기
- 분석하기, 부분 · 전체를 규명해 내기
- 비교와 대조
- 의견과 사실을 구별해 내기
- 편견을 감지해 내고, 증거 점검하기
- 결론을 도출해 내고, 이유 제시하기
- 예측하고, 가설 수립하기
- 원인과 결과 결부시키기
- 공정한 시험 기획하기
- 찬반 의견 모두 고려하기

고차적 사고 기술

- 문제에 대한 정의를 내리고 명확히 규명해 내기
- 다양한 해결책 생각해 내기
- 우선적으로 고려해야 할 요소, 궁극적인 목표, 해결 대상 등 정하기
- 해결책을 시험해 보고 결과 평가하기
- 계획을 수립하고, 목표 향한 과정 모니터링하기
- 계획을 재검토해 보고 진행 과정 관리하기
- 의사 결정하기
- 실제 문제 해결하기
- 새로운 아이디어와 해결책 생성해 내기
- 팀 구성하기(정서적 지능과 사회적 지능 이용하기)
- 창의적으로 문제 해결하기

이 가운데 몇 가지를 별개의 범주로 분류하는 것은 사실상 매우 어렵지만, 저차적 사고가 전형적인 지적 처리를 위주로 하는 교육과정 내용과 더 밀접한 관련이 있다는 것은 일반적인 원리가 될 수도 있다. 고차적 기술과 인지 기술은 집행적 통제 과정을 운영하는 일과 훨씬 더 밀접한 관련이 있다(Gagné, 1973).

경험학습

경험학습(experiential learning)은 어떤 것을 행함을 통해 배우는 것, 즉 액션러닝(action learning)을 포함하는 개념이다. 이 학습

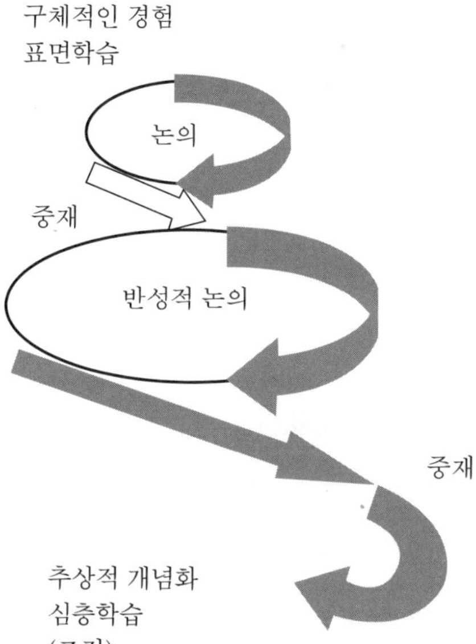

[그림 9-3] 인지나선학습 과정

은 학습자가 매번 같은 지점으로 되돌아가는 방식으로 순환되지 않는다. 대신에 매번 어떤 경험을 하고, 그 경험에 대해 이야기를 나누고, 그 학습이나 행동에 대해 고찰하는 것은 총체적인 지식을 더해 주면서 추가적인 방식으로 과정과 이해를 변형시켜 주게 된다. 그 결과, 학습은 흔히 교사의 중재와 더불어(Feuerstein, 1995), 표면학습에서 심층학습으로 발전해 가면서(Marton & Saljo, 1984), 선형적인 것이 된다(Montgomery, 1994)([그림 9-3]을 참조하라).

협력학습

'협력(collaboration)' 은 학생이 문제와 전략뿐만 아니라 결정과 해결책에 이르기 위한 계획을 수립하고 방안을 강구하고자 서로 함께 일하는 것을 의미한다. 학생은 전체에 대한 일부분으로서 기여하게 된다. 거의 대부분 그 과정은 '협력학습(collaborative learning)' 이라고 부른다.

협력학습은 더 광범위한 언어의 사용 및 사고를 촉진하여 줄 뿐만 아니라 팀 구성 기술도 향상해 준다. 그것은 내용에 얽매이지 않는 상황(Rawlings, 1996)과 방대한 내용에 치중하는 상황에서 모두 이용할 수 있다. 특정 교육과정이 여러 교과목과 관련되어 있음과 동시에 내용 전달에 치중하는 수업에 대한 예는 10장의 세 번째 단락에 제시되어 있다. 내용에 얽매이지 않는 학습에 대한 예는 '빨간모자'와 같이 유명한 이야기를 이용하여 그 이야기를 '비방당한 늑대' 와 같이 늑대의 관점에서 재구성하여 이야기하는 방식이 해당된다. 다음에 이것은 인간 상호 간의 인식과 역할 관계에 대한 문제를 제기하기 위해 이용된다(Bowlers & Wells, 1998; Rawlings, 1996).

'써클 타임(Circle Time)'은 모든 학생이 원이나 말발굽 대형으로 둘러앉아서, 차례대로 원형으로 돌아가면서 자신의 왼쪽이나 오른쪽에 앉아 있는 사람에 대해 긍정적인 점을 이야기하는 것과 같이 어떤 활동을 함께할 때의 상황을 묘사하기 위해 이용된 용어다. 학생은 서먹함을 풀기 위한 몇몇 활동이나 긍정적인 도움을 주는 워밍업(Warm-Up) 활동을 하고 난 뒤에, '우리의 권리는 무엇인가?'와 같은 문제나 누군가에게서 위협을 당하는 사건에 초점을 두고, 그에 대한 경험을 공유하고 그것에 대해서 무엇을 해야 하고 무엇을 할 수 있는지 판단해 볼 수 있다. 인간사(human-issue)에 대하여 '브레인스토밍'을 하고 문제에 대한 해답을 찾아 해결해 내는 회기가 진행된다는 것은 하나의 공통적인 특징이다.

이러한 회기는 학교에서 널리 이용되고 있고, 행동장애가 있지만 학습을 필요로 하는 학생을 관리하는 데 큰 도움을 주고 있다. 그것은 아동의 언어적 · 정서적 발달에 대해서 뿐만 아니라 문제해결력과 창의성 발달에도 기여한다. 흔히 갈등 관리 및 중재 전략 역시 이러한 유형의 과제가 발달된 형태에 해당된다.

미성취 학생에게 이러한 세션은 자신의 관심사와 욕구를 확인하고 표현할 수 있는 기회일 뿐만 아니라 자신을 합당하고 조리있게 표현하는 방식을 가르쳐 줄 수 있는 기회도 제공해 준다. 갈등 관리와 중재 기법은 미국에서 학생 폭동과 인종 폭동이 일어나고 난 뒤에 개발된 것으로서, 그들 자신이 폭동과 약탈을 일삼는 군중의 감정에 휘둘리기보다는 국민을 안전하게 지키는 것을 목표로 삼고 합법적인 목표에 초점을 두는 군중 통제 기법에서 나온 것이다. 그 기법이 가져다 준 유익한 효과는 퀘이커 교도(17세기 중엽 영국의 George Fox가 창시한 종교 친우회 회원의 별칭)의 운동에 의해서 파악되어, 1980년대 동안 Bowers, Wells, Rawlings이 이끌었던 킹스톤 워크숍 그룹과 같은 단체를 통해서 소개되었다. '문제 해결 방법 워크숍'을 통한 도움과 더불어, 우리는 갈등 관리와 중재 기법을 킹스톤에서의 교사 교육 프로그램에 도입시켰다. 다수의 지역 학교와 지역 교육 당국 역시 그들의 방법과 훈련 기법이 전 연령대의 아동에게 유익하다는 사실을 알게 되었다.

언어 경험 방법

언어 경험 방법(language experience methods)은 학생이 직접 텍스트와 학습 자료를 작성하고 수집하는 것을 포함한다. 이 방법은 글을 잘 읽지 못하는 학생을 위해 독서책을 제작하는 여러 가지 방식으로 시작되었는데, 이 방법에서 학생은 교사와 함께 토픽과 경험에 대해 논의한 다음, 교사가 서기 역할을 하면서 그 학생이 말했던 이야기를 기록해 두게 된다. 이것은 워드프로세서 과정을 거쳐서 독서 자료로 이용되었다. 이제 학생은 짝을 지어서 워드프로세서를 이용해 이야기뿐만 아니라 다른 여러 가지 자료를 작성하는 것을 통해서도 같은 이점을 얻을 수 있다.

언어 경험 방법에서, 학생은 어떤 교과목 영역에서 자신의 교재를 직접 저술하고 삽화를 그릴 수도 있고, 또는 학생에게 자신보다 더 어린 학생을 대상으로 하는 이야기나 텍스트를 쓰도록 요구하여 그것을 함께 검토해 보도록 할 수도 있다. 미성취 학생이 직접 쓴 간단한 이야기를 훨씬 더 어린아이에게 읽어 주는 것은 자신감을 높일 수 있는 효과적인 방법이 될 수 있을 뿐만 아니라, 자연스럽게 문해 능력을 연습시킬 수 있는 기회도 될 수 있는 것으로 밝혀졌다.

교사나 학생은 하나의 장(chapter)이나 교재 전체를 선정하여, 그것을 보드 게임에 대한 기본 자료로 활용할 수 있는데, 이 게임에서 선수(게임에 참여하는 사람)는 특정 사각형 판에 착륙할 때 학습 기술 카드에서 제시하는 질문에 대해 답변해야 한다. 그 질문은 이해력과 문제 해결력이라는 항목 모두를 반영해야 한다. 이 게임은 난독증, 제2언어 학습자, 이외 독서 장애가 있는 사람에게 가장 효과적으로 동기를 부여해 줄 수 있다고 밝혀졌다. 미성취 영재 역시 짝을 지어서 여러 가지 게임을 기획해 보고 더 어린아이와 함께 시험해 볼 수 있을 것이다. 그것은 미성취 영재의 흥미뿐만 아니라 텍스트를 다루는 능력을 향상해 줄 것이다.

이것은 학습 부진아와 교정 중인 혼합 능력의 영재아 집단을 대상으로 방대한 시험을 거친 인지 과정 접근법에 대한 단 몇 가지 개괄적인 예에 불과하다. 수업에 대한 여러 가지 더 상세한 예는 10장에서 찾아볼 수 있다.

연구 결과 명백히 알 수 있는 사실은, 내재적 동기가 이러한 방법을 통해 진전되고, 아이가 과제에 기울이는 시간은 재미를 느낌으로써 수업이 끝난 뒤에도 오랜 시간까지 연장될 것이라는 점이다. 수업에 어떤 불만을 지녔던 학생은 이 수업을 받기 위해 학교에 남았으며, 영재학생은 '이것은 우리가 일상적으로 배우는 지루한 내용보다 훨씬 더 낫다.' 는 것과 같은 의견을 나타내었다. 학생은 모두 예전처럼 과제에 관여하지 않는 대신, 과제에 몰두하는 데 더 많은 시간을 보내기 시작하였다. 학생이 수행해 낸 과업의 질은 흔히 모두가 예상했던 바, 즉 가장 평범한 학습자에게 거는 기대치를 훨씬 능가하였고, 때때로 생각지도 못했던 출처에서 놀라우리만큼 흥미롭고 창의적인 해답을 찾아 제시하기도 하였다. 이러한 과제가 지니고 있는 협동적인 특징은, 영재아의 성취 능력을 저해하지 않고, 영재와 일반 학생이 혼재된 집단이 쉽게 그 과제에 접근하여 모두 같은 과제에 참여할 수 있다는 것을 의미한다 (Zeidner & Scheleyer, 1999).

즐거움과 합법적인 사회적 교류는 대개 처음 아이가 학교에서 학습에 대해 가지는 생각과 전혀 결부되지 않기 때문에, 아이에게는 매 단계별로 그들이 얼마나 많은 것을 배웠는지, 학업이 어떻게 향상되고 있는지를 명확하게 보여 주어야만 했다. 이것은 구두상으로뿐만 아니라 문서상으로도 건설적인 용어를 통해 학생의 학업에 대한 상세한 코멘트와 그들의 학습 과정을 제시해 줌으로써 행해진다[적극적 인지적 중재(PCI)](Montgomery, 1984, 1989, 1999). 학생은 주기적으로 자신의 학습 결과물과 그 과정을 반성해 볼 수 있도록 도움을 받았다. 일단 학생이 이러한 연계성을 정립하기 시작하게 되자 열정적인 학습자가 되었고, 교사는 어떤 변화된 모습을 목격하게 되었으며 학생의 행동과 태도에서의 완벽하고 정적인 변화에 대해 언급하기 시작하였다. 효과적인 교수법이 수업 관리와 행동 절제에 지대한 영향을 미친다는 것을 목격할 수 있었던 것도 이러한 방법을 통해서다(Montgomery, 1989,

1999). 뿐만 아니라 이것은 필자가 다른 부분에서 CBG(Catch them Being Good-학생이 잘하는 순간을 포착하라) 방법이라고 칭했던 것을 이용하여 정적이며 지지적인 수업 풍토와 학교 기풍을 통해서 이루어질 수 있었던 일반적인 이점에 해당된다(Montgomery, 1989).

Gibbs(1990)에 따르면, 표면적이고 피상적인 학습의 특성은 다음과 같다.

- 학업에 대한 부담이 크다.
- 상대적으로 최고 수준의 자료를 접하게 되는 시간이 많다.
- 강의 자료의 양이 과도하게 많다. 여러 과목을 심층적으로 연구해 볼 수 있는 기회가 부족하다.
- 평가 시스템 자체가 위협적이고 근심을 불러일으키게 된다.

심층 학습은 이러한 조건이 반대로 이루어진다. 피상적 학습은 자료를 학생의 내적 도식(Schemata)이나 구조 및 스크립트로 정립시키지 못할 것이기 때문에, 그것은 활성화되지 못하고 접근하기도 어려운 상태로 남게 된다. 흔히 그것은 '앵무새 방식' 이라고 부르며, 반복될 수는 있지만 심층적인 이해를 시켜 주지는 못한다. 교사가 자신만의 교수 방식으로 여러 토픽에 대하여 학생에게 소규모 강연을 하는 데 이것이 잘 구조화되었을 때, 그것은 '수용 학습' 으로 알려진 상태를 일으키게 되는데(Ausubel, 1968), 이 수용 학습은 피상적 학습과 흡사하다. 그것은 수정을 거치고 난 후에 시험에서 반복적으로 제시될 수는 있다. 하지만 그것은 학생의 개념적 이해로 통합되지 못하고, 학생의 일부가 되지도 않으며, Piaget의 관념에 맞춰 적절히 조정되지도 않을 것이다.

인지나선학습은 학습을 심층적인 수준으로 옮겨 가게 하는 데 필요한 처리 과정의 종류를 예증해 주고 있다. 첫 번째 나선에서는, 학생이 방금 경험했던 것에 대하여 설명하고 부연해 나가는 구체적인 사건에 대한 토의가 있다. 토의는 교사의 중재가 있는 상태에서든 없는 상태에서든 모두 이루어질 수 있다. 다음 사이클에서, 학생은 한층 더 긴밀하게 연관된 정보 입력, 문제 해결을 위해 가지고 있는 정보나 경험을 받아들이고, 더 나아가 그들이 배웠던 것뿐만 아니라 이 활동이 이루어지는 동안 자신이 생각하고 있었던 것에 대해서도 고찰해 보면서 논의를 시작할 것이다. 생각에 대하여 다시금 생각해 보는 이러한 과정은 초인지(metacognition)라고 알려져 있으며, 지능을 향상하는 데 주요한 기여를 한다 (Flavell, 1979).

기타 통합 모델의 예시

전세계적으로, 영재를 교수하는 것에 대해서는 수많은 모델이 있다. 그 모델의 대부분은 학생을 분리시켜서 차등적인 관리를 하는 프로그램이나 올림피아드 등을 장려하고 있다. 하지만 교과목 · 나이 · 능력 범주의 전반에 걸쳐 총괄적인 상황에서 이용할 수 있는 방법은 여러 가지가 있다. 여기에 그중 세 가지에 대한 설명을 개괄적으로 제시한다. 비록 이 세 가지가 서로 분리된 채 별

개의 것으로 발달되었다고 할지라도, 공통적인 특징은 흥미롭다. 7장에서 논의했던 것처럼, 다중 지능(MI) 접근법은 포함되지 않는다. 여기에서는 두 가지 요인으로 된 지능이론(Spearman, 1927)이 인지 과정 모델을 심화해 주는 것임을 언급하는 것만으로도 충분하다. 그 이론은 'g(일반적인 문제 해결 능력)' 요인과 여러 가지 특수 능력에 대한 's' 범주를 제안한다.

학생보조교육

Roeders(1995)에 따르면, 자기 신뢰 · 창의성 · 팀워크 능력 · 책임감과 같은 중요한 교육학적 목표에 대한 깨달음은 흔히 교육 정책과 학교에서 교사의 실질적인 업무에 모두 부차적인 역할을 하는 듯 보인다. 그는, 이것이 교사가 미리 규정되어 있으며 주로 내용을 기반으로 한 교과목 관련 내용을 순서를 지키면서 설명하고 반복하는 것만으로도 너무 바빠서 영재아를 도와줄 시간이 거의 없기 때문이라고 이야기한다.

학생보조교육(Student-Assisted Education: STAED)은 학습자, 교사, 학습 집단, 교실, 교직원 등에 대한 개념을 여러 가지 의존적인 하부 시스템으로 이루어진 역동적인 상호 의존적 시스템이라고 정립하면서, 총체적인 접근법을 토대로 한다. 학생보조교육은 다음에 제시된 방법을 통해 이 시스템의 역동적인 과정을 최대한 활용하기 위해서 노력한다.

• 마음에 안정을 주는 여러 기법을 실행하고 학교에서의 사교

적 관계를 토대로 상호 원조를 장려함으로써, 최적의 학습 분위기 조성해 주기
- 다각적인 방법과 자료를 통해서 수업에서의 개인차를 효과적으로 다루기
- 활동 목표에 따라 다양한 배열(constellation)을 이용하면서 아동이 소집단을 이루어 능동적으로 학습하도록 해 주기

모든 아이의 다양한 학습 스타일에 맞게 조정된 자료를 제시해 주고 문제 해결력을 길러 주어, 자신의 수준에 맞는 학습 진도를 나갈 수 있다. 아이가 급우와 상호작용을 하면서 능동적으로 학습 과정을 진행시켜 나가기 때문에, 자신의 성취에 대해 책임감을 가지는 법과 자신의 창의력을 활용하는 법을 배우게 된다.

교사는 직접 교수를 하는 강사가 되는 대신에, 학생의 학습 과정을 조화롭게 편성해 주는 사람임과 동시에 관리자가 된다. Roeders는, 실험 학교의 교사가 비록 상당한 양의 시간을 업무에 투자해야만 했지만, 자신의 직업에 대해 큰 만족감을 느낀다고 보고한다. 통제집단 학생과 비교해서 실험집단 학생은 실험 직후 검사에서뿐만 아니라 추수 검사에서의 학습 성취도에도 더 큰 진전을 보여 주었고, 사회적 · 정서적 · 학습상의 문제에는 현저한 감소를 나타내었다.

학생보조교육은 수정과 정교화를 거쳐, 현재 치료교육을 위해서 네덜란드 초등학교와 중학교뿐만 아니라 여러 독일 학교에서도 널리 이용되고 있다. 이 학교는 저능아, 미성취 영재아, 개인적(인성적) 문제를 지닌 아동 등과 같이 일상적인 학교 생활에서 다

른 특징을 지닌 학생을 지도하고 있다.

알 수 있는 바와 같이, 이 접근법은 총체적인 맥락에서 미성취 영재아에 대해 이미 개괄적으로 설명했던 접근법과 같은 방향으로 움직인다. 개인차가 있기 때문에 아이의 학습 요구에 대한 분석을 토대로 하여 독자적으로 이루어진다.

Renzulli의 삼부심화모델

Renzulli는 학생이 이해할 수 있는 범주와 학문적 심도가 어느 정도이든 간에, 학생 자신이 관심 있는 분야를 추구해 나갈 수 있도록 하기 위해서 삼부심화모델을 개발해 내었다. 교사의 주된 역할은 학생이 연구해야 할 문제를 규명하고 그에 대한 계획을 수립하도록 도와준 다음, 개인이나 소집단이 조사를 수행해 나가는 데 필요한 기술을 습득할 수 있도록 도와주는 것이다. 여기에는 학생의 성과물을 보여 줄 만한 적절한 청중을 찾는 일이 포함될 수도 있다.

학생 개인은 어떤 토픽에 대한 연구를 수행하고자 하는 동기를 부여받을 수 있어야 하고, 환경은 그것을 허용해 줄 수 있을 만큼 충분히 융통성이 있어야 한다. 이것은 할당된 시간이 제한된 관계로 현재 영국의 교사에게 여러 가지 문제를 제기하게 될 것이다. 하지만 여러 국가의 연구원과 교사가 모두 영재교육에 필요한 것이 무엇인지에 대하여 같은 결론에 이르고 있기 때문에, 이 모델은 다른 여러 모델이 나타내는 것과 같은 유형의 이론 및 교수법을 근간으로 삼고 있다.

Renzulli의 모델은 세 가지 유형의 활동으로 이루어진다. I 유형은 흥미를 불러일으키고 내용을 소개해 주기 위해서 논의를 하고, 실제 연구 여행(견학)을 하며, 촬영을 하는 등의 전반적인 탐구 활동을 한다. II 유형은 사고와 감정 개발을 증진하기 위해서 처리 과정과 기술을 가르치는 데 초점을 두는 집단 훈련 활동을 한다. III 유형은 실제 문제에 대한 개인별 · 소집단별 조사를 한다.

Clark의 통합교육모델

우리는 여기에서 학습에 대한 총체적인 접근법의 영향을 다시금 논하게 되는데, 이번에는 Jung의 연구를 토대로 한다. Clark의 모델은 사고, 직관, 감정 · 정서, 신체적 감각의 네 가지 기능을 이용하는 것을 통해서 교육과정을 체계적으로 조직한다. 이 모델의 목적은 뇌의 전반적인 활동을 완전하고 총체적인 학습 경험으로 통합시키는 것이다. 주요 방법은 교사가 부차적으로 준비하는 시간을 더 많이 투자하는 것이다. 또한 교사는 '학생의 요구에 응할 수 있는 융통성 있는 수업 환경을 조성하고, 긴장 완화 기법을 이용하고, 네 가지 기능을 활성화할 수 있는 고무적인 활동을 제시해 주며, 직관적인 활동을 장려하는 것' 등을 위한 특수 교육을 받아야 한다(Leroux & McMillan, 1993: 47).

마지막 이 두 가지 미국 모델은 '풀아웃(pull-out)' 과 분리 프로그램(segregated program)에 초점을 두고 있다. 하지만 그 내용과 방법은 통합적인 맥락에서 이용될 수 있다.

자료와 방법의 평가

교사가 교육과정 심화와 확장자료 및 발달적 차별화를 준비하기 위해 Bloom(1956)의 교육 목표 분류법을 지침으로 이용하는 것은 이제 흔한 일이 되었다. 이것은 교사가 심지어 5세 아동을 위해서조차도 자료와 방법을 제작하고자 노력한다는 것을 의미하는데, Bloom이 제시한 분석 · 종합 · 평가라는 고차적 단계에 적절히 맞춰 개발이 이루어진다. LDRP에는 5세 아동으로 이루어진 혼합 능력 집단에 대한 예가 있다. 거기에는 영재아가 포함되어 있으며, 그들은 모두 이 같은 고차적 단계에서 사고한다. 그러므로 이러한 고차적 단계의 운영은 일단의 방대한 내용 습득을 마친 10대가 되어서야 비로소 추진할 수 있다. 그때까지는 사고 및 학습 능력이 확고히 정립되지 않을지도 모른다.

이러한 지침뿐만 아니라, 우리는 초등학교와 중등학교의 모든 교사가 영재뿐만 아니라 실제 기초적인 수준에 있는 모든 아동—교육과정에서의 발달적 차별화—에게 전달해 줄 자료를 평가하기 위해서 다양한 요소를 포함하고 있는 체크리스트나 일곱 가지 항목으로 된 계획서를 추가시킬 수 있다. 이와 유사한 방법은 대학 수준에도 적절히 이용할 수 있다(Gibbs, 1994, 1995, Montgomery, 1995a, 1996). 영재교육 자료의 평가를 위한 7개 항목 계획서나 체크리스트는 다음과 같다.

- 고차적 사고 능력의 개발과 활용에 유익한가?

- 새로운 지식과 중요한 개념을 폭넓게 심층적으로 탐구할 수 있게 해 주는가?
- 자료 출처를 선별하고 활용하는 데 여러 가지 연구 및 조사 기술을 가르쳐 주고 그 활용을 촉진하여 줄 수 있는가?
- 점진적으로 자발적인 학습에 착수하고 내재적인 동기를 유도할 수 있는 기회를 제공해 주는가?
- 그 과정은 여러 교과목 사이에서, 그리고 해당 교과목 내에서 지식을 통합시키는 데 도움을 주는가?
- 상황에 따라 해답이 바뀔 수 있는 자유 반응식 문제로서, 다중 논리적이고 혁신적이고 창의적인 답변을 촉진하는 '불명확한' 문제가 있는가?
- 그 활동은 실질적인 협동학습과 팀을 이뤄 활동할 수 있는 능력을 길러 주는가?

만약 어떤 학교에 재직하는 모든 교사가 이 질문에 대하여 긍정적인 답변을 한다면 그들은 영재와 모든 학생을 유능하게 가르치고 있는 것이기 때문에, 우리는 학생이 큰 업적을 이룰 수 있고 국가가 뉴밀레니엄 시대에 성공할 수 있는 준비를 시켜 줄 교육과정을 위한 '응용 프로그램'을 수행하고 있다고 확신할 수 있다.

이러한 변화를 이루기 위해서 효과적인 학습에 대한 원리에는 교수에 대해 우리가 생각하는 바를 통합시켜야 한다. 이것은, 교육을 총체적으로 만들기 위해서는 교수법을 적절히 조정해야 함을 의미하며, 그렇게 해야 교육과정을 동일하게 유지할 수 있다. 학교 측에 교육과정의 내용을 줄이되 그 시간을 다른 수업으로 메우지는 않고 부가적인 심화 및 보충을 자유롭게 행하도록 설득한다면, 자유 시간을 20% 더 늘린 영국의 교육과정 개정은 분명 큰 이점을 얻을 수 있다. 학생은 과제를 연구할 질적인 시간과 생각할 시간을 더 많이 필요로 한다.

결 론

학생이 제 기능을 발휘하지 못하고 미성취에 머물 수 있도록 가정 및 학교의 '위험' 요인이라 불러 왔던 것의 범주는 매우 방대하다. 그러한 위험 요인은 계속 늘어나서 점진적으로 의욕을 저하시키고 학교 및 모든 유형의 학습 환경에 대하여 불만을 가지고 멀리하게 되는 결과를 가져올 수 있다.

교육과정에서의 인지적 도전의 부족은 제 기능을 다하지 못하는 주된 원인으로 나타났다. 특히 문해 영역과 같이 학습에 대한 잠재력을 숨기게 되는 방대한 학습장애 역시 미성취의 주요한 원인으로 작용할 수 있다. '우수한' 학생, 성별, 인종, 문화 '영재'에 대한 고정 관념 역시 학생의 능력을 간과하는 결과를 초래할 수 있는데, 기대치가 더 낮아짐에 따라 학생이 제 기능을 발휘하지 않게 되는 결과를 초래하게 된다.

이 모든 요인을 고려해 보건대, 학생이 학교에서 지속적으로 우수한 성적을 거두는 방법, 그리고 복잡하게 얽힌 위험 및 파괴적인 요소를 피하는 방법을 알아낸다는 것은 매우 힘든 일이 된다. 일부 학생의 성공을 향한 단호한 의지는 그들이 접할 수 있는 부정적인 효과를 능가할 수도 있지만, 조금만 도움을 받는다면 학생이 해낼 수 있는 것보다 훨씬 더 높은 수준의 목표를 달성해 낼 수 있는 것으로 나타났다.

심지어 현재 영국의 교사는 '국가 교육과정' 의 내용이 과다하고 엄중한 이행 규칙 및 '국가 문해 전략(National Literacy Strategy)' 에 대해서도 불평하고 있다. 교사는 창의성을 길러 줄 수 있는 기회 및 수업 시간이 부족하다는 것에 대해 불평하며, 정부 기관이 날마다 창출해 내는 법적으로 규정된 책략 때문에 무력감을 느끼고 있다.

모든 학생의 요구를 충족하기 위해서, 모든 초등 · 중등학교는 '잠재성 피라미드' 라는 7단계 프로그램을 이용하도록 권고받고 있다. 이는 모든 학생이 가장 기본적으로 필요로 하는 것이지만 영재아에게는 특히 더 중요한 것이었기 때문에, 학교의 프로그램에는 모든 교사가 해당 교과 내용 내에서 매 수업마다 인지적 발달적 교육과정을 직접 교수하는 것이 포함되어야 한다.

이 프로그램과 여기에서 제안한 교수법을 통해서, 교사는 교육과정을 기반으로 하여 더 정확하게 영재아를 판별해 낼 수 있으며, 삼각 과정(triangulation process)을 사용하여 영재아이지만 그 재능이 숨겨져 있는 아동을 판별해 낼 수 있다. 이 같은 과정을 통해서, 영재아는 자신이 필요로 하는 것에 맞도록 적절히 조정된 교육과정을 전달받을 수 있다. 이러한 유형의 교육과정과 교수법은 인지적 · 정서적 지능을 모두 다루게 되며, 교사에게 개인적 · 직업적 자율성과 창의성을 부여해 주게 된다.

비 고

'LDRP'는 연구 결과와 교수법을 수집하여 보급하기 위해 '학교 평의회'로부터 소액의 보조금을 받아서 1981년에 설립된 비영리단체로서 다양한 서적을 출간하며 프로젝트를 추진해 왔다.

제10장

미성취 영재아의 문해 장애와 겨루기

Diane Montgomery

서 론

문해(literacy) 능력을 지닌 사람은 말하기나 듣기에서 모두 유창하고 수월하게 읽고 쓸 수 있다. '국가 문해 전략(National Literacy Strategy: NLS)'이 존재함에도 불구하고 이러한 문해 능력을 습득하는 경로는 현행 교수법이 보여 주는 것보다 훨씬 더 다양하다. 아직도 문해 능력을 습득하지 못하고 있는 아이의 수는 엄청나게 많다. NLS를 시행한 이래로 읽기 능력이 개선되고 있음을 보여 주는 징후는 여러 가지가 나오고 있지만, 철자법과 쓰기에 대해서는 여전히 심각한 우려를 표하고 있는 실정에 따라 '국가 쓰기 전략(National Writing Strategy: NWS)'을 개발하기에 이르렀다.

일부 영재아는 매우 이른 시기에 읽기를 배우고, '준비학급(reception class)'에 입학할 무렵에 유창한 문해 능력을 지니게 된다. 만약 영재아가 난독증과 같은 장애가 없다면, 학교에서 책을 읽는 환경에서 순식간에 문해 능력을 습득하게 된다. 약 9세 무렵에, 어떤 아이는 원래 연령대에서 5세 정도 높은 수준의 읽기 능력을 지니게 되는데, 이는 단지 읽기 능력이 유창하다는 것보다 더 많은 것을 나타내는 징후가 된다. 만약 아이의 배경이 문화적 · 언어적으로 불리한 입장에 처해 있고, 어떤 영재성이나 뛰어난 성취도를 나타내는 여타의 징후가 존재하지 않는 경우, 읽기 검사에서 이 능력은 이해력과 적절한 조화를 이루며 발달하게 되지는 않을 것이다. 그러한 아이의 잠재적 재능은 번잡한 교실에서 간과될 수도 있다. 아이는 배우지 않은 것을 읽을 수 있게 해 주고, 대개 6개월 무렵에 문장을 이해하고 말할 수 있게 해 주었던 분석적 · 귀납적 능력을 개발하고 활용할 수 있는 기회를 필요로 한다. 따라 쓰기와 기계적 암기를 통한 학습법이 방대하게 이루어지며 다른 학습자를 위해 수업 자료에 대한 반복이 여러 번 이루어지는 유아 대상 수업에서, 영재는 지루함을 느끼게 된다. 그들이 이러한 지루함에 대해 '수동적'으로 반응하든 '무의식적인 행동으로 반응하든 간에, 인지적 도전의 부족은 아이의 능력을 부동(不動)의 상태로 남아 있게 하는 큰 해악을 가져올 수 있다. 영재의 능력이 섬광처럼 일순간 표출되는 징후는, 그들이 묻는 난해한 질문이나 어떤 과제를 수행해 내는 방식에서 볼 수 있을 것이다.

영재이지만 난독증(dyslexic pupils)이 있는 다수의 학생에게서 수년 동안 난독증이 있음을 파악해 내지 못할지도 모른다. Steven은 현재 10GCSEs를 공부하고 있지만, 영어에서 C보다 낮은 학점을 받은 것에 대해 걱정하고 있다. Steven은 학교에서 우수한 학생으로 인정받고 있고, 그가 했던 모든 일을 명료하면서도 매우 상세하게 말로 설명할 수도 있다. 하지만 만약 글로 기술하라는 요구를 받게 되면, 아무리 노력해도 여섯 줄 정도밖에 쓸 수가 없고, 철자법도 '매우 형편없음'을 보여 준다. Steven은 충분한 읽기 능력을 지니고 있지만, 거의 독서를 하지 않는다. 학교 측에서의 조언은 그에게 독서를 더 많이 하도록 권장하라는 것이다—어느 정도의 희망은 있다! Steven에게는 흘림체로 글을 쓰도록 변화시켜 주고 철자법 문제를 해결하기 위해 유성음 음향학(articulatory phonics: 발음 중심의 어학 교수법)과 언어학(linguistics)을 가르쳐 줄 수 있는 난독증 전문가의 직접적인 도움이 필요하다. 또한 Steven은 텍스트에 대한 경험이 부족하기 때문에 에세이를 써서 조직적으로 정리하며 여러 가지 학습 기술을 이행하는 데 영어 전문가의 도움과 난독증 전문 교사의 도움이 요구된다.

읽기와 철자법에 초점을 두고 같은 수의 학생을 대상으로 한 통제 집단과 비교하여 300명의 난독증에 대한 사례 분석을 포함한 연구에서(Montgomery, 1995b), WISC-R의 검사 결과 적어도 IQ가 130 이상의 난독증을 지닌 영재아의 ACID 프로파일에 대해 이루어진 부차적인 검사 중 네 가지는 일반적으로 산수, 부호화, 정보, 숫자폭 분야에서 더 낮은 점수를 보여 주었고, 그 표본 집단에서 10%를 차지하였다. 난독증을 지닌 이러한 학생은 읽기와 철자법에서 덜 우수한 능력을 지닌 동급생(IQ 110 정도인 학생을 의미)에 비해 1년 정도 앞서게 된다. 이것은 지역 교육 당국 중 다수가 어떤 조치를 취한다고 해도, 기껏해야 나중에 그들을 특별 개인 수업에 위탁해 버리고 마는 것을 의미한다. 만약 철자법에 극심한 장애를 지니고 있기는 해도 학생의 읽기 능력이 연령대에 맞는 수준까지 향상된다면, 치료적인 도움을 받지 않아도 된다.

'실천요강(Code of Practice)'이 도입된 이래(교육 및 고용청, 1994), 심지어 지금까지도 어떻게 학교가 이것을 가능케 해 줄 수 있을지는 의문으로 남아 있다. 예를 들어 Jonathan은 15세이지만 철자법 수준은 6.8세에 머물러 있는데, 중학교에 입학한 이래로 읽기 교정 수업을 받아 왔다. Jonathan은 평균 이상의 뛰어난 능력을 지니고 있지만, 흘림체 쓰기를 배워야 하고 영어 분야의 학습 능력과 더불어 난독증에 대해서도 도움을 필요로 하였다—철자법에 대해서는 아무런 지도를 받지 못했다.

만약 Jonathan이 어떤 파괴적인 행동을 하였더라면, 분명 그는 유치원에서와 같이 훨씬 더 이른 시기에, 읽기가 아닌 다른 어떤 사항 때문에 위탁교육을 받았을 것이고 훨씬 더 많은 도움을 받을 수 있었을 것이다. Jonathan은 신중히 선택하여 5개의 GCSE를 막 이수하였지만, 영어에 다시 도전해야만 한다. 이러한 아동은 출세 가도를 달릴 수 있는 엄청난 잠재력을 지니고 있지만, '이중장애(영재성과 난독증)'를 조기에 규명해 내지 못하였기 때문에 성공 가능성에서 배제되고 있다—두 가지 요소(영재성과 난독증) 모두가 필요로 하는 것은 체제상으로 묵살되고 있다.

어떤 영재아는 난독증은 전혀 없지만, 철자법상의 문제는 남아 있는 경우도 있다. Ann과 John이 이에 대한 대표적인 사례다. Ann과 John은 대체로 자습을 통해서 이른 시기에 글을 읽을 수 있게 되었지만, 어떤 단어를 명확하게 발음하거나 다음절어를 발음하는 데 있어서 경미한 문제가 있었고, 쓰기를 하는 데도 약간의 문제가 있는 쓰기 불능이었다. 지난 수년간에 걸쳐서, 두 사람은 거의 판독할 수 없는 자신의 글에서 철자법상의 실수를 찾아내는 것과 휘갈겨 쓰는 단어를 줄이는 전략을 실행해 왔다.

다수의 미성취 영재아는 이른 시기에 쉽게 읽기를 배우기는 하지만 글쓰기, 특히 쓰기에서는 같은 성공을 거두지 못하는 듯 보이며, 이것은 철자법을 익히기 위해 행해야 할 연습의 양에도 영향을 끼친다. 비록 읽기라는 것이 패턴을 인지하는 과제이고, 지능이 더 높다는 것은 독자가 최소한의 문맥상 단서를 통해 추리해 낼 수 있게 해 주겠지만, 총체적인 기억을 필요로 하는 철자법과 원만한 운동 신경 프로그래밍의 개발을 필요로 하는 쓰기에는 이것이 똑같이 적용되지 않는다.

이와 같은 아동의 내적 요인뿐만 아니라, 미성취 영재아가 되게 하는 데 영향을 미치는 요인으로는 다른 여러 가지가 있다. 예를 들어, 남자아이와 비교해 보건대 여자아이는 형식적 환경에서 차분히 앉아서 학습을 받을 수 있는 능력을 더 잘 갖춘 상태로 학교에 입학하게 된다. 이것은 이 단계에 분비되는 호르몬만큼이나 조기의 양육 기법과 태도로 인해 나타나는 결과일 것이다.

남아와 여아 모두가 대규모 집단을 이루어 9월에 입학하게 되었을 때, 5개의 '준비학급' 에 소속된 남자아이(Montgomery, 1977)는 여자아이에 훨씬 못 미치는 발달 상태에 있음을 보여 주었다. 여름에 입학한 남아는 읽기에서 여아만큼의 뛰어난 기량을 보여 주었다. 이것은 남아가 9~12명으로 이루어진 더 소규모의 하계 입학 그룹에서 개인적으로 훨씬 더 많은 교육을 받을 수 있었던 것에 기인하였다. 여아의 수행은 똑같이 유지되었다. 대규모로 이루어지는 번잡한 9월 수업에서, 남아는 떠들지만 않을 뿐 교사의 주의를 피하여 매트에서 레슬링을 하면서 시간을 보냈을 뿐만 아니라, 여아와 비교해 보건대 의자에 앉아서 과제에 열중하기보다는 이리저리 배회하는 일이 더 많았다.

학교보다 더 넓은 지역사회 대중매체라는 사회적 맥락은, 장기간에 걸쳐 지속적으로 순응해야 할 강력한 압박을 행사할 수 있으며, 남아는 여아에 비해 이른 나이에 더 강력한 압박을 더 많이 받는 듯 보인다. 예를 들어, Harris 등(1993)은 학교 지역사회 동료집단이라는 사회조직이 성 고정관념에 미치는 영향을 분석하였다. 그 결과 학교와 같은 하나의 사회조직에서 성 고정관념이 도전을 받게 된다고 할지라도, 또 다른 사회조직에서는 그것을 크게 강요받게 될 수 있음을 알게 되었다. 또한 Harris 등은 남아가 공부, 특히 숙제를 언제 해야 하는지에 대해서도 고정관념을 가지는 경향이 있음을 알게 되었다. 이러한 고정관념은 그들이 양육된 방식에서 기인한다. 남아의 아버지는 인습에 따라 일을 하는 데 보내는 시간과 쉬는 데 보내는 시간 사이의 경계를 명확하게 정립해 놓았다. 쉬는 시간은 어머니의 보살핌을 받거나 다른 남자 친구와 놀이를 하는 시간이었다. 남아는 이러한 행동을 그대로 하게 되며, 가능하면 숙제를 하지 않으려 하거나 학교에서 하며, 숙제에 대한 개념을 최단 시간 내에 끝내야 하는 가장 별로 중요치 않은 활동으로 분류하였다.

대중매체는 어린 남아에게 강한 고정관념을 심어 준다(Askew & Ross, 1988). 대중매체는 남아를 거칠고 힘이 세고 공격적이고 독자적이며 용감하고 성적으로 능동적이며 이성적이고 지적인 존재로 묘사한다. 이와 같이 상충되는 사회 조직 및 강력한 모델(Bandura, 1986)이 존재하기에, 남아는 이것을 거부하고 본연의 자아를 찾는 것이 어려운 일임을 알게 된다. Connell(1989)은 학문적인 수단을 통해 힘을 얻지 못한 남아가 자신의 지위를 고수하기 위해서 누군가를 괴롭히고 협박하는 방법을 이용하는 사람을 '쿨 가이(cool guy)' 라고 일컬으며, 또 다른 하나의 힘으로 간주한다는 것을 알게 되었다. 기를 쓰고 열심히 공부만 하는 학생이나 겁이 많은 학생은 학교생활을 통해서 더 학구적이면서도 더 여성적인 경로를 따랐으며, 그에 따라 더 많은 괴롭힘을 당하게 되었다.

Holland(1998)는 남아가 자신의 능력과 성취도에 대해 그릇된 생각을 하고 있음을 알게 되었다. 비록 심각한 미성취 상황에 있었지만, 남아는 자신이 가지고 있는 능력에 비해서 훨씬 더 잘하고 있다고 생각하고 있었다. 또한 흔히 자신이 더 높은 학년에 소속되어야 하지만, 그렇게 하지 못하는 것은 자신의 성취가 부족하기 때문이라고 생각하였다. Holland는 '수업 스타일(lesson style)' 이 전형적으로 미성취에 결정적인 영향을 미치는 요인임을 알게 되었다. 그녀의 표본 집단에 속했던 남아는 수업 일수 중에서 25~70%를 수동적으로 교사의 강의를 듣기만 하면서 보내는 것으로 밝혀졌다. Flanders는 이것을 1970년에 관찰하였고, 연구 결과는 '학습 결손 조사 프로젝트(LDRP)' 연구에서 입증되었다. 심지어 일대일 학습 환경에서도 교사는 말을 독점하였고(수업 시간의 60~70%), 교사가 묻는 질문은 주로 학생에게서 하나의 해답을 요구하는 폐쇄형 질문이었다. Holland의 표본 집단에 속했던 남아는 그

안에 실제적인 요소가 포함되어 있고 직접 조사 및 컴퓨터 이용 활동을 포함하는 수업을 선호하였다. 어떻게 하면 더 잘할 수 있을지에 대한 질문을 받았을 때, 그들은 거의 아무런 아이디어를 제기하지는 못했지만, 교사가 개인적인 관심을 더 많이 기울여 주고, 더 상세히 설명해 주고, 진도를 좀 더 천천히 나가고, 호통을 그렇게 많이 치지 않고, 학생이 할 수 있는 재미 있는 것을 더 많이 제시해 줌으로써 훨씬 더 많은 것을 할 수 있을 것이라고 생각하였다(Holland, 1998: 177).

남아는 학업 미성취자 중 훨씬 더 큰 비율을 차지하였고, 최근에 '국립 교육 연구 재단(NFER)' 이 여러 이슈에 대해 조사한 결과는 앞에서 개괄적으로 설명했던 내용과 5장에서 Hymer가 설명했던 내용을 입증해 주었다. MacDonald 등(1999)은 학교에서의 반 편성을 능력 · 노력 · 잠재력 · 파괴적인 행동을 하게 될 가능성 · 성별 · 교과목 등의 요소 중에서 어느 것을 기준으로 행해야 할지에 대해 더 많은 연구를 해 볼 것을 권고하였다. 즉, 그들은 위의 기준 중 어느 것이 가장 좋다는 것에 대한 확고한 증거를 아직도 찾아내지 못하고 있었다. 하지만 MacDonald 등은 원인보다는 결과를 위해 분투하면서 학교 측이 교수법을 다양하게 조직하도록 강요하고는 있었지만, 미성취 · 배제 · 분열을 일으키는 부적절한 교수법이었는지에 대해서는 의문을 가져 보지 않았다.

'학습을 위한 지원(support for learning)' 이라는 명목하에, MacDonald 등은 다음과 같은 핵심 항목을 발견해 내었다. 교육과정 전반에 대한 문해상의 보조, 고도로 구조화된 수업, 교사 주도 과제에 더 큰 비중 두기, 명확한 목표 및 상세한 교수, 명확하고 확고한 마감일, 단기적인 목표, 정적 강화, 학습을 잘하는 것에 대한 즉각적이면서도 신뢰할 만한 보상, 노력의 증대 및 향상된 행동이 그것이다.

이 모든 항목은 우리가 1장에서 Piirto가 제기했던 사항이었음을 파악할 수 있다. 또한 목표를 통해 관리를 엄격하게 통제하고 교사 · 지도하며 이끌어 주는 교사를 정부에서 간행하는 모든 출판물에 스며 있는 선호되는 모델이라고 간주할 수 있다. 고도로 구조화된 수업은 기초 능력 면에서 특히 효과적일 수도 있다. 더불어 연구자 혹은 관찰자는 자기 수업의 효과를 쉽게 측정해 볼 수 있다. 하지만 우리는 이러한 사실로부터 그 원칙을 수업에서 행해지는 모든 일에 대해 적용시켜야 한다고 결론 내려서는 안 된다. 실제 문제를 해결하는 것과 모의실험을 하는 것은 대개 이행할 수 있는 수업 프로토콜이 존재하지 않으므로 본질적으로 '불명확'하다. 하지만 이런 수업조차도 전략적인 계획을 수립할 수 있는데, 교사가 아닌 연구자는 그러한 계획에 대하여 잘 모르고 있을 수도 있다. 심지어 전략적 계획을 이용하는 교사도 그것을 공공연하게 드러내 놓고 행하지는 못할 수도 있다(Montgomery, 1999).

앞 장에서, 모든 학생의 학습을 촉진할 수 있는 동시에 영재 및 미성취 영재아에게는 꼭 필요한 효과적인 교수와 학습을 위한 구조에 대해 개괄적인 설명이 있었다. 이 장에서는 그 방법을 보여 주기 위해서 권장되는 방법 중 몇 가지를 고찰해 볼 것이다. 예를 들어, Holland는 통합적인 교실에 이 방법을 가지고 와서, 자신이 관리하는 미성취 남아가 미성취 여아에 비해 핸디캡을 가지지 않고 자신의 고정관념을 극복할 수 있게 도움을 줄 수 있다고 하였다. Lee-Corbinet 등(2000)에 따르면, 미성취 영재아에게는 모든 학생 사이에서 능숙한 쓰기 실력을 개발시켜 줌으로써 도움을 줄 수 있다.

이 장에서는 문해와 미성취에 대한 세 가지 측면에 초점을 둘 것이다. 첫 번째는 학생이 글을 능숙하게 쓸 수 있게 해 주는 방법에 대한 것이고, 두 번째는 학생이 철자법을 잘 지킬 수 있는 돕는 법이다. 세 번째는 2장에서 Freeman이 설명했던 바와 같이 문화적 · 사회적 배경으로 야기된 언어적 · 인지적 핸디캡에도 불구하고, 학생이 유창하면서도 일관성 있는 '멋진' 형태로 자신의 아이디어를 논할 수 있게 하는 방법에 대한 것이다.

중재와 관련해서, '준비학급' 에서 어려움과 능력을 조기에 판별해 내는 것뿐만 아니라 차후 여러 단계에서도 그것을 신속히 판별해 내는 것의 중요성을 역설하고자 한다. 더하여 중재에 대한 발달적 · 교정적 · 치료적 접근법에 대해서도 상세히 설명하겠다.

쓰 기

Lee-Corbin과 Denicolo(2000)는 성취 영재아와 미성취 영재아를 비교하였고, 가족의 안정성, 사회 계층, 쓰기 능력이 성취도와 밀접한 관련이 있음을 알게 되었다. 미성취 영재아는 자아상(自我像: 자기에 대한 이미지)을 격하시킨다거나, 통제의 소재를 외부에 두는 경향이 더 낮아 보이지는 않았다. 남아는 여아에 비해 미성취 가능성이 훨씬 더 큰 경향을 나타내었다. 다른 수많은 연구에서와 마찬가지로 이혼이나 가정의 안정성 부족은 미성취와 매우 밀접한 관련이 있었다.

연구가 이루어졌던 3개 학교 모두에서, 능숙한 쓰기 실력은 성취와 매우 밀접한 관련이 있었는데, Wedell(1973), Whitmore (1982), Montgomery(1990, 1997a, 1998)는 이전 연구를 통해 이러한 사실을 입증하였다. 비록 교사는 가정의 안정성과 사회계층에 대해 아무런 영향을 끼치지 못하겠지만, 쓰기에 대해서는 어느 정도 영향을 미칠 수 있다고 주장한다.

1980년대 초에 최초로 영재의 악필 문제에 대해 주의를 환기시킨 것은 사실 국립 영재협회(NAGC)의 Jane Taylor였다. 그녀는 그 주제를 조사하기 위해 어떤 도움을 필요로 하였고, 그 이후로 계속 '쓰기 흥미 그룹(Handwriting Interest Group)'의 일원으로서 그 토픽을 심층적으로 연구해 왔다(Alston & Taylor, 1987). 내가 재직하고 있는 발달 LDRP 연구소가 1983년에 Cowdery, Morse, Prince-Bruce와 함께 미성취 영재아가 '철자법 프로그램을 통한 교수(TRTS 1983-87)'에서 쓸 수 있도록 돕기 위해 활동을 시작하였을 때, 나는 5년 이상 동안 난독증을 지닌 영재아에 대한 연구를 수행할 수 있는 위치에 있었다. Morse는 그 집단에서 쓰기 전문가였지만, 그 집단의 구성원은 모두 Hickey에게서 Palmer 흘림체에 대한 교육을 받았다(Augur & Briggs, 1991 참조). Hickey는 Gillingham 등(1940, 1956)의 프로그램을 토대로 하여 프로그램을 만들었다. 그들은 수년간에 걸쳐서, 난독증 교정 프로그램 각각의 문제가 하나의 선으로 시작되도록 하면서 흘림체나 충분히 연결된 서체로 훈련시켜야 함을 예증하였다. 하지만 우리 학생은 8세가 될 때까지, 또는 글을 깔끔하게 쓸 수 있을 때까지는 흘림체로 글을 쓰는 것이 금지되는 수업으로 회귀하고 있었다. 그러므로 우리가 여러 번의 회의와 현지에서의 발달 연구를 통해 LDRP에 착수했던 것은 바로 이러한 태도를 바꾸기 위해서였던 것이다. 1990년 무렵에, 킹스턴 지방 교육청이 관할하는 7세 미만 유아 학교에서 절반 이상은 시작부터 흘림체를 배웠고, 최근 SAT 결과에서는 이러한 교육 방식을 고수해 왔던 학교에서 '핵심 1단계(Key Stage One)' 무렵에 대부분의 학생이 3단계에 도달하였음을 보여 주었다(Jones, 개인 의사소통, 1998).

포츠머스(Portsmouth) 초등학교에서는, 지역 교육청 연구팀이 고안해 낸 TRTS의 연습문제지 버전인 STRANDS의 개발을 통해서 TRTS와 '킹스턴 흘림체'를 도입시킴으로써 유사한 전략을 운영하고 있다. 그 지역 일대의 다른 학교 역시 흘림체 교수 제도를 운영하고 있다. 하지만 모든 학교가 그러한 것은 아니며, 현 시점에서는 본교 학생이 불리한 입장에 처하게 되는 것을 막고자 한다면, 모든 학교가 그렇게 해야 한다고 말하는 것이 옳을 듯 싶다.

유아에게 흘림체를 처음 가르치는 데 교사가 표명하는 주된 걱정은 문자에 대하여 일필(一筆) 도입법을 이용한다는 점이다. 하지만 바로 근래에 포츠머스 그룹의 한 교장이 그러한 문제를 제기하고, 모든 문자에 대해 일필 도입법을 이용하는 것을 중단하기로 결정하였을 때, 3명의 다른 교장은 이에 대해 아무런 문제가 없다고 보고하였다. 어떤 어려움은 그 현상 자체에 있다기보다는 흔히 해당 교사의 마음과 인지, 교사의 교수법 자체에 있는 경우가 더 많다.

뿐만 아니라 모든 중학교와 고등학교에서는 현재 모든 학생이 학습에 대해 자신이 지닌 불합리한 점을 극복하기 위해 흘림체로 바꿔 주는 프로그램을 이행해야 한다. 근육 운동의 협조 능력에 장애가 있는 학생이나 난독증이 있는 학생은 글쓰기 교정 훈련을 필요로 하기 때문이다.

초창기에 흘림체를 채택했던 학교가 이러한 정책의 시행 과정에서 항상 철자법에 대한 부분까지 파악해 내지는 못하였다는 사실은 의미심장한 발견이었다. 흔히 이것은 그 두 가지(흘림체와 철자법)가 계속 별개의 영역으로 존재하였을 뿐만 아니라, 손으로 글쓰기가 단순히 따라 쓰기 연습에서만 이용될 뿐 철자 능력 개발 활동에서는 이용되지 않았기 때문이다. 그러한 학생을 돕고자 하는 노력에서 내가 『발달적 철자법(*Developmental Spelling*)(Montgomery, 1997b)』이라는 안내서를 저술하게 했던 것은, 특정 유아 학교에 대한 평가 업무에 착수했던 당시 이러한 결과를 알게 되었기 때문이었다. 그 결과 철자법 SAT는 40% 이상 향상되었고, 읽기 SAT는 10%가 향상되었다. 이것은 특별한 연구 결과가 아니며, 우리가 토론하는 과정에서 Cowdery 등이 자주 인용했으며 명확히 입증된 것이었다.

하지만 NLS가 예증했던 바와 같이, 그 정책에 대해 역행하는 움직임이 전혀 없는 것은 아니다. 읽기 교수는 그 정책이 추구하는 쪽으로 전향하지도 않고, 철자법 능력을 향상하고자 하지도 않는다. 그 문제 중 일부로서, 영국이 지난 수년간에 걸쳐 주된 기초 능력으로서 읽기에 대해서는 지나치게 큰 중요성을 부여해 온 반면, 철자법과 쓰기에 대해서는 경시해 왔다는 점을 들 수 있다. 철자법과 쓰기 역시 읽기에 포함되어 있지 않은 특별한 방법을 필요로 한다.

비록 읽기가 반드시 필요한 능력이기는 하지만 동시에 학생이 쓰기에 대해 기울여야 할 시간과 노력의 양은, 학교에서 이루어지는 수업이 균형을 이룰 수 있도록 그 방향이 재조정되어야 함을 의미하며, 교사도 그렇게 하기 위해 재교육을 받아야 한다. 뿐만 아니라 연구원과 교육자 역시 그들이 주력해야 할 방향을 재조정해야 한다. 문해 보고서가 단순히 읽기에 대해서만 논하는 것이나, 난독증이 읽기와 철자법 모두에 대한 문제이며 그중 철자법이 더 심각한 영향을 입게 되는 상황에서, '교육 및 고용청(Department for Education and Employment, 1997)'이 '난독증은 읽기 능력에서의 어려움'이라고만 기술하는 것(p. 14)은 충분치 못하다. 흔히 진술 능력에 대한 평가에는 단지 읽기 검사 점수만을 포함시키며, 비록 연구원이 현재 문해에 대한 음성학적인 하위 능력을 고찰하고 있다고 할지라도, 그들은 읽기 능력상의 어려운 요소를 통해서 문해와 난독증에 대한 자신의 연구를 해석하고 공식화한다. 난독증은, 쓰기에서의 어려움이나 숫자폭(Digit Span), 순서대로 언어 배열하기, 표(목록) 암기하기 등과 같이 음성학적인 문제에 기인한 다른 어려움과 관련이 있을 수도 있고 없을 수도 있다. 이미 인용했던 난독증을 지닌 300명의 학생으로 이루어진 표본 집단에서, 30%는 조정(근육 운동의 협조 능력) 문제와 관련하여 난필증(難筆症: dysgraphic difficulty)이라는 어려움이 있었다.

하지만 난독증과 같은 어려움이 없다고 해도 전체 능력 범주에서 쓰기 조정에 어려움이 있는 소수의 학생에게는 큰 의미가 있다. 15세 남아의 40%와 여아의 25%는 글을 쓰는 것이 너무 고통스럽고 가능하면 그것을 피해 왔다고 진술하였던 Sassoon(1987)의 보고서부터, 미세 운동 조정 능력 그 자체를 검사받게 했던 다른 연구에 이르기까지 그 평가는 다양하게 나타난다(Gubbay, 1975; Laszlo, 1987). 이러한 어려움 중 다수는 본질적으로 어떤 장애 때문이라기보다는, 능숙함 · 모양 · 속도가 떨어지는 것의 결과인 경우가 훨씬 더 많은 듯 보인다.

Alston(1993)은 체셔에 있는 몇몇 학교에서 9세 아동의 21%가 중학교에서 요구하는 쓰기 능력을 제대로 갖추지 못하고 있음을 밝혀냈고, 이것은 Montgomery(1999)가 관찰하고 평가했던 1,200개 수업에서 일반적으로 나타나고 있는 실상임을 알게 되었다. 글을 쓰는 것이 고통이 될 필요는 없다. 그러한 어려움 중 엄청난 부분이, '잘못된 자세' '글쓰기 위치의 부적절함' '적절치 못한 가구' '잘못된 종이 배치' 등에 의해서도 야기되고 있다(Sassoon, 1987). 이것은 학생이 필요로 하는 사항을 조금만 더 주의 깊게 고려하고, 프로그램에 대해 더 융통성 있는 접근법을 행함으로써 쉽게 해결될 수 있다.

만약 글을 조금 더 깔끔하게 쓸 수 있을 때까지 프린트 스크립트(print script: 쓰기체로 쓴 활자)를 계속 강요받게 된다면, 실제 그 어려움은 하나의 장애가 될 것이다(Early, 1976). 쓰기 조정에 어려움이 있는 아동에게, 만약 그들이 흘림체를 배우지 않는다면 깔끔하게 글을 쓸 수 있는 시점은 결코 오지 않을 것이다. 그렇게 한다고 해도 근본적인 어려움은 훈련을 통해서 고쳐질 수 없는 것이기 때문에, 어떤 필체를 이용한다고 해도 손을 떨며 가늘게 흘림체로 글을 쓰는 학생이 필체를 향상할 수 없는 경우가 드물게 발견될 것이다.

글을 쓰기 위해 과도한 노력이 요구될 때, 이것은 운동 신경 능력이 손상된 경우일 수도 있으므로, 그 학생에게는 노트북을 지급해야 하며, 과제를 내려받을 수 있도록 교실에 컴퓨터가 있어야 한다. 그러한 경우에 학생이 수표에 서명을 하고 특정 양식을 기입해야 할 연령이 되면, 약간의 제한된 쓰기 기술만을 가르쳐 주는 것이 현명하다.

어떤 학생은 경미한 쓰기 협응에만 어려움이 있지만, 글씨를 깔끔하게 쓰지 못한다. 그 글씨는 불균등하게 가해진 압력 때문에 휘갈겨져 있고, 모양도 엉망이다. 이것은 거의 모든 교사에게서 상당한 꾸중을 듣게 할 수도 있는데, 교사는 악필을 신중한 노력이 부족한 결과라고 간주하는 경향이 있다. 더 심한 경우, 학생은 쓰기가 너무 힘들고 고통스러워서 거의 아무것도 쓰지 못할 수도 있다. 그 결과 철자법을 전혀 습득하지 못하게 되므로 그 학생은 철자법과 쓰기 모두에 어려움을 겪는 학생이 될 것이다. Alston (1993)에 따르면, 같은 표본 집단에 속한 중학생 중 40~60%가 그러한 장애와 고통에 대해 불만이 있었다.

쓰기협응장애는 '발달협응장애(Developmental Coordination Difficulties: DCD)'와 '발달 난행증(developmental dyspraxia)'이라고 부르는 일단의 방대한 문제에 속한다. 난행증에서 학생은, 복장을 갖춰 입는 데서의 장애, 쓰기를 하는 데서의 장애, 복잡한 운동 신경 행동에 대한 계획을 수립하지 못하는 것과 같은 범주의 전체적인 장애, 관념적인 계획을 수립하는 데서의 장애 등과 같이 특정한 문제가 있을 수도 있다. 때때로 이것은 다른 동급생만큼 쉽게 지그소 퍼즐을 조립해 내지 못하는 것을 조기에 감지해 낼 수도 있다. DCD는 더 복잡한 개념적 장애가 없다면 단추를 잠그고, 바느질을 하고, 무언가를 절단하고, 묶고, 쓰기를 하기 위해서 요구되는 것과 같은 운동력(이동력)이나 미세 운동 통제력과 같은 전반적인 운동 통제력에서의 장애에만 한정되는 경향이 있다. 이 장에서는 어떤 연유에서든 간에 중요한 의미를 지니는 장애인 쓰기에 대해서 다루고자 하며, 짧게 요약하여 그것을 '발달 난필증(developmental dysgraphia)'이나 '난필증(dysgraphia)'으로 부른다. 철자법상의 어려움은 하나의 단락을 마련하여 '철자법 장애(Dysorthographia)'라는 표제를 통해 별개로 다루고자 한다.

Schoemaker와 Kalverboer(1994)가 연구를 수행했던 DCD를 지닌 학령기 아동은, 통제 집단의 아동과 비교해 보건대 심지어 6세 정도의 어린 아이처럼 더 많이 불안해하고, 자신감이 부족하며 더 내성적이고 자기 자신에 대해 육체적으로나 사회적으로 능력이 부족하다고 판단하고 있었다. 연구자는 DCD를 지닌 아동과 그 동료 집단이 여러 가지 육체적인 활동에서의 유능함에 대해 큰 중요성을 부여하고 있기 때문에 이러한 성향이 나타나는 것으로 보고 있다.

자신이 아무리 열심히 노력해도 깔끔하게 글을 쓸 수 없는 학생은 선생님에게서 더 열심히 노력하고 깔끔하게 글을 쓰고 그 과제를 다시 하라는 것과 같이 모든 유형의 견책을 받게 되고, 심지어 더 심한 말을 들을 수도 있다. 이렇게 쉴 새 없이 쏟아지는 비난과 꾸짖음은 이러한 학생의 자신감을 떨어뜨리고, 점진적으로 가능하다면 글 쓰는 것을 피할 궁리를 꾀하게 하며, 특히 교과목 교사는 대개 그 내용을 검토해 보지 않기 때문에 분노하게 된다. 그것은 학생의 용기를 잃게 하는 가장 큰 요인으로 작용하며, 다수의 학생이 화를 내며 쓰기를 거부한다는 사실과, 일부 다른 학생이 그런 모습을 보이지 않기 위해서 비행을 포함한 모든 종류의 전략을 이행한다는 사실은 거의 당연한 결과라 할 수 있다.

'말의 지연(speech delay)'은 DCD 연구에서 가장 흔하게 나타나는 문제였는데, DCD 아동의 50% 이상은 언어 치료를 필요로 한다. 그 무리 중 절반은 수학에 두각을 나타내고 있었지만, 철자법과 쓰기에서의 문제가 다른 교과목의 진도(progress)를 방해하고 있었다. 뿐만 아니라 DCD는 사교적 능력의 부족, 정서적인 문제, 과잉 활동 장애적 요인과도 연관되어 있었다.

Roaf(1998)는, 중학교에 입학하는 학생의 25%가 1분에 15개 단어를 쓰는 것보다 더 빠른 속도로는 글을 쓰지 못한다는 것을 알게 되었다. 쓰기를 많이 해야 하는 모든 수업에서 어려움을 겪고 있던 사람이 바로 이에 해당하는 학생이었다. 조사 결과, 자아상과 쓰기에서의 표상(表象)은 밀접한 관련이 있는 것으로 나타났다. 글을 느리게 쓰는 대부분의 학생은 운동 신경의 협응, 철자법, 글자의 형태에 있어 어려움을 겪고 있음을 보여 주었다. 7세 때 1분 동안 20개의 단어를 쓰는 속도는 성공적이라고 간주한다. 10세 때 분당 12개의 단어가 추가되는 속도는 GCSE에서 추가적으로 25%의 시간이 더 걸리게 하는 원인이 될 수 있다(Allcock, 2000).

쓰기 가르치기

흘림체는 더 많은 생각을 기술할 수 있게 해 주므로 쓰기의 능숙함을 증진해 줄 뿐만 아니라 글 쓰는 속도도 높여 주기 때문에, 모든 학생에게 흘림체를 가르친다는 것은 방대한 긍정적 효과를 얻을 수 있다. 능숙함은 글을 쓰는 데 기울여야 할 육체적 · 정신적 노력을 줄여 준다. 또한 글쓰기는 철자법과도 연관이 있기 때문에, 무의식적으로 철자법을 준수하면서 더 능숙하게 글을 쓸 수 있게 된다(Montgomery, 1997a). 그러므로 철자법 교수가 쓰기 교수와 밀접한 관련이 있으며, 이러한 목적으로 이용하기에 적합한 발달적 · 교정적 · 치료적 전략이 여러 가지가 있다는 사실은 매우 중요한 부분이다.

학생에게는 선이 그어져 있는 종이를 지급해야 한다. 선은 글자의 모양을 개선해 주며, 학생이 종이에서 글자를 쓰기 시작해야 하는 위치를 찾을 수 있게 도와 준다. 그것은 학생의 창의성이나 필체에 해를 끼치지 않는다(Burnhill et al., 1975).

Thomas(1998)는 아동이 자신의 생각을 창의적으로 표현하게 하자는 의견을 제일 처음에는 구술을 통해서만 전개되는 전략으로서 정립해 운영하였는데, 자신의 Kent 유아 학교에서 그 전략을 채택했던 사례에 대해 설명하였다. 교사는 무의식적으로 손과 연결되는 과제를 개발하는 데 전보다 더 오랜 시간을 보냈다. 그 결과 그들은 창의적인 기술 과제에서 새로운 특징을 발견해 내었다. 교사는 서기로서의 역할을 하지 않았고, 학생은 어떤 글을 그대로 따라 쓰는 과제를 하지 않았다. 그녀는 영국의 일반적인 교육 체계를 프랑스에서 운영하는 것과 비교해 보았다. 프랑스에서 흘림체 쓰기는 장기적으로 운영되는 과정으로서 학교와 교사 교육에서 매우 중요한 것으로 간주되고 있고, 학교에 입학하면서 시작되며, 읽기보다 우선적으로 이루어지고 있었다. 그녀는 프랑스의 경험에서 배워야 할 점이 많이 있음을 시사하였다.

쓰기에 대한 발달적 접근법

난형(卵形)으로 약간 기울어 있는 서체는 직립으로 둥그스름하게 쓰이는 서체에 비해 형태가 더 자연스럽고 더 능숙하게 쓸 수 있다. 다음은 치료 교육의 초기에 흘림체 쓰기 교수를 시작하는 데 필요한 지침이다.

- 글자를 따라 쓰거나 베껴 쓰는 것이 아니라, 단일하고도 원만한 신경 근육의 움직임으로 행해지는 기본적인 글자의 형태를 가르쳐 주라.
- 글자를 하나씩 가르쳐 주되, 즉각적으로 무의미한 패턴이 아닌 혼성어와 음절 단위의 글자로 연결시켜 볼 것을 권장하라.
- 읽기 교수를 위해서 했던 것처럼 알파벳 순서나 형태별 어족에 따르는 것이 아니라, 소리와 이름을 가지고 실제 쓰이고 있는 순서에 따라서 글쓰기를 위한 글자를 가르치라. 예를 들어, 'i, t, p, n, s' 부터 시작하라. 가장 빈번하고 유용하게 사용되는 쓰기 글자(그것은 인지 기술이고 가르치기도 훨씬 더 쉽기

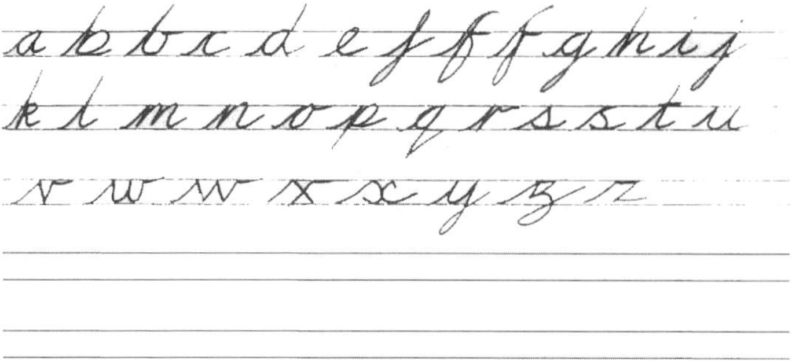

[그림 10-1] 필체 가르치기-난형(卵形) 흘림체:
학습 결손 연구 프로젝트(LDRP)에서의 서체

때문에, 독서를 위해 다양한 순서를 가르치는 데 적합하다)이기 때문이다.

- 처음부터 선이 그어져 있는 종이를 사용하고, 학생이 이 선이 없어도 깔끔하고 능숙하게 글을 쓸 수 있을 때까지는 선을 사용할 수 있게 하라.
- 때때로 글자체 크기에서의 안정성(불변성)을 위해서 또는 적절한 길이의 일반 소문자보다 위로 높게 나오는 활자(b, d, f, h 등)에 대한 능력을 개발하는 데 도움을 주기 위해서, 위에 제시된 것처럼 2개의 선을 이용하라.
- 각자의 소리와 이름을 가진 두 개의 글자를 익히게 되면 그것을 결합시키는 방법을 가르쳐 주고, 이것을 이용하여 철자를 생성해 낸다(i, t, it, ti 등).
- 가능할 때마다 언어적 · 논리적 접근법으로 글쓰기 단원을 편성하여, 기본적인 단어, 음절, 접두사와 접미사를 가르쳐 주라.

• 오른손잡이 학생은 왼손으로 종이를 누르고 있어야 한다. 종이는 수직이 되어서는 안 되고, 대략 오른쪽으로 25~30도 각도로 기울어져야 한다(4시와 5시 사이의 각도).

왼손잡이 학생 가르치기

쓴 글씨를 알아보지 못하게 되는 상황을 막기 위해서, 왼손잡이 학생은 오른손잡이 학생에 비해 연필이나 펜을 펜촉에서 약간 더 멀리 잡아야 한다.

오른손으로 종이를 눌러야 하며, 오른손잡이에 비해 훨씬 더 많이 기울여야 한다. 대략 40도 각도로 기울이는 것이 일반적이다. 글자의 흐름이 아래쪽으로 향하도록 하기 위해서, 일부 학생은 90도 각도로 기울이는 것을 필요로 한다. 각각의 학생은 장시간에 걸쳐 점차 가장 편안하면서도 쉽게 판독할 수 있도록 글을 쓰게 하는 자세를 혼자 힘으로 찾아낼 것이다. 학생에게 자유롭게 실험해 보고, 그 능력에 대한 지적인 관심을 갖도록 권장하라.

왼손잡이 학생을 위한 좌석 배치는 매우 중요하다. 두 명씩 짝을 지어 좌석 배치를 할 때, 두 학생 모두가 서로를 방해하지 않고 펜을 사용할 수 있는 공간을 줄 수 있도록, 왼손잡이 학생은 그 쌍에서 왼쪽에 앉아야 한다. 테이블 둘레로 둥글게 좌석 배치를 해야 하는 상황에서 이것은 훨씬 더 큰 문제가 될 수 있는데, 그때는 자유롭게 움직일 수 있도록 왼손잡이 학생에게 더 많은 공간을 주어야 한다.

올바른 필기체 훈련

서체와 어형 및 심지어 철자법에 대한 20세기 초 프로젝트의 일부로서 그것을 분석해 보기 위해서, 학생에게 친인척 어른이 쓴 글을 모아 볼 것을 권장해 볼 수 있다. 세심한 부분까지 준비가 되어 있지 않다면, 어떤 학생에게도 일련의 흘림체 수업을 가르쳐서는 안 된다. 여기에는 제일 먼저 체크리스트의 도움을 받아 학생 자신이 쓴 것에서 잘못된 부분과 문제점을 분석해 보는 것이 포함되어야 한다. 흔히 학생은 교사가 선호하고 매우 쉽게 판독해 낼 수 있는 '대충 쓴 필기체 형식의 반 활자체(semi print rounded script)'를 고안해 내고, 어떤 변화가 일어나는 것에 대해 우려할 수도 있기 때문에 이 문제를 분석한 후에 흘림체를 이용하는 것에 대한 예와 그것에 대한 이론적인 설명을 필요로 하게 된다. 대략 한 달 남짓 동안 학생은 자신이 쓴 글의 질이 떨어질 뿐만 아니라 다른 학생에 비해서 자신이 부진한 학생이라고 생각할 것이기 때문에 근심에 빠져든다. 하지만 이에 대해 점진적인 방법으로 접근해 가는 것은 많은 문제를 극복할 수 있게 해 준다. 예를 들어, 짧은 연결어를 모두 깊이 생각하지 않고 그냥 하나의 단일 개체(the, if, &, why, off)로서 다시 써 볼 수 있는데, 모든 단어의 첫 글자는 선 위에서 시작되어야 한다. 단 하나의 글자를 완벽한 형태로 쓰고자 여러 줄을 반복하면서 너무 오랜 시간을 보내지는 말라. 학생은 허공에서 그 글자에 대한 움직임을 느껴 보고, 다음에는 눈을 감고도 그렇게 해 보며, 그 다음으로 종이를 이용하여 글자를 써 보기 시작해야 한다.

이러한 방법을 쓰게 되면 특히 더 높은 연령대의 학생은 처음으로 돌아가 쓰는 법을 완전히 다시 배워야 한다는 사실에 대해 모욕감을 느끼게 될 수 있다. 라틴어 선생님이 바로 다음과 같은 것을 행하고자 노력하셨을 때, 우리가 느꼈던 기분과 급우와 나누었던 대화의 내용을 명확히 기억하고 있다. 학생이 흘림체로 글을 써야 한다고 말하는 이유는 다음과 같다.

- 흘림체는 해당 페이지의 단어 전체가 왼쪽에서 오른쪽으로 이동해 가게 하는 데 도움을 준다.
- 어순의 전도(위치가 바뀜)나 반전(거꾸로 움직임)을 막아 준다.
- 판독상의 용이함을 잃지 않고, 글 쓰는 속도를 향상해 줄 수 있어 쓰기 능력을 길러 준다.
- 허용된 시간 내에 더 많이 쓸 수 있다.
- 쓰기 능력을 향상할 수 있다는 것은 GCSE에서의 학년, 학력 수준, 학위 프로그램에서 차이를 만들어 낼 수 있다.
- 단어 전체의 철자 및 그것의 어간과 접사에 대하여 운동신경 프로그램이 기억되므로, 철자의 정확도가 향상된다.
- 글자와 단어 사이의 띄어쓰기가 질서정연하게 무의식적으로 행해진다.
- 더 효율적이고 능숙해지며 개인적인 서체가 고안될 수 있다.
- 쓰기 협응 어려움을 겪는 학생은 더 적은 고통과 어려움을 겪게 된다.
- 글자에 대한 판독상 용이함(legibility)이 향상된다.
- 흘림체는 다중 감각적인 학습, 철자법 연계시키기, 글쓰기,

말하기 등을 심화시켜 준다.

- 처음부터 흘림체를 배운다면, 그것은 유아기 이후에 새로운 운동신경 프로그램을 전반적으로 다시 배워야 하는 필요성을 없애 준다. 이것을 다시 배운다는 것은 난필증(難筆症)이 있는 아동에게 이중 장애가 될 수도 있다.

글자의 형태상 실수에 대한 규명과 분석

흔히 범하는 실수의 일반적인 유형에 대한 목록은 [그림 10-2]에 제시되어 있다(Montgomery, 1990). 그러한 실수는 대개 부적절한 교수와 학습에서 그 원인을 찾을 수 있다.

학생은 교사의 도움을 받아 자신이 쓴 글의 샘플에서 실수를 분석해 보아야 한다. 학생이 찾아낸 실수를 논의할 수 있는 기회가 더 많을수록, 그들은 더 많은 관심을 가지고 자신의 글쓰기 실력을 향상하려는 의욕도 더 커진다. 흘림체를 처음 가르칠 때와 마찬가지로, 쓰기상의 실수를 교정하는 데 가장 중요한 것은 서체의 크기와 기울기다.

겹선을 이용하여 서체의 크기를 완전히 똑같이 유지시키면서, 연습을 통한 중재부터 해야 한다. 이어서 모든 글자의 기울기가 전방으로든 후방으로든 똑같이 유지될 수 있도록 글자의 기울기 문제에 역점을 두어 다루어야 한다. 모든 글자는 '도입 획(lead-in stroke)' 을 가지고 있어야 한다는 사실뿐만 아니라 이것은 매 글자마다 선 위에서 시작되어야 함을 강조하였다. 이전에 배웠던 운동신경 프로그램을 능가할 수 있게 돕기 위해서는, 모든 단어를 '도

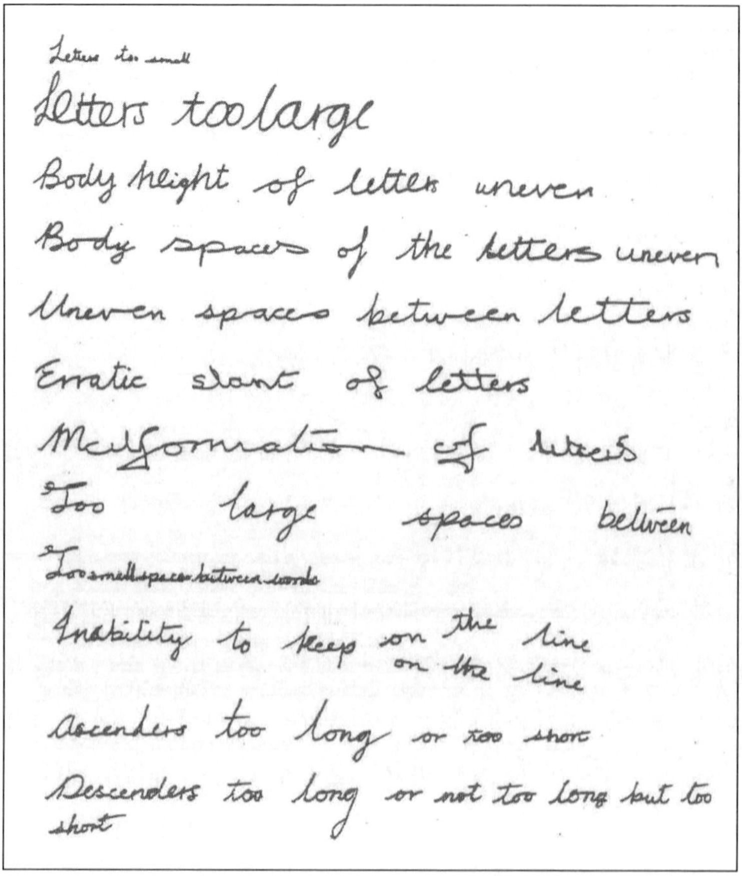

[그림 10-2] 글자의 형태상 실수를 가르치기 위한 쓰기 수업

입 획'으로 연습해야 한다. 무엇을 써야 할지에 대해서뿐만 아니라 그 철자를 어떻게 써야 할지에 대해서 생각하는 것은 어떤 기술을 바꾸거나 배울 때 인지적으로 너무 과도한 것을 요구하게 되므로, 따라 쓰기와 시구, 기억해서 쓰기는 이 단계에서 가장 좋은 방법이다. 특수 활자는 쉽게 연결될 수 있으며 작은 군(어족 아래의

[그림 10-3] 가지 예시 단어와 음절

언어군)에 속하기 때문에, 활자체에서 흘림체로 바꿀 때 특수 활자(活字) 언어군을 결부시키는 책략을 포함시켜서는 안 된다. 또한 나중에 연결시키려고 모든 알파벳 철자를 각각 따로 가르쳐서도 안 된다. 그 대신에 아이는 짧은 단어와 전체 어간을 이루는 단어 · 접두사 · 접미사를 의미가 있는 단위별로 쓰면서 연습해야 한다— 'little' 'butter' 'apple'과 같이 어떤 단어는 연습을 하는 데 특히 더 큰 재미를 준다.

쓰기 협응 어려움 규명하기

다음은 운동신경 협응 어려움에 대한 체크리스트다. 운동신경 협응에 대한 예는 [그림 10-4]에 제시되어 있다.

- 페이지의 가장자리에서 중간선 쪽으로 글자가 움츠러드는 경향이 있음
- 글 전반에서 아래쪽으로 글자가 급히 쏠려 가면서 큰 폭의 행간이 다수 생기게 됨
- 대문자인 듯 보였던 것이, 단어의 중간 부분뿐만 아니라 단어

[그림 10-4] 쓰기상에서의 협응 어려움에 대한 예(사라, 6세)

의 첫음절에 실제 소문자인 단어(특히 s, w, k, t)를 크게 잘못 쓰는 경우가 많음

- 성이 나서 갈겨 쓴 듯 보이는 필체
- 글자를 유심히 살펴보면, 필체가 비틀거리며 위태롭게 쓰인 것을 알 수 있음
- 압력(손의 누르는 힘)의 변화를 보여 주면서 때로는 진하고, 다른 부분에서는 희미해져서 글자가 '색조'에 다양한 변화를 나타냄
- 글을 쓰면서 가해진 압력으로 종이의 뒷면에 굴곡이 생기고 심지어 구멍까지 뚫어짐
- 선에 맞춰 글을 쓰지 못함
- 한 번의 부드러운 동작으로 능숙하게 글자의 형태를 따라 쓰

는 데 어려움이 있음

치료적 및 발달적 흘림체 쓰기의 교수

학생이 쓰기의 어떤 단계나 수준에 도달했든 간에, 만약 그것이 활사체로 행해진 것이라면, 다음에는 능숙함과 속도를 증진하기 위해 즉각적으로 난형(卵形) 흘림체로 바꾸어 주고자 노력해야 한다. 모든 학생이 흘림체로 필체를 바꾸고 싶어 하지는 않을 것이며, 심지어 관련된 증거를 살펴보면, 자녀가 흘림체를 배우는 것을 완강히 거부하는 부모도 있을 수 있다. 하지만 잠시 동안은 자신이 쓴 글이 깔끔해 보이지 않을 수도 있고 그들이 제어해야 할 그다지 중요하지 않은 것이라고 느낄 수도 있겠지만, 대부분의 학생은 흘림체를 기꺼이 배우고자 할 것이다.

처음 흘림체를 쓰는 학생은 처음부터 '도입 획'을 사용하여 '연결체(연결시켜 쓰는 글씨의 솜씨나 모양)'를 이용하는 법을 배워야 한다. 난독증 및 쓰기 어려움이 있는 학생은, 그들이 배우고 있는 철자법 및 독서를 위한 '단어' 능력을 심화하기 위해서뿐만 아니라, 쓰기에서 그들이 지닌 운동 지각 결손에 따른 문제를 극복하기 위해서도 반드시 연결체를 배워야 한다. 여기에는 다음에 제시되는 다중감각 훈련 기법을 권장할 수 있다(Cowdery et al., 1984; Augur & Briggs, 1991).

Morse 등(1984)이 상세히 설명해 주었던 것처럼, 교사는 다음에 제시된 바와 같은 능숙한 난형(卵形) 흘림체 기법에 대한 교수뿐만 아니라 다중 감각적인 훈련 기법도 활용해야 한다.

- 소문자 'i'의 형태를 칠판에 흘림체로 보여 주라.
- 예를 들어, '선 위에서 시작하여 위에서 아래로 천천히 그리고는 끝을 약간 둥글게 하세요. 이제 맨 위쪽에 점을 하나 더 찍으세요.' 라고 말하는 것과 같이 아이에게 그 글자를 상세히 이야기해 줌으로써 그것이 어떻게 만들어지는지 설명해 주라. 이것을 여러 번 반복하고, 아이에게 이 활동에 동참할 것을 요구하라.
- 만약 아이 중 한 명이 그 문자(i)를 알지 못한다면, 아이에게 그 글자의 음(소리)을 제시해 주라. 그 글자를 한 번 더 상세히 설명해 주고, 아이에게도 역시 그렇게 해 보게 한 다음, 그것의 음도 말해 보게 하라.
- 당신의 등이 아이에게 향하게 되는 상태로, 'i' 라는 모양이 어떻게 형성되는지를 허공에 그리며 시범을 보여 주라. 왼손잡이 학생을 위해서 왼손으로도 반복해서 보여 주라.
- 매번 그 글자를 쓸 때마다, 그것의 음을 이야기해 주어야 하는데, 그것은 단모음(i)이다. 예를 들어, 'imp' 'ink' 처럼 그 음을 기억하기 위해서 키워드에 대한 개념을 소개시켜 주라.
- 학생에게 모두 함께 허공에 대고 그 동작을 똑같이 따라해 볼 것을 요구하라. 그다음에는 동시에 그 음을 말하면서 탁자에 대고 그 모양을 집게손가락으로 그려 보게 하라. 모든 학생을 관찰해 볼 수 있도록, 학급 전체 및 테이블 그룹 단위로 그 순서를 여러 번 반복하라.
- 학생 개인에게 허공에 대고 그 모양을 그리는 방법을 학급의 나머지 학생이 볼 수 있도록 요구해 볼 수 있다.

- 다음에 교사는 칠판에 흘림체로 'i' 를 쓰고, 학생은 자원해서 그 본보기 옆에 'i' 를 쓸 수도 있다(교사의 본보기로 써보였던 글자는 계속 가려 두다가, 그 두 가지를 비교해 볼 때 펼치면 된다). 작은 칠판(학생용)은 연습을 하는 데 매우 유익하게 사용할 수 있다.
- 학생이 그 글자에 익숙해졌을 때, 학생에게 그것을 종이에 써볼 것을 권장해 볼 수도 있다.
- 학생이 정확하게 그 형태를 알게 되었을 때, 그들이 'i' 를 쓰는 것처럼 그 음(소리)을 중얼거리면서 'i' 와 연결되어 이루어진 언어군을 시도해 볼 수 있다.

학생이 능숙한 서체 실력을 갖추었을 때만, 이탤릭체와 같은 어떤 달필체의 변이형이나 회화형의 서체를 가르쳐 주어야 한다. 발달상 쓰기 불능증이나 쓰기 운동신경 행동불능과 같이 쓰기에 대한 어려움이 있는 학생에게, 달필체를 공부한다는 것은 학교에서 해야 할 적절한 학습이 아닐 수도 있다. 다음에 제시된 것은 David의 부모에게서 받은 사례 프로파일 노트다(익명, 1995).

David가 학교에 입학하기 전인 5세경에는 항상 명랑하고 자신감에 넘치는 활달한 어린이였다. 하지만 2학년이 끝나는 시점에 성적표는 그에 대해 다음과 같이 묘사하고 있다.

> 그는 의욕적이고, 열정적이며, 집중을 잘하고, 어휘력이 뛰어나며, 혼자 힘으로 발표도 잘하고, 의견도 잘 제시하며, 책을 읽는 것도 매우 잘한다. 기술 과제에 포함된 내용의 질 역

'아이들이 길을 건너지 못하게 하세요(앨리슨-생후 5년 1개월)'

[그림 10-5] 협응 어려움이 있는 학생이 글쓰기를 처음 배우는 예

> 시 우수하고 매우 상세하면서도 창의적이다. 하지만 불행히도 연필 제어력(쓰기 능력)은 그를 좌절시키고 만다(1995: 29).

여기에서 우리는, 뛰어난 학생이긴 하지만 미세협응장애가 있음이 분명하다는 것을 알게 된다. '흘림체 훈련을 통해서 그 문제를 고칠 수 있는 것인지' 와 '더 포괄적인 행동 불능 증상이 있는 것은 아닌지' 를 파악하기 위해서, 지금쯤 David는 이미 특수 발달 전체 평가 프로그램에 참여하고 있어야 했다. 만약 극심한 어려움이 있다면 노트북 컴퓨터를 이용하는 방법으로 방향을 바꿔서 1학년 때 키보드 사용 훈련을 받아야 했다.

3학년 때 David는 스포츠 활동을 하는 데도 여전히 많은 어려움을 겪고 있었지만(거대운동신경장애뿐만 아니라 미세운동신경장애에 대해서도 그러한 징후가 나타났다), 수영하는 법은 조금씩 배워 나갔다. 그는 스케이트를 신고는 일어서지도 못하였고, 유도를 하는 데도 많이 뒤처졌다. 그는 끝까지 참고 견뎠지만, 결국 필수 과목이었던 수영을 제외하고는 모두 낙제하였다. David의 남동생은 학교에 입학하였고, 이 모든 활동을 다 해낼 수 있었다. David는 부모의 요구에 따라 평가를 받았는데, 문자와 숫자를 쓰는 법에 대해 조언을 받아야 한다는 것을 제외하고는, 협응 능력도 양호하고 어떤 조치를 취해야 할 필요는 없다는 판정을 받았다.

4학년 때, David는 글쓰기에 대하여 15분 동안 개별 지도를 받았다. 비록 글자 모양이 많이 향상되었지만, 그것이 David가 일반 교실에서 수업을 받도록 해 주지는 못하였다. 이것은 글자를 계속 옆으로 나란히 붙여서 정연하게 활자체로 글을 쓰는 훈련의 주된 특성이다. David는 여전히 자기 자신과 학업을 체계적으로 정리하는 데 어려움을 겪고 있었고, 끊임없이 자신의 소지품과 해야 할 일을 제대로 관리하지 못하고 잊어버리곤 했었다. 이것이 바로 Gubbay(1975)의 '서투른 아이' 증후군에 대한 전형이다. 담임 교사는 그 문제를 매우 잘 알고 있었고, 그해 동안 Dvaid의 문제는 전반적으로 더 많이 해결될 수 있었다.

5학년 기간은 매우 끔찍한 한 해였다. David는 친구에게 괴롭힘을 당하고 욕설을 들었다고 불평하며 집으로 돌아오곤 했다. 그의 새 담임 교사도 이러한 분위기를 확실히 감지하였다.

> 'David는 근심에 사로잡혀 있고, 겁에 질려 있으며, 쉽게 화를 내게 되었습니다. 그리고 매일 밤 위로해 주고 진정시켜 주어야 했으며, 그의 곁에 누군가가 함께 앉아 있지 않으면 잠이 들지 못하였습니다.' (p. 30)

6학년 때, David는 아무 일도 없었던 것처럼 겪었던 사건을 집에 와서 이야기해 주지 않았는데, 그 결과 사태는 더욱더 악화되었다. David는 학교 생활에 관해서는 '완전히 흥미를 잃어버린 것처럼' 행동하고 있었다. 부모는 David가 진단을 받고 특별 지원을 받아야 한다고 권고했던 '행동불능 위원회(Dyspraxia Trust)'와 연락을 취하였다. 그는 행동 불능증이라는 판정을 받았지만, WISC-Ⅲ UK의 IQ 검사에서는 능력 범주 내에서 최상위 2%에 속해 있다는 사실을 알게 되었다. David는 이 평가를 통해서 큰 도움을 받았고 우둔한 학생이 아님을 알게 되었지만, 학교 측에서는 그가 단독으로 사용할 수 있는 노트북을 제공해 주지 못한다고 이야기하였다.

평가의 결과는 부모가 7학년 때 David를 괴롭히는 학생이 없는 다른 학교로 전학시키는 것으로 끝을 맺는다. 수업 시간에 노트북 컴퓨터를 사용하고, 체육 시간에 학습 지원을 받으며, 근심을 덜어 주고자 하는 노력에서 영어 수업 시간 동안에는 따로 나와서 David가 특별히 필요로 하는 부분에 대한 수업을 받고 있다. 글자를 정연하게 쓰고 운동 경기에서 맞서 겨루게 하는 데 실패하는 것은 학교에서 일어나는 다수의 비극적인 이력 중 하나에 불과하다. 그것은 수많은 교사가 부지불식간에 행하였고 본보기로 따랐던 위협적인 삶의 경험이다. 왜 그러한가?

변화하고자 하는 열정은 가장 중요한 요인임에도 불구하고 일부 학생은 처음에 무언가가 바뀌어야 한다는 사실에 대해 겁을 먹을 수도 있기 때문에, 필체를 변화시키는 데 학생을 평가와 재개발 전략에 참여시키는 것이 꼭 필요하다. 한 가지 기술이 다른 기술의 발달을 향상하는 역할을 할 수 있도록 쓰기법과 철자법을 함께 가르치고, 쓰기법에 어떤 가치를 더하여 연습 활동을 제시해 주는 것은 특히 중요하다.

2주 동안 매일 하루 몇 분씩 지도 연습을 받고 난 후, Mark는 능숙하게 글을 쓸 수 있었고, 그 기술을 수업 활동(과제)으로 옮겨 올 수 있었다. 다음 단락에서는 모든 학생을 대상으로 철자법을 가르치기에 적절한 방법을 개괄적으로 설명하게 되는데, 영재아에게도 철자법 교수는 꼭 필요한 것이며 매우 쉽게 이루어질 수 있다.

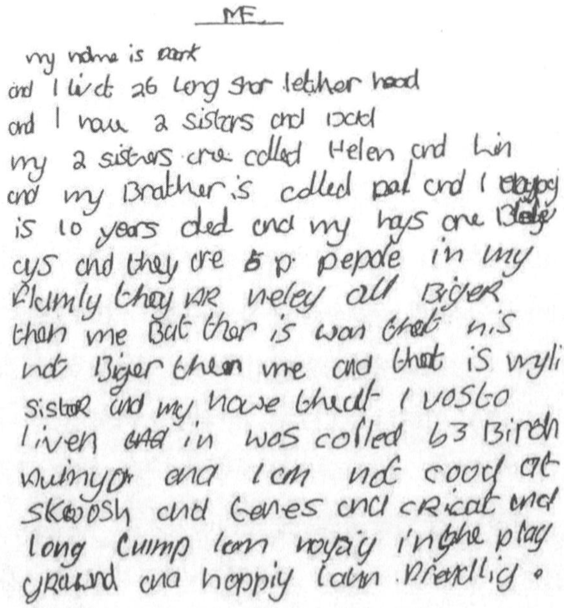

훈련 전

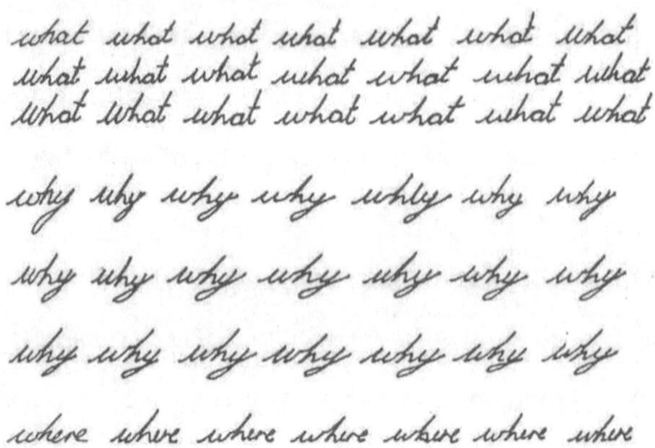

2주 동안 매일 5분씩 훈련을 받고 난 후

[그림 10-6] 훈련 전후에 쓴 글에 대한 견본

철자법 가르치기

HMI(1996, 1997)의 최근 조사에 따르면, 11세 학생의 3분의 1 이상이 초등학교에서 학업을 이수할 수 있을 만큼의 읽기 · 쓰기 능력을 갖추지 못하고 있음을 보여 준다. 심지어 NLS조차도 철자법을 향상하지 못하였는데, NLS는 읽기 능력에 초점을 두고 있기 때문에 그것은 당연한 결과라 할 수 있다. 읽기 과정에서 발음 중심의 교수법인 음향학(phonics)을 가르치면서 '마법의 e' 와 같은 몇 가지 철자법 규칙을 추가시켜 가르칠 때, 교사는 흔히 자신이 철자법을 가르치고 있다고 생각하지만, 이것은 실제 그들이 가르쳐야 할 사항 중 극히 일부분에 지나지 않는다(Montgomery, 1997b). 아마도 기존에 '따분하고 고된 철자법' 이라고 불렀던 것에 대한 두려움은 여전히 남아 있을 것이다. 학생은 나란히 줄지어 앉아서 철자법을 암송하며, 성경 구절과 운문 모음집을 기계적으로 암기할 것이다(Barnard, 1961; Chalmers, 1977). 이에 대한 반응은, 교사가 '의미 강조' 방법을 행하게 하는 것이었는데, 특히 읽기 교수에 대해서는 '보고 말하기' 기법뿐만 아니라 다채로운 모음집과 실습 제도 기법이 있는데, 실습 기간 동안에는 책을 읽으면서 주로 철자법을 익히고 글자 따라 쓰기를 통해 심화 교육을 받았다. 게다가 일부 세대의 교사는 해당 언어의 언어학적인 측면에 대해서는 전혀 교육이 이루어지지 않은 교육체계하에서 성장을 해 왔다. 비록 지금 여러 가지 복합적인 방법이 만들어지고 있고, 음향학이 언어학으로 뻗어 나가고 있지만, 이것은 충분히 체계적이지도 못할뿐더러 여러 사례별로 정확히 들어맞는 자료를 통해 뒷받침될 수도 없다.

1999년 12월에 교육부 장관 David Blunkett은 철자법 검사를 7~11세 학생을 대상으로 한 국정 검사체계로 도입시킬 것이라고 발표했다. 다수의 교사가 기계적으로 암기해야 하는 철자법 목록을 제시해 줄 것이고, 철자법 능력이 뛰어난 학생은 우수한 성적을 거둘 것이며 철자법 능력이 부족한 학생은 그렇게 하지 못할 것임을 다시금 예측할 수 있다. 철자법 능력이 부족한 학생은 더 불리한 처지에 놓이게 될 것이고, 모든 학업 영역으로 일반화될 수 있는 무기력과 두려움을 다수의 명석한 학생이 경험하게 될 것이다. 이 시점에 단순히 학습 결과가 아니라 학습 과정에 집중할 수 있다면, 실제로 우리는 아이를 벌하기보다는 오히려 아이에게 도움을 줄 수 있다.

철자법은 정확한 글자를 정확한 순서대로 구술상으로나 문자상으로 전달받아야 하는 회상 능력이다. 26개의 알파벳으로 이루어진 영어의 글쓰기 체계에서 글자는 44개의 소리로 발화되는데, 44개의 발화음에서 모든 모음은 짧은 소리와 긴 소리 2개의 음이 있다. 예를 들어, 'ch, sh, th, th(유성), ph, wh' 와 같이 두 개의 글자가 하나의 소리를 내는 자음 이중글자(digraph)도 있는데, 이것은 그것을 이루는 각각의 음과는 차이가 있다. 이중 모음 'oo' 는 그것 자체에 대한 단음과 장음이 있으며, 특수 모음으로서의 역할을 하고, 'y' 는 모음도 될 수 있고 자음도 될 수 있다. 하나의 음절에 두 개의 글자가 섞여서 완전히 새로운 소리를 만들어 내며 동시에 연속된 두 개의 모음을 생각나게 하는 이중 모음도 4개가 있는데, 그 예로는 'oi, oy, ou, ow' 등이 있다.

Spalding와 Spalding(1969)의 '읽기로 가는 쓰기법(The Writing Road to Reading)' 계획안에 따르면, 처음 철자법을 배우는 학생이 이용하는 대부분의 단어는 80개의 표음문자로 대표하여 나타날 수 있다. 다양한 표음문자는 같은 소리를 나타낼 수도 있는데, 예를 들어 'i' 'ie' 'igh'는 모두 소문자 'i'와 대문자 'I'에 대한 장모음을 나타낼 수 있다.

Hanna 등(1966)에 따르면, 적어도 영어의 85%는 그 철자법이 체계적인 음의 패턴과 언어학적인 규칙을 따르고 있다는 점에서 규칙적이다. 알파벳의 기본음을 전달받은 컴퓨터는 5개 단어에서 단 한 번만 정확한 철자법을 산출해 낼 수 있을 뿐이다. 특히 '뇌를 개입시키라(engage brain).'라는 전략은 박식하지만 무기력한 학생이 어려움을 극복하는 데 도움을 주고 학생에게 의욕을 불러일으키기 위해 사용할 수 있다. 약 15개의 키워드는 언어학의 벽을 무너뜨리게 될 것이고, 학생이 학교에서 장문의 글을 쓸 때 이용해야 하는 대부분의 단어에 대한 정확한 철자법을 제시해 준다.

규칙 변화를 하는 단어는 알파벳 기호가 나타내는 음과 정확히 일치되는 단어다. 예를 들어, 'pin, bag, stop, trust'와 같은 기초 음향학에 해당되는 체계다. 철자법을 처음 배우는 학생이나 철자법상의 어려움을 지닌 학생은 이러한 알파벳 규약을 어길 때, 예를 들어 'mi mum got me a cmputa fr mi bthde'와 같은 '뼈대만 남은 음향학' 체계를 볼 수 있다. 전형적으로 그러한 학생은 비교적 규칙적으로 변화하는 단어에서조차도 중간 모음을 누락시키거나 잘못된 모음을 끼워 넣게 된다. 'come, said, women'과 같이 불규칙 변화를 하는 단어는, 예를 들어 'cum, sed, women' 과 같이 소리가 나는 대로 나타낼 수도 있다. 심지어 더 이른 단계에서는, 5세 아동을 대상으로 일련의 무리를 이룬 글자를 제시하거나 여러 개의 유사한 음을 나타내기 위하여 글자를 하나씩 제시하는 방법도 이용할 수 있다.

아이의 철자법을 지켜보는 성인은 흔히 철자법을 배우는 데는 시간이 걸린다는 사실과, 어휘를 더 광범위하게 사용할수록 철자법상의 실수를 하게 될 가능성이 더 커진다는 사실을 잊곤 한다. 심지어 학생이 철자법을 잘 배운 듯 보일 때조차도, 새로운 어휘를 소개해 줄 때마다 실수를 범하게 될 것이다. 5세와 6세 아동이 범하게 되는 창의적인 철자법상의 실수로는 다음과 같은 것이 있다 (어느 팀이 보조를 받았는지는 쉽게 알 수 있을 것이다).

> William, 5 yr 2 mos: 'teh tre fel on to ften ottn telfn pol riu' (the tree fell on top of the other telephone pole wire).
>
> Ryan, Year 1 pupil: 'I wen to see Tottenham & noting Fors' (I went to see Tottenham & Nottingham Forest).

대부분 사람의 머릿속에는 그들이 지니고 다니는 정확한 철자법에 대한 어휘 목록(사전)뿐만 아니라, 수많은 실수 역시 확고히 저장될 것이다. 몇 가지 일반적인 것으로는 separate, accomodate, dessicate, potatoe 등과 같은 것이 있다. 한 번 자리 잡은 실수를 완전히 근절시킨다는 것은 특히 더 어려운 일이며, 틀린 부분 없이 깔끔하게 5번을 쓴다고 해도 그러한 실수를 교정하지는 못한다.

학생은 아무런 도움을 받지 않고 우수한 철자법 실력을 기를 수 있는 능력에 차이가 있다. 어떤 학생은 철자법이 전반적으로 뒤떨어지고 있고, 어떤 학생은 다양한 이유로 심각하고 지속적이며 특수한 장애를 겪을 수도 있다. 철자법 능력이 부족한 학생은 특수한 장애가 있는 듯 보이지는 않지만, 일반적으로 문해 능력의 발달이 늦으며, 이에 따라 그들은 여러 가지 매우 중요한 교수상의 '입력(input)'을 받아들일 준비를 하지 못한 상태이기 때문에 철자법 학습을 모두 놓쳐 버리게 된다. 다른 학생은 만족스러울 만한 학습 기회를 얻지 못하고, 혼자서는 교정해 낼 수 없을 뿐만 아니라 차후 발달에 장애가 되는 일련의 근본적인 과실을 범하는 상태로 학습을 계속 진행시켜 나간다. 쓰기 장애는 철자법 발달을 한층 더 지연시킬 수도 있다. 예를 들어, 1학년인 Ryan 역시 우수한 철자법 실력의 개발을 저해할 가능성이 있는 쓰기 협응 문제를 겪고 있었다.

주류에 있는 대부분의 학생이 단지 교정적 · 발달적 철자 프로그램만을 필요로 하는 반면, 초보 단계의 학생은 핵심적인 발달 프로그램을 필요로 한다. 그러므로 다음에서는 교정적인 기법으로 시작하여, 발달적 철자법에서의 수업과 교정적 철자법에서의 수업에 대해 설명하고자 한다.

교정적 철자법 전략

대부분의 사람이 보편적으로 철자를 틀리게 표기하는 단어로는 여러 가지가 있다. 때때로 그들은 그러한 단어의 철자를 자신이 잘못 표기하는 경향이 있다는 것을 알고 있지만, 매번 정확한 철자를 잊어버리곤 한다. 실수를 범하는 영역은 대개 한 가지 철자를 넘게 된다. 교사는 교실 여기저기를 다니면서 학생이 일반적으로 범하는 실수를 교정해 줄 수 있고, 개인적인 실수에 대해서는 차후에 중재해 줄 수 있도록 따로 떼어서 책의 여백에 기록해 둘 수 있다. 때로는 전체 수업 시간을 빌려 새로운 철자나 문제가 되는 철자법에 대해 가르칠 수도 있다. 매일 몇 분씩 아래에 개설된 인지 과정 전략을 이용하여 철자법을 가르친다면 철자법 실력을 개발하는 데 큰 도움이 될 수 있다(Montgomery, 1997a).

교사는 학생이 교정 전략을 이용하는 법을 배울 수 있는지의 여부를 파악하기 위해서, 어려움을 겪고 있는 단어를 몇 가지 제시해 볼 것을 요구할 수 있다. 더 어린 학생은 유성음 · 음향학 · 음절에 대한 실수와 같이 더 낮은 수준의 실수를 범하는 경향이 있으므로, 그 전략은 직접적으로 이러한 실수를 바로잡는 쪽으로 향하게 된다. 만약 학생이 높은 수준의 실수를 범하게 된다면 사전(dictionary) 활용 학습을 포함하는 완전한 프로토콜을 이용해야 한다.

철자법상의 실수는 철자법 능력이 발달되는 초기에 범하게 되는 경향이 있으며, 일단 뇌에 저장되면 그것을 아무리 지우려 하고 무시하려 한다 해도 고쳐서 다시 배울 수 없게 된다. 우리가 목격하게 되는 것으로는, '시험을 칠 때 속박당하는 분위기 속에서 갑자기 발생하게 되는 실수' '일반적인 문서상에서 다양한 실수의 형태로 나타나는 실수' '정확한 철자로 표기된 같은 문서 내에서 같은 철자에 대해 나타나는 실수' 등이 있는데, 그것은 마치 그 학생이 잠시 동안 부주의했던 것 때문에 발생한 것처럼 보일 수도 있다.

학생은 특정 단어가 문제가 된다는 사실을 충분히 깨달을 수 있으며, 그것을 교정하려고 노력할 것이다. 하지만 이제 그는 'separate'의 중간에 'e'가 있어야 하는지, 아니면 'a'가 있어야 하는지 완전히 헛갈릴 것이며, 'accommodate'에서 'm'이 2개인지 1개인지도 헛갈릴 것이다. 그들은 흔히 두 개 사이에서 하나를 택하고, 문제 단어의 사용을 피하며, 훨씬 더 간단한 어휘를 이용하여 대처하곤 한다.

교정적 철자법

철자법상의 실수를 교정하기 위한 열두 가지 인지 과정 전략

인지 과정 전략 접근법은 철자법 실수를 규명해 내고 교정하기 위해서 철자법상의 실수를 범하는 구역에 온통 관심을 기울이게 된다. 이러한 관심은 실수가 기억 속에 존재하는 더 높은 수준의 프로파일을 제공해 주며, 전략을 적용시킬 수 있도록 하기 위해 철자법에 접근해 감에 따라 더 큰 종소리가 울리게 된다. 잠시 후에 학생은 고양된 자각력을 경험하게 되고, 정확한 철자로 그 단어를 이용하여 글을 쓰게 된다. 결국 정확한 운동신경 프로그램이 매 순간마다 유도된다. 그러므로 자동 운동신경 프로그램이 편성될 수 있도록, 모든 교정은 반드시 완전 흘림체로 기술되어야 한다.

- 명확히 발음하기: 확실하고 정확하게 말하라. 'Chimley' 가 아니라 'Chimney' 다.
- 한 음절씩 끊어서 발음하기: 한 음절씩 확실히 끊어서 발음하라. 'parli(a)ment' 'gover(n)ment'
- 길게 늘여서 발음하기: 단어를 틀리게 말해 주라. 'Wed-nes-day'
- 음절로 나누어 발음하기: 단어를 음절별로 나누라. 'mis-de-mean-our'
- 음향학: 해당 단어의 소리에 대하여 이해할 수 있는 골자(윤곽)를 파악해 내기 위해 노력하라.
- 기원: 또 다른 언어에서 해당 단어의 어원을 찾아보는 것은 단서를 제공해 줄 수 있다.
- 규칙: 'l-f-s' 규칙과 'c 뒤에 오는 경우를 제외하고 e가 I 앞에 온다.' 는 규칙은 도움이 될 수 있다.
- 언어학: 음절 구조와 접사 규칙은 대부분의 단어를 지배한다.
- 어족: bomb, bombing, bombardier, bombardment는 단서를 제공해 줄 수 있다.
- 의미: 'to pare나 part' 는 'separate' 의 철자를 정확히 표기하는 데 도움을 준다.
- 유추: 'it is like braggart' 는 'braggadocio' 의 철자를 표기하는 데 도움을 준다.
- 재미있게 만들기: 'cess pit(분뇨 구덩이)' 는 필요한 철자법을 기억하는 데 도움이 될 것이다.

철자법상의 실수를 교정하기 위해 통합된 인지 과정 이용하기

- 학생이 철자법상의 실수를 파악해 내고자 노력하면서 교정을 본다.
- 교사도 실수를 찾아내기 위해 교정을 본다.
- 교사가 철자법상의 모든 실수에 대한 종합 목록을 작성한다.
- 학생이 교사와 함께 연구해 볼 두 개의 철자를 선정한다.
- 학생이 사전에서 그 단어를 찾아본다.
- 학생이 잘못 표기된 글자나 빠뜨린 글자와 같은 실수한 부분에 동그라미를 친다.
- 의미나 기원에 대한 단서를 찾기 위해 사전에서 그 단어를 자세히 살펴본다.
- 교사는 학생과 함께 그 실수 중 하나를 해결하기 위해 12개의 목록에서 2개의 인지 전략을 논의한다.
- 학생은 그 전략을 이용하고, SOS를 이용하면서 그것이 성공적이었는지를 알기 위해 체크한다(다음 단락을 참조하라).
- 이제 학생은 적용시킬 수 있는 두 가지 전략을 규명해 내면서 다음 단어를 다루게 된다.
- 이제 학생은 교사에게 진행 상태를 보고하게 된다.
- 1~2일 후에 학생이 여전히 기억하고 있는지 확인해 보기 위해 교사는 학생에게 두 단어 모두에 대한 철자를 구두상으로 이야기해 볼 것을 요구한다.
- 이 단어를 완전히 습득한 다음에, 두 가지를 더 해결해 낼 수 있을 것이다. 잠시 후에 학생은 이 과정을 스스로 관리해 나갈 수 있게 된다.

더 높은 수준의 실수를 교정하기 위해 프로토콜을 이용하는 것에 대한 몇 가지 예

철자법을 배우는 학생이 더 높은 단계로 나아감에 따라 전형적으로 문제가 되는 단어로는 음절에서 'schwa(슈와 – uh: 악센트 없는 애매한 모음, about의 a, circus의 u 따위)' 와 같이 음(소리)을 지니고 있거나 접사를 붙이는 것과 관련된 단어, 그리고 음절 영역에서 실수를 범하게 되는 단어가 있다('separate' –대개 'seperate' 나 'seperat' 로 잘못 표기, 'accommodate' –대개 'accomodate' 나 'acommodate' 로 잘못 표기, 'opportunity' –대개 'oppertunity' 나 'oportunity' 로 잘못 표기).

- 제일 먼저 사전에서 그 철자를 찾아보라.
- 다음으로 실수를 범한 부분에 동그라미를 치라. 예를 들어, 'separate' 의 두 번째 'e' 에 동그라미를, 'accommodate' 에서 빠뜨린 'm' 에 동그라미를, 'opportunity' 의 두 번째 모음에 동그라미를 치라.
- 'separate'의 의미를 나누어야 한다. 접두사는 'se(aside: 떨어져서, 제쳐 놓고)' 이고 'parare'는 라틴어의 의미를 적용시킨 것이다. 'to pare나 to part' 의 의미를 그 단어의 철자에 적용시키는 법을 배우는 것은 대개 그 문제를 해결할 수 있게 해준다.
- 'opportunity(기회)'의 기원은 'port' 와 연결시킬 수 있는 'ob(before: 전에)'와 'portus(a harbour: 항구, 은신처)'에서 온 것으로서, 그것은 폭풍우 속에서 항구(harbour나 port)를 우연

히 만나는 것과 같은 시기 적절한 사태를 나타내는 의미를 지니고 있다. 'ob'는 'portus' 앞에 'op'를 융합시킨 것이다.

- 'com'에서 단모음 소리 뒤에 자음 'm'은 이중 자음이다. 다른 예로는 'ad-gression' 'aggression' 'ad-cumulate'에서 찾을 수 있다. 그러므로 일반적으로 사용되는 접두사와 그것의 의미에 대해 배우는 일은 매우 중요하다.

대부분의 실수는 어근에 접두사와 접미사를 붙이는 것과 관련하여 일어나는데, 이것은 글쓰기에 어느 정도 숙달된 학생이 범하는 실수이며, 보통의 성인이 철자법과 관련해 범하는 모든 실수 중에서 75%를 차지한다.

발달적 철자법 전략

발생 가능성이 있는 어려움을 조기에 규명해 내기

학교에 입학한 첫 달에, 해당 학급의 모든 학생을 다음과 같이 조사하라.

- 학생이 어떤 글자의 명칭과 음(소리)을 알고 있는지 파악하라.
- 학생의 글쓰기 및 철자법 실력을 파악할 수 있는 샘플을 입수하라. 예를 들어, 학생에게 자신의 이름을 종이에 쓰도록 요구하라. 자신의 이름과 짧은 문장을 똑같이 따라 쓰게 하라(내 이름은 X). 학생에게 아무런 도움도 받지 않고 어떤 메시지나 이야기를 써 보게 하라. 여기에는 가령 폭풍우나 학생이

목격했던 것에 대한 어느 정도의 논의가 뒤따라야 한다. 글쓰기나 철자법과 관련하여 반드시 아무런 도움도 주지 않아야 하고, 그들이 대충 갈겨 쓴 글도 모두 즐거운 마음으로 모아야 한다. 그러고 나면 다음과 같이 실수를 분석하는 과정에 착수하라.

발달상의 실수 분석

내용에 대하여 그 글을 채점하고 난 후에, 중재 및 발달에 대한 전반적인 계획을 수립할 수 있도록, 철자법상의 실수를 각각 메모하거나 그 페이지를 사진으로 복사해 두고, 모든 철자법상의 실수에 밑줄을 그어 두라. 학생 각자의 보고서에서 중재가 이루어져야 할 간단한 철자법상의 실수를 한 가지 선정하라. 이를 통해 수업에 부합하는 정도와 학습에 대한 준비도를 평가해 볼 수 있다. 받아쓰기 연습은 학생의 글쓰기 능력이 발달되면 활용할 수 있다.

중재

- William과 Ryan(p. 170)은 모두 우수한 철자법 실력을 갖추게 될 것으로 보인다. 철자법을 익히기 위해서 여러 가지 소리를 계속해서 소개시켜 주고, 'the' 와 '&' 를 글쓰기 단위로서 가르치라.
- 누락된 부분이 없는 완전한 형태로 William에게는 'tree' 의 철자를 가르쳐 주고, Ryan에게는 'went' 와 'forest' 의 철자를 가르쳐 주라. 그들에게 한 음절씩 명확하게 철자를 이야기해 보게 하라. 그리고 William에게 첫머리 글자의 혼성어인

'tr'을 가르쳐 주고, Ryan에게 말단 혼성어인 '–nt'와 '–st'를 가르쳐 주라.

- 학생에게 그 혼성어로 몇 개의 단어를 더 생성해 내게 하라.
- 학생이 단어를 더 능숙하게 쓰는 법을 배울 수 있도록, 그 철자와 함께 글쓰기 전략을 이용하라. 위에서 설명했던 발달적 흘림체 전략과 교정적 흘림체 전략을 이용하라.
- 학생이 몇 가지 다른 철자를 활용하는 법을 알아낼 수 있는지 파악해 보기 위해서, 그들과 함께 앉아 철자를 한 음절씩 명확하게 이야기하면서 문장을 읽어 보게 하라.
- 이것이 바로 실제 작가가 하는 일이라고 설명해 주라. 작가는 자신이 썼던 것을 올바르게 고치기 위해서 대개 여러 번 편집하고 다시 쓴다. 디스플레이보드에 유명한 작가의 글에 대한 복사본 몇 장을 실례로 들어 설명해 주라.
- 'telephone'과 'Nottingham'에 대한 교정을 시작할 수 있는 철자법을 익히기 위해서 음절 구분법을 가르쳐 주라. Ryan을 위해서 이것을 'Tottenham'과 결부시켜 주라.
- 만약 학생이 아직 싫증 내지 않는다면 자신이 쓴 글을 기억해 내어 편집을 마친 최종 완성본을 작성해 보게 하라. 참조할 수 있도록 학생의 평가 파일에 두 편의 글을 모두 넣어 두라.

더 높은 연령대의 학생을 대상으로 철자법상의 실수 규명해 내기

더 높은 연령대의 학생에게는 다음 사항을 요구해 볼 수 있다.

- 학생의 이름과 주소를 쓰게 하라.

- 아무의 도움도 받지 않고 학생 자신이 생각해 낸 단어로 짧은 이야기를 쓰게 하거나, 또는 특정 교과목 영역과 관련된 글 한 편을 발췌해 오게 하라.
- 받아쓰기를 하게 하라. Peters와 Smith(1993)는 다양한 연령대의 학생을 대상으로 이러한 이야기를 제시해 준다. 또는 세간에 널리 알려진 이야기나 교과서에서 글을 발췌하여 이용한다.
- 'Schonell 철자법 검사(A or B)(Schonell & Schonell, 1946)' 나 'Daniels & Diack 철자법 검사(1958)' 와 같은 철자법 검사를 시행하라. 철자법 검사의 점수는 틀린 부분을 모아 보고 그것을 분석하는 것만큼은 중요치 않다.

적절한 교정적 · 발달적 프로그램을 도출해 내기 위해서, 철자법 검사에서의 실수와 다른 여러 검사에서의 모든 실수는 틀린 부분과 빠뜨린 부분의 패턴에 대해서 모두 철저히 분석해 보아야 한다. 예를 들어, 대부분의 수업 계획안에서는 음향학을 다루고 있지만 난독증의 경우만 해도 근본적으로 필요한 훈련이 다감각 응용 교수법이다. 유성음과 관련된 부분임을 간과하는 상태에서(Montgomery, 1997a), 실제 음향학을 이용하지 않고도 완수해 낼 수 있는 수많은 연습 문제지만을 제공해 줄 뿐이다. 그러므로 이러한 검사는 음향학의 어느 부분을 다시 가르쳐야 할지를 규명해 낼 수 있다. 흔히 이러한 부분은 말단 혼성어인 것으로 나타나는데, 그중에서도 특히 '-lt' '-nt' '-nd' 인 경우가 많다.

수업 계획안에서 가장 일반적으로 누락되는 부분은 철자법에 부합하는 기초적인 언어학적 지식을 단계별로 소개해 주는 것이다. 흔히 규칙에 대해서는 가르쳐 주지만, 그러한 규칙을 어떤 순서로 익히는 것이 학생에게 가장 이로운가에 대해서는 가르쳐 주지 않고 있다. Cowdery 등(1983~1987)이 여러 해에 걸친 경험을 토대로 개발한 TRTS에 나타나는 순서는 최고의 예 중 하나라고 할 수 있는데, 「발달적 철자법(Developmental Spelling)」 지침서는 이를 토대로 하고 있다(Montgomery, 1997b).

SOS는 Gillingham 등(1940)이 처음으로 발표한 기계적 암기식 학습 교정 전략이다. 그것은 기계적인 암기식 학습법이기 때문에 가끔씩 이용해야만 한다. 그렇지 않으면 그것은 학생으로 하여금 독자적으로 철자법을 학습해 나갈 수 있는 존재가 아닌 의존적인 존재가 되게 하므로, 학생이 지니고 있는 일반화 능력 및 유추 활용 능력을 좌절시켜 버리게 된다. '보고-가리고-쓰고-점검하라(Peters, 1967).'는 철자법에 대한 요소가 빠져 있기 때문에 똑같은 전략은 아니다. SOS 규약은 다음과 같다.

- 필요하다면 누군가의 도움을 받아 사전에서 그 단어를 찾아보라.
- 철자의 명칭을 이야기하면서, 사전에서 그 단어의 철자를 찾아 적어 놓으라.
- 그 철자법이 옳은지 점검해 보라. 처음부터 그 단어를 정확하게 배우기 위해서, 이 단계에서는 교사도 단어의 철자를 점검해 보아야 한다.
- 적어 놓은 철자를 가리라. 학생은 각 철자의 명칭을 이야기하

면서 그 철자를 기억해 내어 적어야 한다.

- 이제 학생은 원래 적어 놓았던 철자와 비교하여 방금 적은 철자를 점검해 본다.
- 그들은 이러한 SOS 절차를 3번 반복해야 한다.
- 기준은 연속해서 3번 모두 철자를 정확하게 적는 것이다.
- 다음날 여전히 그것을 기억하고 있는지 확인하기 위해서, 다시 점검해 보아야 한다.
- 만약 그 철자를 기억하지 못한다면, 실수를 범한 부분을 찾아낸 다음, 이번에는 소문자형으로 된 나무나 플라스틱으로 만들어진 글자를 이용하여 그 단어를 정확히 3번 조립해 보게 하라. 그 과정에서 각 글자의 명칭을 말하게 하라.
- SOS 절차를 반복하고 다시 점검하라.

발달적 · 교정적 철자법을 이용한 교수법에 대해서는 이미 논의하였고, 그에 대한 실례도 제시되었다. 명백한 사실은, 읽기와 쓰기의 발달을 위한 교육과정이 진행되는 동안에 철자법 교수에 대한 순차적인 접근법을 체계화하여 전달해 주는 방법은, 그 어떤 것이라고 할지라도 대부분의 철자법 학습자에게는 결과적으로 큰 도움이 될 것이라는 점이다. 직접 교수에 대한 대안으로서 연습문제지에 지나치게 의존하는 것은, 특히 장애를 지닌 아동에게 우수한 철자법 능력을 길러 주는 데 아무런 효과가 없을 것이다. 철자법에 대한 교수 기법은 아동이 새로운 어휘에 대하여 여러 가지 전략과 일반화를 개발해 나가는 데 도움을 줄 수 있어야 한다. 그러므로 기계적인 암기식 학습 전략은 더 좋지 못한 결과를 가져오게 되며, 때로는 아무런 결실도 얻지 못하게 된다.

치료적 철자법에 대한 몇 가지 지침

더 효과적인 학습을 위하여, 난독증이 있는 학생은 짝을 지어서 배워야 한다. 일대일 개별 지도는 학생에게 너무 많은 부담을 주게 되며, 학습한 지식을 통합하여 공고히 하는 데 방해가 될 수도 있다. 회당 50~60분가량 진행되는 수업을 적어도 일주일에 2회는 필요로 한다(Ridehalgh, 1999).

적절한 치료 교육이 더 일찍 이루어질수록 회복 속도도 더 빨라지기 때문에 '실천요강(Code of Practice)'에 대한 단계별 체계를 짧게 설정해야 한다. 교정은 철자법과 쓰기를 지도하는 '준비학급'에서 시작해야 한다.

난독증 학생을 위해서는 음향학 및 다감각 응용 교수법이 필요하긴 하지만 그것만으로는 충분하지 않다. 해당 학년 수준만큼 가르쳐 주기 위해서, 난독증 학생은 정규 APSL(Alphabetic- Phonic-Syllabic-Linguistic) 프로그램을 필요로 한다. 우리는 매년마다 학생의 발달 속도를 예측해 보아야 하는데, 적어도 2년 동안의 발달 속도를 기준으로 해야 한다. 이는 'Alpha to Omega and Hickey'와 같은 프로그램(난독증 협회 언어 프로그램인 DILP와 TRTS를 포함해서)과 함께 사용될 때, 이러한 예측이 행해질 수 있다. 교사가 '철자법 팩(The Spelling Pack)' (M. Prince-Bruce, 개인 의사소통, 1995; Ridehalgh, 1999)을 성가시게 생각하지 않고 '골라서 섞기(Pick & Mix) 교수법' 을 이용할 때, 읽기 능력은 향상될 수 있지만 철자법 능력은 그렇지 않다(LDRP, 1999).

전체 학교 전략

모든 교사는 문해 영역에 난독증이 있는 학생과 미성취 영재아의 학습에 긍정적인 기여를 해야 한다. 하지만 교사가 그러한 학생을 도와주기 위해서는 전체 학교 정책과 현직 교사의 연수 교육을 필요로 한다. 예를 들어, 다음과 같다.

- 모든 국가 교육과정에 있는 15개의 키워드로, 언어학 총론을 배울 수 있다.
- 열두 가지 인지 전략으로, 모든 교사는 철자법에 대한 학교의 정책을 보강할 수 있고, 기계적 암기식 학습법을 피하고자 하는 우수한 학생에게 특정한 '뇌 관련' 자극을 줄 수 있다.
- 흘림체 쓰기 정책으로, 학교는 중학생이 적어도 1분에 25개의 단어를 쓸 수 있는 능력을 길러 줄 수 있다(만약 그들이 심한 운동신경장애가 없다면).
- 학생은 교사와 함께 그들이 범한 철자법과 쓰기상의 실수를 분석해 볼 수 있다.

유능감에 대한 열다섯 가지 키워드

이 전략은, 예를 들어 지역 조사나 해결해야 할 논제로서 에식스에서 몰던의 유람선을 견학하기 위해 이용할 수 있다. 어떤 과목의 교사라도 동일한 연령대의 집단에게 여러 가지 전략을 가르치거나 심화시키기 위해서 그러한 목록을 작성할 수 있다. 학생은 다음 단계나 예외적인 사항을 배우는 단계로 나아가기 전에, 하나의 핵심 사항에 정통해 있어야 한다.

- Hull(cvc, cvcc, ccvc, ccvcc): cot, block, deck, winch, list, wind, wet, cvc. 단모음과 'L-F-S 규칙'은 단모음 뒤에는 l-f-s를 이중(두 개 겹쳐서)으로 표기해야 한다.
- Rudder(cvc/cvc): 단모음 뒤에는 자음을 이중으로 표기해야 한다(cvc + c + 접두사 이중 표기 규칙). running, setting.
- Rope(cvce): lines, mate, wire, life, made. 장모음 + 접두사 탈락 규칙이다. roping, lining.
- Sail(cvvc, cvvcc, ccvvc, ccvvcc): rain, pail, bail, paint, faint, maid, paid(said), cleats, cheats, meets/meats, wheat, load(이중 모음 규칙, 접두사 첨가 규칙). 모음이 2개인 경우, 대개 첫 번째 모음이 발음된다.
- Cook(cvvc): book, look, took, rook, nook, shook, hook, good(blood!), 그리고 첨가 규칙('oo' 추가 모음, 짧게 발음됨)이 있다.
- Noon(cvvc): fool, cool, room, school, soon, stool('oo' 추가 모음, 길게 발음됨).
- Barge(vr)(ge-e는 g를 약화시킨다): 'ar'과 'air'이 들어 있는 단어다. large, art, Fair, air, stair
- Wheel(wh가 포함된 단어): 'wh'는 이중자[二重字: 두 글자가 한

음(音)을 나타내는 것]로서 의문사에도 쓰인다(이중 자음은 여섯 가지 밖에 없다 - th, th, wh, ph, ch, sh).

- Cabin(cvc in/ic/id): robin, rabid, titanic, manic(mania). 우리는 단어를 다르게 발음할 것이고, 그 기원에 있어서도 차이가 날 것이다. 열린 첫 음절에는 ba-con, o-pen, spo-ken, to-ken이 있다.
- Mast(cvcc/cv st): master, last, fast, past. 같은 어족에서 갈린 파생 언어의 변화다.
- Water(wa-or): 'wa-' 로 시작하는 단어다. war, walk, ward.
- Work(wo-ir): 'wo-' 로 시작하는 단어다. world, worst, word.
- Round(이중모음 ou-): 'ah-oo' ground, found, sound, confound(그리고 자음 접두사).
- Sign(cv gn): 묵음(발음되지 않는) 철자, 어족, signal, signing/ -igh, ight/kn- , knife, knight, knave.
- Pay(cvy) + 변형 규칙: Paid, said, repaid(모음 접두사).

통합적 교수와 학습

이전 장에서는 모든 학생의 학습을 촉진해 주는 것으로 밝혀진 것이지만 영재아와 미성취 영재아의 학습을 위해서도 반드시 필요한 연구 결과를 토대로 하여, 효과적인 학습을 촉진하는 수업 체제를 개괄적으로 설명하였다. 이번 장의 마지막 단락에서는,

Holland의 미성취 영재아를 예로 들어, 여학생에게 핸디캡을 붙이지 않고 학생이 지니고 있는 고정관념을 극복할 수 있도록 하기 위해 학생에게 어떠한 도움을 주어야 하는지와 권고받은 몇몇 기법에 대해 더 상세한 탐구가 이루어질 것이다. 즉, 수업을 뒷받침해 주기 위해서 통합적이면서도 우선적으로 구어(口語)에 의한 표현 능력과 학습자의 참여에 초점을 두는 여러 가지 방법이 도입될 것이다.

새로운 자료를 배우는 것은 학생이 기존에 지니고 있는 지식에 달려 있다(Ausubel, 1968; Gagné, 1973). 이러한 지식은 기존 수업에서 배웠던 범주를 훨씬 넘어서서 학생의 생활 경험으로까지 확대된다. 이러한 선행 경험을 범주별로 분류한다는 것은 불가능하다. 이는 각 개인별로 다를 것이고, 같은 경험이라고 해도 개인에 의해서 다르게 일어날 수 있다. 중요한 것은, 학생이 새로운 것을 기존의 것에 통합시키고 총괄적으로 재구성하기 위해서 재구성 과정을 거칠 수 있는 시간을 가져야 한다는 사실이다. 교사의 질문에 답변을 하고 연습문제지를 기입하는 것으로는 그러한 목적을 달성할 수 없고, 실제로 말 그대로 사고를 방해하는 결과를 가져올 수도 있다. 만약 학생이 초기 학교 생활 과정에서 그에 대한 훈련을 철저히 받았다면, 추론하고 성찰해 볼 수 있는 시간뿐만 아니라 그렇게 하고자 하는 동기를 필요로 할 것이다. 이러한 기회는 특히 협동학습을 하는 동안 자신의 견해를 이해시키기 위해 누군가 다른 사람에게 설명을 하고 '가르쳐 줄 때' 발생하게 된다. Nisbet(1993)는 자기 조절을 촉진하는 것뿐만 아니라 학생이 자신의 학습에 대하여 고찰해 보는 데 도움을 주는 다섯 가지 방법을 규명해 내었다. 이것은 학습 환경에 적합하도록 수정 및 심화 과정을 거친 목록이다.

- 인지적 도제: 여기에서 교사는 여러 방법에 대한 시범을 보여주고, 복잡한 과제에 대하여 전문가가 이용하는 과정을 시연해 준다.
- 소리 내어 말하기: 교사는 어떤 문제를 푸는 동안 그것에 대해 소리 내어 말해 준다.
- 상호적 학습: 상호적 학습에서 학생은 교사의 발언을 모방할 수 있는데, 학생이 준비가 되었을 때, 미성취 영재아에게 어떤 격차(gap)가 있는 상황이나 그것이 필요한 상황이라면, 상호적 학습은 학생이 교사가 지닌 기술과 지식의 레퍼토리를 활용할 수 있게 해 준다.
- 토의: 여기에서는 논의 과정에 대해서도 분석이 이루어진다. 때때로 토의는 학생이 그 화제를 시작하면서부터 교사의 머릿속에 자리 잡고 있는 해답을 찾기 위해 노력하는 '질문과 답변' 시간으로 잘못 인식되기도 한다. 즉, 우리가 이미 알고 있는 것을 찾아내는 과정이다.
- 협동 학습: 학생이 서로 토의하고 의견을 나누고 질문하고 가르쳐 주고 교사가 되어 주는 등 고차적 사고 능력을 개발시켜 주는 데 매우 이상적인 방법이다.
- 소크라테스식 질문법: 이것은 학생으로 하여금 자신이 무엇을 알고 있고 무엇을 생각하고 있는지 설명할 수 있게 도움을 준다.

- 멘토링: 여기에서는 학생의 관심사나 사물을 보는 시각을 키워 줄 수 있으며 개인적인 교사로서의 역할을 할 수 있는 전문가나 선배 학생과 같은 멘토의 자질을 지닌 사람을 소개받게 된다.

전세계적으로 널리 알려진 OFSTED에 대한 연구를 요약하면서, Freeman(1998)은 영재아를 가르치는 것에 대하여 다음과 같은 결론을 내리고 있다.

- 과제에 대한 요구(과제가 필요로 하는 것) 향상
  - 정보를 별개의 단위로 분리하는 것이 아니라 개념적 체제로서 전달하기
  - 문제를 제기하는 것뿐만 아니라 문제를 해결하는 법에 대해서도 다루기
  - 명확한 '과학적' 사고 능력을 더 심층적으로 가르쳐 주기
  - 추상적 개념뿐만 아니라 기본적인 개념에 대해서도 강조하기
  - 자료는 복잡한 답변을 요구하는 것이어야 하고 반복을 피해야 한다.
- 언어 사용
  - 수업이 지적으로 요구하는 바는 그 안에서 진행되는 상호작용의 수준 · 속도 · 질에 따라 체계적으로 조직될 수 있다.
  - 영재는 단순화된 버전의 언어가 아니라 적절한 수준의 전문 기술 언어를 이용해야 한다.
  - 말, 그중에서도 특히 속담이나 관용어구로 놀이를 하도록

권장하라.

- 사고와 창의적 문제 해결을 촉진하기 위한 일상적인 학습의 일부로서, 질문하기를 권장하라.

• 의사소통

- 학생이 영재학생과 함께 예전에 배운 개념과 새롭게 배운 개념을 비교하면서 소리 내어 설명해 보게 하라.
- 학생이 혼자 힘으로 자신이 가진 자료의 범주를 확대해 나갈 수 있도록 조사 기술을 가르쳐 주라.

• 뛰어난 자질을 개발할 수 있도록 격려해 주라(Freeman, 1998: 52).

이러한 기법뿐만 아니라 제9장에서 설명했던 기법을 반드시 수업 전체에서 학생에게 적용해야 할 필요는 없다. 때때로 수업 도입부에서의 20분이 전체 수업을 성공적으로 시작하도록 해 줄 수 있으며, 때에 따라서는 기존에 습관적으로 행해 오던 방식을 수정해 볼 수도 있다.

물론 교사에게 주어진 시간이 한정되어 있기에 그 시간을 어떻게 분배할 수 있느냐에 대한 주요한 문제가 잔존한다. 만약 모든 학생이 질문에 대해 더 상세한 답변을 제시하고자 한다면, 그렇게 하기에는 하루 동안에 정해진 시간은 충분히 길지 않을 것이다. 그러므로 수업에서의 합당한 발언 태도를 장려할 수 있는 전략이 개발되어야 할 것이며, 이것은 다수의 청중이 계획적으로 행동해 주어야 한다는 것을 의미한다. 미성취 영재아는 글쓰기 능력이 발달되는 데 더 오랜 시간이 걸리기 때문에, 구술 과제에 대한 격려가 특히 더 많이 필요하다. 교사가 이미 그 문제를 알고 있는 상황에서 학생이 제출한 과제물을 읽고자 해도 기술해 놓은 내용을 전혀 파악할 수 없는 일부 영재아에게 있어, 글로 기술하는 과제에 대해 학생을 돕는 유일한 방법은 실제 청중이 학생에게 그것에 대해 설명을 요구하는 것이다.

이미 설명했던 교사의 모델링을 토대로 하여 구어(口語)에 의한 표현 능력을 향상하기 위해서는 수업을 어떤 식으로 조직할 수 있는지를 보여 주는 몇 가지 예가 뒤이어 제시된다. 교육의 두 가지 주요한 목표는 학생이 유능하게 사고할 수 있도록 하는 것과 그러한 생각을 모든 교과목 영역의 범주에서 간명하게 전달해 줄 수 있도록 되어야 한다(Montgomery, 1981).

역사에서 실제 문제 해결

이 실례는 실제 문제 해결 능력, 창의성, 시뮬레이션 게임, 청중, 논증, 평가, 협동 학습 모두와 관련이 있다. 일련의 수업이 진행됨에 따라서, 연구와 조사 기술을 필요로 하게 될 것이다.

학생에게 잠정적으로 선정된 6개의 부지—고원, 구릉지대, 호수 내에 있는 섬, 마을, 습지로 둘러싸여 있는 땅, 하천 사이의 반도에 있는 땅—가 표시된 약도를 보여 주고, 각 조에게 임의적으로 하나의 부지를 배정해 주라. 그러고 나서 각 조는 그 부지를 차후에 성을 짓고자 하는 영주에게 매각하기 위해서 마케팅 브리핑을 준비하는 과제를 부여받는다. 지도에는 채석장, 습지, 숲, 선로 등이 나타나 있고, 그해는 1250년이다.

아무런 도움을 받을 수 없는 상태에서, 영재학생이 포함된 집단에게는 문제에 대해 토의하고 매수자—교사와 학급의 나머지 학생—에게 발표할 수 있도록 10~15분을 더 준다. 중세의 성에 대한 일련의 수업이 시작되고, 그 성을 왜 지었고 어디에 지었는지, 그 시대 사람들이 필요로 했던 것이 무엇인지에 대한 내용은 큰 재미를 줄 수 있다. 6세 정도의 어린 아동도 텔레비전이나 영화를 통해 성에 대해서는 어느 정도 알고 있으며, 해당 조의 토의 과정에서 의견을 발표할 수도 있다. 그들 모두는 발언을 하고, 질문을 하고, 설명을 할 수 있는 기회를 얻게 되지만, 그냥 듣고만 있을 수도 있다. 비록 그들 중 한 명이 주요 발표자로서 등장하게 되겠지만, 그들 모두는 발표를 준비하는 데 도움을 줄 수 있다. 각 조의 발표를 듣고 난 후, 교사는 전체 학생과 함께 요점을 발췌해 내어 체계적으로 정리하는 일을 시작할 수 있다. 비교와 대조 과정을 거침으로써, 학생은 각 부지의 장점과 단점을 분류할 수 있게 되며, 아마 여러 가지 문제를 더 심층적으로 탐구하면서 그 내용을 도표로 작성하는 일까지도 해낼 수 있다. 다음 단계에서는 학생에게 다른 특정한 국가에서 역사상 큰 의미를 지니는 성에 대한 사진과 비디오를 소개해 주고, 그 성이 지닌 주요한 특성을 규명해 볼 수 있다. 이것은 그 성과 당시 사람들에 대한 여러 가지 이야기를 하게끔 유도해 줄 수 있다. 여기에서 묘사적 · 일화적 · 개인적 · 창작적인 글과 같은 다양한 유형의 글이 도출될 수 있다. 역사 전반에서 성이 어떻게 발달해 왔는지를 조사해 볼 수 있고, 제한된 범주의 재료를 이용하여 디자인과 기술에 대한 모형을 제작하는 일에 착수할 수도 있으며, 적절한 '정보 커뮤니케이션 기술

(ICT)' 데이터베이스를 통해서 스크린상에서 모형을 제작하는 일 역시 행해질 수도 있다. 다양한 기법을 이용하여 예술 작품 안에 있는 성을 예로 들어 설명할 수도 있는데, 미술 소장품과 우표에 있는 성의 그림을 수집하여 연구해 볼 수도 있다.

이와 같이 시뮬레이션과 역할극을 토대로 하여 추진되는 활동을 최초로 기획했던 교사는 실제로 다음에 제시된 것과 같이 워크시트에 상세한 정보를 기술하였다.

- 엘든 힐: 교외의 수려한 경관을 갖추고 있다. 석재가 풍부하고 수질이 뛰어나다. 지반이 견고하므로 건축에 용이하고 방어에도 유리하다. 단, 장작으로 쓸 목재는 부족하다.
- 호수섬: 섬이므로 방어에 매우 유리하다. 식량으로 쓸 수 있는 물고기가 호수에 풍부하다. 채석장과 가까이 있고, 인근에 마을이 있다. 단, 경미한 늪지 지형의 특징을 나타내기 때문에 건축에는 어려움이 있다.
- 독수리 바위: 방어에 매우 유리하다. 석재와 목재 모두 풍부하다. 단, 물을 비축해서 사용해야 한다(용수 공급에 문제가 있음).
- 촌락 부지: 풍부한 노동력을 가까이에서 얻을 수 있다. 목재가 풍부하며, 농경을 통해 풍부한 식량을 얻을 수 있다. 단, 방어에 불리하다.

이것을 활동할 때 비록 처음에는 영재아를 대상으로 기획한 것이었다고 해도, 교사는 그 과제에서 인지적인 도전을 모두 제외시켰다. 아이는 먼저 자신이 이미 알고 있던 것을 기억해 보고 정리하였다. 그에 대해 생각해 보는 것을 하기보다는 어떤 새로운 것을 생각해 내어야 한다는 이야기를 들었다. 해당 교육과정에 속해 있는 모든 교과에 도입시킬 수 있을 만큼 기획된 실제 문제 해결(RPS) 및 게임 활동의 범주는 충분히 방대하다. 미성취 학생의 전형적인 반응은 '이것은 우리가 통상적으로 전달받던 수업 자료보다 훨씬 더 낫습니다.' 였다.

만약 우리가 경험 학습이라는 방법을 고찰해 본다면, 수업의 한 순서로서 해당 지역 근교에 있는 성을 방문해 보는 것부터 시작할 수도 있다. 내가 살고 있는 지역에서 특수하게 이루어질 수 있는 경험 학습에 대한 예로는, 12명의 9세 이상 학생이 조를 이루어 5일 동안 유서 깊은 19세기의 템스강 범선을 타고 항해 여행을 떠나는 것을 토대로 하여 행해지는 경우를 들 수 있다. 이 범선은 전통적인 붉은색 'ochre' 항해, 해먹, 해수함(海水函: 바닷물을 끌어 들이기 위해 흘수선 밑에 단다)을 갖추고 있지만 텔레비전은 없다. 학생 선원이 닻을 올려야 하고, 돛은 손과 윈치로 돛대 높은 곳의 방향을 돌려서 조정한다. 학생은 배와 그 배의 부속선을 조종하는 법, 낚시하는 법, 그리고 식량 준비, 요리, 빨래 등과 같이 배에서의 모든 잡무를 팀을 이뤄서 함께 하는 법을 배운다.

역사 · 지리학 · 언어 · 문해 · 음악 · 체육 · 디자인 · 첨단 기술 · 미술 · 종교는 이러한 포괄적인 프로젝트에서 한 시간 동안의 수업이 이루어지는 동안 모두 다루어질 수 있다. 학생은 19세기에 살면서, 밧줄 다루는 법과 같이 새로운 기술뿐만 아니라 여러 가지 완전히 새로운 어휘와 '최고의 품질' '흔들리는 배 안을 잘 걷는 능력' '쾌속 질주하다' 와 같은 관용어구의 의미를 배우게 된다.

문제를 해결하고 중세의 성을 건설하는 데서의 다양한 출발점, 즉 앞에서 언급했던 초기 조사를 마친 후에 행하는 프로젝트의 일부로서 다음 사항이 포함될 수 있다.

> 문제: '때는 1280년대다. 당신은 Edward 1세의 수석 석공이다. 당신은 북 웨일스 지역의 David에 새로운 성을 건설하는 데 기획과 조직을 담당하라는 명을 받았다.'

짝을 이뤄 과제를 수행하는 학생에게는 다음과 같은 정보를 제시해 준다.

- 노동력에 대한 세부사항 및 그에 소요되는 비용
- 자재와 장비에 소요되는 비용
- 건설의 목적(방어)
- (성문의) 누다락을 건설할 부지
- 정찰대의 방문을 위한 회계 사무실
- 전체 프로젝트에 대한 예산

성을 건설하는 데 소요되는 부차적인 비용은 다음 사항에 사용된다.

- 원형 탑 대 정방형 탑
- 성벽 총안(성벽의 들쭉날쭉한 요철) 당 가격
- 창문과 문 대 길고 좁은 구멍

- 현수(懸垂)
- 편의시설, 저장고, 병기고

이것에 대한 조사를 마친 후에, 수학 프로젝트나 확대 조사의 일환으로서 그들은 특정한 성을 건설하는 데 필요한 비용을 산출해 낼 수 있다. 우리는 이것을 측량 조사와 건축 분야에 대한 사회에서의 직업과 결부시킬 수 있다. 일부 학생은 컴퓨터상에서 그 건축물에 대한 모형을 제작해 볼 수도 있다.

현대 외국어 교수에서의 사례

Burton과 Anthony(1997)에 따르면, 학습과 교수에 대한 연구 사이에 어떠한 관련이 있는지를 해명하지 못해 결국 별개로 분리되어 이루어져 왔다. 이것은 학습 욕구에 대한 이론적인 이해에 근간을 둔 교육학적인 이론적 근거가 부재한 상황을 초래하였다. Burton과 Anthony는, 그 결과로 학습을 촉진하기보다는 교수 활동을 지나치게 강조하여 불균형을 초래하였음을 시사하였다.

일련의 프랑스어 수업에서, 연구자는 영재아가 속해 있는 학급 내에서 주의 깊고 체계적으로 조직된 자유 반응 과제를 이용하면서, 모든 학생의 지적인 욕구를 충족해 주는 도전에 대해 탐구해 보았다. 프랑스어 수업은 25명의 학생으로 구성되었는데, 대개 그들은 방대한 13~18개 도심(대도시 중심의 저소득층이 사는 지역)에 거주하는 이슬람교도 여학생이었다. 학생은 그 학습 단원에서 배웠던 상거래 용어를 이용하여 꽃집의 장면을 재현해 내는 과제에 착수하였다. 교사는 학생에게 일련의 기초적인 관용구를 전달해 주었고, 학생은 혼자서 그 과제를 수행할 수도 있고 조를 이루어 수행할 수도 있다고 들었으며, 책이나 전시된 자료와 더불어 교사를 자원으로써 활용할 수도 있었다. 그 과제의 목표는 방대한 범주의 능력이 있는 학생이 성공적으로 학업을 수행해 낼 수 있는 체제를 제시해 주는 것이었다. 학생이 학업을 수행해 나가는 과정은 비디오테이프에 녹화했다. 과제를 완수해 내는 과정에서 필요로 하는 지식을 가르쳐 주었을 때, 자유 반응식 과제를 계속적으로 이용하는 것은 이미 규정된 텍스트의 범주를 넘어서 의미를 확대시켜 나가고 함께 논의해 볼 수 있는 기회를 제공해 줄 것이라는 가설을 세웠다.

그 전략에 대한 이론적 근거는 인지 및 사회 심리학을 참조하여 전달되었다. 예를 들어, 개념 발달과 관련된 연합적 개요라는 관념 및 학습 스타일의 다양성과 같은 현상학적인 관점은 특히 더 큰 연관이 있었다.

과제가 생소해서 과제에 대한 저항의 증거가 어느 정도 존재하였지만, 그들은 연구 결과가 매우 설득력 있다고 기술했다. 그 수업에 속해 있는 모든 학생은 성공을 거두었고, 어떤 특정한 방식으로 주어진 상거래 체계를 개조하거나 추가시킬 수 있었다. 아이디어나 언어를 가장 폭넓게 확대시켜 나가는 것은 기초적인 과제의 범주를 훨씬 능가하였던 영재학생 사이에서 이루어졌다. 그들은 중대한 의미가 있는 개인적인 경험에서 도출된 의미뿐만 아니라 이전의 학습에서 도출된 의미도 추가시켰다.

연구자는 자유 반응식 과제가 명백히 선언적 지식과 절차적 지식 모두의 유의미한 구성 및 소통에 촉매로서의 역할을 한다는 결론을 내렸다. 그것은 개인 발달의 역동성을 만들어 내는 학습자의 내적 자원 및 외적 영향력 사이에서 복잡한 상호작용을 불러일으키기 때문에 그들은 Carl Rogers(1985)가 옹호했던 '학습의 자유'가 이러한 협동 전략을 통해 촉진되었음을 시사하였다. 그들은 이 전략이 여러 교과목 간의 경계를 넘나드는 것으로 영재아에게도 확실히 효과를 거두며 적용될 수 있는 것이라고 결론을 내렸다.

인지적 학습 기술

인지적 학습 기술(cognitive study skills)에 대한 예는 다음과 같다. 이 과제는 짝을 지은 학생이 원래 저자의 의미를 재구성해 내고자 노력하는 '개념 완성' 이다. 그것은, 예를 들어 7번째 단어마다 임의적인 주기로 단어를 삭제시키는 '빈칸채우기' 과제와는 다른 것이다.

Under Ground by James Reeves
In the deep kingdom under ground
There is no light and little (   )

Down below the earth' s green (   )
The rabbit and the mole explore.

The quarrying ants run to and fro

To make their populous empires (   )

Do they, as I pass (   )

이 방법에 대해 예를 들어 설명하기 위해서 시의 일부분만을 되풀이하여 제시한다. 그것을 토대로 교사는 학생에게 그 시의 운율이 맞도록 하기 위해서 어떻게 해야 할지를 질문할 수 있다. 여기에서 탐구해 보아야 할 가능성은 적어도 네 가지가 있는데, 그럴 경우 단순히 그 시를 꼼꼼하게 읽어 보고 이해력을 묻는 질문을 받는 것에 비해, 학생은 시의 의미에 대해 더 많은 것을 배우게 되며, 더 잘 기억하게 된다.

Stephen Spender가 지은 〈왕의 최후 논의(Ultima Ratio Regum)〉에는 더 높은 연령대의 학생을 대상으로 하는 훨씬 더 어려운 예가 있다. 또 다시 시의 첫 번째 구절만이 제시된다.

The guns spell money's ultimate reason
In letters of (   ) on the Spring hillside.
But the boy lying (   ) under the olive tree
Was too young and too (   )
To have been notable to their important eye.
He was a better target for a (   ).

여러 개의 개념을 빈칸으로 남겨 두는 방법은 과학 검사와 같이 흔히 산문으로 된 글에는 적용되지만, 운문에는 거의 적용되지 않는다. 그것은 학습을 위한 효과적인 기법이 될 수 있다.

학습 기술에 대한 여러 가지 접근법에서 또 다른 한 가지 핵심적인 기법은 학생에게 특정한 장(chapter), 기사, 시에서 주요 사항과 부수적인 사항을 규명해 내도록 하는 것을 들 수 있다. 그것은, 학생이 신문이나 소설을 읽을 때 적용하는 기법과 같이 단순히 그대로 받아들이기만 하는 독서 기법이 아니라, 해당 텍스트에 대하여 다양한 읽기 전략을 활용해야 한다는 것을 의미한다. 일단 요점 및 부수적인 사항을 규명해 낸 후에, 학생이 원한다면 그러한 사항을 '흐름도'로 변형해 나타낼 수 있다. 또 다른 한 가지 전략은 단순히 텍스트의 내용만이 아니라 텍스트 구조의 유형을 규명해 내는 것이다. 이것은 제2장에서 제시했던 것처럼 미성취 영재아나 장애가 있는 학생이 잘 해내지 못하는 영역이다. 만약 우리가 실제 학생에게 이러한 텍스트 '비계 설정'을 가르칠 수 있다면, 학생은 그것을 인지하여 직접 글을 쓸 때 활용할 수 있다. 이와 유사한 전략은 교직원 연수 과정에 있으면서 에세이를 작성하는 데 어려움을 겪던 교사를 대상으로 사용되었다. 교육 에세이 체제에 대한 몇 번의 짧은 수업을 받고 난 후에, 그들은 모두 합격할 수 있었다. 학생도 똑같이 이것에 대해 호응을 나타내며, Pueblos에 대한 텍스트(다음 참조)는 훈련을 위한 연습 문제로 널리 사용되고 있다(Montgomery, 1996, 1998).

이야기식 교재 도식 혹은 비계 설정

• 설명하기: 과정 혹은 그것이 이루어지는 방식

- 묘사하기: 어떤 사물이 존재하는 방식
- 지시(교육)하기: 무언가를 만드는 법 혹은 행하는 법
- 차례대로 이야기하기: 어떤 사건을 다시 이야기해 주기
- 설득하기: 특정한 관점을 주장하기
- 토의하기: 주장, 사례, 에세이 발표하기

환경 연구에 대한 예시

글을 읽고 주요 사항을 파악해 내는 훈련에 대한 예와 교재 도식 훈련은 다음에 제시된 텍스트상에서 이행할 수 있다.

> 식량 과잉 문제에서, Pueblos는 식량의 배급이나 생산뿐만 아니라 여타의 활동에 대한 내용으로 학생의 주의를 환기시킬 수 있었다. 하나의 특정한 영역—도자기류 만들기—에서, Pueblos는 고도의 예술성(예술적 기교)을 발달시켰다. 도예가는 예술가가 되었고, 미세한 선으로 그려진 기하학적 문양뿐만 아니라 도자기 제품에 생물체의 모양을 재현해 내는 것에 이르기까지 개성 있는 기법을 발달시켰다. 도료의 질이 향상되었고, 서너 가지 다른 색상을 담고 있는 도자기도 발견되었다(Royce-Adams, 1977).

학생은 이 발췌문에서 요점을 파악해 낼 것을 요구받는다. 비록 이것이 원래 Royce-Adams가 학생 개인용 지필 고사로서 고안해 낸 것이라고 해도, 만약 전체 학급이 상호작용하는 수업 시간에

학급의 나머지 학생과 함께 이에 대해 논의하기 전에 학생이 짝을 지어서 이 발췌문을 읽고 차후에 제시할 해답과 그것의 정당성에 대해 서로 논의한다면, 그것은 교수학습 전략으로서 훨씬 더 효과적으로 사용할 수 있다. 학생은 다양한 해답을 제시하게 되며, 철저한 논의를 하게 된다. 이것을 하고 난 후에, 학생은 해당 교과목 영역에 속하는 다른 자료에 대하여 유사한 활동을 할 수 있으며, 대부분의 간단한 텍스트가 첫 문장에 요점을 담고 있다는 사실을 깨닫게 된다.

또한 그들에게 다음과 같이 단락 글쓰기 패턴을 가르쳐 줄 수도 있다. 다음에 제시되는 글쓰기 패턴 중에서 Pueblo 발췌문은 어떤 패턴을 구현하고 있는가?

- 예증과 실례
- 정의
- 비교와 대조
- 사건에 대한 순차적 배열
- 원인과 결과
- 묘사
- 여러 패턴을 복합적으로 구현

교사는 영재아에게 똑같은 단락을 이 여섯 가지 패턴에 따라 써보게 할 수도 있다. 미성취 영재아는 그 단락 중 두 개의 초안을 어떻게 작성할 것인지에 대해 논의하기 위해 두 명씩 짝을 지어야 한다. 영재아와 일반 학생 혹은 같은 수준의 학생끼리 짝을 맞춘다.

상상적 글쓰기에서의 비계 설정

이야기는 처음 · 중간 · 끝이 있어야 함을 학생과 함께 논의해 봄으로써 자유 반응식 글쓰기나 소위 '창의적인' 글쓰기의 구조에 대한 가르침을 시작하는 것은 흔히 있는 일이다. 다음으로 어린 아이가 이에 대해 고찰해 볼 수 있도록 몇 편의 이야기를 분석해 보아야 하는데, 요점은 비계 난에 기술해 놓을 수 있다. 다양한 단계에서 교사는 학생이 더 묘사적인 단어를 사용하도록 촉구하면서 형용사에 대한 수업을 행하라는 말을 들을 수도 있다. 이것

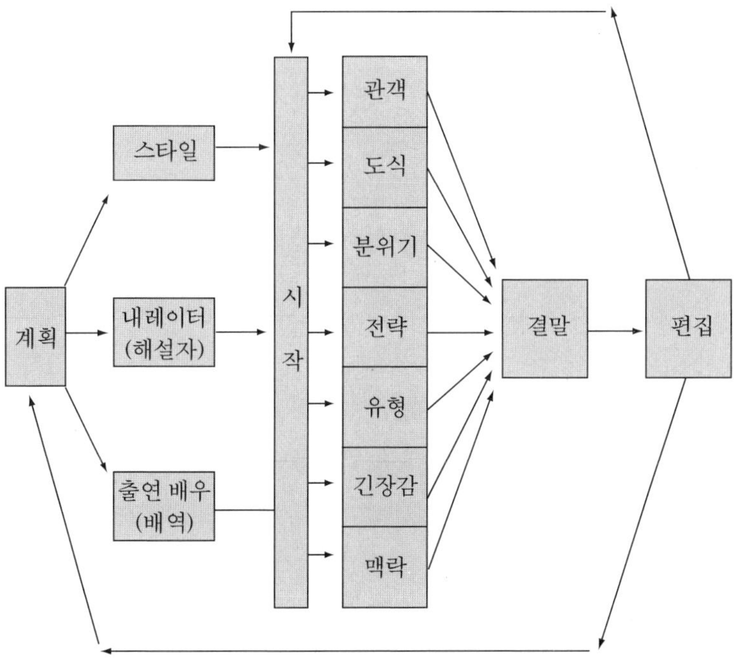

[그림 10-7] 이야기 쓰기에 대한 '비계'

은, 예를 들어 분위기, 역사적 배경, 긴장감과 같은 것에 대해 단어가 어떠한 영향을 미치게 되는지를 알아보기 위해 여러 권의 책에서 첫 번째 줄이나 첫 번째 단락을 검토해 보는 것보다 더 좋지 않은 결과를 가져올 수 있다. 유사한 전략이 실제 이야기에 대한 다른 여러 측면에 대해서도 이행될 수 있다. 다음에 제시된 것과 같이 더 복잡한 이야기 비계를 고안해 낼 수도 있다([그림 10-7]을 참조하라).

영어에서의 인과 추론

텍스트를 검토할 때, 더 심층적으로 구조를 이해하기 위해서 고차적 사고력을 촉진하는 것과 동시에 그에 대한 실천법을 제시해 주는 다양한 방법을 이용할 수 있다. 원인에 대해 주의 깊게 생각해 보자.

- 로미오와 줄리엣의 죽음에 대해 누군가가 책임을 져야 한다면, 도대체 그것은 누구의 책임인가?
  - 가문 간에 여러 대에 걸쳐 유혈의 불화 상태에 있던 부모
  - 왕자
  - 탁발 수사(修士)인 로렌스
  - 그 연인들

짝을 지어 그 죽음에 대한 책임이 누구에게 있는지 각각에 대해 차례대로 토의해 보고 논증을 전개시켜 나가라.

제시한 '최고' 의 논증을 선정하여, 인과 관계의 연쇄를 도출해 내라. 학급 토의를 촉진하기 위해 더 심층적인 항목을 질문해 보라. 브레인스토밍은 하나의 출발점으로도 이용할 수도 있다.

- 우리는 무엇을 토대로 하여 어떤 사람에게 그의 행동과 발생한 일에 대해 책임을 지우는가?
- 이 희곡과 오늘날의 실제 생활 사이에는 흡사한 점이 있는가?
- 우리 자신의 경험에는 이와 유사한 문제가 존재하는가?

다양한 '목소리'

Eyre(1997: 60-1)는 『다양한 목소리(*different voices*)』로 16세기의 약탈자와 강도 무리에 대한 글을 쓴 영재의 한 예를 제시한다. 1595년 3월 14일에 Petra Carrson이 쓴 일기, 학교 연혁서, 칼리일(Carlisle)로 도주해 온 Anne에게서 온 편지, 여러 문제를 다루고 있는 일간 신문의 보도 자료. 짝을 지어서 과제를 수행하면 이러한 개념을 어떻게 더 심층적으로 전개시켜 나갈 수 있는지 더 쉽게 파악해 낼 수 있으며, 또한 당일의 필체와 인쇄 기법을 조사하면서 다양한 필체로 기록해 볼 수도 있다. 달리 택할 수 있는 방안으로, 다양한 체제를 이용하여 컴퓨터상에서 짝을 지어 과제를 수행하는 방식으로 전체 프로젝트를 기획할 수도 있다.

The Village of Eddington Enrichment Pack 은 이러한 유형의 역사적인 접근법에 대한 유용한 자원이다(Maidenhead Group of Teachers, Adams et al., 1987).

신문의 토픽(Montgomery, 1991) 역시 글을 쓰는 데 매우 효과적인 유인물로써 사용할 수 있으며, 현대의 여러 사건은 다양한 목소리 접근법에 적합하다.

과학을 통한 인지적 속진

Adey는 그의 동료인 Shayer와 함께 20년 이상 동안 이 프로젝트에 대해 연구해 오고 있다. 그들은 16세 아동 중 대략 30%의 학생만이 형식적 조작의 사고력을 발휘할 수 있음을 알게 되었다. 그 프로젝트는 더 많은 아이가 이런 식의 사고를 할 수 있도록 돕는 것을 목표로 하였다. 이를 위해, 그들은 학습에서 초인지의 중요성을 강조하였다. 그들은 교사를 대상으로 해당 프로젝트가 진행되고 있는 학교에 시찰을 가는 것과 더불어, 일일 워크숍으로 이루어지는 교육과정과 초인지 활동을 발달시키는 일련의 서른 가지 과학 활동을 고안해 내었다. CASE 수업은 2년 간에 걸쳐서 2주마다 한 번씩 과학 수업 시간에 이루어졌다.

이 프로그램이 지닌 중요한 특징은 학생에게 그들이 겪었던 어려움과 성공에 대해 고찰해 보게 하고, 학생이 그 문제를 어떤 방법으로는 해결하였고 어떤 방법으로는 해결하지 못하였는지에 대해 서로 논의해 보게 하며, 추리적인 어휘에 대한 이해력을 자연스럽게 길러 줄 수 있다는 점이다. 이에 따라 학생은 맥락별로 다양한 추론 패턴을 더 쉽게 전이시킬 수 있게 된다. 추리적인 어휘는 초인지 학습에서 매개의 역할을 한다.

예를 들어, 분류 활동에서 학생이 자신만의 기준에 따라 동물을 종류별로 분류하기, 선반에 있는 식료품 배열하기, 색깔과 용해도에 따라서 두 가지 방식으로 화학 물질 분류하기 등의 활동을 마친 후, 교사는 학생에게 그들의 사고 과정에 대해 고찰해 보게 하였다.

학생은 무엇이 가장 쉽고 무엇이 가장 어려웠는지, 왜 그러한지에 대해서뿐만 아니라, 그 과제에 대해 학생이 어떠한 기분을 느끼는지에 대해서도 질문을 받았다. 학생은 다른 조의 답변과 자기가 속한 조의 답변을 비교해 보았다. 수업 분위기는 자신이 문제를 풀었던 방식에 대해 학생의 발언을 촉진할 수 있도록 조성되어야 하고, 학생은 문제 해결과 추론이라는 용어에 대해 익숙해졌다. 중학교 7학년과 8학년 학생이 속해 있는 9개 학급의 학생은, 다른 통제군 과목과 비교해 보건대 즉각적이지는 않았지만 GCSE 과학 · 수학 · 영어 수업을 2년 동안 받고 난 후에는 실력이 눈에 띄게 향상되는 결과를 보여 주었다. 이 조사 연구는 계속되고 있으며, 현재는 다른 사람에 의해 수학과 지리학에도 적용되고 있다(CAME & CAGE). 그것의 전개 과정은 인지나선학습에 적합하다(제9장).

수학에서의 문제 해결

수학적 문제 해결은 인지 기술이 필요한 실생활에서의 문제 해결에 학생을 관여시키지 않는다는 면에서 '현혹적인(deceptive)' 것이 될 수도 있다. 단어의 형태가 그렇게 나타나 있기 때문에 어떤 과제에 대해 '문제 해결하기' 라는 명칭을 붙인 경우는 낮은 수준의 과제에 해당된다. 이에 대한 전형적인 예로는, 학생이 10파운드의 예산을 받고, 5명의 친구를 위한 파티 메뉴를 기획하라는 요구를 받는 경우를 들 수 있다. 학생은 전형적으로 사용되는 물품에 대한 가격 목록을 받는다. 유일한 문제는 그 단어를 숫자와 비율로 변환시킨 다음, 그 돈을 모두 사용하기 위해서 5명을 기준으로 한 계산 능력을 이용하는 것이다. 사고와 의사소통을 촉진하기 위하여 적어도 2명씩이라도 짝을 이루어 사고 공유 전략을 이용할 수 있다면 훨씬 더 수월할 것이다. RPS는 더 개방적이기 때문에 다음과 같이 시작할 수도 있다—당신은 10파운드를 받았고, 몇 명의 친구를 초대하여 파티를 하기로 결정하였다. 당신은 파티 계획을 어떻게 수립할 것이며, 가진 돈을 어떻게 사용할 것인가?

Eyre(1997)는 2학년 학생에게 주차 문제를 제시하면서 2명의 유능한 수학자에 대한 예를 들고 있다. 학교는 새로이 증설한 교실을 개방하는 축하연을 거행할 예정이며, 많은 방문객이 올 예정이다. 수학자는 주차를 위해서 운동장을 가장 효과적으로 활용할 수 있는 방안을 찾아내는 문제를 제기하였다. 단순히 영재를 대상으로 하는 것이 아니더라도 이와 유사한 문제를 많이 찾아볼 수 있다. 일단 그러한 문제 해결 기법을 접해 본 경험이 있고 자문을 하거나 서로에게 질문하는 법을 배웠다면, 다수의 아이는 이러한 문제 기반 과제를 수행해 낼 수 있으며, 자신이 배우고 있는 것이 무엇인지 그리고 자신이 어떤 방법으로 배우고 있는지에 대해서도 고찰해 볼 수 있다. 이것은 두 번째 '대화 사이클(cycle of talk)'인 '성찰적 대화(reflective talk)'에서 오는 효과인데, 그것은 인지 나선 학습을 통해서 예증되고 있다. 대부분의 수업에서 가장 빈번하게 놓치고 있는 부분이지만, 모든 학생이 큰 이점을 얻을 수 있는 것이 바로 이 두 번째 성찰적 대화 사이클이다. 예를 들어, Watson(1996)은 수업에서 심하지 않은 학습 장애를 지닌 학생을 대상으로 그러한 성찰적 대화를 이용하고 있으며, 그들의 성취 기준이 향상된다는 사실을 알게 되었다.

결 론

이 장의 목적은 이 책의 전반에서 살펴본 미성취에 대한 세 가지 주요 요소(미성취 영재아의 요구에 부합하도록 가르치는 법, 미성취 영재아를 보통 학급에 참여시켜 가르치는 법, 미성취 영재아에게 학습에 대한 동기를 부여해 주는 법)를 함께 통합시키는 것이었다. 이에 대한 접근법은, 근본적인 결함이 있는 부분뿐만 아니라 변화를 위해 주요한 노력을 쏟아 부어야 할 부분 역시 '학교'와 '교육 환경'과 '교육 기법'이라는 전제하에 이루어졌다. 학생이 어떠한 불리한 입장에 처해 있든 간에, 학교와 교사는 매우 긍정적인 영향을 줄 수 있다.

제일 먼저 해야 할 가장 중요한 것으로서, 학교는 인지적인 도전을 할 수 있는 기회를 잃지 않고 긍정적이고 지원적인 신뢰 분위기를 전달해 주어야 한다. 두 번째, 모든 교과목 영역에서의 활동은 효과적인 학습의 원리를 토대로 하여 인지적인 자극과 학습에 대한 동기를 제공해 줄 수 있어야 한다. 세 번째, 학생의 능력과 재능을 규명해 내는 일은 그것을 파악하여 공식적으로 알리고 단언하기 위해 필요한 것일 뿐만 아니라, 특히 철자법과 쓰기 영역에서 학생이 학습 환경에서 겪게 되는 모든 어려움을 분석하고 적절한 도움을 제공해 주기 위해서도 반드시 필요하다.

이 모든 것에 대한 인지적인 접근법—'생각하는 교실(McGuinness, 1999)' 또는 그에 대한 접근법이라고 칭하는 것은 무엇이든 간에—은, 자신의 학습 발달에 적극적으로 참여할 수 있도록 학습자의 두뇌를 활성화해 주어야 한다. 이것은 생활과 공부의 모든 영역에서 '똑똑하지만 무기력한' 학습자가 되는 것을 피할 수 있도록 도와주며, 학생이 평생 학습자가 될 수 있게 해 준다. 학교에서의 생활이 학습자에게 흥미를 주지 못하는 경우는 너무도 빈번하며, 설교적인 분위기가 만연해 있음과 동시에 학생의 요구가 무시되는 환경에서는 특히 더 그러하다. 그것은 학생이 학교에 대해 불만을 품게 하고 학습에 대해 부정적인 영향을 미칠 뿐만 아니라, 학생으로 하여금 분열, 배제, 포기 등의 길을 걷게 한다.

비록 학교가 해마다 성적 대비 일람표상의 결과에서 꾸준한 향상을 보이고 있지만, 학교에 대한 불만을 품고 자퇴하는 학생의 수는 증가되고 있다. 그러므로 영국 교육은 아직 '통합적인' 수준에 이르지 못하고 있다. 대부분의 학교와 교과목 영역에서 이루어지는 수업이 일부 학생에게 어떤 특별한 처우를 제공해 주고 있든 간에 영재학생과 일반 학생이 함께 수업을 받는 형태는 유지될 것이기 때문에, '통합적'이 되기 위해서는 차별화의 일종인 '발달 단계에 따른 차별화'를 이루는 것이 필요하다. 앞서 설명했던 여러 방법을 통해서 보통의 학생을 특별한 존재로 만드는 것은 가능하다. 그러한 방법은 특정 이론을 토대로 하고 있을 뿐만 아니라 학생과 교사가 무엇을 필요로 하고 무엇이 효과가 있는지에 대해 분석을 했던 수업 연구에 뿌리를 두고 있다.

현재 텍스트를 기반으로 하는 강의식 교수법은 정서 교육 및 감정 이입 능력의 발달뿐만 아니라 지능 개발을 위해서도 충분히 부응하지 못하고 있다. 정서 지능과 같은 것은 학생에게 강의를 하고 연습문제지를 통해 심화할 수 있는 일개 교육과정 패키지를 통해서 발달시킬 수 있는 것이 아니다. 그것은 사람 간의 일상적인 상호작용을 통해서 일어날 수 있다. 감정 이입 능력과 이해력은 안정적이고 지지적인 상호작용을 통해서 길러질 수 있다.

교사는 그러한 행동에 대한 모범을 보여 주어야 하고, 이러한 경험을 해 보지 못한 아이를 돕기 위해서는 앞서 설명한 방법을 행하는 시간을 가질 수 있어야 한다. 중대한 의미를 지니는 한 명의 성인이 큰 변화를 이루어 낼 수 있다. 모든 아이가 그러한 멘토를 필요로 하겠지만, 교육에 불만을 품고 있는 미성취 영재아의 경우는 특히 더 그러하다.

제11장

인생을 조형하기-영재 여성의 진화전략: 자서전적 연구

Janice A. Leroux

서 론

여성은 언제나 두 개의 관점으로 듣고, 읽고, 유추하면서 산다. 남성 중심의 세상에서 살면서 기존의 질서에 대해 편안하게 느끼려면, 여성은 자기 자신의 관점을 바꾸어야만 한다. 그러나 여성은 이러한 동기를 가질 이유도 없고, 이러한 행위를 하지도 않는다. 누구도 어떤 사건에 대해 여성 중심의 행동 반응을 보일 이유가 없다면, 여성은 매일매일 남성 중심의 선택을 하도록 강요받는다. 이처럼 상황에 맞게 전략을 선택할 수 있다는 것이 과연 가치가 있을까?

대처가 가능하면 상황에 대한 통제감이 생겨 불안이 감소되므로 적응적이다. 이럴 경우 여성은 그 선택이 효과적이었다고 판단한다(Billings & Moos, 1981; Kessler et al., 1985; Wetherington &

Kessler, 1991; Bandura, 1995). 만약 여성이 수동적이고 스트레스를 부정하려고 하면, 이러한 반응은 가치가 있는 것인가? 고통의 깊이와 심각성에 따라 유용성이 달라지는가?

사회에 공헌을 했던 특별한 능력을 지닌 여성에 대해 행해진 연구는 별로 많지 않다. 이 장은 캐나다 여성의 다재다능한 대처 전략을 탐색한다. 그들의 삶이 다른 여성에게 개인적 동기와 정체감, 일상적 상황에 반응하기에 대해 더 많은 지침을 줄 수 있으리라 기대한다. 이러한 예는 어린 여학생의 학업에 맞는 교수 전략을 조형하는 데 아이디어를 제공한다.

실제 이야기

48세의 Angela는 사업이 번창 중인 다국적 기업의 부회장인 것이 자랑스럽다. 카누의 노젓기나 비즈니스라는 바다에서 표류하는 것에 대한 아버지의 말씀을 회상한다. 과거에는 남성 경쟁자를 대할 때 그를 무장해제시키기 위해 협상 테이블 너머로 어떻게 윙크를 보내야 하는지, 회의할 때 커피 심부름을 당연히 요구하고 늘 다투기 좋아하는 경쟁자에게 어떻게 미소를 지어야 하는지를 아는 것만으로 만족스러웠다. Angela는 남성 경쟁자가 먼저 커피를 가져다 주어야 자신도 그렇게 했다.

Angela는 회의에서 토론할 것을 준비하기 위해 아침에 신문 4, 5개를 읽었다. 그녀는 매우 열성적인 독자였다. 스포츠 면을 특히 좋아했는데, 스포츠에 대한 대화는 모든 남성 환경에서 그녀가 대화를 유지하기 위한 일반적 전략이기 때문이었다. 특히나 인기 있는 하키 선수나 지역 야구팀의 장점을 칭찬할 때 남성이 짓는 표정을 관찰하는 것이 즐거웠다.

매일매일 바쁜 와중에도 자녀의 학교 숙제나 음악 수업이나 체육 활동을 체크하기 위해 딸에게 항상 전화를 걸었다. 편모 엄마로서 가능한 딸아이의 주요 행사에 참석해야만 한다는 막중한 책임감을 느꼈다. 10세 때 믿었던 친구 가족에게 강간을 당했던 아픈 기억이 있기에 자신의 딸을 철저히 보호하였다. 업무로 해외에 나갔을 때조차도 자녀를 사랑하고 돌보고 있다는 것을 딸에게 알리기 위해 매일 전화를 걸곤 하였다.

Angela는 아픈 부모님을 믿고 자신을 강간한 자에 대한 조사와 재판에 성실히 임했지만, 그 후 강간자가 자살을 했기에 수년 동안 죄책감과 책임감이라는 혼란된 감정을 겪었다. 대학 시절에 신뢰할 만한 교수님의 지지를 받고서야 초등학교에서 상을 받았던 기억을 떠올리면서 자신이 재능이 있다는 것을 믿게 되었다. 특히 여성에게는 비전통적인 분야의 사업에서 성공하고자 하는 동인(drive)이 있었기에 다시 자신감을 회복할 수 있었다. 그러나 이 때문에 젊은 남편과 불화가 생겼다. 남편이 그녀에게 스스로 다른 사람보다 자신이 더 똑똑하다고 생각하지 말아야 한다고 했을 때, 그리고 남편과 자녀를 돌보기 위해 더 많은 시간 동안 집에 있어야만 한다고 했을 때, 그녀는 자신의 주장을 꺾지 않기로 결심했다. 그 결과는 이혼이었고 고통을 안겨다 주었다. 그러나 동성 친구의 도움을 받으면서 결혼생활이 자신과 자신의 꿈보다는 전남편에게 더 많은 이익을 주었다는 것을 깨달았다.

Angela는 지금 자신의 독립적인 힘을 깨닫고 있으며 종종 혼자이기는 하더라도 외로움을 거의 느끼지 않는다. 왜냐하면 이야기를 나눌 친구가 있고 직업에서 많은 만족감을 얻으며, 딸에게 자신의 선택을 믿는 역할 모델이 된다는 사실을 알기 때문이다. 그녀는 자신의 경력에다 새로운 사업 기회를 추가하기 위해 몰두하고 있다. 자신은 도전에 굶주려 있고, 자기와 함께 그리고 자기를 위해 일하는 사람들의 삶을 향상할 책임감이 자신에게 있다고 믿고 있다.

삶에 기운이 넘치고 열정적인 여성을 종합해 보면, 우리는 이들이 성공을 이룩해 내는 데 밑바탕이 된 것이 무엇인지 궁금해진다. 성공에 대해 어떤 믿음이 있기에 이러한 여성의 삶이 다른 여학생과 젊은 여성에게 모델이 될 수 있을지 궁금하다.

대처 기제

여성이 자신의 능력을 알려고 하면, 행동에 대한 남성 모형—남성의 입장에서 가치 있다고 여기는 생각과 행동 방식에 대한 기대—과 충돌한다. 그 결과 여성은 자신의 성취가 중요하지 않다고 믿게 되고, 성취는 남자가 하는 것이라는 사회적 기대를 고려하며 이런 생각이 맞다고 생각한다(Belenky et al., 1986; Miller, 1986). 그러나 여성이 자신의 일이 중요하다는 것을 깨닫게 되고, 관계적 세상에 가치를 두게 되면 다양한 대처 전략이 개발된다. 여성의 행동이 도구적이며 표현적이라는 것을 여성 스스로 이해하게 되면 여성의 맥락에서 볼 때 양성적인 여성이 적절하다.

여성이 자기 자신을 가치 있게 여기고 이런 생각이 드러나게 행동하면 자기신뢰(self-reliance)가 생기고 궁극적으로는 자기주체(self-agency)적이 된다(Jarvis, 1992; Landrum, 1994; Bandura, 1995). 자기주체란 동기적인 주도권(motivational incentives)과 성취 간의 상호작용을 뜻한다. 자기주체는 자기효율성 신념에서 나오며, 더 나은 인지적 통제와 부가적인 정서적 조절과 목표 지향적인 성공의 기본이 된다(Bandura, 1995).

효율성 신념은 학문적 성취와 경력 성취 행동에 영향을 미치는데, '제시된 목표에 도달하기 위해서 필요한 행동을 조직하고 집행하는 역량이다.'(Bandura, 1997: 3) 통제력에 대한 자기평가 능력이 있으면 더 나은 상위인지 지식이 생기며 이어서 상위인지 지식이 동기화와 더 나은 성공을 유도한다.

자기조절력과 반성적 역량(reflective capabilities)이 있으면 복원력(resilience)이 발달하는데, 이러한 복원력은 스트레스를 다루는데 큰 강점이 된다. 복원력이란 성공적인 변화를 이루어 내기 위해 정치적으로 위험한 현실에 맞서서 행동하려는 의지다(Flach, 1988). 여성의 경우에 복원력은 '좋지 않은 사람' 이 될 수 있는 용기이며, 참된 유대감을 찾고자 하는 타인의 잘못된 환상을 깨는 용기를 말한다(Gilligan, 1994). 여성이 자신의 환경을 통제하고 변형할 수 있다는 믿음을 성취하려면, 잠재적인 단절에도 직면할 수 있는 용기가 있어야 하며, 심각한 위험에서도 적응적인 기능을 유지할 수 있어야 한다. 복원력이 있으면 성공적인 대처가 가능해지고, 역경을 극복하는 데 유용한 보호적인 요인이 생긴다(Pearlin &

Schooler, 1978; Zarit et al., 1986).

또한 실제 문제에 대한 다양한 대처 반응이 주는 이득에 관한 문헌이 많이 있다(Billing & Moos, 1981; McCrae, 1984; Folkman et al., 1986). Wetherington과 Kessler(1991)는 적극적인 행동과 다양한 대처(중다 대처 전략의 결합)가 좋은 정서적 적응을 보여 주는 효과적인 전략이라고 하였다. 적어도 심각한 위기 상황에서 수동적인 행동보다 더 선호되며, 다양한 대처가 정서적으로 건강한 사람의 특징이다.

다른 건강한 대처로는 인간의 운명이 전능자의 손에 달려 있다는 믿음이 있다. 종교는 죽음이나 매우 큰 손해와 같은 어려운 상황에서 긍정적인 재평가를 하는 데 도움이 된다(Wetherington & Kessler, 1991). 신앙심이 깊든지 또는 그냥 이름만 종교인이든지 간에 세계와의 유대감인 '충분한 경외감' 이 있으면, 이러한 영적 감(sense of spirituality)은 실제적 사건과 인간관계에 대해 정서적으로 더 건강하게 적응하도록 도움을 준다.

유대감(connectedness)의 중요성에 대한 이러한 믿음이 바로 여성의 정체성과 정체성의 변형을 만들어낸다(Miller, 1986). 여성에게 정체성과 친밀감은 복잡하게 얽혀 있다(Gilligan, 1994). 여성은 유대감을 우선시하기 때문에 돌봄과 책임감 있는 존재로서 자신을 바라본다(Gilligan, 1982). 친구와의 상호작용, 사회적 책임감 수용하기, 관계를 통해 배우기, 동료와 협력하기, 또는 돌봄의 윤리를 통해 지지하기 등 그 무엇이든지 간에, 여성은 자신의 일상생활에서 여러 유대감을 통해 자기지식(self-knowledge)과 자기효율성(self-efficacy)을 확립한다(Simon, 1987; Gilligan et al., 1990;

Skoe & Marcia, 1993). 인지적 자기효율성이 충분하지 않을 때조차도 여성은 스트레스를 해소하기 위해 사회적 효율성을 사용하며, 사회적 지지체계를 통해 개인 효율성을 강화시킬 수 있다(Bandura, 1995).

문헌은 유대감과 마찬가지로 개인의 자율성(autonomy)이 성공에서 중요하다고 지적한다. 자신의 과거 경험을 축적함에 따라 여성은 자신이 아이디어를 창조할 수 있고, 새로운 지식을 쌓을 수 있으며, 자기의 의사결정을 신뢰할 수 있게 된다(Belenky et al., 1986; Miller, 1986; Gilligan, 1991; Silverman, 1991; Jarvis, 1992). 자율성이 늘어 가면서 실험을 신뢰하는 능력, 제한을 푸는 능력, 자신에게 완전히 새로운 상황을 만들기 위해 선택을 하는 능력이 확장된다(Jarvis, 1992). 자율성은 자신의 내적 소리를 신뢰하려는 의지이며 그 소리에 따라 행동하려는 것이다(Goldberger, 1996). 여성의 경우 특별하고 사적인 중요성이 바로 여권주의자 인식론의 핵심이다.

여성은 타인과의 관계에서 자율적인 자기(autonomous self)와 만날 때 자신의 여성성을 민감하게 깨닫는다. 개인적 능력을 경쟁이 아닌 서로 보완하며 강점을 공유하는 것을 당연한 기준으로 받아들인다. 여성은 타인과의 연결을 원하다가도 한발 물러섰다가 다시 연결하는 것이 확실한 발달의 경로이며, 남성과는 다른 연결 방법에서 진정한 자기를 발견하게 된다(Gilligan, 1982; Heilbrun, 1987; Miller, 1994; Leroux & Butler-Por, 1996).

여성이 어떻게 자신의 삶에서 스트레스와 변화에 직면하는지를 예증하는 주요한 구성 개념을 문헌에서 찾을 수 있다. 직장 여성은 그러한 전략을 적극적으로 선택하는가? 40명의 탁월한 캐나다 여성에 대한 연구에서 앞에서 말한 구성 개념이 밝혀졌으며, 여성 성취에 대한 나선형 모형(Spiral Model of Female Achievement)이 개발되었다.

자서전적 연구

법조계, 사업, 공학, 예술, 정치, 스포츠와 학업과 같은 직업 분야에서 성공한 28~79세에 해당하는 40명의 탁월한 여성을 2시간에서 3시간 30분 정도 인터뷰했다. 가족관계, 결혼 상황, 부모 배경, 경력과 같은 인구통계학적인 자료가 논의된 후, 문헌 고찰을 통해 만들어진 개방형 질문을 하였다. 인터뷰는 녹음되었고 인터뷰가 끝나면 개인적 관찰을 기록하였다.

인구통계학적 자료에 대해서는 빈도를 세었고, 발현된 유사성과 차이점을 줄여 나갔다(Miles & Huberman, 1984; Strauss & Corbin, 1990). 대학원 조교 2명이 수집된 자료를 각자 꼼꼼히 읽고, 인구통계학적인 자료와 비교하고 토론하면서 세 개의 공통된 축을 찾아내었다(Lincoln & Guba, 1985). 이들 여성의 삶에서 나타나는 패턴을 여성에 대한 문헌과 비교했는데, 특히 성취에 대한 견해, 관계, 그리고 자기주체성(self-agency) 구성 개념이 중점적이었다.

대부분의 여성은 다양한 대처 반응을 사용했는데 사회적 지지, 적극적인 인지적 · 행동적 반응이 가장 흔한 적응법이었다. 이들 여성의 경험에 대한 숙고로부터 6개의 구성 개념을 찾아내었으며 여성이 지식을 얻는 법과 행동하는 법을 대표하는 나선형 성취 모형이 탄생하였다.

여성 성취에 대한 나선형 모형

면접 결과 이들 간에는 많은 공통점이 있었다. 대부분의 여성이 자신의 삶에서 도전적인 사건과 접했을 때 다양한 전략을 사용하였다. 이들은 '내가 이전에 시도했던 것을 이용하면 모든 것이 잘 해결될 거야. 내가 이전에 시도했던 모든 것을 통합해야지.' 라고 상황을 평가하며, 적극적으로 환경을 변화시키거나, 또는 해결책을 찾아가는 데 '매우 효과적으로 되고자' 했다. 스트레스 때문에 깊은 슬픔에 빠지면, '자기 탐색(soul searching)' 이나 정신적 위로를 찾거나 또는 친한 친구와 함께 대화를 나누며 시간을 보냈다. 삶의 압력을 헤쳐 나가기 위해 때로 독서, 자전거 타기, 뛰면서 명상하기가 여성이 선택한 유용한 대처 노력이었다.

탁월한 여성에게서 나타난 공통성은 다양한 인지적 전략, 적극적 재평가, 능동적 사회적 전략, 다소 덜하기는 하지만 정신적 대처 전략 간의 결합이다([그림 11-1] 참조).

여성은 자기 내부의 힘을 인식함에 따라, 사회적으로 정의된 기대에 종종 반대하는 것 같은 방식으로 용감하게 행동한다고 말했다. 이들 여성은 자신의 에너지와 열정을 기꺼이 사용하여 성취를 향한 자신의 동기를 깨닫고, 개인적 꿈을 지키고 목표로 나아가기

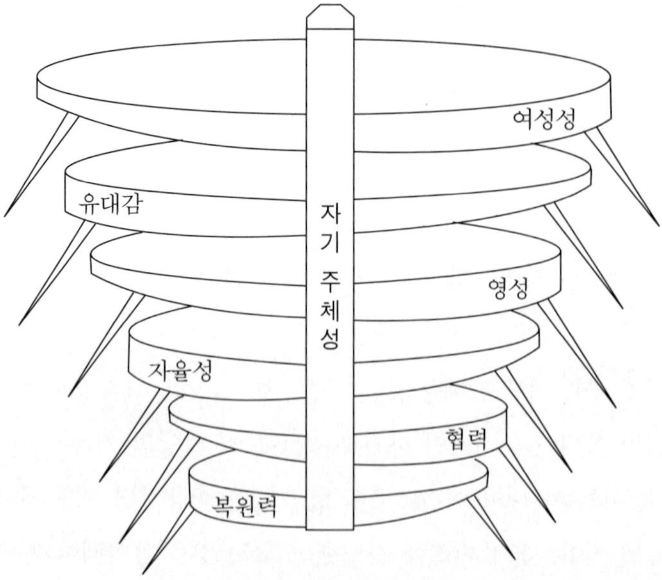

[그림 11-1] 여성 성취에 대한 샹들리에 모형

위해 사용할 수 있는 수단을 활용하였다. 고난을 만나더라도 이들은 성공적인 대처자요, 행동자였다. "내가 어떤 쟁점에 관여하면 슬픔과 고통이 수그러듭니다. 이 쟁점을 작은 구성 요소로 나눕니다. 이렇게 하는 것이 내게 도움이 됩니다."라고 어떤 교수가 말했다.

어떤 여성은 어린 소녀였을 때조차도 '나는 항상 전사였다.' 또는 '다른 사람에게 항상 친절하지는 않은 입바른 소리를 하는 소녀였다.' 라고 기억했다. 그들은 한층 더 높은 성취를 위해 '동기가 부여된 사람'으로 도전을 하거나 심지어는 무관심하였다. 한 예술가는 다음과 같이 회상했다. '오빠는 내가 얼마나 쓸모없으며 영감도 없는지 말하곤 했었다. '오빠는 내가 어리석다고 생각해. 글쎄, 그러나 나는 오빠에게 꼭 보여 줄 거야!' 다른 예술가는 다음과 같이 말했다. '여성 지휘자(그리고 작곡가)로서 나는 남성보다 10배 더 열심히 일해야 했고 100배는 더 부드러워야만 했다. 이런 면이 내 경력에 도움이 되었다.' 이들 여성의 경우 능력에 대한 지각된 믿음과 자기 효율성, 그리고 통제감이 있기에 성취를 이끌어 내는 복원력(resilience)으로 장애물을 극복하면서 더 열심히 일했다. 이들은 복원력이 있는 것이 성공을 일궈 나가는 강력한 도구라는 것을 배웠다(Flach, 1988).

다른 속성은 유대감과 상호작용이라는 구성 개념의 결합이다. 여성 상호작용의 '공동 노동자' 인 협력(collaboration)은 협조적인 노력이 필요할 때 모두와 상호작용하고 모두에게 힘을 실어 준다. 이들 여성은 협력을 인생의 필수불가결한 부분으로, 생각을 공유하고, 책임감을 나누며, 힘을 함께 모으는 것으로 생각했다. 가정에서든지 일터에서든지 타인과 대화를 하고 타인에게서 지지를 얻는 것이 문제 해결의 한 부분이라고 생각했다.

동료 간의 협력관계와 우정의 다양한 형태에 강점이 있다. 어떤 엔지니어는 다음과 같이 진술하였다. '저돌적인 동료가 비열하고 어리석은 게임을 하면 나는 매우 화가 난다. 나는 긴장을 풀고 당장 거기에 대처해야 한다. 내가 신뢰할 수 있는 사람은 누군가와 대화할 때 그 대화 상대가 친구든, 동료든, 남편이든, 다른 누구든 특정 문제를 경청해서 들어주는 사람이다.'

많은 여성은 '처음부터 나를 올바르게 이끌어 주는' 멘토가 있었다. 멘토는 자신감을 주고 강인함을 격려해 주었다. 다른 사람과 조화롭게 일하는 것은 이러한 유대감의 기반에서 자라났다.

협력을 가치화하는 것 이외에도, 이들 여성은 자신의 삶에서 자율성(autonomy)이 필요하다고 하였다. 자율성이란 자신을 충분히 개발할 수 있게 삶의 방향을 이끄는 능력이다. 또한 자율성은 자신의 힘에 대해 아는 것, 자기 자신의 판단을 신뢰하는 것, 다른 사람과 함께 서로 심리적 발달을 육성하는 것 모두를 포괄한다. 일반적으로 이들은 결정을 내려야만 하고, 스스로 '결과를 책임지는' 독립적인 인간으로 자신을 보았다. 이들은 자기조절 행동으로 자기의 현실을 제한하는 것을 배웠다.

다른 구성개념은 '영성(spirituality)' 이다. 많은 여성이 자신의 삶을 인도하는 윤리로서 영성을 꼽았다—모든 생명과의 연결성을 창조하는 영적인 측면. 이들 여성은 영성을 생명력이 있는 요인인 '내적 평화' 로 보았다. 이러한 내적 평화는 자신의 의사결정을 가치있게 하는 필수적 기초다. 한 운동 선수는 '나는 단지 내가 믿고 있는 대로 되기 위해 어떤 것을 할 뿐이다. 영혼이 내게 와 자리를 잡았다.' 라고 했다.

이 여성들은 균형감을 유지하기 위해 모든 관계, 모든 배경, 자신이 누구인지에 대한 근원, 가족사부터 결혼이나 자녀까지 모두 동원하였다. 인간의 의지, 정신, 공동체간의 상호유대감이야말로 자신에게 동기적 힘을 준다고 믿었다. 그러므로 이러한 신념을 가지고 행동하는 것이 의무라고 생각하였다.

면접에 참가한 모든 여성이 여성성(femaleness)에 대해 언급하였다. '어떤 의미에서 여자가 되는 것이 내 과제다.' 라고 말했다. 여성이 되는 것은 자유, 편안함, 삶을 자유롭게 해 주는 돌봄을 가져다 주었다. 그들은 직업을 가지는 것처럼 자신이 되고자 하는 그 어떤 것이 될 수 있다는 믿음을 배웠거나, 모성애를 선택하는 것을 배웠거나, 또는 이 두 역할을 결합시키려고 노력하는 것을 배웠다.

때로 어떤 여성은 대중에게 역할 모델이 되기도 하지만, 다른 경우는 가치 있는 결과와 사랑하는 가족의 지지를 받으면서 뒤에서 조용하게 열심히 일하는 전략가가 된다. 자신에 대한 민감성, 타인에 대한 민감성, 그리고 세계에 대한 민감성은 유대감에 가치를 두는 신념과 여성성에서 필수적인 돌봄이라는 신념에서 나온다.

이 연구에 참여한 여성이 항상 사려 깊은 계획하에서 자신의 직업 경로를 선택하는 것은 아니다. 우연히 자신의 전문적 길을 선택한 것도 아니다. 그러나 그들의 폭넓은 경험, 배경, 훈련, 재능, 그리고 능력의 기초인 자기주체(self-agency)로부터 자신의 직업 경력을 서서히 발전시켜 나갔다. 이들이 성취하기 위해 사용한 수단은 다양하다. 그러나 집요한 동기로 말미암아 차이가 생겼고, 더 나은 사회적 지위를 얻게 되었으며, 결국 샹들리에에 달린 전구처럼 빛을 발할 수 있었다. 전구를 지탱하는 것은 개인의 효율성이 핵심인데 이러한 효율성은 신념과 행위를 바탕으로 한다.

샹들리에 모형은 여성 개인의 강점을 전구 내부의 핵심 에너지에 비유하고 여성의 경험이 발전하고 성공하는 것을 외부에서 빛나는 크리스탈의 프리즘에 비유한다. 자기효율성이 발달함에 따라 여성은 현실을 인식하는 법을 배워서 '더 없는 기쁨을 계속해서 추구' 하게 된다.

연구의 적용

다양한 직업에서 성공한 여성의 삶은 더 젊은 여성과 교육자, 그리고 부모에게 많은 정보를 준다. 성취에 대한 나선형 모형이 여학생을 위한 행동 모델링을 개발하는 데 어떻게 도움이 될까? 어린 나이에 성공을 하기는 어렵지만, 여성 내면의 복합적인 강점을 수용하여 가치 있게 하는 데 도움을 줄 수 있는 교육 전략은 무엇인가?

가정과 학교

부모와 교사는 나선형 모델의 구성 개념을 탐색하고 논의하는 것을 격려하고, 문화적 고정관념에서 탈피하여 여성이 위험을 감수하는 행동을 할 수 있는 기회를 만들어야 한다. 예를 들어, 아름다움에 대한 신화와 관련된 사회적 기대에 대해 이야기를 나누는 것도 한 방법이다. 안전한 가정이나 민감한 교사가 있을 때, 여학생은 미디어 매체의 미(美)에 대한 시각이 잘못된 것임을 배울 수 있다. 그들은 여성의 현실적인 신체상과 광고의 환상을 비교할 수 있다. 뮤직비디오에서 여성에 대한 묘사에 의문을 던지면서 여배우의 굴욕을 비판적인 시각으로 바라볼 수 있다.

6세 정도의 어린 소녀도 공식적 · 비공식적인 집단 회기 모두에서 자신의 외모, 개성, 말솜씨, 비전형적인 행동에 대해 선택하는 것을 배울 수 있다. 좀 더 연령이 높은 여학생(10대 소녀는 더 어린 소녀와 경험을 공유할 수 있다)의 이야기를 경청하면, 독립성에 가치를 두고 자신의 신념을 신뢰하는 여성에게 유용한 더 폭넓은 가능성을 알게 된다. 예를 들어, '아름다워지고' 싶은 청소년이 대중매체에서 부추기는 마른 신체상을 거부하기는 힘들다. 사회극이나 반대 입장이 되어 보는 역할 놀이를 하면 여성이 건강한 인생에 대한 다양한 찬반 의견에 대해 생각해 보게 된다.

학교

동성만으로 구성된 학급이나 연구 모임은 신뢰로운 분위기 속에서 자신감을 확립하는 기회가 된다. 예를 들어, 과학이나 수학 분야에서 여성으로 이루어진 집단은 방해 없이 배움을 더 깊게 공유할 수 있다. 성공한 여성의 삶에 대한 책 읽기, 여성이 주축이 되는 사업 경험을 새롭게 만들고 운영하기, 다양한 직업 분야에 있는 여성 조명하기 등을 통해 어린 여학생이 자신의 능력에 대한 통찰을 얻을 수 있다.

예상 가능한 스트레스 상황을 역할놀이하기 등의 다양한 직업에서 치러야 하는 비용에 대하여 문제 해결을 해 볼 기회가 있다면, 어린 여성이 자신의 삶에서 자율성뿐만 아니라 협력하는 것의 장점을 인식할 수 있다. 정서적 자기(emotional self)뿐만 아니라 인지적 자기(cognitive self)에서 자신의 강점을 알게 되면, 어린 여학생은 자신의 미래에 있을 문화적이고 관계적인 스트레스 사건을 어떻게 다루어야 하는지 연습할 수 있다.

양성으로 구성된 학급에서 성을 바꾸어 남자로 역할놀이를 하면 양쪽 성을 더 잘 이해할 수 있으며, 우리 사회에서 여성에 대한 변치 않는 고정관념에도 민감해진다. 어린 사람은 누구나 인정받고 싶고 실제 자신의 능력을 알고 싶으며 자신의 가치감을 확고하게 유지하고 싶어 한다. 그러나 동시에 여학생은 인기가 없게 되는 것도 괜찮다는 느낌을 가져야만 한다. 성역할을 바꾸어 연습해 봄으로써 남학생은 수학에 탁월한 재능을 지닌 여학생에 대해 사람들이 수군거릴 때 어떤 느낌이 드는지 경험할 수 있다. 여학생은 남학생에게 이야기를 통해 배우는 것의 이점과 타인과 세상과 정서적인 유대감을 갖는 것의 이점을 보여 줄 수 있다.

모든 학생은 관념적 능력이 아닌 실제적 능력에 기초한 성취에 대해 알 필요가 있다(훌륭한 새로운 생각을 해서 칭찬을 받는 것이나 독창적인 단편 소설을 써서 칭찬을 듣는 것을 단지 '영재' 라는 이유만으로 칭찬을 받는 것과 바꿀 수는 없다. 영재아는 이 차이점을 안다). '자신의 아이디어가 가치 있다는 것' '자신의 선택이 책임감을 동반한다는 것' '자신의 통제 안에 성취가 있다는 것' 을 알게 되면, 모든 여학생은 이미 자신이 지니고 있는 자기주체성(self-agency)을 존중하게 된다. 자신의 가치감과 신념, 나날이 발전하는 영성에 대해 대화를 나누고 격려를 받으면, 어린 여성도 압력을 견디고 도전에 도움이 되는 부가적인 기술도 깨닫게 된다.

교사는 단기 목표를 세워서 학생이 성공할 수 있게끔 도와주어야 한다. 그런 다음 자기주체성을 지원하는 필수적인 피드백을 주어서 더 많은 효율성을 가질 수 있도록 도와주어야 한다. 이러한 단기간의 목표와 피드백이라는 이중 과정을 통해 궁극적으로 모든 학습자의 생산성이 증가한다(Bandura, 1997). 교사는 학생이 자신의 목표를 계획하고 개발하는 것을 도울 수 있어야 하며 식견 또한 보유해야 한다. 또한 교사는 얻은 결과가 학생 자신이 기대하고 원했던 결과인지를 점검할 수 있도록 학생 스스로 평가 측정치를 고안하게 해야 한다.

어린 남학생에게 특정 교과과정을 가르침으로써 여성을 존중하게 만드는 일 역시 중요하다. 목표는 모든 학생이 자신의 강점을 확실히 알게 하고, 개인적 성취를 강화하는 방법으로 자신의 힘을 사용하는 것을 신뢰하는 것이다. 사례 연구와 지시적인 브레인스토밍을 사용하면 교사는 학생이 문제에 대해 여러 대안을 고려해 보는 능력을 키워 주며, 자신의 능력에 맞게 자신을 투자하게끔 할 수 있다.

교사는 자신의 언어적 · 신체적인 단서를 점검해야 한다. 목소리 높이, 어조, 개방적이거나 폐쇄적인 신체 움직임에서 남학생과 여학생에게 다른 메시지를 주는지, 수업 시간에 남학생과 여학생에게 던지는 질문의 난이도에서 다른 점이 있는지 등을 점검해야 한다. 다른 교사와 팀을 이루어서 한 사람은 관찰자가 되고 한 사람은 피드백을 주면서 교실 상호작용, 질문 기법, 성과 관련된 기대를 점검할 수 있다.

여학생은 치열한 논쟁보다 전통적인 학습 양식을 더 선호한다. 타인과 상호작용하는 기회, 직접 실험을 해 보는 기회, 다른 활동에 적용해 보는 기회, 선별된 관련 이야기를 통해서, 외부 세상과 자신을 연결하는 새로운 지식을 더 깊이 있게 탐구하고 적용하게 된다. 교사는 여학생이 이런 경로를 밟아 나갈 수 있도록 도움이 되는 전략을 사용해야 한다. 교사는 어린 여학생이 외재적 동기로

부터 자기조절학습으로 발전할 수 있도록 도울 수 있다. 이런 자기조절학습이야말로 개인적 요구를 인식하는 기초로서 모든 교육자에게 필수적 목표다.

청소년기에 여학생은 자신의 목소리를 신뢰하는 것을 배우며, 타인과 유대감을 가지면서도 동시에 독립적인 것이 가능하다는 것을 알아야 한다. 교사는 여학생이 개인의 목소리(의견)를 반영하는 수단으로서 『나는 여성』이라는 잡지를 발간하도록 지도할 수 있다. 리더십을 발휘하는 경험, 조직에 참여하는 경험을 통해 목표 설정하기, 계획 세우기, 조직하기에서 가치 있는 기술 등을 연마할 수 있다.

또한 여학생은 네트워킹이 자신의 인생 내내 사용되는 중요한 기술이라는 것을 알아야 한다. 독서요법—다른 사람의 인생 경로에 대해 독서를 통해 배우기—은 자기를 공유하고 새롭고 특별한 강점을 개발시키는 새로운 잠재력의 장(場)이다. 다른 사람이 실수와 실패를 어떻게 수용하는지를 읽으면서 여성은 자신의 인생을 경영하는 긍정적인 방법을 배울 수 있다.

마지막으로 교사는 여학생을 교육할 때 잊힌 힘—할머니—을 기억해야 한다. 공동 교육자인 할머니는 자신의 경험을 이야기해 줌으로써 인생을 통제하고 조형하는 다른 방법을 보여 줄 수 있다. 할머니는 자기존중, 선택에 대한 자신감, 질문에서 어떻게 배우는지, 다양한 직업 고려하기, 그리고 자신의 인생에서 균형을 찾는 것을 강조할 수 있다. 할머니라는 현명한 여성에게서 모든 교육자가 사용해야 하는 자원인 영원성(eternity)이라는 열쇠를 얻을 수 있다.

결 론

여학생과 여자 청소년은 자신의 삶이 불변하고 단일한 야망을 향한 경로가 아니라는 것을 인식해야 한다. 연구에 따르면, 여성은 지속적으로 재초점 맞추기를 하며, 다양하고 중복되는 경험을 통해 자신을 재정의한다고 한다. 성공한 여성의 삶은 어린 여학생에게 복합적인 빛깔을 내는 거울의 역할을 하기에, 자신의 성취에 대해 비추어 볼 수 있다.

여성 성취에 대한 나선형 모형은 높은 능력을 지닌 여성에 대한 연구에서 나온 중다 속성을 함께 제시한다. 반두라(Bandura)의 자기효율성 연구와 문헌 연구에 기초한 성공의 구성 개념에 대한 이 모형은 자신이 하는 행동이 세상을 변화시킨다고 믿는 여성의 생생한 삶에서 나온 상보적인 요인을 제시한다.

교육자는 성공한 여성의 경험을 배워야 한다. 성공한 여성은 가정과 일 간의 균형을 맞추기 위해 노력했으며 모범적인 자기주체성을 획득하였다. 그들은 여성이 되는 것이 가장 중요한 강점이라고 믿었다. 여성성을 지니게 되면 지성과 감정, 행위와 숙고, 사회적 정의와 개인의 책임감을 최상으로 결합하여 풍부하고 행복한 인생을 살 수 있게 된다. 이것은 후 세대 여성을 위한 이들의 유언이다.

비 고

이 연구를 지원해 준 캐나다의 사회과학 · 인간연구 위원회(Social Sciences and Humanities Research Council)에게 감사를 표한다.

마치며

1990년에 Passow는 연구 개요에 다음과 같이 진술하였다. 우리는 보다 능력 있는 학습자를 동기화할 수 있는 교육이 무엇인지 혹은 사회문화적으로 혜택받지 못한 미성취 학생을 어떻게 교육시킬 수 있는지에 대해 여전히 알지 못한다. 현재 새로운 밀레니엄 시대에 접어들면서 우리는 이러한 문제를 어떻게 다루어야 할지에 대해 안다고 생각한다. 그러나 대부분의 교육자가 이러한 생각을 한다면, 이는 여전히 '거대담론(grand narrative)' 혹은 '시대사조(zeitgeist)'가 되고 만다. Cooper(1999)에 따르면, 교육 분야에서의 개발 및 이행의 주기는 50년인 것으로 보인다. 만일 영재교육이 이러한 패턴으로 진행된다면, 학습자를 망연자실하게 할 만큼 실망스러운 일이 된다.

우리는 무엇을 해야 할지 그리고 어떻게 해야 할지에 대해 안다. 차기 문제는 이러한 변화가 생길 것이라는 것을 확실시하기 위해 세력권에서 해결해야 한다는 것이다. 방법상 영재 및 재능아 교육은 학교 내 다른 아이와 함께 기초 수준에서 시작할 필요가 있는 것으로 우리는 이해할 수 있다. 교육과정을 개별화하는 대신에, 학교는 물론 학교에서 제공하는 교육을 교수 방법의 개별화를 통해 통합교육의 형태로 제공하고, 이에 따른 다른 전략을 세울 필요가 있다.

모든 학습자는 그들이 지닌 개인차가 무엇이든지 간에, 지지적이고 가치 있는 교육을 경험할 필요가 있다. 이를 달성하기 위해, 일반교육은 보다 융통성 있게 구성해야 할 필요가 있다. 특별 교육에 대한 접근은 통합과 자기추천(self-referral)의 원리에 근거해야 하며, 학습자와 교사 모두에게 피드백을 제공하기 위해 참(authentic)평가 혹은 수행기반평가를 사용해야 한다. 학습자는 자신이 수혜받는 교육의 가치와 적절성에 대해 자신의 견해를 표출할 기회를 가질 필요가 있다.

안타깝게도, 이 책을 통해 나타난 결과는 세계 각국의 교육 체제에 대한 진술과 정반대가 된다. 그러나 이들 세계 각국의 교육체제는 특히 위기에 처해 있는, 창의적이고 상상력이 풍부하며 자율적인 학생에게 널리 만연하는 기능미달(underfunctioning)의 결과를 초래한다. 이제 변화를 추구할 시기다. 만일 우리가 잘못 이해하여 강압교육을 계속해 나간다면, '권위자'가 말하고 행동하는 바와 역할 모델이 묘사하는 바에 대해 의문을 가질 수 없는 사람을 양성하게 된다. 우리는 쉽게 속고, 독립적인 사고를 할 역량을 잃게 되며, 심지어 부적절한 때조차도 관행과 구습을 참조하게 된다.

'실제로' 사고하는 능력을 억압하는 것이 의도적인 것인가? 만일 그렇다면, 이는 오래전에 Maslow(1949)가 제시한 자아실현을 한 사람보다는 '과잉으로 길들여진(overdomesticated)' 사람으로 나아가게 할 수 있다. 분명히 우리는 전쟁이 난무한 20세기 역사를 지탱해 온 '교육 체제'를 통해 배우고 향후에 보다 나아지기를 기대해야 한다. 교육은 지금도 파괴적인 활동임에 틀림없는가?

‖ 참고문헌 ‖

Adams, J., Eyre, D., Howell, J., & Raffan, J. (1987). *The Village of Eddington.* Wisbech: Learning Development Aids.

Adey, P. S. (1991). Pulling yourself up by your own thinking. *European Journal for High Ability 2*: 28–34.

Adey, P. S. (1992). The CASE results: Implications for science teaching. *International Journal for Science Education 14*: 137–46.

Adey, P. S., & Shayer, M. (1994). *Really Raising Standards: Cognitive Interventions and Academic Achievement.* London: Routledge.

Alberta Community Development. (1995). *Raise Young Voices High: A Resource for Gender Socialisation.* Edmonton, AB: Government of Alberta.

Allcock, P. (2000). *Handwriting speed and learning difficulties.* Unpublished MA dissertation. London Middlesex University.

Alpern, S. (1993). In the beginning: A history of women in management. In A. Fagenson (Ed.), Women in Management: Trends, Issues and Challenges in Managerial Diversity. *Women and Work: A Research and Policy Series*, Volume 4. Newbury Park, CA: Sage, pp. 19–51.

Alston, J. (1993). *Assessing and Promoting Handwriting Skills.* Stafford: National Association of Special Educational Needs.

Alston, J., & Taylor, J. (1987). *Handwriting Theory and Practice.*

London: Croom Helm.

Ambrus, Z. (1935). *Eloszo* (Preface). In Anatole France. Budapest: Feher Kovon, Revai.

American Association of University Women. (1995). *How Schools Shortchange Girls: The AAUW Report*. New York: Marlowe & Co.

Arnold, R. (1997). *Raising Levels of Achievement in Boys*. Windsor: Education Management Information Exchange/National Foundation for Educational Research.

Arnot, M., Gray, J., James, M., Rudduck, J., & Duveen, M. G. (1998). Recent Research on Gender and Educational Performance. *OFSTED Reviews of Research*. London: The Stationery Office.

Arter, J., & Spandel, V. (1992). *Using portfolios of student work in instruction and assessment*. Educational Measurement: Issues and Practice (spring).

Askew, S., & Ross, C. (1988). *Boys Don't Cry: Boys and Sexism in Education*. Milton Keynes: Open University Press.

Astin, H. (1990). Educating women: A promise and vision for the future. *American Journal of Education* (August): 479–93.

Augur, J., & Briggs, S. (Eds.) (1991). *The Hickey Multisensory Language Course* (2nd edition). London: Whurr.

Ausubel, D. P. (1968). *Educational Psychology: A Cognitive View*. New York: Holt, Rinehart and Winston.

Avery, L. D. (1998). The international professional perspective: Reflections on the Third International Mathematics and Science Study. *Gifted and Talented International 13*(1): 40–3.

Baddeley, A. (1990). *Human Memory: Theory and Practice*. Boston, MA: Allyn and Bacon.

Bandura, A. (1986). *Social Foundations of Thought and Action: A Social Cognitive Theory*. Englewood Cliffs, NJ: Prentice-Hall.

Bandura, A. (1995). *Self Efficacy in Changing Societies*. New York: Cambridge University Press.

Bandura, A. (1997). *Self Efficacy: The Exercise of Control*. New York: Freeman and Co.

Bannatyne, A. (1974). Diagnosis: A note on recategorisation of the WISC scaled scores. *Journal of Learning Disabilities 2*: 272-4.

Barnard, H. C. (1961). *A History of English Education* (2nd edition). London: London University Press.

Barron, F. (1968). *Creativity and Personal Freedom*. New York: Van Nostrand.

Barton, J. M., & Starnes, W. T. (1989). Distinguishing characteristics of gifted and talented/learning disabled students. *Roeper Review (Special Issue: Gifted Students with Disabilities) 12*(1): 23-8.

Becker, B. J. (1990). Item characteristics and gender differences on the SAT-M for mathematically able youth. *American Educational Research Journal 27*(1): 65-87.

Belenky, M. F., Goldberger, N. R., Tarule, J. M., & Clinchy, B. V. (Eds.) (1986). *Knowledge, Difference and Power: Essays Inspired by 'Women's Ways of Knowing'*. New York: Basic Books.

Benbow, C. P., & Stanley, J. R. (1983). Sex differences in mathematical reasoning ability: More facts. *Science 222*: 1029-31.

Benn, C. (1982). The myth of giftedness. Part two. *Forum 24*: 78-84.

Bennett, N. (1986). *Co-operative learning. Children do it in groups or do they?*. Paper presented at the Division of Educational and Child Psychology Conference, British Psychological Society, London, April.

Biddulph, S. (1998). *Raising Boys: Why Boys are Different and How to Help Them Become Happy and Well-Balanced Men*. London: Hawthorn.

Billings, A. G., & Moos, R. H. (1981). The role of coping responses and social resources in attenuating the stress of life events. *Journal of Behavioral Medicine 4*: 139-57.

Bireley, M., Languis, M., & Williamson, T. (1992). Physiological uniqueness: A new perspective on the learning disabled/gifted child. *Roeper Review 16*(3): 101-7.

Black, H., & Black, S. (1990). *Understanding Metaphors*. New York: Critical Thinking Press.

Black, P., & Willam, D. (1998). *Inside the Black Box: Raising Standards Through Classroom Assessment*. London: School of Education, King's College.

Blagg, N., Ballinger, M., & Gardner, R. (1993). *Somerset Thinking Skills Course: Handbook* (2nd edition). Taunton: N. Blagg.

Blatchford, P. (1991). Children's writing at 7 years: Associations with handwriting on school entry and pre-school factors. *British Journalof Educational Psychology 61*: 73-84.

Block, A. A. (1997). *I m Only Bleeding: Education as the Practice of Violence Against Children*. New York: Peter Lang.

Bloom, B. S. (Ed.) (1956). *Taxonomy of Educational Objectives*, Volume 1. London: Longman.

Bloom, B. S. (1985). *Developing Talent in Young People*. New York: Ballantine.

Borland, J. H. (1996). Gifted education and the threat of irrelevance. *Journal for the Education of the Gifted 19*: 129-47.

Bowers, S., & Wells, L. (1988). *Ways and Means*. Kingston: Kingston Friends Workshop Group Publication.

Bray, R., Gardner, C., & Parsons, N. (1997). *Can Boys Do Better?*. Leicester: Secondary Heads Association Publication.

Briggs, J. (1990). *Fire in the Crucible*. Los Angeles, CA: J. P. Tarcher.

Briskin, L., & Coulter, R. (1992). Feminist pedagogy: Challenging the normative. *Canadian Journal of Education 17*(3): 247-63.

Bronson, C. (1992). Arts Connection National Diffusion Network, Washington, DC.

Bryant, P. E. (1992). Arithmetic in the cradle. *Nature 338*: 712–13.

Burbridge, L. (1992). New Economic Trends for Women's Employment: Implications for Girls' Vocational Education. *Working Paper series* No 247. Wellesley, MA: Center for Research on Women, Wellesley College.

Burnhill, P., Hartley, J., Fraser, L., & Young, D. (1975). Writing lines: An exploratory study. *Programmed Learning and Educational Technology 12*(2): 84–7.

Burton D., & Anthony, S. (1997). The differentiation of curriculum and instruction in primary and secondary schools. *Educating Able Children* (spring) (issue 1): 26–34.

Butler-Por, N. (1987). *Underachievers in School: Issues and Interventions*. London: John Wiley

Cahoone, L. (Ed.) (1996). *From Modernism to Postmodernism: An Anthology*. Oxford: Blackwell.

Caplan, P. (1993). *Lifting a Ton of Feathers: A Woman's Guide to Surviving in the Academic World*. Toronto: University of Toronto Press.

Cassidy, S. (1999). Girls now beat boys at A-level. *Times Educational Supplement* (6 August): 7.

Chalmers, G. S. (1977). Reading Easy 1800–1850. *A study of Reading*. London: Broadsheet King.

Chomsky, N. (1968). *Language and Mind*. New York: Harcourt, Brace and World.

Ciccocioppo, L. (1998). Cracking the 'glass ceiling'. *Folio* (20 March): 3.

Clark, B. (1986). *Optimising Learning: The Integrative Education Model in the Classroom*. Columbus, OH: Merrill.

Coil, C. (1992a). *Motivating Underachievers*. Beavercreek, OH: Pieces of Learning.

Coil, C. (1992b). *Becoming an Achiever.* Beavercreek, OH: Pieces of Learning.

Collins, W., & Gunnar, M. R. (1990). Social and personality development. *Annual Review of Psychology 41*: 387–419.

Commission of European Communities. (1988). *Social Europe: Report on the Fight Against Literacy Supplement 2/88.* Brussels: Commission of European Communities.

Connell, R. W. (1989). Cool guys, swots and wimps: The interplay of masculinity and education. *Oxford Review of Education 15*: 291–302.

Cooper, P. (Ed.) (1999). *Understanding and Supporting Children with Emotional and Behavioural Difficulties.* London: Jessica Kingsley.

Cowdery, L. L., Montgomery, D., Morse, P., & Prince-Bruce, M. (1983–7). *Teaching Reading Through Spelling (TRTS).* Kingston: Learning Difficulties Research Project.

Cowdery, L. L., Montgomery, D., Morse, P., & Prince-Bruce, M. (1984). *TRTS: The Foundations of the Programme.* Kingston: Learning Difficulties Research Project.

Cromer, J. P. (1990). Someone to look up to. *Parents Magazine* (December).

Csikszentmihalyi, M., Rathunde, K., & Whalen, S. (1993). *Talented Teenagers: The Roots of Success and Failure.* New York: Cambridge University Press.

Cumbria Education Service. (2000, in preparation). *Now, Bernard! Gender Friendly Approaches to Raising Achievement in Key Stage 2 English.* Carlisle: Cumbria Education Service Able Pupil Project.

Daniels, J. C., & Diack, H. (1958). *The Standards Reading Test.*

London: Chatto and Windus.

Davies, J., & Brember, I. (1998). *Boys Outperforming Girls: An Eight Year Cross-sectional Study of Attainment and Self Esteem in Year 6*. Manchester: Manchester University School of Education.

de Alencar, E. M. L. S. (1990). Training teachers to teach for creativity. *European Journal for High Ability 1*(1/2): 222-8.

de Alencar, E. M. L. S. (1999). Teaching for creativity. Keynote presentation, World Council for Gifted and Talented Children, Biennial International Conference, Istanbul, 2-6 August.

de Bono, E. (1983). *CoRT Thinking*. Oxford: Pergamon.

Deci, E. (1988). Intrinsic motivation and gifted learners. 10th International Bulgarian Symposium on Education, Plovdiv, October.

De Corte, E. (1995). Learning and high ability: A perspective from research in instructional psychology. In M. W. Katzko & F. J. Monks (Eds.), *Nurturing Talent*. Assen, The Netherlands: Van Gorcum, pp. 148-161.

De Mink, F. (1995). High ability students in higher education. In M. W. Katzko & R. F. Mönks (Eds.), *Nurturing Talent: Individual Needs and Social Ability*, Volume 1. Assen, The Netherlands, Van Gorcum, pp. 168-176.

Denton, C., & Postlethwaite, K. (1985). *Able Children: Identifying Them in the Classroom*. Windsor: NFER/Nelson.

Department of Education and Science. (1977). *Gifted Children in Middle and Comprehensive Schools*. London: HMSO.

Department of Education and Science. (1981). *The Education Act*. London: HMSO.

Department of Education and Employment. (1994). *The Code of Practice*. London: HMSO.

Department of Education and Employment. (1995). *The National*

Curriculum for England and Wales. London: HMSO.

Department of Education and Employment. (1997). *Excellence for All Children.* London: The Stationery Office.

Department of Education and Employment. (1999). *Excellence in Cities.* London: The Stationery Office.

Desforges, C. (1998). Learning and teaching: Current views and perspectives. In D. Shorrocks-Taylor (Ed.), *Directions in Educational Psychology.* London: Whurr, pp. 5-18.

Dick, T., & Rallis, S. (1991). Factors and influences on high school students' career choices. *Journal of Research in Mathematics Education 22*(4): 281-92.

Dickens, M. N., & Cornell, D. G. (1993). Parent influences on the mathematics self concept of high ability adolescent girls. *Journal for the Education of the Gifted 17*(1): 53-73.

Downes, P. (1994). The gender effect. *Managing Schools Today 3*(5): 7-8.

Dubbeldam, L. F. B. (1991). Literacy and socio-cultural development. Paper given at the international conference Attaining Functional Literacy: A Cross-cultural Perspective. Tilburg, The Netherlands.

Early, G. H. (1976). Cursive handwriting, reading and spelling achievement. *Academic Therapy 12*(1): 67-74.

Economist. (1999). Underperformance among working class boys, vagrancy and crime. Economist p. 36.

Education Reform Act. (1988). London: Department of Education and Science.

Education Reform Act. (1995). *Revised by Sir Ron Dearing.* London: Department for Education and Employment.

Eisner, E. (1994). *The Educational Imagination* (3rd edition). New York: Prentice-Hall.

Elwood, J., & Gipps, C. (1999). Boys, girls and literacy: Single sex pupils get the best results. National Literacy Trust Web pages (http://www.literacytrust.org.uk/)

English, L. (1992). Children's use of domain-specific knowledge and domain-general strategies in novel problem-solving. *British Journal of Educational Psychology 42*: 203-16.

Epstein, D., Elwood, J., Hey, V., & Maw, J. (1998). *Failing Boys? Issues in Gender and Achievement.* Buckingham: Open University Press.

Eyre, D. (1997). *Able Children in Ordinary Schools.* London: Fulton.

Farmer, D. (Ed.) (1993). *Gifted Children Need Help? A Guide for Parents and Teachers.* Strathfield, NSW: Australian Association for Gifted and Talented Children.

Feuerstein, R. (1995). Mediated Learning Experience. Keynote presentation, Mediated Learning Experience Conference, February, London, Regents College.

Feuerstein, R., Rand, Y., Hoffman, M. B., & Mitter, R. (1980). *Instrumental Enrichment.* Baltimore, MD: University Park Press.

Films for the Humanities and Sciences. (1998). *Sexual Stereotypes in Media: Superman and the Bride.* Fort Erie, ON: Films for the Humanities and Sciences.

Flach, F. (1988). Resilience: *Discovering a New Strength at Times of Stress.* New York: Fawcett Columbine.

Flanders, N. A. (1970). *Analysing Classroom Behaviour.* New York: Addison-Wesley.

Flavell, J. H. (1979). Metacognition and cognitive monitoring. *American Psychology 34*: 906-11.

Flokman, S., Lazarus, R. S., Dunkel-Schetter, C., DeLongis, A., & Gruen, R. J. (1986). The dynamic of stressful encounter: Cognitive appraisal, coping and encounter outcomes. *Journal of*

Personality and Social Psychology, 50: 992–1003.

Ford, D. Y. (1995). A Study of Achievement and Underachievement among Gifted Potentially Gifted, and Average African-American Students. *Research Monograph 95128*. Storrs, CT: The National Research Center on the Gifted and Talented, University of Connecticut.

Fowler, W. F. (1990). *Talking from Infancy: How to Nurture and Cultivated Early Language Development*. Cambridge, MA: Brookline Books.

Frater, G. (1997). *Improving Boys' Literacy: A Survey of Effective Practice in Secondar School*. London: The Basic Skills Agency.

Freeman, J. (1991). *Gifted Children Growing Up*. London: Cassell.

Freeman, J. (1992). *Quality Education: The Development of Competence*. Geneva and Paris: UNESCO.

Freeman, J. (1994). Gifted school performance and creativity. *Roeper Review 17*: 15–19.

Freeman, J. (1996). *Highly Able Girls and Boys*. London: Department for Education and Employment.

Freeman, J. (1998). Educating the Very Able: Current International Research. *OFSTED Reviews of Research*. London: The Stationery Office.

Fuchs, D., & Fuchs, L. (1995). Counterpoint: Special education – ineffective? immoral?. *Exceptional Children 61*: 303–6.

Gagn, R. L. (1973). *The Essentials of Learning*. London: Holt, Rinehart and Winston.

Gallagher, J. J. (1995). *Teaching the Gifted Child* (5th edition). Boston, MA: Allyn and Bacon.

Gallagher, J. J. (1997). Preparing the gifted student as independent learner. In J. A. Leroux (Ed.), *Connecting the Gifted Community Worldwide, Selected Proceedings from the 12th World*

Conference of the WCGTC, Seattle, 29 July-2 August. Seattle, WA: World Council for Gifted and Talented Children, pp. 37–50.

Galloway, D., & Godwin, C. (1987). *The Education of Disturbing Children*. London: Longman.

Gardner, H. (1983). *Frames of Mind: The Theory of Multiple Intelligences*. New York: Basic Books.

Gardner, H. (1991). *The Unschooled Mind*. New York: Basic Books.

Gardner, H. (1993). *Multiple Intelligences: The Theory in Practice*. New York: Basic Books.

Geschwind, N. (1984). The biology of cerebral dominance. Implications for cognition. *Cognition 17*: 193–208.

Gibbs, G. (1990). *Summary poster*. Oxford: Oxford Brookes University Staff Development Centre.

Gibbs, G. (Ed.) (1994). *Improving Student Learning: Theory and Practice*. Oxford: Oxford Brookes University Staff Development Centre.

Gibbs, G. (Ed.) (1995). *Improving Student Learning: Through Assessment and Evaluation*. Oxford: Oxford Brookes University Staff Development Centre.

Gilligan, C. (1982). *In a Different Voice*. Cambridge, MA: Harvard University Press.

Gilligan, C. (1991). Women's psychological development: Implications for psychotherapy. In C. Gilligan, A. Rogers, & D. Tolman (Eds.), *Women, Girls and Psychotherapy: Reframing Resistance*. New York: Harrington Park Press, pp. 5–32.

Gilligan, C. (1994). Women's place in man's life cycle. In L. Stone (Ed.), *The Education Feminist Reader*. New York: Routledge, pp. 26–41.

Gilligan, C., Lyons, N., & Hanmer, T. (1990). *Making Connections: The Relational Worlds of Adolescent Girls at Emma Willard School*.

Cambridge, MA: Harvard University Press.

Gillingham, A. M., Stillman, B. U., & Orton, S. T. (1940). *Remedial Teaching for Children with Specific Disabilities in Reading, Spelling and Penmanship.* New York: Sackett and Williams.

Gillingham, A. M., Stillman, B. U., & Orton, S. T. (1956). *Remedial Teaching for Children with Specific Disabilities in Reading, Spelling and Penmanship* (5th edition). New York: Sackett and Williams.

Goldberg, M. L. (1965). *Research on the Talented.* New York: Teachers College, Columbia University.

Goldberger, N. R. (1996). Looking backward, looking forward. In N. R. Goldberger, J. M. Tarule, B. V. Clinchy, & M. F. Belenky (Eds.), *Knowledge, Difference and Power: Essays Inspired by 'Women's Ways of Knowing'*. New York: Basic Books.

Golombok, S., & Fivush, R. (1994). *Gender Development.* Cambridge: Cambridge University Press.

Gross, M. U. M. (1993). *Exceptionally Gifted Children.* London: Routledge.

Grossman, H., & Grossman, S. (1994). *Gender Issues in Education.* Needham Heights, MA: Allyn and Bacon.

Grubb, J. (1999). Boys in brief: Reduced research on gender and underachievement. *Times Educational Supplement* (4 June): 30.

Grumet, M., & Macedo, E. (1996). Power and education: Who decides the forms schools have taken, and who should decide?. In J. Kincheloe & S. Steinberg (Eds.), *Thirteen Questions: Reframing Education's Conversations.* New York: Peter Lang.

Gubbay, S. S. (1975). *The Clumsy Child.* London: WB Saunders.

Gyarmathy, E. (1995). Developmental learning disabilities and giftedness. In Book of Abstracts, VIIth European Conference on Developmental Psychology in Krakow, Poland, P. 178.

Hagen, J. W., Jongeward, R. H. Jr., & Kail, R. V. Jr. (1975). Cognitive perspectives on the development of memory, strategies in acquisition and retrieval. Organisation and retrieval processes. In H. W. Reese (Ed.), *Advances in Child Development*, Volume 10. New York: Academic Press.

Halford, G. S. (1993). *Children's Understanding: The Development of Mental Models*. Hillsdale, NJ: Erlbaum.

Hall, C., & Coles, M. (1999). *Children's Reading Choices*. London: Routledge.

Hanna, P. R., Hanna, J. S., Hodges, R. E., & Rudork, E. H. (1966). *Phoneme-Grapheme Correspondence as Cues to Spelling Improvement*. Washington, DC: US Office of Education.

Hany, E. A. (1997). Modelling teachers' judgment of giftedness: A methodological inquiry of biased judgment. *High Ability Studies 8*(2): 159–78.

Hargreaves, D. (1984). *Improving Secondary Schools*. London: Inner London Education Authority.

Harris. S., Nixon, J., & Ruddock, J. (1993). School work, homework and gender. *Gender and Education 5*: 5–9.

Heilbrun, C. G. (1987). *Writing a Woman's Life*. New York: Ballantine.

Hendryx, W. (1993). Make your child a self starter. *Reader's Digest* (January): 21–4.

Hernstein, R., & Murray, C. (1994). *The Bell Curve: Intelligence and Class Structure in American Life*. New York: The Free Press.

Herskovits, M., & Gyarmathy, E. (1995). Types of high ability. Highly able children with unbalanced intelligence structure. *European Journal for High Ability 6*(1): 38–48.

Hibbett, A., & Fogelman, K. (1990). Future lives of truants, family formation and health related behaviour. *British Journal of Educational Psychology 60*: 171–9.

Hiller, A. (director) (1984). Teachers (Film).

Hirsch, E. D. (1993). Esprit de core. Core Knowledge Foundation Newsletter No 1 October: 1.

Hirsch, E. D. (1996). *The Schools We Need.* New York: Doubleday.

HMI. (1986). *Lower Attaining Pupils Project* (LAPP). London: HMSO.

HMI. (1992). *Provision for Highly Able Pupils in Maintained Schools.* London: HMSO.

HMI. (1996). *Annual Report of the Chief Inspector for Schools in England.* London: HMSO.

HMI. (1997). *Annual Report of the Chief Inspector for Schools in England.* London: The Stationery Office.

Holland, V. (1998). Underachieving boys: Problems and solutions. *Support for Learning 13*(4): 174-8.

Hooks, B. (1995). *Teaching to Transgress: Education as the Practice of Freedom.* New York: Routledge.

Horgan, D. (1995). *Achieving Gender Equity: Strategies for the Classroom.* Toronto: Allyn and Bacon.

Hundeide, K. (1991). *Helping Disadvantaged Children.* London: Jessica Kingsley.

Hyde, J. S., Fennema, E., & Lamon, S. (1990). Gender differences in mathematics performance: A meta-analysis. *Psychological Bulletin 107*(2): 139-55.

Jarvis, P. (1992). *Paradoxes of Learning: On Becoming an Individual in Society.* San Francisco, CA: Jossey-Bass.

Javits, J. K. (1988). *Gifted and Talented Students: Education Act of the United States.* Washington, DC: Public Law 100-297.

Johnson, L. G., & Evans, R. W. (1992). Hemispheric asymmetry and recategorised WISC-R patterns in learning disabled and non disabled children. *Perception and Motor Skills 74*(1): 77-8.

Kaplan, L. D., & Kaplan, C. (1997). Democracy, meritocracy, and the cognitive élite: The real thesis of the Bell Curve. *Educational Theory 47*: 425–31.

Karnes, M. B., & Johsnon, I. J. (1991). Gifted handicapped. In N. Colenangelo & G. A. Davis (Eds.), *Handbook of Gifted Education*. Boston, MA: Allyn and Bacon.

Kaufman, A. (1979). *Intelligent Testing with the WISC-R*. New York: Wiley.

Kellmer-Pringle, M. (1970). *Able Misfits*. London: Longman.

Kelly, G. A. (1955). *The Psychology of Personal Constructs*, Volume 1. New York: Norton.

Kemnitz, T. M., Martin, E. G., Hegeman, K. T., & Hickey, J. C. (1982). *Management Systems for Gifted and Special Educational Programs*. New York: Trillium Press.

Kessler, R. C., Price, R. H., & Wortman, C. B. (1985). Social factors in psychopathology: Stress, social support and coping processes. *Annual Review of Psychology 36*: 531–72.

Kimball, M. (1994). The worlds we live in: Gender similarities and differences. *Canadian Psychology 35*: 388–404.

Kleinfeld, J., & Yerian, S. (Eds.) (1995). *Gender Tales: Tensions in the Schools*. New York: St Martin's Press.

Knight, P. (1992). How I use portfolios in mathematics. *Educational Leadership 99*(8): 71–4.

Krishnamurti, J. (1974). *Krishnamurti on Education*. Chennai, India: Krishnamurti Foundation India.

Landrum, G. N. (1994). *Profiles of Female Genius*. Amherst, NY: Prometheus Books.

Lasch, C. (1995). *The Revolt of the Élites and the Betrayal of Democracy*. New York: W. W. Norton.

Lasonen, J., & Burge, P. (1991). Women in the workplace: Vocational educationand segregated division of labour. Paper presented at the American Vocational Convention, December, Los Angeles, CA.

Laszlo, M. (1987). Children with perceptuomotor difficulties in schools. *Times Educational Supplement* (3 September): 22.

Learning Difficulties Research Project. (1999). *Occasional Reports.* Maldon: Learning Difficulties Research Project.

Lee-Corbin, H., & Denicolo, P. (2000). (in press) Factors associated with achievement and underachievement in able children. Educating Able Children.

Lerner, J. (1971). *Children with Learning Disabilities.* Boston, MA: Houghton-Mifflin.

Leroux, J. A., & Butler-Por, N. (1996). *Keeping faith in ourselves: A comparative study of Canadian and Israeli women's perceptions of their achievement 1Gifted and Talented International* 9: 167-71.

Leroux, J., & McMillan, E. (1993). Smart Teaching: *Nurturing Talent in the Classroom and Beyond.* Markham, ON: Pembroke Publishers.

Lews, M., & Macedo, D. (1996). Power and education: Who decides the forms schools have taken, and who should decide?. In J. L. Kincheloe & S. R. Steinberg (Eds.), *Thirteen Questions: Reframing Education's Conversations.* New York: Peter Lang, pp. 31-58.

Leyden, S. (1985). *Helping the Child of Exceptional Ability.* London: Routledge.

Licht, B. G., & Dweck, C. (1987). Sex differences in achievement orientations. In G. Arnot & G. Weiner (Eds.), *Gender and Politics of Schooling.* London: Hutchinson.

Lincoln, Y. S., & Guba, E. G. (1985). *Naturalistic Inquiry.* Beverly Hills, CA: Sage.

Lipman, M. (1991). *Thinking in Education*. Cambridge: Cambridge University Press.

Loewen, J. W. (1995). *Lies My Teacher Told Me: Everything Your American History Textbook Got Wrong*. New York: New Press.

Luke, A. (1995-96). Text discourse in education: An introduction to critical discourse analysis. In M. Apple (Ed.), *Review of Research in Education*, Volume 21. Washington, DC: American Educational Research Association, pp. 3-48.

MacDonald, A., Saunders, L., & Benfield, P. (1999). *Boys' Achievement, Progress, Motivation and Participation*. Slough: NFER.

Maker, C. J. (1982a). *Curriculum Development for the Gifted*. Rockville, MD: Aspen.

Maker, C. J. (1982b). *Teaching Models for the Education of the Gifted*. Rockville, MD: Aspen.

Maker, C. J. (1992). Intelligence and creativity in multiple intelligences. Identification and development. *Educating Able Learners*, pp. 12-19.

Maker, C. J., & Neilson, A. B. (1996a). *Curriculum Development and Teaching Strategies for Gifted Learners* (2nd edition). Austin, TX: PRO-ED.

Maker, C. J., & Neilson, A. B. (1996b). *Teaching Models in the Education of the Gifted* (2nd edition). Austin, TX: PRO-ED.

Maker, C. J., Neilson, A. B., & Rogers, J. A. (1994). Giftedness, diversity and problem-solving. *Teaching Exceptional Children* (fall): 4-19.

Margolin, L. M. (1994). *Goodness Personified: The Emergence of Gifted Children*. Hawthorne, NY: Aldine and Gruyter.

Marland, S. (1971). *Education of the Gifted and Talented: Report to the Congress of the United States by the US Commissioner of*

Education. Washington, DC: US Government Printing Office.

Marton, F., & Saljo, R. (1984). Approaches to learning. In F. Marton, J. Hownesell & N. J. Entwistle (Eds.), *The Experience of Learning*. Edinburgh: Scottish Academic Press.

Mascie-Taylor, C. G. N. (1989). Biological and social aspects of development. In N. Entwistle (Ed.), *Handbook of Educational Ideas and Practices*. London: Routledge, pp. 992-1004.

Masson, A., & Hornby, E. (1986). Counselling women: Different ways now. *Guidance and Counselling 1*: 54-8.

Mayer, R. E. (1992). *Thinking, Problem Solving, Cognition*. Oxford: Freeman.

McCalope, M. (1991). Fear of acting white. Jet (September): 2.

McCrae, R. R. (1984). Situational determinants of coping responses: Loss, threat and challenge. *Journal of Personal and Social Psychology 46*: 919-28.

McGuinness, C. (1999). From Thinking Skills to Thinking Classrooms: A Review and Evaluation of Approaches for Developing Pupils' Thinking. *Research Report RR115*. Crown Copyright. Norwich: Department for Education and Science.

McLeod, J., & Cropley, A. (1989). *Fostering Academic Success*. Oxford: Pergamon.

Measor, L., & Sikes, P. (1992). *Gender and Schools*. New York: Cassell.

Mehler, J., & Pupoux, E. (1994). *What Infants Know: The New Cognitive Science of Early Development*. Oxford: Blackwell.

Meno Research Project. (1998). *Problem Solving: Preparing for the Assessment*. Cambridge: Cambridge University Local Examinations Syndicate, Thinking Skills Service.

Messer, D. J. (1994). *The Development of Communication: From Social Interaction to Language*. Chichester: Wiley.

Miles, M. D., & Huberman, A. M. (1984). *Qualitative Data Analysis: A*

Sourcebook of New Methods. Newbury Park, CA: Sage.

Millard, E. (1997). *Differently Literate: Boys, Girls and the Schooling of Literacy*. London: Falmer.

Miller, J. B. (1986). *What do we mean by relationships? Work in Progress* No 22. Wellesley, MA: Stone Center Working Paper Series.

Miller, J. B. (1994). Women's psychological development: Connections, disconnections and violations. In M. M. Berger (Ed.), *Women Beyond Freud*. New York: Brunner/Mazel, pp. 79–97.

Mills, C. J., Ablard, K. E., & Stumpf, H. (1993). Gender differences in academically talented young students' mathematical reasoning: Patterns across age and subskills. *Journal of Educational Psychology 85*(2): 340–6.

Mirkin, M. (Ed.) (1994). *Women in Context: Towards a Feminist Reconstruction of Psychotherapy*. New York: Guilford Press.

Mishra, S. P., Lord, J., & Sabers, D. L. (1989) Cognitive processes underlying WISC-R performance of gifted and learning disabled Navajos. *Psychology in the Schools 26*(1): 15–23.

Mittler, P. (1990). Editorial Foreword. In D. Montgomery (Ed.), *Children with Learning Difficulties*. London: Cassell.

Moi, T. (1985). *Sexual/Textual Politics: Feminist Literacy Theory*. London: Routledge.

Molnar, A., & Lindquist, B. (1989). *Changing Problem Behaviour in Schools*. San Francisco, CA: Jossey-Bass.

Montgomery, D. (1977). Teaching pre-reading through training in pattern recognition. *The Reading Teacher 30*(6): 216–25.

Montgomery, D. (1981). Education comes of age. *School Psychology International 1*: 1–3.

Montgomery, D. (1983). (2nd edition 1999) *Learning and Teaching Strategies: Study Skills*. Maldon: Learning Difficulties Research

Project.

Montgomery, D. (1984). *Evaluation and Enhancement of Teaching Performance.* Maldon: Learning Difficulties Research Project.

Montgomery, D. (1985). *The Special Needs of Able Children in Ordinary Classrooms.* Maldon: Learning Difficulties Research Project.

Montgomery, D. (1989). *Managing Behaviour Problems.* Sevenoaks: Hodder and Stoughton.

Montgomery, D. (1990). *Children with Learning Difficulties.* London: Cassell.

Montgomery, D. (1991). *Special Needs of Able Children in Ordinary Classrooms* (2nd edition). Maldon: Learning Difficulties Research Project.

Montgomery, D. (1993). Learner managed learning in teacher education. In N. Grave (Ed.), *Learner Managed Learning: Policy, Theory and Practice.* Leeds: Higher Education for Capability/World Education Fellowship, pp. 59–70.

Montgomery, D. (1994). The role of metacognition and meatlearning. In G. Gibbs (Ed.), *Improving Student Learning: Through Assessment and Evaluation.* Oxford: Oxford Brookes University Staff Development Centre, pp. 227–53.

Montgomery, D. (1995a). Critical theory and practice in evaluation and assessment. In G. Gibbs (Ed.), *Improving Student Learning: Through Assessment and Evaluation.* Oxford: Oxford Brookes University Staff Development Centre, pp. 88–105.

Montgomery, D. (1995b). Social abilities in highly able disabled learners and the consequences for remediation. In M. W. Katzko & F. J. Monks (Eds.), *Nurturing Talent: Individual Needs and Social Abilities.* Assen The Netherlands: Van Gorcum, pp. 226–38.

Montgomery, D. (1996). *Educating the Able*. London: Cassell.

Montgomery, D. (1997a). *Spelling: Remedial Strategies*. London: Cassell.

Montgomery, D. (1997b). *Developmental Spelling: A Handbook for Teachers*. Maldon: Learning Difficulties Research Project.

Montgomery, D. (1998). *Reversing Lower Attainment*. London: David Fulton.

Montgomery, D. (1999). *Positive Appraisal Through Classroom Observation*. London: David Fulton.

Munro, J. (1996a). *Gifted Students Learning: Basing the Teaching of Gifted Students on a Model of Learning*. Melbourne: Educational Assistance.

Munro, J. (1996b). Social, Constructivist and Information Processing. *A Teacher Friendly Model of Learning*. Melbourne, Ed. Assist.

Munro, J. (1996c). *A Learning Base for Education of the Gifted and Talented Students Seminar Series Paper Number 56*. Melbourne: IARTV.

National Excellence. (1993). *National Excellence: A Case for Developing America's Talent*. Washington, DC: US Government Printing Office.

National Literacy Trust. (1999). Boys and Writing. National Literacy Trust on the web (http://www.literacytrust.org.uk/)

Neisser, U. (1967). *Cognitive Psychology*. New York: Appleton Century Crofts.

Newell, A., Shaw, J. C., & Simon, H. A. (1961). Computer simulations of human learning. *Science 174*: 2011-17.

Nisbet, J. (1993). The thinking curriculum. *Educational Psychology 13*(3/4): 281-90.

Norman, D. A. (1977). Notes towards a complex theory of learning. In A. M. Lesgold, J. W. Pellegrino, S. D. Fokkema, & R. Glaser

(Eds.), *Cognitive Psychology and Instruction*. New York: Plenum.

Northern Ireland Council for the Curriculum Examinations and Assessment. (1999). *Focus on Boys: Guidance on Improving Attainment, Particularly in Literacy*. Belfast: Council for the Curriculum Examinations and Assessment.

Nunes, T., Schliemann, A. D., & Carraher, D. W. (1993). *Street Mathematics and School Mathematics*. Cambridge: Cambridge University Press.

Office for Standards in Education. (OFSTED) (1993). Boys and English 1988-1991. *Report* No 2/93. London: HMSO.

OFSTED. (1995). *Guidance on the Inspection of Secondary Schools*. London: HMSO.

OFSTED/Equal Opportunities Commission. (1996). *The Gender Divide*. London: HMSO.

Ognibene, E. (1983). Moving beyond 'True Woman' myths: Women and work. *Humboldt Journal of Social Relations 10*(2): 2-25.

Ohio Council of Coordinators for the Gifted. (1989). *Ohio Gifted Students Course of Study*. Ohio: Council of Coordinators for the Gifted in Ohio.

Ontario Women's Directorate and Education Ministry. (1995). *The Joke's Over*. Toronto, ON: Government of Ontario.

Pagano, J., & Miller, J. (1996). Women and education: In what ways does gender affect the educational process?. In J. L. Kincheloe & S. R. Steinberg (Eds.), *Thirteen Questions: Reframing Education's Conversations*. New York: Peter Lang.

Papert, S. (1980). *Mindstorms*. Brighton: Harvester.

Parent, A. (1995). David. A case study. *Flying High* (issue 2): 26-32.

Passow, A. H. (1990). Needed research and developmental in teaching high ability children. *European Journal of High Ability 1*: 15-24.

Patchett, R. F., & Stansfield, M. (1991). Subtest scatter on the WISC-R with children of superior intelligence. *Psychology in the Schools 29*(1): 5-11.

Paul, R. W. (1990). Critical thinking in North America. In A. J. A. Binker (Ed.), *Critical Thinking: What Every Person Needs to Know to Survive in a Rapidly Changing World*. Sonoma: Sonoma State University, Centre for Critical Thinking and Moral Critique, pp. 18-42.

Pearlin, L. L., & Schooler, C. (1978). The structure of coping. *Journal of Health and Social Behaviour 22*: 2-21.

Peters, M. L. (1967). *Spelling Taught or Caught?*. London: Routledge and Kegan Paul.

Peters, M. L. (1985). *Spelling Taught or Caught?*. (2nd edition). London: Routledge and Kegan Paul.

Peters, M. L., & Smith, B. (1993). *Spelling in Context*. Windsor: NFER/Nelson.

Piaget, J. (1952). *Origins of Intelligence in Children* (2nd edition). New York: International Universities Press.

Pickering, J. (1997). *Raising Boys' Achievement*. Stafford: Network Educational Press.

Piirto, J. (1994). *Talented Children and Adults: Their Development and Education*. New York: Macmillan.

Piirto, J. (1997a). Precepts for the curriculum for the talented. *The Journal Portfolio 13*: 10-17.

Piirto, J. (1997b). Twelve issues: Postmodern curriculum thought and the education of the gifted. Paper presented at the National Association for Gifted Children Conference, Little Rock, AR, November.

Piirto, J. (1998a). *Understanding Those Who Create* (2nd edition). Tempe, AZ: Gifted Psychology Press.

Piirto, J. (1998b). Review of the Book – Curriculum Development in the Postmodern Era. *Gifted Child Quarterly 42*: 130–3.

Piirto, J. (1999). *Talented Children and Adults: Their Development and Education* (2nd edition). Columbus, OH: Prentice–Hall/Merrill.

Piirto, J., & Fraas, J. (1995). Androgyny in the personalities of talented teenagers. *Journal of Secondary Gifted Education* 6(2): 93–102.

Pinar, W., Reynolds, W., Slattery, P., & Taubman, P. (1995). *Understanding Curriculum: An Introduction to the Study of Historical and Contemporary Curriculum Discourses*. New York: Peter Lang.

Pipher, M. (1994). *Reviving Ophelia: Saving the Selves of Adolescent Girls*. New York: Ballantine.

Poorthuis, G. M. T., Kok Wam, & van Dijk, L. (1990). An instrument to analyse curriculum naterials for the gifted. Paper presented at the 2nd European Conference of ECHA, Budapest, 25–8 October.

Prentice, S. (1996). Addressing and redressing chilly climates in higher education. *College and University Teachers' Bulletin: Status of Women Supplement 43*(4): 7–9.

Pyke, S. (1997). Education and the 'Woman Question'. *Canadian Psychology 38*: 154–63.

Qualifications and Curriculum Authority. (1998). *Can Do Better: Raising Boys' Achievement in English*. London: Qualifications and Curriculum Authority.

Qualifications and Curriculum Authority. (1999). *Improving Writing at Key Stage 3 and 4*. Sudbury: Qualifications and Curriculum Authority.

Radford, J. (1990). *Child Prodigies and Exceptional Early Achievers*. London: Harvester Wheatsheaf.

Ralph, J. B., Goldberg, M. I., & Passow, A. H. (1966). *Bright Underachievers*. New York: Teachers College Press.

Raven, J. C. (1988). *The Raven's Progressive Matrices*. Oxford: Oxford Psychologists Press.

Rawlings, A. (1996). *Ways and Means Today*. Kingston: Kingston Friends Workshop Group. (Available from Kingston Friends Workshop Group, 78 Eden Street, Kingston upon Thames, Surrey, UK.)

Reinen, I., & Plomp, T. (1993). Some gender issues in educational computer use: Results of an international comparative survey. *Computers in Education 20*(4): 353-65.

Reis, S. (1991). The need for clarification in research designed to examine gender differences in achievement and accomplishment. *Roeper Review 13*(4): 193-206.

Renzulli, J. S. (1977). *The Enrichment Triad. A Model for Developing Defensible Programs for the Gifted and Talented*. Mansfield Center, CN: Creative Learning Press.

Renzulli, J. S. (1995). New directions for the schoolwide enrichment model. In M. W. Katzko & F. J. Monks (Eds.), Nurturing Talent. *Individual Needs and Social Ability*. Assen, The Netherlands: Van Gorcum, pp. 162-167.

Renzulli, J. S., & Reis, S. J. (1989). *The Schoolwide Enrichment Model*. Mansfield Center, CT: Creative Learning Press.

Ridehalgh, N. (1999). *A comparative study of the effectiveness of three dyslexia programmes*. Unpublished MA dissertation. London: Middlesex University.

Riding, R. J., & Rayner, S. (1998). *Cognitive Styles and Learning Strategies*. London: Fulton.

Roaf, C. (1998). Slow hand. A secondary school survey of handwriting speed and legibility. *Support for Learning 13*(1): 39-42.

Roeders, P. (1995). Student-assisted education - the active way of differentiation in the classroom: Basic concepts and effects. Paper

presented at the European Seminar of ECHA, Antwerp, April.
Rogers, C. (1985). *Freedom to Learn in the 80s*. New York: Macmillan.
Rogers, K. B., & Span, P. (1993). Ability grouping with gifted students: Research and guidelines. In K. A. Heller, F. J. Monks, & A. H. Passow (Eds.), *International Handbook of Research and Development in Gifted Education*. Oxford: Pergamon, pp. 585-92.
Ross, P. (1993). *National Excellence: A Case for Developing America's Talent*. Washington, DC: Office of Educational Research and Improvement.
Rowe, A. (1993). Introduction. In J. Austen (Ed.), *Northanger Abbey*. Ware: Wordsworth Editorial, pp. v-xii.
Rowe, K. J. (1991). The influence of reading activity at home on students' attitudes towards reading, classroom attentiveness and reading achievement: an application of structural equation modelling. *British Journal of Educational Psychology 61*: 19-35.
Royce-Adams, R. (1975). Columbus to Aquarius. Dryden press, p. 145.
Royce-Adams, R. (1977). *Developing Reading Versatility*. New York: Rinehart and Winston.
Sadker, M., & Sadker, D. (1995). *Failing at Fairness: How America's Schools Shortchange Girls*. New York: Charles Scribner's Sons.
Sadler, K. (2000). Attributions and solutions for the underachievement of able pupils. *Educating Able Children 4*(1).
Sapon-Shevin, M. (1994). *Playing Favourites: Gifted Education and the Disruption of Community*. Albany, NY: State University of New York Press.
Sassoon, R. (1987). Handwriting. *A New Perspective*. Cheltenham: Stanley Thornes.
Schmidt, P. (1993). Seeking to identify the gifted among LEP students. *Education Week 12*(35): 12-13.

Schneider, F. W., & Coutts, L. M. (1985). Person orientation of male and female high school students to the educational disadvantage of males?. *Sex Roles 13*(1–2): 47–63.

Schlosser, C. (1999). *Facilitation of career success: Canadian and Finnish women*. Unpublished doctoral dissertation, University of Alberta, Edmonton, Canada.

Schoemaker, M. M., & Calverboer, A. S. (1994). Social and affective problems of children who are clumsy. How do they begin?. In S. E. Henderson (Ed.), Developmental Co-ordination Difficulties. *Special Issue of Adaptive Physical Activity Quarterly 11*: 130–44.

Schonell, F. J., & Schonell, E. E. (1946). *Diagnostic and Attainment Testing* (4th edition). Edinburgh: Oliver and Boyd.

Scollay, S. (1994). The forgotten half: Are US schools shortchanging girls?. *The American School Board Journal* (April): 47–8.

Scottish Education Department. (SED) (1978). *The Education of Pupils with Learning Difficulties in Primary and Secondary Schools: A Progress Report by HMI*. Edinburgh: HMSO.

Shannon, C. (1993). Parents and teachers in partnership. Gifted Child Today (Nov/Dec): 16–19.

Shaw, G. A., & Brown, G. (1991). Laterality, implicit memory and attention disorder. *Education Studies 17*(1): 15–23.

Shore, B. M., & Tsiamis, A. (1986). Identification by provision. In K. A. Heller & J. F. Feldhusen (Eds.), *Identification and Nurturing the Gifted*. Berne: Huber.

Siegler, R. S. (1991). *Children's Thinking*. Englewood Cliffs, NJ: Prentice-Hall.

Silverman, L. K. (1989). Invisible gifts, invisible handicaps. *Roeper Review* (Special issue: Gifted students with disabilities) *12*(1): 37–42.

Silverman, L. K. (1991). Helping gifted girls reach their potential. *Roeper Review 14*(2): 122–3.

Simon, B. L. (1987). *Never Married Women*. Philadelphia, PA: Tempole University Press.

Simonton, D. K. (1988). Scientific Genius. *A Psychology of Science*. Cambridge: Cambridge University Press.

Sisk, D. (1991). Minority strength checklist. Leadership training for gifted students. Paper presented at the World Council for Gifted and Talented Children Conference, The Hague, The Netherlands.

Sisk, D. (1999a). Socio-economic development of gifted students. Gifted Education International 14 (in press).

Sisk, D. (1999b). *Step-Up/Even Start II: Final Even Start Report*. Austin, TX.

Skelton, C. (1998). Feminism and research into the masculinities and schooling. *Gender and Education 10*(2): 217–27.

Skilbeck, M. (1989). *School Development and New Approaches to Learning: Trends and Issues in Curriculum Reform*. Paris: Organisation for Economic Co-operation and Development.

Skinner, B. F. (1967). *Science and Human Behavior*. New York: Macmillan.

Skoe, E., & Marcia, J. (1993). A measure of care-based morality and its relation to ego-identity. *Merrill-Palmer Quarterly 37*(2): 298–384.

Slattery, P. (1995a). A postmodern vision of time and learning: A response to the National Education Commission Report – Prisoners of Time. *Harvard Educational Review 65*: 612–33.

Slattery, P. (1995b). *Curriculum Development in the Postmodern Era*. New York: Garland.

Smith, J. N. (director) (1995). Dangerous Minds (Film).

Spalding, R. B., & Spalding, W. T. (1969). *The Writing Road to*

Reading. New York: Whiteside and Morrow.

Span, P. (1995). Self regulated learning. In J. Freeman, P. Span & H. Wagner (Eds.), *Actualising Talent: A Lifelong Challenge*. London: Cassell.

Spearman, C. (1927). *The Abilities of Man*. New York: Macmillan.

Stanovich, K. (1993). The consequences of literacy. Invited Lecture, British Psychological Society Annual Conference, April.

Steele, C. (1992). Race and the schooling of black Americans. *The Atlantic Monthly 269*: 68.

Steinke, J., & Long, M. (1995). A lab of her own? Portrayals of female characters in children's educational science. Paper presented at the annual general meeting of the International Communication Association, Albuquerque, NM.

Stephenson, J., & Weil, S. (1988). *Launch of 'Higher Education for Capability'*. London: Royal Society for Arts.

Sternberg, R. J. (1986). Beyond IQ. *A Triarchic Theory of Intelligence*. New York: Cambridge University Press.

Stewart, W. J. (1977). Sex Differences and the School. *ERIC database, Document* (RIE). New York: Delmar.

STRANDS. (1991). *Spelling Teaching for Reading and Needs of Dyslexic Students*. Winchester: Hampshire Local Education Authority.

Strauss, A., & Corbin, J. (1990). *Basics of Qualitative Research*. London: Sage.

Street, B. V. (1990). *Cultural Meanings of Literacy*. Paris: UNESCO, IBE.

Supplee, P. L. (1990). *Reaching the Gifted Underachiever: Program Strategy and Design*. New York: Teachers College Press.

Suter, D., & Wolf, J. (1987). Issues in the identification and programming of the gifted/learning disabled child. *Journal for Education of the Gifted 10*(3): 227–37.

Sutherland, M. (1990). Education and gender differences. In N. Entwistle (Ed.), *Handbook of Educational Ideas and Practices*. London: Routledge.

Swartz, R. J., & Parks, S. (1994). *Infusing the Teaching of Critical and Creative Thinking into Elementary Instruction*. Pacific Grove, CA: Critical Thinking Press and Software.

Tannenbaum, A. J. (1983). *Gifted Children: Psychological and Educational Perspectives*. London: Macmillan.

Tannenbaum, A. (1986). The enrichment matrix model. In J. S. Renzulli (Ed.), *Systems and Models for Developing Programs for the Gifted and Talented*. Mansfield Center, CT: Creative Learning Press, pp. 391–429.

Tannenbaum, A. J. (1997). Programs for the gifted: To be or not to be. In J. A. Leroux (Ed.), Connecting the Gifted Community Worldwide. Selected Proceedings from the 12th World Conference of the WCGTC, Seattle, 29 July–2 August, pp. 5–36.

Terman, L. M. (1925). *Genetic Studies of Genius*, Volume 1. Stanford, CA: Stanford University Press.

Terman, L. (1954). The discovery and encouragement of exceptional talent. *American Psychologist 9*: 221–30.

Third International Mathematics and Science Survey. (TIMSS) (1997). *Third International Maths and Science Study, 1995*. Cheshunt Hill, MA: TIMSS Study entre, Boston College.

Thomas, F. (1998). Une question de writing. *Support for Learning 13*: 43–5.

Thomas, L., & Augstein, S. (1975). *Reading to Learn Project Report*. Uxbridge: Brunel University, Centre for Human Learning.

Thomson, M. E. (1990). Evaluating teaching programmes for children with specific learning difficulties. In P. D. Pumfrey & C. D. Elliott (Eds.), *Children's Difficulties in Reading, Spelling and Writing*.

London: Falmer, pp. 155-171.

Tizard, B., & Hughes, M. (1984). *Young Children Learning: Talking and Thinking at Home and School.* London: Fontana.

Tomini, B., & Page, S. (1992). Vocational bias and gender: Evaluations of high school counsellors by Canadian university undergraduates. *Canadian Journal of Counselling 26*: 100-6.

Turnbull, S. (1993). The media: Moral lessons and moral careers. *Australian Journal of Education 37*: 153-68.

Tyler, R. (1949). *Basic Principles of Curriculum and Instruction.* Chicago, IL: Chicago University Press.

UNESCO. (1988). *Compendium of Statistics on Literacy.* Paris: UNESCO Office of Statistics

UNESCO. (1994). *The Salamanca Statement and Framework for Action on Special Educational Needs.* Paris: UNESCO.

Van Tassel-Baska, J. (Ed.) (1988). *Comprehensive Curriculum for Gifted Learners.* Needham Heights, MA: Allyn and Bacon.

Van Tassel-Baska, J. (Ed.) (1994a). *Comprehensive Curriculum for Gifted Learners* (2nd edition). Needham Heights, MA: Allyn and Bacon.

Van Tassel-Baska, J. (1994b). *Planning and Implementing Curriculum for Gifted Learners.* Denver, CO: Love.

Van Tassel-Baska, J. (1998). Girls of promise. In J. Van Tassel-Baska (Ed.), *Excellence in Educating Gifted and Talented Learners* (3rd edition). Denver: Love, pp. 129-143.

Vellutino, F. R. (1979) Dyslexia. *Researchand Theory.* Londond: MIT Press.

Vellutino, F. R. (1987) Dyslexia. *Scientific American 256*(3): 20-7.

Visser, J., & Rayner, S. (1999). *Emotional and Behavioural Difficulties: A Reader.* Birmingham: Q.Ed.

Voigt, J. (1994). Negotiation of mathematical meaning and learning mathematics. *Educational Studies in Mathematics 26*: 275–98.

Vygotsky, L. S. (1978). *Mind in Society: The Development of Higher Psychological Processes.* Cambridge, MA: MIT Press.

Vygotsky, L. S. (1984). *Mind in Society: The Development of Higher Psychological Processes* (Reprint). Cambridge, MA: MIT Press.

Waller, E. (1973). *The Problem of Handwriting.* Boston, MA: Allyn and Bacon.

Warrington, M., & Younger, P. (1996). Gender and achievement: The debate at GCSE. *Education Review 10*(1): 22–7.

Waters, E., Wippman, J., & Stroufe, L. A. (1979). Attachment, positive effect and competence in the peer group: Two studies in construct validation. *Child Development 50*: 821–9.

Watson, J. (1996). *Reflection Through Interaction.* London: Falmer.

Wayman, J. (1991). *If You Promise Not to Tell.* Beavercreek, OH: Pieces of Learning.

Wedell, K. (1973). *Learning and Perceptuomotor Disabilities in Children.* Chichester: Wiley.

Weil, P. (director) (1989). Dead Poets Society (Film). Touchstone Video.

Welch, L. (1990). *Women in Higher Education: Changes and Challenges.* New York: Praeger.

Wetherington, E., & Kessler, R. C. (1991). Situations and processes of coping. In J. Eckenrode (Ed.), *The Social Context of Coping.* New York: Plenum Press, pp. 13–29.

Whitmore, J. R. (1982). *Giftedness, Conflict and Underachievement.* Boston: Allyn and Bacon.

Wilgosh, L. (1993). The underachievement of girls: A societal rather than a gender issue. *Education Canada* (spring): 18–23.

Wilgosh, L. (1996). Underachievement of women and girls: Some societal and feminist views. *Education Canada* (fall): 25–31.

Wilgosh, L. (1999). Maximising achievement of adolescent girls. Paper presented at the 13th World Conference of the World Council for Gifted and Talented Children, Istanbul, August.

Yewchuk, C. R. (1986a). Gifted/learning disabled children: Problem of assessment. In A. Cropley, K. Urban, H. Wagner, & W. Wierczerkowsky (Eds.), *Giftedness: A Continuing Worldwide Challenge*. New York: Trillium Press, pp. 40-9.

Yewchuk, C. R. (1986b). Identification of gifted/learning disabled children. *School Psychology International* 7(1): 61-8.

Yuill, N., & Easton, K. (1993). Joke comprehension. *The Lancet 342*: 858.

Zarit, S. H., Todd, P. A., & Zarit, J. M. (1986). Subjective burden of husbands and wives as caregivers: A longitudinal study. *The Gerontologist 26*: 260-6.

Zeidner, M., & Scheleyer, E. (1999). The big fish-in-little-pond-effect for academic self concept, test anxiety and school grades in gifted children. *Contemporary Educational Psychology* Vol 24, pp. 305-329.

‖ 찾아보기 ‖

[인 명]

[내 용]

◈ 편저자 소개

☞ **Diane Montgomery** 교수는 교사자격증이 있는 공인 심리학자이며 미들섹스(Middlesex) 대학교의 교육학과 교수로 퇴임했고 그 대학교에서 사범대학장 및 교수회장을 역임하였다. 몽고메리 교수는 몰던(Maldon)에서 학습장애 연구 프로젝트의 책임자이며, 미들섹스에서 2개의 원격학습 프로그램인 MA SEN, MA SpLD의 집필자이자 진행지도자다. 지금은 MA EBD와 MA High Ability Studies를 개발 중에 있다. 저서로는, 『수업 관찰, 낮은 성취수준 바꾸기, 철자와 쓰기, 철자: 교정 책략』 『우수아 교육』 『행동 문제 다루기』 『학습 곤란』 『교실 관리』 『평가』 『학습과 전략 교수법-학업 기술』 『조기 읽기 기술』 등이 있다. 현재 영재 및 재능아 정부 고문단 위원이며 국립우수아동교육협회(NACE)에서 발간하는 *Educating Able Children*의 주 편집장이다.

◈ 집필자 소개

☞ **Joan Freeman** 교수는 맨체스터(Manchester) 대학교에서 교육심리학으로 박사학위를 받았고, 영국 심리학협의회의 펠로우이며 공인심리학자(Chartered Psychologist)로 개인 진료를 하고 있다. 능력 개발에 관한 11개 책의 저자이며, 그 책은 세계 여러 나라의 언어로 번역되어 사용되고 있다. 또한 수백 편의 과학 및 대중을 위한 논문도 발표하였다. 그녀의 주요 개관인 「우수아 교육: 최근 국제 연구(The Education of the Very Able: Current International Research)」는 1998년 영국 정부에서 발간하였다. 그녀는 이 분야에서 이루어진 25년 이상의 연구에 기초하여 세계 여러 나라의 대학과 학교 및 학회에서 능력 발달에 관하여 발표하였다. 유럽우수아협의회(ECHA)의 초대 회장을 역임하였으며, 현재 영재 및 재능아 정부 고문단 위원 및 미들섹스 대학교의 객원교수로 재직 중이다.

☞ **Eva Gyarmathy** 박사는 1985년에 헝가리 부다페스트에 있는 에오트보스 로란드(Eotvos Lorand) 대학교(ELTE) 심리학과를 졸업하고 동 대학원에서 교육심리학 박사후 과정을 마치고 1996년에 헝가리 데브레첸에 있는 코슈트 러요시(Kossuth Lajos) 대학교에서 박사학위를 받았다. 1992년까지 약 7년 동안 학교 심리학자로 근무하였으며 교사를 위한 지방교육연구소(Municipal Pedagogical Institute)에서 훈련 과정을 마쳤다. 1992년 이후 그

녀는 헝가리 과학 학술원 심리학 연구소에서 연구원으로 근무하고 있으며, 1993년 이후에는 데브레첸에 있는 코슈트 러요시 대학교에서 시간제 개인교수로도 근무하고 있다. 그녀의 주요 관심 분야는 학습장애 영재아다. 현재 유럽우수아협의회 회원이며 헝가리영재학회 운영위원이다.

☞ **Barry Hymer**는 케이프타운(Cape Town), 포트엘리자베스(Port Elizabeth), 케임브리지(Cambridge), 사우샘프턴(Southampton) 대학교를 졸업하였으며, 현재 뉴캐슬(Newcastle) 대학교에서 연구에 몰두하고 있다. 1991년 이후, 컴브리아(Cumbria: 잉글랜드 북부지역)에서 교육심리학자로 근무하고 있으며, 그 지역 우수학생 프로젝트를 주관하고 있다. 그는 우수 학생의 욕구에 관심 있는 영국교육심리학자 네트워크의 공동창립자로서 국립우수아동교육협회(NACE)의 국가 교관이다. 부인과 함께 때때로 아동을 위한 심화 워크숍을 열고 있으며, 현재 영국 초등연령의 미성취 남학생을 다루기 위한 전략 자원을 준비하는 교사와 자문가를 위한 모임을 주선하고 있다.

☞ **Janice A. Leroux** 박사는 전직 교사이자 초등학교 교장이다. 맥길(McGill) 대학교, 퀸스(Queen' s) 대학교에서 가르쳤으며, 현재 오타와(Ottawa) 대학교 교수로 재직 중이다. 연구와 가르침은 주로 영재아와 성인, 창의성과 성차에 초점을 두고 있으며, 캐나다를 비롯하여 러시아, 포르투갈, 미국 및 영국 등 여러 다른 나라에서 학교체제와 교사교육에 관한 자문을 맡고 있다. 그녀는 고 능력 학습자에 관한 2개의 책의 저자 및 편집자이며, 영재 청소년과 고 능력 여성의 성취에 관한 여러 편의 논문이 있다. 최근의 연구는 영재학생과 학습동기와 자기조절에 관한 성차를 다루고 있다.

☞ **John Munro** 박사는 멜버른(Melbourne) 대학교 교육학과에서 교육심리학과 영재에서 수석강사로서, 효과적인 학습과 교수법, 수와 문해 학습장애, 교육심리학과 영재 분야에서 강의와 연구를 하고 있다. 그는 원래 중등 수학 및 과학 교사였으며, 수학과 문해 학습 문제에 관심을 두고 심리학자로서 재훈련을 받았다. 더하여 효과적인 학습과 교수법, 인지 스타일, 개인차와 영재 분야에서 교사를 위한 책과 논문을 집필했다. 현재 학교에서 부모에게 효과적인 학습의 기회를 증진하기 위한 전략을 가르치고 있다.

☞ **Jane Piirto** 박사는 애슐랜드(Ashland) 대학교 사범대학에서 재능발달 학과장이자 이사 교수다. 그녀는 박사과정에서 질적 연구 방법론을 가르치

고 있으며, 수상 경력을 지닌 시인 겸 소설가이자, 12권의 책을 출간했다. 저서로는 『창의적인 재능아동과 성인 이해하기』 『나의 뛰어난 두뇌: 창의적인 작가들의 심리학』이 있다. 가장 최근의 프로젝트는 지난 30년 동안의 『크리스마스 시 모음집』이다.

Barbara Schlichte-Hiersemenzel 박사는 킬, 비엔나, 함부르크에서 공부하였으며, 함부르크에서 약학 박사학위를 받았다. 일반의와 가정의 훈련을 받은 후, 정신분석 중심의 심리치료와 심리치료적 약리학을 전공하였다. 여러 다른 심리치료적 방법에서 자격을 얻었으며, 빌란트(Balint) 그룹 리더로서 독일의 하노버에서 개인치료실을 운영하고 있다. 영재이면서 발달문제가 있는 아동의 치료에 주력하였다. 영재 성인에 대한 전문 경험과 영재의 필요성에 대한 개인적인 직면을 통해 '보통의' 환경에 있는 영재아가 부딪히는 문제를 좀 더 깊게 이해할 수 있게 되었다. 그녀는 영재아의 심리사회적 갈등에 관한 논문을 발표하였으며, 수년 동안 독일영재학회에서 자원 봉사하였다. 니더 작센(Nieder sachsen) 지방에 있는 의사-교사 연구단체 장으로 여러 다른 건강 주제에 관한 워크숍을 실시하였고, 현재 개인적으로 영재아와 성인의 심리사회적인 상황과 발달의 어려움에 초점을 두고 교사와 소아과의사 및 가정의를 위한 심화 훈련에 참여하고 있다.

Dorothy Sisk 교수는(팀D) 영재교육 분야를 전공하였으며, 창의적 행동과 리더십 발달에 초점을 두고 있다. 그녀는 석좌 의장을 맡고 있으며, 현재는 라마(Lamar) 대학교에서 교육학 교수로 재직 중이다. 그곳에서 그녀는 영재교육과 창의성, 혁신과 리더십 센터와 씨 더블유 앤 도로시 앤 콘 영재교육(C.W. & Dorothy Ann Conn Chair for Gifted Education) 두 곳을 이끌어 가고 있다. 또한 영재교육에서 교사훈련을 총괄하고 있다. 도로시 시스크는 지난 20년 이상 영재교육의 리더십 분야에서 세계적인 명성을 얻고 있다. 『앎의 내면으로 가는 길: 리더십: 생각일으키기』는 Doris Shallcross와 공동으로, 『성장하는 사람: 아동의 건강한 정서발달 도모하기』는 Paul Torrance와 공동으로, 『미래 연구를 위한 입문서』는 Charles Whaley와 공동으로 저술하였다. 그녀는 또한 『정규학급에서의 영재아동 교수법』과 『영재아를 위한 창의적 교수법』의 저자이며 그 외에 여러 책의 장과 논문의 저자 및 공동저자로 활동하고 있다. 그녀는 미국 영재와 재능부의 장으로 전문적으로 훈련받은 영재 자문단의 핵심지도자를 양성하는 데 중추적인 역할을 담당하여, 결과적으로 학생에게 기회를 확대시키고 있다. 그녀는 세계 영재학회의 회장, 부회장 및 운영위원직과 영재아협회(TAG)의 회장직을 역임하였다. 또한 *Gifted Education International* 과 *Gifted & Talented International* 의 편집장을, *Journal for Creative Behavior*의 부편집장을 역임했다. 그녀는 미국창의성학회(ACA)의 초대 회장이었으며, 현재 이사회를 맡고 있다.

Lorraine Wilgosh 박사는 캐나다 앨버타(Alberta) 대학교의 교육심리학과에서 특수교육전공 교수다. 그녀의 연구는 특수한 욕구를 지닌 아동의 진로 발달 및 양육 문제에 초점을 두고 있다. 진로발달 분야의 경우, 지난 10년 동안 그녀의 연구는 확장되어 미디어 메시지가 영재와 재능여성의 발달에 끼친 영향, 특히 그들이 지닌 최대 잠재력을 개발하지 못한 미성취와 실패에 미친 효과를 다루었다. 현재 대학 사범대의 특수교육 프로그램과 현장학습 총책임자다.

Lee Wills(BEd, TPTC, ITC, MACE)는 1960년부터 오스트레일리아의 초등학교, 중등학교, 자립형 학교 및 제3교육기관에서 교사이자 교육행정가로 근무해 오고 있다. 1986년부터 1993년까지는 사설 및 산업체에서 교육 자문위원으로 일하였다. 1993년 7월에, 그녀는 루이튼(Ruyton) 여학교에 초청되어, 5세부터 12세까지 남녀 학생을 위한 심화 프로그램을 개발하였으며, 그 결과, 루이튼 빅토리아 심화 센터(Victoria Enrichment Centre)가 탄생하였다. 1994년에는 네덜란드의 네이메헌(Nijmegen)에서 열린 유럽우수아협의회에 참석하였으며, 그 이후 1996년에는 비엔나에서, 1998년에는 옥스퍼드에서 열린 유럽우수아협의회 학술회의에서 논문을 발표하였다. 현재 호주 빅토리아 큐(Kew)에 위치한 루이튼 여학교의 교감 및 중학교 부장교사로 재직 중이다.

◈ 역자 소개

☞ 안도희

중앙대학교 교육학과 졸업
캐나다 앨버타 대학교 교육심리학 박사
현 중앙대학교 교육학과 교수, 중앙대학교 부설 한국교육문제연구소 소장

역서: 미성취 영재학생들을 위한 전략(공역, 아카데미프레스, 2007)
주요 논문: 과학고 졸업생들의 과거와 현재(2011), 청소년의 학문적 미성취에 영향을 주는 요인(2010), Academic Developmental Patterns of the Korean Gifted during 18 Years after Identification(2008), 학문적 미성취 중학생들의 학업관련 특성(2007) 등

☞ 진석언

서울대학교 교육학과 졸업
미국 퍼듀 대학교 영재교육학 박사
현 건국대학교 교육학과 교수

저서: 영재교육학원론(공저, 교육과학사, 2003)
주요 논문: 창의적 문제해결(Creative Problem Solving) 모형 기반 초등학교 사회과 수업의 효과성 분석: 학습자의 창의적 문제해결력 및 학업성취도에 미치는 영향 중심으로(2007) 등

☞ 윤여홍

이화여자대학교 영문과 졸업
미국 텍사스 A&M 대학교 철학 박사
현 KAGE영재교육학술원 심리교육상담연구소 소장

저서: 교사와 부모를 위한 특수아 상담의 이해(공저, 교육과학사, 2009), 우리 아이 숨은 재능(명진출판사, 2003), 영재교육학원론(공저, 교육과학사, 2003)
역서: 영재상담 모델(학지사, 2013), 영재와 정신건강: 오진단과 이중진단(학지사, 2009), 이중 특수 학생을 위한 성공전략(아카데미프레스, 2008)

주요 논문: 초등과학영재의 다중지능 및 정서지능에 관한 학생 자신과 부모의 인식관점 비교(2012), 영재학생과 일반학생의 과흥분성 비교 및 영재의 성별, 학교 급별에 따른 차이 분석(2011), 지적으로 우수한 초등 영재아의 심리 사회적 적응(2004), 부모의 지각에 따른 유아영재의 비동시적 발달특성(2003), 영재의 심리적 특성과 정서발달을 위한 상담(2000) 등

전명남

경북대학교 과학교육과 졸업
경북대학교 교육학 박사
현 대구한의대학교 교직부 교수

저서: 학습전략 업그레이드(연세대학교출판부, 2004)
주요 논문: FPSP 팀 문제해결 프로그램이 창의적 문제해결 교육 관련 교사 효능감과 창의적 성격에 미치는 효과(2013), 대학생용 동기조절전략 척도의 타당화(2012), 온라인 커뮤니티 보조의 팀 학습이 대학생들의 학업성취도와 공유된 정신모형에 미치는 효과(2012) 등

김경진

이화여자대학교 교육심리학과 졸업
이화여자대학교 심리학 박사
현 성균관대학교 겸임교수

주요 논문: 범주화 훈련이 아동의 귀납추리에 미치는 효과(2011) 등

부모와 교사를 위한

미성취 영재아 교수 전략

Able Underachievers

2013년 11월 15일 1판 1쇄 인쇄
2013년 11월 20일 1판 1쇄 발행

편저자 • Diane Montgomery
옮긴이 • 안도희 · 진석언 · 윤여홍 · 전명남 · 김경진
펴낸이 • 김진환
펴낸곳 • (주) 학지사
121-837 서울특별시 마포구 서교동 352-29 마인드월드빌딩 5층
대표전화 • 02)330-5114 팩스 • 02)324-2345
등록번호 • 제313-2006-000265호

홈페이지 • http://www.hakjisa.co.kr
커뮤니티 • http://cafe.naver.com/hakjisa

ISBN 978-89-997-0243-3 93370

정가 16,000원

이 도서의 국립중앙도서관 출판시도서목록(CIP)은 서지정보유통지원시스템 홈페이지(http://seoji.nl.go.kr)와 국가자료공동목록시스템(http://www.nl.go.kr/kolisnet)에서 이용하실 수 있습니다.
(CIP제어번호: CIP2013023030)